小学语文课程与教学

周静　李楠
张雪　王琪　著

山东人民出版社

国家一级出版社 全国百佳图书出版单位

图书在版编目（CIP）数据

小学语文课程与教学 / 周静等著. —济南： 山东人民
出版社，2023.8
ISBN 978-7-209-14672-2

Ⅰ. ①小… Ⅱ. ①周… Ⅲ. ①小学语文课–教学研
究–师资培训–教材 Ⅳ. ①G623.202

中国国家版本馆CIP数据核字（2023）第148673号

XIAOXUE YUWEN KECHENG YU JIAOXUE

小学语文课程与教学

周静 李楠 张雪 王琪 著

主管单位　山东出版传媒股份有限公司
出版发行　山东人民出版社
出 版 人　胡长青
社　　址　济南市市中区舜耕路517号
邮　　编　250003
电　　话　总编室（0531）82098914
　　　　　市场部（0531）82098027
网　　址　http://www.sd-book.com.cn
印　　装　济南万方盛景印刷有限公司
经　　销　新华书店

规　　格　16开（169mm×239mm）
印　　张　28.75
字　　数　460千字
版　　次　2023年8月第1版
印　　次　2023年8月第1次
ISBN 978-7-209-14672-2
定　　价　49.00元
　　　　　　如有印装质量问题，请与出版社总编室联系调换。

目 录

理论篇

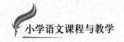

教学篇

理论篇

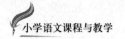

第一章　小学语文课程

【学习目标】

1. 掌握课程的概念，了解课程与小学语文课程的发展阶段。

2. 理解小学语文课程的性质，并注重在教学中的落实。

3. 明确小学语文课程的任务，为教学奠定基础。

第一节　小学语文课程概述

党的二十大报告提出："全面贯彻党的教育方针，落实立德树人根本任务，培养德智体美劳全面发展的社会主义建设者和接班人。"教育与人类共生共存，是社会发展的重要内容之一。而课程是实现教育目标的中介和桥梁，是教育的一个永恒的课题。课程是学校教育的基础，是一个使用广泛而又具有多重涵义的术语。几乎所有的人都认为自己知道课程是指什么，但对它的界定却又莫衷一是。翻开各类教育著作，几乎没有不提及课程的，对课程的界定则是仁者见仁，智者见智。

一、课程及小学语文课程的概念

在英语世界，课程（curriculum）最早出现在英国教育家斯宾塞《什么知识最有价值？》（1859年）一文中。它是从拉丁语"currere"一词中派生出来的，意为"跑道"（race-course）。根据这个词源，最常见的课程定义是"学习的进程"（course of study），简称学程。这一解释在各种英文字典中很普遍——"课程既可以指一门学程，又可以指学校提供的所有学程"，这与我国对课程的解释基本吻合。

然而，对这种界定有越来越多的不满和批评，甚至对课程一词的拉丁文词源也有不同的看法。因为"currere"的名词形式意为"跑道"，重点在"道"。这样为不同的学生设计不同的轨道成了顺理成章的事情，从而引出传统的课程体系；而"currere"动词形式意义"奔跑"，重点在"跑"。这样，着眼点放在个体对自己经验的认识上，课程就是一个人对自己经验的重新认识。

在我国，"课程"一词始见于唐宋年间。唐朝孔颖达在《五经正义》里为《诗经小雅》中"奕奕寝庙，君子作之"一句注疏："维护课程，必君子监之，乃得依法制也。"（这是课程一词在汉语文献中的最早显露）但他用这个词的含义与我们现在通常所说的课程的意思相去甚远。宋朝朱熹在《朱子全书论学》中亦提及"课程"，如，"宽着期限，紧着课程""小立课程，大作工夫"。朱熹的"课程"虽说只是提及，并没有明确界定，但意思还是清楚的，即指功课及其进程。"课"指课业，"程"有程度、程序、进程的意思，这与我们现在许多人对课程的理解基本相似。以下是几种典型的课程定义：

（一）课程即教学科目

把课程等同于所教的科目，在历史上由来已久。我国古代的课程有礼、乐、射、御、书、数六艺；欧洲中世纪初的课程有文法、修辞、辩证法、算术、几何、音乐、天文学七艺。广义的课程——即学科或者指学生学习的全部学科；狭义的课程——某一门学科。

这种定义的实质，是强调学校向学生传授学科的知识体系，是一种典型的教程。只关注教学科目，往往容易忽视学生的情感、创造性表现、个性培养。其实学校为学生提供的学习范围，已经远远超出正式列入课程的学科。

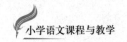

（二）课程即有计划的教学活动

把教学的范围、序列和进程，甚至把教学方法和教学设计，即把所有有计划的教学活动都组合在一起，以图对课程有一个较全面的看法。

这一定义本身也存在疑义：何谓"有计划"？"有计划"多指书面的文件，但许多教学活动是非书面计划安排的。有计划的教学活动安排，往往会把重点放在教学活动上，而不是放在学生实际的体验上。

（三）课程即学习经验

把课程定义为学习经验，试图把握学生实际学到些什么。经验是学生在所从事的学习活动中形成的，这种课程定义的核心，是把课程的重点从教材转向个人。从理论上讲，把课程定义为学生个人的经验似乎很有吸引力，但在实际教学情境中，一个教师如何同时满足四五十个学生独特的个人成长要求？如何为每一个学生制订合适的课程计划？各级各类学校是否还要制定相对统一的标准？课程过于宽泛，把学生的个人经验都包容进来，以致对课程的研究无从下手。

社会在变化，教育在发展，课程的内涵和外延也在不断地变化。不同教育主张的人对课程的理解也不尽相同。国家教育部2001年颁布的《基础教育课程改革纲要（试行）》，提出了基础教育课程改革六个方面的具体目标，即课程的目标、结构、内容、实施、评价、管理。所以广义的课程是指促进学生发展的全部环境，它含着学科课程、活动课程及隐性课程，包含着有关的教育目标、结构、内容、实施、评价、管理等丰富的内容。而狭义的课程是指某一阶段的教学科目，如，小学课程等。

小学语文课程是指小学课程的一个子系统，它既是小学课程的有机组成部分，又是相对独立的整体。按照国际分类法，小学课程分为核心课程、知识课程和技艺课程三大类。核心课程由语文、数学两门学科构成，其中语文又处于基础地位。小学语文是小学所有课程中花费时间最长、课时最多的一门课程，它的成败得失与小学培养目标的实现有着十分密切的关系。

二、小学语文课程的发展

翻开历史的长卷，我国的语文教育源远流长。自从出现了文字，也就有了语文教育的发端。在奴隶社会，我国就出现了正式的学校。有了学校，相应地也就有了课程和教学。然而，在此后的两千多年内，我国虽然有语文教学，但一直没有专门的语文课程，语文是与史学、伦理学等融为一体的。换言之，正如蔡元培先生所言，"除了国文，可算是没有别的功课"。古代语文是个无所不能的"包天下"。直到1904年，清政府颁布了《奏定学堂章程》，现代教育背景下的中国语文课程才真正确立。虽然此后也曾分分合合，几易其名，但是语文课程终究已然成为一门独立的学科课程。

（一）近代小学语文课程（1904年—1949年）

1. 五四运动前

鸦片战争以后，中国沦为半殖民地半封建社会。当时的资产阶级改良派主张向西方学习，提出"废科举、兴学校"的口号，提倡"中学为体，西学为用"。1901年清政府明令各地兴办学堂，次年颁布《钦定学堂章程》，以分科形式存在的小学语文课程初见端倪。这个章程虽然公布了，因为种种原因，却未能实行。

1904年1月13日，清政府颁布《奏定学堂章程》，正式建立了我国的现代小学教育制度，教育史称为"癸卯学制"。这个学制一直沿用到清政府灭亡，后来的学制也都是在这个学制的基础上演变的。在学制方面，该章程把小学教育分为初等小学堂和高等小学堂两段，分别修学5年和4年，学制共9年。在语文课程方面，初等小学设中国文字科，教学内容是识字、读文、作文；高等小学设中国文学科，教学内容是读文、作文、写字、习官话。该章程将识字、写字、读书、作文、说话等科目合为一科，朝着近代语文课程的建立前进了一大步。

《奏定学堂章程》的颁布，标志着注重实用、发展语言能力的现代语文教育的发轫和一味读经、应对科举的古代语文教育的渐趋终结。《奏定

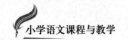

学堂章程》作为"博考外国,参酌变通,择其宜者用之"的历史产物,虽然还掺和着封建礼教、科举旧习这种传统教育的特质,但主要是以欧美近代教育为真正源头、形式上从日本引进的学校制和课程设置,这样自然初步体现出西方的科学精神和民主思想的萌芽。由此,也开创了学习外国教育的先河,并且此后愈演愈烈而一发不可收拾。我国的语文教育越来越深地受到外国教育思潮的影响,在某种程度上甚至几近于依赖。

辛亥革命推翻了两千多年的封建制度,建立了中华民国。1912年9月南京临时政府教育部公布《小学校令》,在全国小学废止读经科。次年,颁布《小学校教则及课程表》,规定初小和高小均设国文科,内容包括读法、书法、作法和练习语言,旨在"使儿童学习普通语言文字,养成发表思想之能力,兼以启发其智德"。

2. 五四运动后

民国初年虽然取消了读经,但封建复辟思想远未肃清,文言文作为国文的教学内容仍占有绝对优势,阻碍语文教育发展的根本矛盾仍未解决。五四运动作为精神文化层面的一场深刻的革命,倡导白话文和新文学,反对文言文与旧文学,以及把国语作为全民族语言,推广国语运动。

1920年北洋政府教育部颁布国民学校令,将"国文"科改为"国语"科,并通令全国各国民学校将小学一二年级的"国文"改为语体文(即白话文)。不久,又通令全国,从1922年起,凡国民小学各科教材一律改为语体文。"国语"取代"国文",表明小学教科书淘汰文言文,改为白话文;小学语文学习白话文,训练标准的国语。

1922年北洋政府颁布了《学校系统改革案》,即新学制,教育史称为"壬戌学制"。这个学制规定小学学制6年,分为两段,初小4年,高小2年。初中、高中各3年。这样的学制在我国沿用了数十年。

在五四精神的推动下,以杜威为主要代表的美国民主主义教育思潮涌入我国,成为当时和以后相当长的历史时期里影响中国教育的主导学说。在这一教育思潮的深刻影响下,近代小学语文课程形成了初步具有民主及科学特色的现代课程范式，体现出告别读经时代以后、以学生个人发展为本位的新价值取向。

1923年颁布的我国第一个课程纲要——《小学新学制课程标准纲要》就是在以宣传欧美教育制度和教育思想为己任的全国教育联合会指导下诞生的。其中由吴研因负责的《小学国语课程纲要》，从国语素养、情意要素两个层面标示了课程的基本目标："练习运用通常的语言文字，并涵养感情德性；启发想象思考；引起读书兴趣；建立进修国文的良好的基础；养成能达己意的表达能力。"规定了各学年具体的教学内容与要求，提出教材内容以儿童生活为中心，使国语课程趋于成熟。

此后，1929年南京国民政府教育部重新编订并正式颁行了《小学课程暂行标准》，1932年颁布了《小学课程标准》，1936年颁布了《修正小学课程标准》（小学国语课程标准均在其中独立成章），1942年和1948年，国民政府又两度修订《小学国语课程标准》。每次颁行，内容上都有一些修改，但是，在框架体系上没有质的改变。换言之，其课程范式的美式色彩始终没有实质性变化。

同一时期，共产党领导的中央苏区、边区和解放区的国语教育卓有成效。1934年中央苏区教育人民委员会颁布了《小学课程教则大纲》，该大纲指出："国语课的本身，目的也决不仅在于使儿童认识多少新字，而在于使他们能够逐渐运用自己的言语以至文字，来表达自己的思想，表现自己的感情，以及养成儿童的共产主义道德。"

（二）现代小学语文课（1949年—2001年）

1. 改革开放前

1949年中华人民共和国成立，新组建的教科书编审委员会确定小学国语科以华北解放区的《国语》课本为蓝本进行修订，并把修订后的《国语》改为《语文》。对此，在1950年出版的课本的《编辑大意》里解释道："说出来是语言，写出来是文章，文章依据语言，'语'和'文'是分不开的。语文教学应该包括听话、说话、阅读、写作四项。因此，这套

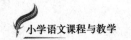

课本不再用'国文'或'国语'的旧名称，改称'语文课本'。"教育部于1950年8月颁布了《小学语文课程暂行标准（草案）》，于1952年又颁布了《小学语文课程暂行标准（修正草案）》。

在学习苏联俄语教学经验和总结中华人民共和国成立以来我国语文教育实践的基础上，语文教学问题委员会向中央提出报告，认为"语言文学分科教学"是改革语文教学的出路。在上述背景下，教育部制定并于1956年10月颁布了新中国第一部小学语文教学大纲——《小学语文教学大纲（草案）》，明确指出："发展儿童语言的工作是从两方面来进行的，一是教儿童从语言的丰富的表现方面学习；一是教儿童从语言的规律方面学习。"这部大纲受苏联影响较多，有两个特点：一是汉语教学，规定在三年级以上增设汉语课，每周安排两个课时教授汉语方面的内容；二是阅读教学，"阅读教学的进行采取讲读法"，在当时对加强阅读教学有重要作用，但也有不利的一面，即对后来把语文课讲成文学课、阅读教学进行串讲、搞繁琐的课文内容分析，起到一定的导向作用。

1958年以后语文政治化趋于严重，语文教学片面突出政治性，语文课被上成政治课、道德课，造成思想教育与语文知识教学两败俱伤。在总结经验教训后，教育部制定并于1963年颁布了《全日制小学语文教学大纲（草案）》。该大纲明确指出，"语文是学好各门知识和从事各种工作的基本工具"，由此来说明学习语文的重要性，第一次在教学大纲中明确了语文课程的工具性质，从理论上解决了长期没有解决的语文学科性质的问题。此外，强调加强"双基"，注重培养读写能力，提出对学生要严格要求，严格训练。

1966年到1976年我国经历了"文革"。中小学教育遭到中华人民共和国成立以来最严重的破坏，小学语文教学大纲、教材被全盘否定，彻底颠覆了语文教育应有的体系。

2. 改革开放后

20世纪70年代末期，随着布鲁纳的发现法、布卢姆的掌握学习理论、洛扎诺夫的外语教学法、赞可夫的发展教学思想、巴班斯基的最优化教学思想、苏霍姆林斯基的个性全面发展的思想等国外教学理论的相继引进，极大活跃了我国小学语文教学思想。粉碎"四人帮"以后，在邓小平同志的直接关怀下，教育部1978年2月颁发了《全日制十年制学校小学语文教学大纲（试行草案）》。这部大纲既是对教育事业拨乱反正、语文教学正本清源的结果，又是对中华人民共和国成立以来小学语文教学经验的初步总结。该大纲恢复了"基础工具"的提法，注重培养学生自学能力和良好的学习习惯，体现了培养能力、发展智力的时代要求。

1986年教育部颁发《全日制小学语文教学大纲》，明确提出了语文的"工具性"。强调练好语文基本功，强化语言文字训练，"要把语文课上成语言文字训练课"，这对于强化语言的基础工具性有积极作用。

1992年颁布《九年义务教育全日制小学语文教学大纲（试用）》，该大纲进一步指出："小学语文是义务教育中的一门重要的基础学科，不仅具有工具性，而且有很强的思想性。" 但是在"应试教育"的大环境下，我们在教学实践中过分地强调了工具性，致使语文教育的人文精神失落了。至1997年，《北京文艺》发起了对语文教育的批判，终于引发了世纪末反思热潮。

（三）当代小学语文课程（2001年至今）

新旧世纪交替之际，西方后现代主义教育思潮以强劲势头涌入中国。以美国的威廉·多尔为代表的后现代主义课程理论，从基本教育观到课程观实现了对现代主义课程论（即"泰勒模式"）的全方位的超越。后现代主义课程理论在课程目标观方面认为课程目标是建构性和生成性的，每一个实践者都是课程创造者和开发者；在师生关系观方面鲜明地主张教师是"平等者中的首席"，要以师生平等对话取代知识灌输；在课程评价观方面强调评价标准的动态性、模糊性和曲折性，主张评价主体多元化。

2001年教育部颁布的《全日制义务教育语文课程标准（实验稿）》，在系统总结我国语文教育的历史经验，吸收了国外母语课程标准研究的新

成果，分析了语文教育的现状及时代发展对语文教育的新要求的基础上，重新构建了语文课程的体系。一是提出了语文课程的基本理念，二是构建了两级、三维的课程目标系统，三是强调了多元、对话和生成，四是突出了以学生发展为本位。

2011年，教育部颁布了《义务教育语文课程标准（2011年版）》，这次修订课程标准，是对2001年课程标准的充实和完善，是针对2001年课改以来语文教育方面存在的普遍性问题，总结课改以来的经验，同时按照国家教育规划的总体要求，面向未来，提出语文课程的基本标准。主要立足于"为学生打好三个基础：那就是培养学生语文素养，为学好其他课程打好基础；为学生形成正确的人生观、形成健康的个性与人格打好基础；为学生的终身发展打好基础"。

2022年，教育部颁布了《义务教育语文课程标准（2022年版）》，这次课标修订是基于义务教育的培养目标，课程着力将党的教育方针具体化，细化为对学生核心素养的培养，体现了正确的价值观、必备品格和关键能力的培养要求。具体解读在第三章，在此不再赘述。

第二节　小学语文课程性质

语文课程不等同于语文，但二者的基本构成因素却都是语言，语言的工具性不但决定了语文的工具性，而且也决定了语文课程的工具性。对于语文课程性质的界定历史上也是莫衷一是，各种各样。

练习运用本国的标准语，以为表情达意的工具，以期全国语言相通。

——1929年《小学课程暂行标准小学国语》

小学语文科是以社会主义思想教育儿童的强有力的工具。

——1956年《小学语文教学大纲（草案）》

语文是学好各门知识和从事各种工作的基本工具。

——1963年《全日制小学语文教学大纲草案）》

语文是从事学习和工作的基础工具。

——1986年《全日制中学语文教学大纲》

小学语文是义务教育中的一门重要基础学科，不仅具有工具性，而且有很强的思想性。

——1992年《九年义务教育全制小学语文教学大纲（试用）》

语文是最重要的交际工具，也是最重要的文化载体。

——1996年《全制普通高级中学语文教学大纲（供试验用）》

语文是最重要的交际工具，是人类文化的重要组成部分，工具性与人文性的统一，是语文课程的基本特点。

——2001年《全日制义务教育语文课程标准（实验稿）》

语文课程是一门学习国家通用语言文字运用的综合性、实践性课程。义务教育阶段的语文课程，应使学生初步学会运用祖国语言文字进行交流沟通，吸收古今中外优秀文化，提高思想文化修养，促进自身精神成长。工具性与人文性的统一，是语文课程的基本特点。

——2011年《义务教育语文课程标准》

关于语文课程的性质，2022年版课标明确提出："语文课程是一门学习国家通用语言文字运用的综合性、实践性课程。工具性与人文性的统一，是语文课程的基本特点。"这一表述不仅体现了目前我们最高语文教育领导机构对语文课程的认识与理解，更代表了时代对语文课程的期望和要求，也使工具性与人文性之争暂告一段落。

在这些含义不同的"性质说"里，分别体现着语文课程的工具性、基础性、实践性、思想性、文化性、民族性等特点，说明语文课程的性质不是单一的，而是多重的。但由语言的工具性与人文性不可分割的必然关系，我们可以推断而且必须始终坚持的是：语文课程的基本特点是工具性与人文性的统一。

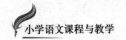

一、语文课程的工具性

2022年版课标肯定语文的工具性这一结论，是因为它是个人借以表达思想感情的工具，是人群间交流信息、沟通心灵的工具，也是人类精神活动的记录和文化传承的代码。单就学校教育而言，它又是学习其他课程的工具。在语文教育界长期积累的识字和写字经验、阅读和写作经验、口语交流经验，都是语文作为一种工具而积累的经验。这些经验经过历史的检验，多半是成熟的，多半具有条理性和确定性，这种把语文作为工具使用而总结的经验，值得珍视。

2022年版课标肯定语文是一种工具，把语文看作是一种符号系统。这种符号系统，可以培养学习者的语言文字技能，并追求语文知识的量化和可分解化，语文能力训练的层次化和有序化，语文教学过程的模式化，以及语文学习评价的标准化等等。这无疑是以科学性为本位的价值取向。作为使学生掌握语文这一工具而采取的价值取向，可以使语文工具的掌握过程减少模糊性，避免杂乱性，增强自觉性、合理性。

语文课程追求的基本目标之一，是语文能力目标。发挥语文课程培养语文能力的工具作用，应是基本的出发点和当然的归宿之一。语文课程要培养学生听、说、读、写的能力，这是人们在日常生活中必备的能力。有无这样的基础知识和能力，关系到各种课程的学习，关系到学生终身的发展。不具备这种能力，就不能取得对社会生活的适应性，更说不上发明创造了。我们要学生掌握语文基础知识和语文基本能力，就是要学生掌握进行学习和从事工作的基本工具的能力。

现在，语文课程的所有问题集中到一点，就是提高教学的效果和效率，而衡量效果和效率提高的标准，就是使学生更快更好地掌握语文这个工具，就是使语文课程更好地发挥工具性的作用。

二、语文课程的人文性

对于语文课程的工具性，从来没有谁否定过，而相当多的业内人士，却固执地认为语文课程只有工具性，这种认识达到了执着程度，甚至成为一种情结。至于语文课程的人文性，他们将之作为异说，给以批驳。究其原因，可能是由于语文课程的人文性多半是内在的，容易模糊人们的视线乃至影响思维角度而被忽视。实际上，语文课程是充满了人文性的课程。所谓人文性是指以人性、人道为本位的价值取向。而作为小学的语文课程，无处不体现人的价值、人的情感和态度。语文课程从来都植根于人文精神的价值、情感和态度之中。它处处在展示人性，形成人化的情境。有学者说："语言是所有人类活动中最足以表现人类特点的，它是打开人们心灵深处奥秘的钥匙。""语言半是事物的代名词，半是精神和情感的代名词。"还有学者更进一层论说到学校的语言教育："学校的语言首先是占统治地位的传播工具。因此，所谓母语教学问题从来就不是一个纯技术问题。在母语教学中，社会学和政治方面的因素占举足轻重的地位。"由此可以得出结论：人文性是语文课程的本质属性。

语文课程和数理化等课程不同，它具有思想感情色彩，它包含伦理道德内容。语文的形式是语言文字、是表达技巧，而内容则是生活、是事物、是思想、是精神，这和数学仅仅是数字、是符号、是抽象的概念不同。内容方面往往比形式方面的作用要大，这是它在性质上与自然学科截然不同的地方。它和理科的明显分界，在于它的人文性。它有工具性是事实；它有人文性，也同样是事实。语文课程的人文性，关系到民族的延续和国家的生存。母语是一个民族的血液，是维系一个民族的精神纽带，可使一个民族凝聚成一个整体；它同时是一个国家存在的必要条件，支撑着国家的生存。因此可以说，学习本民族的语文，始终关系到国家和民族的命运。这也是证明语文课程也是人文课程的根本理由。

三、工具性与人文性的统一

"工具性"着眼于语文课程培养学生语文运用能力的实用功能和课程的实践性特点。"人文性"着眼于语文课程对于人的存在和发展的关怀、

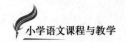

对于学生思想感情熏陶感染的文化功能以及课程所具有的人文学科的特点。"工具性与人文性的统一"这一提法，符合当前课程改革的基本理念和社会各界对语文教育的共同期望，凸显"工具性"与"人文性"两个方面或者两种倾向的存在与差异，这有利于在课程设计和实施中，注意在两种倾向之间始终保持一种张力，努力将两个方面的目标融合在一起。

语文课程"先实现工具性目标，后补充人文性内容"，或"首先突破人文性，而后再加强工具性"，这两种提法都是不妥当的。语文的工具性与人文性是统一在一起的，二者不可偏废，也不可分离。有人说，没有离开工具性的人文性，也没有离开人文性的工具性；有人说，工具性与人文性是从不同角度去看语文；有人说工具性是"表"，人文性是"里"。这些说法都从不同侧面说明了语文课程中工具性与人文性的关系：不是二者相加，而是二者一体化。所以，语文课程标准说"工具性与人文性的统一"，而不说"工具性与人文性相统一"。所谓"统一"，即两者内在地融合于"语文"一体，是语文根本性质的相辅相成、不可分离的两方。我们不能机械地脱离了一方去谈另一方，因为没有脱离了人文性的单纯的工具性，也没有脱离了工具性的抽象的人文性，这正如教养和文化、智慧和德性、理解力和批判力这些一般被认同的理想人性，总是与语言的理解和运用、古老文化的认同以及审美力和理性反思能力的培养联系在一起的。

工具性与人文性的统一，是我们对语文课程的基本认识。语文课程要在其目标设计、实施过程和评价行为中实现工具性与人文性的高度统一，使学生"人人学有价值的语文"，人人获得"有价值"的语文素养。

基于此，语文工具的学习必须同人文内容的学习结合起来，工具的掌握必须同价值观和情感的培养一致起来。

四、在教学中落实二者的统一

（一）扎根字词句实现二者的统一

字词句是语文构成的基础。字词句经典处，集中体现了作者遣词造句的功力，蕴含着作者丰富的情感和审美价值。字词句是语文的人文性与工具性的有机统一，语文学科的人文性与工具性的结合点就在对文本中的字词句的理解。对一篇课文来说，人文性和工具性统一是内在的、客观的。

对阅读教学来说，重要的是二者内在的统一。寻找并准确地把握二者内在统一的结合点，以此作为教学的起点，这是阅读教学实现工具性和人文性统一的基础。品词品句是一种语言文字训练，作者用词造句准确精当，教师应引导学生品词品句，品味出内含的滋味，积淀学生的语感。这是提高语文教学效率的重要途径。语言文字训练不是机械枯燥的程序化的训练，这样的训练不但不能提高语文教学的效率，反而会挫伤学生语文学习的积极性，扼杀学生的灵性。语言文字训练应该是生动有趣、充满激情、富有创造性的训练，是工具性与人文性和谐的统一。

（二）在朗读中追求人文性与工具性的统一

朗读的过程不仅仅是掌握语言这个工具的过程。同时也是思想感情受到熏陶感染的过程。在这个过程中，人文性与工具性是统一在一起的。学生能入情入境地朗读，自然会在读中有所感悟，在读中逐渐形成语感，在读中受到熏陶感染。朗读是把书面语言转化为发音规范的有声语言的再创作活动，它是一项重要的语文基本功，能帮助学生理解和巩固课文内容，领会文章所蕴含的思想感情，提高学生的语言表达能力。朗读是引导学生领略课文蕴含情感的极佳途径，而学生富有感情的朗读本身就是对语言文字有敏锐感觉的表现。小学语文课文形式多样，文质兼美，时代气息浓烈，人文内涵丰富，整篇课文充满美的魅力，孕育着美的情趣。因此，在阅读教学中教师应重视指导学生有感情地读，读出音韵、读出意境、读出情味，达到语言文字的人文性与工具性的完美的统一。

（三）依托情境想象，在品味中实现二者的统一

创设情境、想象体验的目的在于激发学生情感的共鸣，放飞学生的思维。在教学中凭借具体的语言文字，充分利用形象，创设典型场景，激发

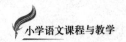

学生学习积极性，把认识活动与情感活动结合起来。充分激起和借用学生的情感储备，让学生的情感与内心去触摸、碰撞作者的情感与内心世界，从而生发出由衷的真切的体验，获得心灵的震颤与智慧的启迪。

第三节　小学语文课程的任务

小学语文教学的出发点和归宿点是"立足于促进学生的发展，为他们的终身学习、生活、工作奠定基础"。因此，小学语文课程的任务有以下几点：

一、提高学生的语文素养

语文教学的目的是适应现代社会的需要，培养学生的语文素养。语文学科是一门基础学科，首要的任务就是培养学生适应并改变现代社会生活的能力，在教育过程中注重语文与生活的联系。2022年版课标突破了学科中心，将素质教育的理念融入课程标准的各个部分，切实体现了以育人为本的素质教育观。语文素养虽然是一个综合性的整体概念，但它并不是一个无所不容的大容器，它首先是"语文"范畴内的"素养"，是通过语文学习而获得的"素养"。语文素养各要素之间相互关联，具有丰富、深刻的内涵。由于小学教育是整个教育的起始阶段、基础阶段，因此，小学生语文素养的内涵应当是具体的、可操作的。它是小学生在言语实践中逐步养成的，以运用语文能力为核心，是语文知识（汉语拼音知识、词汇知识、句法知识、篇章知识、修辞知识、文学知识）、语文能力（阅读、写作、口语交际、语文思维、语感）、语言积累、语文学习方法、语文情意（培养小学生热爱祖国语文的思想感情、文化品位、审美情趣）的相互融合。

（一）积累语文知识

语文知识是小学生语文素养形成和发展的基础。一般而言，"语文知识"是指"语言学知识、语用学知识、文艺学知识、文章学知识、文学知识、文化知识等等，而文化常识又与以上各种知识交织在一起，甚至起到统领作用或者潜移默化的作用"。具体到小学生语文素养而言，语文知识应当包括汉语拼音知识、词汇知识、句法知识、篇章知识、修辞知识、文学知识。但是，我们必须意识到，语文知识只是形成小学生语文素养的基础，并非小学语文教学的最终目的，它只是构成小学生语文素养的要素之一。 基本的语文知识是构成小学生语文素养的一个基本要素，它能规范小学生的言语实践，加深小学生对言语的理解，最终内化为小学生语文素养的表现。

（二）丰富语言积累

丰富的语言积累是形成小学生语文素养的要素之一。语言积累分为课内语言积累和课外语言积累。课内语言积累主要是通过教材中课文的学习积累语言，掌握常用字和词汇，背诵优秀的语言片段和诗文。课外语言积累则主要是通过课外阅读来实现的，广泛的课外阅读是积累语言的主要形式。张志公说："贫乏，语文能力的致命伤。"所以，丰富语言积累是构成小学语文课程的任务之一。

（三）培养语文能力

《心理学大词典》把"言语能力"定义为："个体在与他人交往时运用语言工具顺利进行信息传递的一种心理条件。它包括听、说、读、写四个方面。"其中的"言语能力"就是指"语文能力"，是从心理学的角度界定"语文能力"。由此，我们可以看出，首先，该定义指出，"语文能力"是一种心理条件，是一种特殊的能力。"语文能力"是指"语文"范畴内的能力，注意力、观察力、记忆力、思维能力、想象力等一般能力虽然与"语文能力"有着密切的关系，但它们不在"语文能力"的范畴之内；其次，"语文能力"是在个体与他人交往时展现出来，存在于个体与

他人的交往之中，即听、说、读、写之中；再次，言语交际的过程离不开语文思维，所谓"语文思维"主要是指："主体在听说读写活动中，与言语同步展开的具体的思维活动与思维能力，包括对交际对象、情景的辨识、判断、听读内容的领悟、把握、说与写的目的、思路的确定与调整等等。"言语是人类进行思维的重要工具，思维与言语是紧密结合的，言语的发展与思维的发展是同步进行的，语文思维也是一种语文能力。"语感是思维并不直接参与作用而由无意识替代的在感觉层面进行言语活动的能力，即半意识的言语能力。"所以，小学语文教学培养和形成小学生的"语文能力"，应当包含听、说、读、写、语感等方面。其中，言语交际能力是语文能力的核心。

在语文课程中，发挥培养语文能力的功能异常重要。语文知识的传授，在多数情况下，是出于语文能力培养的需要，是为培养语文能力服务的。学生学习了语文知识，却读不懂文章、写不出文章，就不能说是学过语文。我们应该做的主要是培养学生的语文能力，培养能够实际运用语言文字的人。语文课程在这方面的功能发挥得越好，语文教育就越成功。语文课程为其他课程的奠基作用也体现在这里。

（四）掌握语文学习方法和习惯

语文学习方法也是小学语文课程的任务之一。叶圣陶先生说过"教是为了不教"。小学生语文素养的形成过程中，学生自主、合作、探究获得的知识、能力等更容易被学生所掌握，内化为学生的语文素养，这就要求学生要掌握一定的语文学习方法。如，勤查工具书的习惯，不动笔墨不读书的习惯，认真听讲的习惯，书写整洁的习惯，善于思考的习惯，敢于质疑的习惯，勇于创新的习惯等等。

（五）丰富语文情意

语文情意包括热爱祖国语文的情感、文化品位、审美情趣、心理素质和人格、品行、思想修养等方面。《语文课程标准》中指出："语文课程应培育学生热爱祖国语文的思想感情，……语文课程还应重视提高学生的品德修养和审美情趣，使他们逐步形成良好的个性和健全的人格，促进德、智、体、美的和谐发展。"语文课程是诸多课程中最富有情感的课程，特别是作为其主要内容的文学作品，总是蕴涵喜怒哀乐、爱憎分明的情感。它能够"培养爱国主义情感"和"培植热爱祖国语言文字的情感"。语文课程的情感教育功能，往往是潜移默化的，格外有力而持久。语文课程对学生的情感教育作用的程度之深，有时连语文教育工作者也未必充分意识到。这种情感教育功能并非语文课程所独有，但其作用之大，则非其他课程所能及。

在小学语文教学中，要让学生欣赏汉字的形象美，培养学生热爱祖国语言文字的情感；领略中华文化的博大精深，吸收民族的文化智慧，传承优秀传统文化；受到高尚情操和趣味的熏陶，提高学生的文化品位和审美情趣；尊重多元文化，吸收人类优秀文化营养。

二、培养学生的创新能力

创新能力是提出新问题、解决新问题的能力，它主要包括创新思维能力和创造想象能力。小学语文是基础教育中的基础学科，培养学生的创新精神是其分内的职责；同时，它又是一门极富情感，极具个性，极易激发学生想象和创新思维的学科，在培养学生创新精神和创新能力方面发挥着独特作用。语文教学培养学生的创新能力势在必行。

在语文学习活动中，要把学生学习的时间、空间还给学生，让他们有充分的时间、广阔的空间自主地学习，创造性地学习，培养学生的创新思维。语文课堂上教师组织开放式教学，默读思考、朗读吟咏、讨论交流、合作研究等等，在这种开放的教学形式中，学生是学习的主体，在理解表达中，他们有自己的观察、自己的想象、自己的语言、自己的真情实感和独立的见解。比如教《曹冲称象》时，可以让学生思考"有没有比曹冲更好的办法"，通过这种发散性问题来培养学生的创新能力。此外，语文学习的开放性要求课内与课外的结合，让学生在社会实践中学语文、用语

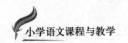

文，提高语文能力，同时，激发学生的创新思维，培养学生的创造能力。

　　语文课堂还能够培养学生的想象力。想象是创造思维的翅膀，一切创造都离不开想象，想象是最有价值的创造因素，它能激励人们勇敢地去探索未知世界，做出新的发现或发明。小学生的想象力丰富，只要教师创造条件，正确引导，让他们展开想象的翅膀，就能很好地激活学生的创新思维，学生有情有景地学课文时，教师要启发学生进行再造想象，边读课文边在头脑里浮出图画。这样既能利用图画帮助理解内容，又能培养学生的想象力。比如教《花钟》时，可以抓住第一自然段的省略号，引导学生想象一下除了文中介绍的花开状态，还有哪些花，它们开放时状态如何？学生异想天开的天性得到发挥，可以让他们联系平时看到的花进行大胆想象，在想象的世界中，培养学生的创新能力。

　　提高学生的语文素养，培养学生的创新精神是小学语文课程的重要任务，在这个过程中，还要激发学生热爱祖国语言文字，热爱中华民族优秀文化传统的感情，形成良好的语文习惯和自学能力，培养学生社会主义思想品质，提高文化品位和审美情趣，发展学生的个性，形成健全的人格。总而言之，小学语文教学是要学生学会做人，必须对孩子的生存负责，对孩子的终身负责，对孩子的完美人生负责。这是现代化社会和未来社会对小学语文教育的基本要求。

◆ 推荐阅读 ◆

　　1. 张志公. 张志公语文教育论集［M］. 北京：人民教育出版社，1994.

　　2. 丛立新. 知识、经验、活动与课程的本质［J］. 北京师范大学学报（社会科学版），1998（4）：25-30.

　　3. 张香竹. 小学语文课程与教学论［M］. 北京：国防工业出版社，2009.

◆ 学习思考 ◆

　　1. 课程的概念有哪些？

2. 小学语文课程的性质是什么？

3. 小学语文课程的任务有哪些？

◆ 教学实践 ◆

1. 结合自己的理解，谈谈对小学语文课程发展的认识。

2. 欣赏一段教学视频，谈谈在这段视频中所体现的小学语文课程性质有哪些？在哪个教学环节中体现出来的？

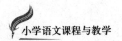

第二章　语文课程标准

【 学习目标 】

1.明确课程标准的定义，了解我国语文课程标准的历史发展沿革。

2.掌握《义务教育语文课程标准（2022年版）》的内容框架。

3.理解《义务教育语文课程标准（2022年版）》关于语文课程的性质、理念、课程目标、内容的论述。明确语文核心素养的内涵，能结合具体案例理解学习任务群的内容要求与教学实施。

4.了解《义务教育语文课程标准（2022年版）》关于学业质量的描述，以及教学实施所包含的内容。

第一节　语文课程标准概述

课程标准是国家意志的体现，是国家教育行政部门依据国家的教育方针和教育目的制定的有关课程的指导性文件。"课程标准是确定学校教育一定阶段的课程水准、课程结构与课程模式的纲领性文件"。[①]

语文课程标准是从语文学科的视角规定了培养人才的具体规格和质量要求，它是语文教材编写、语文教学以及对学生学业进行评价的直接依据。

我国古代没有专门的语文课程。鸦片战争以后，中国沦为半殖民地半

---

① 顾明远.教育大词典（第一卷）［M］.上海：上海教育出版社，1998：893.

封建社会。当时的资产阶级改良派主张向西方学习，提出"废科举、兴学校"的口号，提倡"中学为体，西学为用"。1901年清政府明令各地兴办学堂，次年颁布《钦定学堂章程》，以分科形式存在的小学语文课程初见端倪。这个章程虽然公布了，却未能实行。

1904年1月清政府颁布《奏定学堂章程》，是年为旧历癸卯年，故称癸卯学制。在学制方面，该章程把小学教育分为初等小学堂和高等小学堂两段，分别修学5年和4年，学制共9年。在语文课程方面，初等小学设中国文字科，教学内容是识字、读文、作文；高等小学设中国文学科，教学内容是读文、作文、写字、习官话。该章程将识字、写字、读书、作文、说话等科目合为一科，朝着近代语文课程的建立前进了一大步。"中国现代语文教育史当以1904年语文独立设科而掀开扉页。"①

1907年清政府颁布了《奏定女子小学堂章程》，其中规定的教授科目只有国文科，"国文"科的名称见于法令。

1912年11月教育部颁布《小学校教则及课程表》，旨在"使儿童学习普通语言文字，养成发表思想之能力，兼以启发其智德。"

1920年北洋政府教育部颁布国民学校令，将"国文"科改为"国语"科，并通令全国各国民学校将小学一、二年级的"国文"改为语体文（即白话文）。不久又通令全国，从1922年起，凡国民小学各科教材一律改为语体文。"国语"取代"国文"，"国语"这个名称一直沿用到新中国成立初期。

1922年北洋政府颁布了《学校系统改革案》，即新学制，教育史称为"壬戌学制"。这个学制规定小学学制6年，分为两段，初小4年，高小2年。

1923年颁布我国第一个课程纲要——《小学新学制课程标准纲要》。其中由吴研因负责的《小学国语课程纲要》，明确规定"国语"一科教学内

---

① 李杏宝，顾黄初.中国现代语文教育史［M］.成都：四川教育出版社，2000：4.

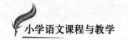

容包括语言、读文、作文、写字4项，培养听、说、读、作、写5种能力。

1929年新的课程标准颁布并于1932年正式刊行，标志着我国语文课程标准的基本定型。1936年、1941年和1948年又颁布课程标准。每次颁行，内容上都有一些修改，但是，在框架体系上没有质的改变。

二十世纪三四十年代，共产党领导的中央苏区、边区和解放区的国语教育卓有成效。1934年中央苏区教育人民委员会颁布了《小学课程教则大纲》。在困难条件下，各地仍然重视国语教材的建设，陕甘宁地区出版了5套初级小学国语课本，晋察冀地区出版了7套小学国语课本。

新中国成立后，我国颁布的小学语文教学指导性文件共有十部。分别是：

《小学语文课程暂行标准（草案）》（1950年）

《小学语文教学大纲（草案）》（1956年）

《全日制小学语文教学大纲（草案）》（1963年）

《全日制十年制学校小学语文教学大纲（试行草案）》（1978年）

《全日制小学语文教学大纲》（1986年）

《九年制义务教育全日制小学语文教学大纲（试用）》（1992年）

《九年义务教育全日制小学语文教学大纲（试用修订版）》（2000年）

《全日制义务教育语文课程标准（实验稿）》（2001年）

《义务教育语文课程标准（2011年版）》（2011年）

《义务教育语文课程标准（2022年版）》（2022年）

不难看出，我国历史上对于课程标准和教学大纲名称的使用，经历了由"课程标准"到"教学大纲"再到"课程标准"三个阶段：

第一阶段是民国初期至 1950 年，这一时期的课程标准虽然是一种教学大纲和课程标准杂合的形态，但仍以"课程标准"新中国成立命名并沿用至 1950 年。

第二阶段是从 1952 年至 20 世纪末，新中国成立初期我国向苏联教育学习，于1952年将"课程标准"的名称修改为"教学大纲"。

第三阶段是从 2001 年至今，在新一轮基础课程改革中，沿用数十年的教学大纲悄然退场，取而代之的是新一代国家课程标准，这实质上是一部具有全新意义的"教学大纲"，体现出鲜明的时代气息。

教学大纲和课程标准虽然都是课程的纲领性文件，深入具体内涵，我们可以发现：教学大纲对于教学方面的规范更为明确，更多强调的是知识和技能的目标，使教师更加关注学习内容和知识点，它是"教与学的内容纲要"。而课程标准更侧重于学生认知发展水平，在课程设置和教学安排方面也为下级教学组织和教师提供了更多自由发挥的空间，它是"学生学习结果的标准"。

习近平总书记在党的二十大报告中明确指出："教育是国之大计。培养什么人、怎样培养人、为谁培养人是教育的根本问题。"随着义务教育全面普及，教育需求从"有学上"转向"上好学"，必须进一步明确"培养什么人、怎样培养人、为谁培养人"，优化学校育人蓝图。当今世界科技进步日新月异，网络新媒体迅速普及，人们生活、学习、工作方式不断改变，儿童青少年成长环境深刻变化，人才培养面临新挑战。

2022年颁布的《义务教育语文课程标准（2022年版）》顺应时代要求，与时俱进，修订完善。基于义务教育的培养目标，将党的教育方针具体化细化为课程着力培养的核心素养，体现正确价值观、必备品格和关键能力的培养要求。

第二节 《义务教育语文课程标准（2022年版）》解读

2019年初，教育部正式启动了对义务教育语文课程标准的修订工作，经过近三年的修订，2022年4月21日，《义务教育语文课程标准（2022年版）》（下文简称"2022年版课标"）正式颁布，成为新中国成立后颁布的第十部教学指导性文件。

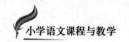
义务教育语文课程标准修订组组长、北京师范大学郑国民教授对于修订背景总结了三条：

第一，落实党和国家教育方针政策，体现未来社会人才培养新要求。

第二，认真总结义务教育语文课程改革二十年来的成就和经验，深入分析课程实施中出现的突出问题，探索我国语文课程建设新方向。

第三，把握世界基础教育发展趋势，关注国际课程改革新动态，努力探索出具有一定世界影响的中国特色语文课程标准。

2022年版课标的内容框架如下图所示：

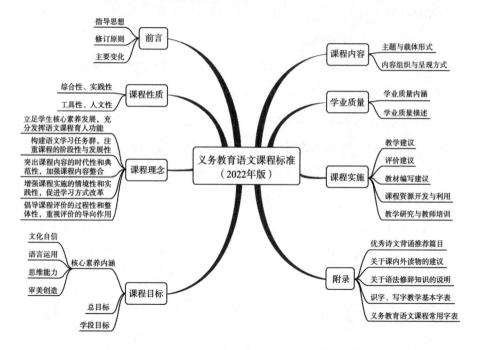

图 2-1 《义务教育语文课程标准（2022 年版）》框架图

一、课程性质

性质是一门学科有别于其他学科的特点。"历史的教训告诉我们，不明确语文学科的性质，语文教育就会像一只没舵的航船，时东时西，时左时右，随风漂流。"①正确认识小学语文学科的性质，才能准确提出课程目标，理解教学内容，优化教学过程，提高教学质量。

语文课程的性质是语文课程最主要的特征，体现语文课程与其他课程的区别。在现当代语文教育发展的百年历史中，课程性质问题一直是语文教育研究的核心话题，它是对语文课程本体的追问，是统率语文教育全局、决定语文教育发展方向的重要问题。

中华人民共和国成立后颁布的教学大纲与课程标准关于语文课程性质的表述如下：

1956年《小学语文教学大纲（草案）》：小学语文学科是以社会主义思想教育儿童的强有力的工具，是各科教学的基础。

1963年《全日制小学语文教学大纲（草案）》：语文是学好各门知识和从事各种工作的基本工具。

1978年《全日制十年制学校小学语文教学大纲（试行草案）》：语文是一门重要学科，特点是思想教育和语文教学的辨证统一。

1986年《全日制小学语文教学大纲》：小学语文是基础教育中的一门重要学科，不仅具有工具性，而且有很强的思想性。

1992年《九年制义务教育全日制小学语文教学大纲（试用）》：小学语文是义务教育中的一门重要学科，不仅具有工具性，而且有很强的思想性。

2000年《九年义务教育全日制小学语文教学大纲（试用修订版）》：语文是最重要的交际工具，是人类文化的重要组成部分。

2001年《全日制义务教育语文课程标准（实验稿）》：语文是最重要的交际工具，是人类文化的重要组成部分。工具性与人文性的统一是语文课程的基本特点。

2011年《义务教育语文课程标准（2011年版）》：语文课程是一门学习语言文字运用的综合性、实践性课程。义务教育阶段的语文课程，应使

---

① 饶杰滕.语文学科教育探索［M］.北京：首都师范大学出版社，2000：130.

学生初步学会运用祖国语言文字进行交流沟通，吸收古今中外优秀文化，提高思想文化修养，促进自身精神成长。工具性与人文性的统一，是语文课程的基本特点。

2022年《义务教育语文课程标准（2022年版）》：语文课程是一门学习国家通用语言文字运用的综合性、实践性课程。工具性与人文性的统一，是语文课程的基本特点。语文课程应引导学生热爱国家通用语言文字，在真实的语言运用情境中，通过积极的语言实践，积累语言经验，体会语言文字的特点和运用规律，培养语言文字运用能力；同时，发展思维能力，提升思维品质，形成自觉的审美意识，培养高雅的审美情趣，积淀丰厚的文化底蕴，继承和弘扬中华优秀传统文化、革命文化、社会主义先进文化，增强对习近平新时代中国特色社会主义思想的理解和认识，全面提升核心素养。

新世纪基础教育课程改革以来，三个版本的语文课程标准都对语文课程性质做出了厘定。总的来看，2022年版课标对语文课程性质的描述更加完善、丰富，进一步明确了语文课程的基本特点和语文课程的目标和地位等问题，为语文教育教学研究指明了方向。

2022年版课标指出："语文课程是一门学习国家通用语言文字运用的综合性、实践性课程。工具性与人文性的统一，是语文课程的基本特点。"

国家通用语言文字：《中华人民共和国国家通用语言文字法》明确指出，国家通用语言文字是普通话和规范汉字。国家通用语言文字是规范表述、有法可依的表现，有利于语言学习的统一性和规范化。党的二十大报告强调："加大国家通用语言文字推广力度。"这更表明义务教育阶段的语文课程要承担起推广、普及国家通用语言文字、增强民族凝聚力、筑牢中华民族共同体意识的责任、价值与功能。

语言文字运用：语文课程是学习语言文字运用的课程，语言文字运用指向言语。语文课程既要学习言语的内容，即"说了什么"，还要学习言语的形式，即"怎么说"。这是语文课程与其他课程的区别。语文课程归根到底是培养学生正确运用口头语言和书面语言的能力。

综合性：学生的言语实践活动首先是一种综合实践活动，反映在语文教学中，是字词句篇和听说读写的内容的综合。这种综合，反映在小学语文教学的学习领域与实践活动中，在识字与写字、阅读与鉴赏、表达与交流、梳理与探究中，引导学生热爱国家通用语言文字，积累语言经验，同时发展思维、培养审美、热爱祖国语言文字，培养文化自信，培育时代新人，全面提升学生的核心素养。这里的核心素养显然具有综合性的特征，是知识与技能、过程与方法、情感态度价值观"三维目标"化为一体——核心素养的整体表现，是语文教学新维度的综合。

实践性：小学语文教学在本质上就是指向实践的，它培养的是学生口头和书面的言语实践能力，其主要途径为语文实践，大量的口头和书面的言语实践才能使学生形成语文实践能力。学生可凭借的实践资源与实践机会到处都是，因为语文课程是母语课程。

语文教学的实践性，实际上是对语文教育传统的继承与发扬。

《论语》第一句就是"学而时习之，不亦说乎？"孔子的教育内容除"六书"外，还有"六艺"——礼、乐、射、御、书、数，这是偏重于实践与技能的训练。孔子将学习过程归结为"学、思、习、行"四个阶段，其中的"习"与"行"，当为习练与躬行；后在《中庸》里继承并发展为"博学之、审问之、慎思之、明辨之、笃行之"。

强调语文教学的实践性，提倡在语文实践中培养学生的语文实践能力，可以说是对我国语文教育中"践行"传统的发扬与光大。

2022年版课标强调语文课程"以生活为基础，以语文实践活动为主线，以学习主题为引领，以学习任务为载体，整合学习内容、情境、方法和资源等要素，设计语文学习任务群"。这从形式和路径上对语文课程作出了要求：一是将语文学习与现实生活进行关联，赋予语文学习以现实价值和意义；二是设置大任务开展主题性或项目化学习，在丰富的阅读实践

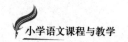

和写作实践中，以发展个体语言经验为基础，同时实现思维能力、审美创造和文化自信等核心素养的整体提升。

工具性与人文性的统一："工具"一词在《现代汉语词典》（第7版）中的含义是："① 进行生产劳动时所使用的器具，如锯、刨、犁、锄。② 比喻用以达到目的的事物。"语文课程的工具性，不仅指语文本身就是一种工具，而且指语文是用以达到目的的工具。"工具性"在这里实际上强调了语文课程的功能与目的。语文课程的工具性是以语言的工具性为基础和前提的。其工具性除了涵盖语文基本功能之外，还包括语文具有的承载社会机构或个人有关思想、政治、道德及审美价值的功能。

语言文字是人类最重要的交际工具和信息载体，是人类文化的重要组成部分。语文课程固有的本质属性，如交际、思维、传承等表现出工具性的特点，语文课程的工具性应该体现在为了学会在生活、学习、工作以及文学活动中运用语言文字的目的上；使学生基本掌握语言文字的工具，初步具备正确运用汉语言文字的能力。

"人文"一词在我国，本是与天文相对衍生出来的。《周易》有句："观乎天文，以察时变，观乎人文，以化成天下。"人文性本身是一种历史深厚的文化，是人类文明的具体体现。

语文课程的人文性表现是使学生自觉接受中华民族以及全人类优秀文化的"影响"与"化育"。正如二十大报告指出："全面建设社会主义现代化国家，必须坚持中国特色社会主义文化发展道路，增强文化自信。"在语文课程的实施中，增强文化意识和规范意识，提高思想文化品位，遵循社会文明准则和语言文字运用规范，包括书写和表达的规范；允许甚至鼓励学生对语文学习的内容和方式有所选择，对语言的运用有自己的感受和体验，提倡个性化的阅读、书写和表达。语文教育对于学生，一方面要求文明化、社会化和规范化，另一方面又要促进学生情感、态度、趣味、个性、潜能和创新精神的健康发展。

工具性是就其手段功能属性而言，人文性是就其意义内容而言。工具作为载体，是表现方式的基本途径；人文则是灵魂和内容，是工具的蕴涵物。

"工具性与人文性的统一，是语文课程的基本特点。"这是人们在20世纪末21世纪初进行语文教育大讨论之后对语文课程特点达成的共识。语文课程的"工具性"强调的是语文课程的实用功能，语言和文字是人们进行日常交际的工具，语文课程正是要教会学生利用祖国通用语言文字进行学习、工作和交流。语文课程的"人文性"表现为语文课程在带领学生进行祖国通用语言的学习中对"人"的关注，它既是指教师不应忽视教材内容本身所含的丰富的人文价值，也是指教师在教学过程中对学生——每个活生生的人的关注，即人文关怀。需要强调的是，"工具性"与"人文性"既相分不杂，又相依不离，二者是"统一"的。

2022年版课标特别补充："语文课程应引导学生热爱国家通用语言文字，在真实的语言运用情境中，通过积极的语言实践，积累语言经验，体会语言文字的特点和运用规律，培养语言文字运用能力。"依据语文教育的特点教学时，语文教师应重视引导学生参与听说读写等语文实践活动，在活动中学习语文知识，形成语文能力，理解文本意义，获得情感体验，受到精神熏陶。语文教师应在课堂教学中带领学生构建一个开放的语文学习世界，打通课堂与社会生活的通道，学语文、爱语文、用语文。

二、课程理念

"理念"一词，原本是一个哲学术语。《辞海》对"理念"一词的解释有两条，一是"看法、思想、思维活动的结果"；二是"理论，观念。通常指思想。有时亦指表象或客观事物在人脑里留下的概括的形象"，理念与观念关联，上升到理性高度的观念称为"理念"。

2022年版课标将相对宏观的理念与相对微观的实施要求融在一起，将"课程理念"整体纳入宏观层面，以和"课程性质"保持一致，更好地实现对整个课标的引领作用。从课程目标、课程结构、课程内容、课程实施、课程评价五个方面提出了课程理念与设计思路。

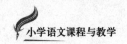

1. 立足学生核心素养发展，充分发挥语文课程育人功能

2. 构建语文学习任务群，注重课程的阶段性与发展性

3. 突出课程内容的时代性和典范性，加强课程内容整合

4. 增强课程实施的情境性和实践性，促进学习方式变革

5. 倡导课程评价的过程性和整体性，重视评价的导向作用

从这些条目的表达可以看出，第一条指向课程价值，具体化了语文核心素养的内涵；第二条指向语文课程结构与课程内容组织与呈现方式，提出了学习任务群的概念；第三条指向课程内容特点，强调了课程内容的整合；第四条指向学习方式改变，强调了语文学习中的情境性和实践性；第五条指向语文课程评价，要求"重视评价的导向作用"。实际上这五条合起来，从价值到内容，从内容的处理到学习方式，再到评价，同样形成了一个完整的逻辑结构，在"课程性质"表达的基础上，进一步体现了2022年版课标内容及其实施和评价的整体认识。

1. 立足学生核心素养发展，充分发挥语文课程育人功能

义务教育语文课程围绕立德树人根本任务，充分发挥其独特的育人功能和奠基作用，以促进学生核心素养发展为目的，以识字与写字、阅读与鉴赏、表达与交流、梳理与探究等语文实践活动为主线，综合构建素养型课程目标体系；面向全体学生，突出基础性，使学生初步学会运用国家通用语言文字进行交流沟通，吸收古今中外优秀文化成果，提升思想文化修养，建立文化自信，德智体美劳得到全面发展。

党的二十大报告明确指出："育人的根本在于立德。全面贯彻党的教育方针，落实立德树人根本任务，培养德智体美劳全面发展的社会主义建设者和接班人。"2022年版课标将"立德树人"放在首位，强调语文课程的育人功能。具体表述中，提出了"素养型目标体系"。"素养型"这一概念，即目标体系指向的是学生的素养养成，而素养的核心是"文化自信、语言运用、思维能力、审美创造"。这一表达从根本上改变了知识与技能本位或者说学科本位的目标理解，这是2022年版课标所体现的根本变

革。"目标体系"的提出必然改变以往单一目标或者多目标各自孤立存在的理解，它是联系的、整体的、融合的。因此，它必然要求学习者改变以往基于某个知识点或者能力点的学习形态，而是建立不同目标不同内容融为一体的综合学习过程，这和语文课程的综合性特点是一致的。

2. 构建语文学习任务群，注重课程的阶段性与发展性

义务教育语文课程结构遵循学生身心发展规律和核心素养形成的内在逻辑，以生活为基础，以语文实践活动为主线，以学习主题为引领，以学习任务为载体，整合学习内容、情境、方法和资源等要素，设计语文学习任务群。学习任务群的安排注重整体规划，根据学段特征，突出不同学段学生核心素养发展的需求，体现连贯性和适应性。

这一条是关于课程结构与课程内容组织与呈现方式的理念。2022年版课标的一大突破是主要以学习任务群来组织与呈现课程内容，根据不同学段学生语文学习的特点，整体规划六个学习任务群的学习内容，体现课程的阶段性和发展性。

学习任务群的设计依据，首先是遵循学生身心发展规律和核心素养形成的内在逻辑。在语文课程中，核心素养的培养需要指向真实世界语文生活的语文实践活动，具有很高的综合性，不可能靠简单的记忆，也不能是单点知识线性排列的学习。

其次，面对日益凸显的知识世界的丰富性、学生情况（包括学习基础、需求）和学习方式的多样性，以及人类对认识方式日益深入的理解等社会现实需求，语文学习任务群也给出了积极的回应。学生作为学习主体，应主动建构言语活动经验，发展高阶思维品质。

学习任务群包含哪些要素？"以生活为基础，以语文实践活动为主线，以学习主题为引领，以学习任务为载体，整合学习内容、情境、方法和资源等要素，设计语文学习任务群。"具体说来，学习任务群包含七种要素：指向生活中语言文字运用真实需求的学习情境；识字与写字、阅读与鉴赏、表达与交流、梳理与探究等语文实践活动；引领性学习主题；综

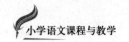

合性、整体性、结构化的学习任务；包括语文知识和典型语言材料等学习内容；语文学习的基本方法；多种多样的学习资源。

3. 突出课程内容的时代性和典范性，加强课程内容整合

义务教育语文课程突出内容的时代性，充分吸收语言、文学研究新成果，关注数字时代语言生活的新发展，体现学习资源的新变化。强调内容的典范性，精选文质兼美的作品，重视对学生思想情感的熏陶感染作用，重视价值取向，突出社会主义先进文化、革命文化、中华优秀传统文化。注重课程内容与生活、与其他学科的联系，注重听说读写的整合，促进知识与能力、过程与方法、情感态度与价值观的整体发展。根据"六三"学制和"五四"学制各自特点，合理组织与安排课程内容。

2022年版课标关于课程内容主要强调了两个方面，即语文课程内容的连贯性与适应性、时代性与典范性，两者背后所体现的则是课程内容的整合。

首先，课程内容整体建构下的连贯性与适应性，即九年义务教育的语文价值、要实现的目标和由此决定的课程内容是整体的，如四大核心素养和六大学习任务群，都是贯穿一到九年级始终的，它们是一种宏观的整体认识；但又结合学段的划分，同一核心素养或者同一学习任务群，在不同学段有着不同的内涵与学习要求，这体现课程目标与内容的阶段性特点。

其次，在凸显时代性与典范性的基础上，实现课程内容的整合。这就要求语文教师改变课程内容的"点"状思维，即知识点、能力点的碎片化解读，形成语文教学目标与内容的整合意识，每一个学习内容都是整合的结果，每一堂课都是整合的过程。2022年版课标学习任务群的提出，就体现了这样一种整合的理念，即在整体的学习任务群基础上，结合学段特点、具体的学习内容和学习要求，完成一个个具体的课程内容整合。

这一理念同样建立在时代的发展对语文课程育人价值认识变化的基础上。因此，课标强调课程内容的时代性和典范性，要"充分吸收语言、文学研究新成果，关注数字时代语言生活的新发展，体现学习资源的新变

化"；同时又"强调内容的典范性，精选文质兼美的作品，重视对学生思想情感的熏陶感染作用"。再次，这种课程内容整合的范畴相比以往的要求大大拓展了，是"以生活为基础，以语文实践活动为主线，以学习主题为引领，以学习任务为载体，整合学习内容、情境、方法和资源等要素，设计语文学习任务群。注重课程内容与生活、与其他学科的联系，注重听说读写的整合，促进知识与能力、过程与方法、情感态度与价值观的整体发展"。在这里，时代特征、社会生活、课程资源、思维工具、学科融合等，包括语文课程本体的听说读写的整合，以及语文实践活动，构成一个完整的开放性结构，形成一个迥然不同于以往的课程内容的理解。这种课程内容的整合，必然对语文教学和学生的语文学习提出全新的改革要求。

4. 增强课程实施的情境性和实践性，促进学习方式变革

义务教育语文课程实施从学生语文生活实际出发，创设丰富多样的学习情境，设计富有挑战性的学习任务，激发学生的好奇心、想象力、求知欲，促进学生自主、合作、探究学习；引导学生注重积累，勤于思考，乐于实践，勇于探索，养成良好的学习习惯；关注个体差异和不同的学习需求，鼓励自主阅读、自由表达；倡导少做题、多读书、好读书、读好书、读整本书，注重阅读引导，培养读书兴趣，提高读书品位；充分发挥现代信息技术的支持作用，拓展语文学习空间，提高语文学习能力。

关于学习方式，2022年版课标依然延续了"自主、合作、探究"的倡导，依然在强调学生主体、素养为先、教的过程要走向学的过程等，但在具体的表达上有了更丰富的内涵。我们可以关注这段话里分号的运用，通过分号，把"自主、合作、探究学习"与"良好的学习习惯""个体差异和不同的学习需求""培养读书兴趣，提高读书品位""拓展语文学习空间"等并列起来，从而强调了对学习方式要做综合解读。它不仅指学习形态，还包括学习习惯、学习需求、学习目标、学习空间等，这同样体现了2022年版课标多维整合的基本理念。

情境性和实践性在语文课程标准中首次获得如此高度的重视，总体

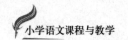

而言，情境性与实践性这两个概念也是密不可分的，情境指向实践，实践依托情境，是在情境中"注重积累，勤于思考，乐于实践，勇于探索"。

2022年版课标提出情境的语境或者说前提是"从学生语文生活实际出发"。"语文生活实际"不等于"生活实际"，因为"语文生活"与"生活"的范畴是不一样的，前者是学生在语文学习过程中所接触到的种种及其所形成的经历，后者则是学生自身生命成长过程的经历，就某种意义讲，前者的范畴是大于后者的，因为"语文生活"中学生接触的种种有许多并不是学生实际生活中所能接触到的。并且，创设情境的目的是"设计富有挑战性的学习任务"，同样，语文学习任务也不是学生的生活实际所能涵盖的。因此，要思考"丰富多样的学习情境"包含学生的生活实际，也包含时代的、社会的、历史的、文化的等，"丰富多样的学习情境"即是结合相应的学习内容和要求，运用不同维度的背景资源所创设的情境，以有助于学习任务的设计，进而"促进学生自主、合作、探究学习"。

5. 倡导课程评价的过程性和整体性，重视评价的导向作用

义务教育语文课程评价要有利于促进学生学习，改进教师教学，全面落实语文课程目标。课程评价应准确反映学生的语文学习水平和学习状况，注重考察学生的语言文字运用能力、思维过程、审美情趣和价值立场，关注学生学习过程和学习进步。根据不同年龄学生的学习特点和不同学段的学习目标，选用恰当的评价方式，抓住关键，突出重点，加强语文课程评价的整体性和综合性。注重评价主体的多元与互动，以及多种评价方式的综合运用，充分利用现代信息技术促进评价方式的变革。

2022年版课标以单独的条目阐述了课程评价的理念和要求，体现了对评价的高度关注。整个条目包括四句话，以总分的结构表达了四层意思。

第一句话从学和教两个视角，简要点明了课程评价的目的和功能。这句话虽然简短，却体现了20多年来课程评价领域的总体方向。

第二句话表达的是全面评价和全程评价的理念。课程改革已经进入核心素养时代，语文课程评价的视野要进一步打开，树立全面的、发展的学业评价观，在关注学生语言运用能力的同时，关注学生的思维评鉴力、审美创造力和文化自信力；在关注学生一时一地学业成绩的同时，着眼于学生长远的能力发展。

第三句话表达的是分类评价和综合评价的理念。一方面要求根据不同年龄学生的学习特点和不同学段的学习目标，因地制宜、因人而异地选用恰当的评价方式；另一方面要求评价抓住关键，突出重点。

第四句话表达的是多元评价和数字化评价的理念。一直以来，我们的评价主要是教师对学生、学校对学生的评价。而事实上，学生对学生的评价、家长对学生的评价在促进学生的学业成就表现方面同样具有不可替代的作用。充分发挥多元主体各自的优势，可以使语文课程评价更具互补性和吸引力。与此同时，数字时代的到来为多元主体参与评价提供了充分的条件，为推动课程评价的范式转型，以及构建立体化的学习评价网络提供了无限可能。

三、课程目标

2022年版课标指出："语文课程围绕核心素养，体现课程性质，反映课程理念，确立课程目标。"

（一）核心素养的内涵

2022年版课标指出：核心素养是学生通过课程学习逐步形成的正确价值观、必备品格和关键能力，是课程育人价值的集中体现。义务教育语文课程培养的核心素养，是学生在积极的语文实践活动中积累、建构并在真实的语言运用情境中表现出来的，是文化自信和语言运用、思维能力、审美创造的综合体现。

就这一表述看，语文核心素养分为四个方面，即"文化自信""语言运用""思维能力""审美创造"。

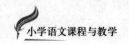

这里的"核心素养"是学生通过课程学习逐步形成的正确价值观、必备品格和关键能力，是课程育人价值的集中体现。这里的"核心素养"指向所有课程。"核心素养"的理念，不只是语文课程的理念，而是所有课程教育的共同理念，它体现了整个中国教育价值追求和培养目标的重大变革。这里的"正确价值观、必备品格和关键能力"指向人的完整成长，即所有课程依据自己的课程特征、课程内涵，确立自己的课程核心素养，并据此建构自己的课程目标体系，实现自己的培养目标，这些课程赋予学生的素养综合起来，才是今天的学生成长所需要的完整的"正确价值观、必备品格和关键能力"，才是今天教育应该实现的育人目标。

其次，要明确语文课程核心素养的指向及其内涵。课标明确指向的是学生本位，即学生适应未来社会发展需要的处于高阶位置的"正确价值观、必备品格和关键能力"。从语文课程核心素养的表达可以看出，其中"文化""语言""思维""审美"是素养的范畴，即课标所说的"是文化自信和语言运用、思维能力、审美创造的综合体现"。语文课程核心素养并不是排斥知识，而是把知识作为素养形成的载体，强调语文课程核心素养是在知识学习的过程中，通过"积极的语文实践活动积累、建构并在真实的语言运用情境中表现出来的"。可见，语文课程核心素养是基于语文的课程特征与课程内容，在课程知识的学习过程中，通过积极的语文实践活动养成并表现出来，进而成为学生整体素养的核心部分。

再次，要理解语文课程核心素养与课程目标之间的关系。语文课程核心素养是语文课程教育的终极性育人目标，是"学生通过课程学习逐步形成的正确价值观、必备品格和关键能力"，具有阶段性、持续性和层级性的特点。而课程目标则是核心素养的具体化，是可视的可操作的并且可测评的具体表达。其中总目标是核心素养范畴和要求的细化；学段目标则是总目标的层级表达，是以逐层进阶的视角，按照学段的推进对总目标所作的分层表达。如此，从语文课程核心素养，到语文课程总目标，再到学段要求，构成完整的目标体系。

（二）总目标

1. 在语文学习过程中，培养爱国主义、集体主义、社会主义思想道德，逐步形成正确的世界观、人生观、价值观。

2. 热爱国家通用语言文字，感受语言文字及作品的独特价值，认识中华文化的丰厚博大，汲取智慧，弘扬社会主义先进文化、革命文化、中华优秀传统文化，建立文化自信。

3. 关心社会文化生活，积极参与和组织校园、社区等文化活动，发展交流、合作、探究等实践能力，增强社会责任意识。感受多样文化，吸收人类优秀文化的精华。

4. 认识和书写常用汉字，学会汉语拼音，能说普通话。主动积累、梳理基本的语言材料和语言经验，逐步形成良好的语感，初步领悟语言文字运用规律。学会使用常用的语文工具书，运用多种媒介学习语文，初步掌握基本的语文学习方法，养成良好的学习习惯。

5. 学会运用多种阅读方法，具有独立阅读能力。能阅读日常的书报杂志，初步鉴赏文学作品，能借助工具书阅读浅易文言文。学会倾听与表达，初步学会用口头语言文明地进行人际沟通和社会交往。能根据需要，用书面语言具体明确、文从字顺地表达自己的见闻、体验和想法。

6. 积极观察、感知生活，发展联想和想象，激发创造潜能，丰富语言经验，培养语言直觉，提高语言表现力和创造力，提升形象思维能力。

7. 乐于探索，勤于思考，初步掌握比较、分析、概括、推理等思维方法，辩证地思考问题，有理有据、负责任地表达自己的观点，养成实事求是、崇尚真知的态度。

8. 感受语言文字的美，感悟作品的思想内涵和艺术价值，能结合自己的经验，理解、欣赏和初步评价语言文字作品，丰富自己的情感体验和精神世界。

9. 能借助不同媒介表达自己的见闻和感受，学习发现美、表现美和创造美，形成健康的审美情趣。

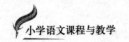

九条课程总目标不是与四大核心素养构成简单的一一对应关系，而是核心素养多方面内涵的综合要求。各条目标之间存在互相关联、相互依存的逻辑关系。与核心素养强调语言运用的基础性地位一致，课程总目标尤其突出了语言运用的基础性作用，从文化自信、思维能力到审美创造，都在语言运用中达到统一。

九条目标在具体实现核心素养某一内涵方面虽非一一对应，但不同的目标存在各自的侧重。第一条目标侧重于"立德树人"；第二、三条目标侧重于"文化自信"，其中第二条侧重于"文化传承"，第三条侧重于"文化实践"；第四、五条目标侧重于"语言运用"，其中第四条侧重于"语言建构"，第五条侧重于"语言运用"；第六、七条目标侧重于"思维能力"，其中第六条侧重于"形象思维"，第七条侧重于"理性思维"；第八、九条目标侧重于"审美创造"，其中第八条侧重于"审美鉴赏"，第九条侧重于"审美创造"。每一条目标都从知识与能力、过程与方法、情感态度与价值观三个维度明确具体要求，构成三维目标与核心素养整合的完整体系。

（三）学段要求

在总目标统领下，2022年版课标依据"六三学制"设定学段要求。对学段目标进行调整、整合，以"识字与写字""阅读与鉴赏""表达与交流""梳理与探究"四类语文实践活动呈现学段目标。

1. 学段要求服务于课程总目标

课程总目标是对学生义务教育阶段核心素养发展的总体要求。基于课程总目标，课程将九年义务教育按"六三"学制分为四个学段，通过"学段要求"对学段内学生发展目标作更精准、更适切的规定和要求，明确不同学段内的目标定位。如上文所述，九条课程总目标以核心素养为纲，每一条目标则重点体现核心素养的某一方面。"学段要求"则不再以核心素养为蓝本，而是着眼于核心素养发展的载体——语文实践活动，即从"识字与写字""阅读与鉴赏""表达与交流""梳理与探究"确立学段发展目标，对不同学段的教与学提出更具有操作性的要求和可量化度更高的评价依据。

2. 学段要求体现学生核心素养发展的阶段性和层级性要求

依据不同年龄段学生核心素养内涵发展的阶段性与同一内涵发展的层级性特征，设置体现成长的阶段性与层级性要求，这是对学生身心发展客观规律和能力发展连续性的尊重，彰显了"立足学生""以生为本"的教育理念。四个学段分别以"识字与写字""阅读与鉴赏""表达与交流""梳理与探究"四类语文实践活动为线，从知识与能力、过程与方法、情感态度与价值观三个维度为学生发展核心素养制定了具有梯度的目标要求。

3. 学段要求的发展性对教学提出的要求

首先，学习方式不同。学段要求的发展性决定了学习方式的差异性。随着学段上升，学习方式的自主性、合作性、探究性不断增强。更注重发挥学生主观能动性，在合作探究中实现知识的建构与运用、能力的培养与提升。教师的教学更着眼于启迪学生认知学习意义，帮助学生学会运用科学的学习方法策略。而低学段相对仍以教师为主导组织学习活动，帮助学生养成良好的学习习惯，使学生热爱学习、学会学习。其次，学段目标要求教师做好学段间的衔接。通过学段要求，教师提前立体地认识和把握即将迎来的教育对象，也明确应为下一学段培养具备什么基础的学生，通过衔接让师与生、教与学双双提前进行全方位、多层次的相互了解、相互适应，给学生搭好过渡的桥梁。

四、课程内容

2022年版课标增加了课程内容部分，在主题与载体形式、内容组织与呈现方式方面进行了重大创新，达到了聚焦学生核心素养、突出中华文化教育和内容结构化的要求。

（一）主题与载体形式

课程内容的主题与载体形式明确了语文课程内容的重点、重要的主题内容、内容的载体形式，实际上是阐明了语文课程的文化构成与重点。党的二十大报告指出："中华优秀传统文化源远流长、博大精深，是中华文明的智慧结晶，其中蕴含天下为公、民为邦本、为政以德、革故鼎新、任人唯贤、天人合一、自强不息、厚德载物、讲信修睦、亲仁善邻等"。

语文课程内容的重点包括中华优秀传统文化、革命文化、社会主义先进文化。

1. 中华优秀传统文化

课程标准围绕创造性转化和创新性发展的要求，确定中华优秀传统文化内容主题，注重弘扬讲仁爱、重民本、守诚信、崇正义、尚和合、求大同等核心思想理念；弘扬有利于促进社会和谐、鼓励人们向上向善的中华人文精神；弘扬自强不息、敬业乐群、扶危济困、见义勇为、孝老爱亲等中华传统美德。

中华优秀传统文化的主要载体包括五个方面：汉字、书法，成语、格言警句，神话传说、寓言故事、历史故事、民间故事、中华民族团结一家亲的故事，古代诗词、古代散文、古典小说，古代文化常识、传统节日、风俗习惯等。

2. 革命文化

课程标准围绕伟大建党精神，明确革命文化内容主题，注重反映理想信念、爱国情怀、艰苦奋斗、无私奉献、顽强斗争和英勇无畏等革命传统。

革命文化的主要载体包括五个方面：老一辈无产阶级革命家和革命英雄人物的代表性作品及反映他们生平事迹的传记、故事等作品，反映党领导人民革命的伟大历程和重要事件的作品，有关革命传统人物、事件、节日、纪念日活动等方面的作品，阐发革命精神的作品，革命圣地、革命旧址和革命文物等。

3. 社会主义先进文化

课程标准围绕社会主义核心价值观，确定社会主义先进文化内容主题，突出爱党、爱国、爱社会主义相统一的主旋律。

社会主义先进文化的主要载体包括三个方面：反映社会主义建设事业中取得的重大成就、涌现出来的模范人物与先进事迹的作品；反映当代中国从站起来、富起来到强起来的奋斗历程和重大事件，以及体现中国式现代化新道路和人类文明新形态的相关作品；反映和谐互助、共同富裕、改革创新、劳动创造美好生活等方面的作品。

在突出上述主题的同时，还应选择反映世界文明优秀成果、科技进步、日常生活特别是儿童生活等方面的主题。主要载体为外国文学名著、科普科幻作品、实用性文章、中外优秀儿童文学作品等。教师要引导学生学习人类文明优秀成果，吸取优秀外国作品中的丰富营养，提高文化修养，在中外文明互鉴中开阔视野，铸牢人类命运共同体意识。同时，还要引导学生学习日常生活中必需的语言文字运用知识与方法，学会文明地交流和沟通，逐步适应、积极参与社会生活，特别关注人工智能、新能源、环境保护等社会生活的重要主题，增进对社会、自然、科学的认识，激发对生活的热爱，增强服务社会、报效祖国的责任意识。具体内容应包括反映日常生活、科学技术、大自然等方面的应用、说明、记叙类作品，以及口头和书面交流与沟通、跨媒介阅读与表达等语文实践活动。

各类主题的相关学习内容应根据不同学段特点统筹安排。体现中华优秀传统文化、革命文化、社会主义先进文化的作品，应占60%—70%；反映科技、自然、生活等方面的应用、说明、记叙类作品，以及外国优秀文化作品，占30%—40%。

（二）内容组织与呈现方式

2022年版课标的内容组织与呈现方式以核心素养为纲，依据义务教育语文课程目标，遵循坚持以文化人、加强语文基础、加强内容整合的原则。以核心素养为纲，意味着课程内容设计不是以知识点为纲，不是知识点的线性安排，也不是把核心素养作为知识点，分解成若干个点设计和组织课程内容。核心素养是整个课程内容设计、选择与组织的统领。2022年版课标改变了以往课程标准将课程目标与课程内容合在一起表述的做法，将课程目标与课程内容分开表述，厘清了两者的关系。

义务教育语文课程内容主要以学习任务群组织与呈现。学习任务群由相互关联的系列学习任务组成，共同指向学生的核心素养发展，具有情境性、实践性、综合性。

1. 语文学习任务群的内涵和特点

语文学习任务群由若干相互关联的学习任务组成。每个学习任务群都应明确学生围绕什么学习主题，在什么学习情境中，学习什么内容，怎样学习，并以学习任务整合学习情境、学习内容、学习方法，引导学生在运用语言文字的过程中发展核心素养。

语文学习任务群以学生的生活为基础，切实加强语文学习与学生生活的联系，内容选择从学生日常语文生活开始，从个人生活到公共生活，从家庭、学校到社会，逐步扩大语文生活的范围。语文学习发生在真实的生活情境之中，由此而设计的学习任务是与日常生活、社会生活相联系的包括语言运用活动在内的活动，容易激发学生的学习动机和兴趣，激活学生的生活积累和经验，提高学生对语言的理解和运用能力，增进学生对生活和社会的认识，从而提高学生的生存和发展能力。

语文学习任务群以学生的识字与写字、阅读与鉴赏、表达与交流、梳理与探究等语文实践活动为主线，整合学习情境、学习内容、学习方法和学习资源，改变了以语法、修辞、逻辑知识或者以文体知识、文学史顺序等为主线组织学习内容的思路，明确了以学习行为为主线重组学习内容。而且，学习内容是与学习情境、学习方法整合在一起的。换句话说，学习内容是与学习行为紧密联系且发生在特定情境之中的。

语文学习任务群以核心素养为纲，以生活为基础，以学习为主线，整合单元各种元素，具体整合途径就是以主题为统领，以任务为载体。以主题为统领，体现了一个单元里内容多样性和一致性的统一，也较好地处理了重点和一般的关系；以任务为载体，体现了学习与实际生活的联系，也体现了一个单元里学习方式的综合性、多样性与关联性、连贯性的统一。

2. 义务教育语文学习任务群的设置

义务教育语文课程设置"语言文字积累与梳理""实用性阅读与交流""文学阅读与创意表达""思辨性阅读与表达""整本书阅读""跨学科学习"六个学习任务群。课程标准对每个学习任务群的定位与内涵都进行了清晰的表达。

六个学习任务群突出义务教育语文课程的任务和儿童学习语文的特点；强化每个学习任务群的主要育人功能，突出正确价值观、必备品格和关键能力，加强识字与写字、日常会话、语言及文化积累、阅读鉴赏、表达交流与沟通、梳理探究、学会学习等语文关键能力的培养；重视学生文化自信、语言运用、思维能力、审美创造的全面发展；重视"整本书阅读""跨学科学习"等新的学习方式，促进学生核心素养与合作、反思、创造等综合素养的整体提高和协调发展。

每个学习任务群既相对独立，相互之间也保持着多种多样的联系。"语言文字积累与梳理"最具基础性，在独立设置学习任务群的同时，也渗透包含在其他学习任务群之中，既可以单独设计学习单元，也可以与其他学习任务群结合设计学习单元。"实用性阅读与交流""文学阅读与创意表达""思辨性阅读与表达""整本书阅读"，虽然区分较为明显，但各自与其他学习任务群也保持着多重关联和呼应。"跨学科学习"在专门设置学习任务群的同时，在其他学习任务群中也都有安排。

每个学习任务群都有机融入了诸多教育元素，都是一个育人的综合体。六个学习任务群都不与核心素养一一对应，也不是从学科知识内容一个维度去考虑，而是综合考虑学习主题、学习场景、学习内容、学习

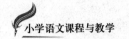

行为等因素而设置，是学科内容逻辑、生活逻辑、学习逻辑有机结合的产物。

六个学习任务群贯串四个学段，螺旋发展，既具有整体性，又体现学段特征。整体性与阶段性统一主要表现在综合考虑学生的生活范围、语言学习需求、学习兴趣、认知特点、语言文字运用能力等发展的阶段性，学段课程目标以及课程内容的连贯性、层次性、广度和深度的发展梯度，统筹设计不同学段的学习情境、学习内容的范围与深度以及学习方式。我们具体分析一下每个学习任务群每个学段的安排，就会看出阶段性安排的内在逻辑是学科逻辑、学习逻辑、生活逻辑的统筹，而不仅仅是学科逻辑。

语文学习任务群充分体现语文课程的综合性和实践性，引领教学方式变革。它以核心素养为纲，改变以知识点、能力点简单线性排列组织课程内容的做法，追求知识、技能和思想情感、文化修养等多方面、多层次目标发展的综合效应，追求课程内容、学生生活、语文实践之间的协调和融通。教学内容的整合重组必然会引领教学的变革，改变围绕学科知识逐点解析的分析型教学，改变围绕学科知识和技能的逐项训练，把学生从被动的接受性学习和机械操练中解放出来。学生要围绕真实情境中的任务，综合运用多种学习方法去识字与写字、阅读与鉴赏、表达与交流、梳理与探究。这种学习是自主、合作、探究的学习，是主动积极的学习、在行动中的学习、创造性的学习。教师会把更多精力放在教学设计与教学组织上，设计基于真实情境的任务，组织引导学生在行动中学习，在用语文的过程中学习语文，在分析和解决问题的过程中学习语文。任务引导的学习需要教师综合运用多种教学方法，如项目引导、问题解决、启发式、讨论式、提示与点拨、展示与分享等，需要教师充分运用信息技术、互联网、人工智能等先进技术和教学手段。

每一个任务群涵盖价值定位、学习内容、教学提示三部分内容，我们重点结合教学案例做解读与说明。

学习任务群1：语言文字积累与梳理

本学习任务群旨在引导学生在语文实践活动中，积累语言材料和语言经验，形成良好语感；通过观察、分析、整理，发现汉字的构字组词特点，掌握语言文字运用规范，感受汉字的文化内涵，奠定语文基础。

这段总述性文字概括了"语言文字积累与梳理"学习任务群的目的，明确了它在整个语文课程中的基础地位。其他五个学习任务群既有赖于学生语言文字积累与梳理的能力，又同时为这种能力的提升服务。

【案例2-1】

藏在身体里的汉字

（一年级）

一、学习主题和内容

（一）学习主题

藏在身体里的汉字。

（二）学习内容

1. 文本阅读：廖文豪《汉字树：身体里的汉字地图》（节选），张雨荷（文）、刘涛（绘）《好玩儿的汉字·我们的身体》。

2. 学生的已有经验：已经认识的与身体有关的汉字。

二、学习目标与课时安排

（一）学习目标

1. 能通过多种方式收集、整理与身体有关的汉字，将积累的相关汉字按照一定的规律归类，初步发现与身体有关的汉字的特点。

2. 能通过图文对照、归类识记等方法，识认与身体有关的生字、新词，丰富自己的字词积累。

3. 能通过制作"藏在身体里的汉字"小挂图等方法，运用语文的方式表达自己对身体的认知，进一步丰富对偏旁表意构字规律的理解。

4. 能感受汉字独特的魅力和汉字学习的乐趣，养成在生活中识字的习

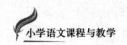

惯和能力，激发识字兴趣，产生主动识字的愿望。

（二）课时安排

6—8课时。

三、学习情境

亲爱的同学们，汉字在生活中无处不在，是每天都会跟我们见面的好朋友。我们在以往的学习中已经认识了很多汉字。你知道吗？在我们的身体里也藏着很多有趣的汉字。在接下来的学习中，我们将开展"藏在身体里的汉字"识字活动。大家一起找一找藏在身体里的汉字，发现它们之间的秘密，并用富有创意的识字工具来展示你的识字成果。还等什么？我们一起来快乐识字吧！

四、学习任务与学习活动

表2-1　单元任务与学习活动设计

学习任务	学习活动	学习内容	课时安排
制作"藏在身体里的汉字"小挂图	找找藏在身体里的汉字	1. 找找藏在身体里的汉字：留心观察生活，在校园、家庭、小区等地方找一找与身体有关的汉字，通过拍照、剪贴、抄写等方式将找到的汉字收集起来。 2. 身体部位我会认：将收集的汉字带回班级，与小组同学交流，互相交换认一认这些汉字指的是身体的哪个部位；小组合作，将收集的与身体有关的汉字放在老师提供的人体挂图中摆一摆，在全班展示。	1
	发现藏在身体里的汉字的秘密	1. 为身体里的汉字分类：在交流展示的过程中，小组合作为汉字分类，发现与身体有关的汉字的构字规律，了解月字旁、页字旁等不同偏旁的意义。 2. "藏在身体里的汉字"小讲堂：和老师一起阅读《汉字树：身体里的汉字地图》（节选），在阅读的基础上，迁移所学，继续查阅资料，探究与身体有关的汉字的由来，在小组、班级里分享，体会汉字里藏着的文化魅力。	3—4

续表

学习任务	学习活动	学习内容	课时安排
制作"藏在身体里的汉字"小挂图	制作"藏在身体里的汉字"小挂图	1. 选择自己熟悉的表示身体部位的汉字，附以简介和配图，制作图文并茂的"我熟悉的身体部位"小名片。 2. 动手制作"藏在身体里的汉字"小挂图：小组合作，画一画"我的身体轮廓图"，收集组内同学制作的身体部位小名片，在轮廓图中拼成小组专属的"藏在身体里的汉字"小挂图，向全班同学宣讲。	2-3

五、过程性评价与单元测评

表2-2　过程性评价与单元测评设计

评价类型	内容	基本标准
过程性评价	找找藏在身体里的汉字	能通过拍照、剪贴、抄写等多种方式收集、记录3个以上熟悉的身体部位的汉字，在身体挂图中摆一摆。
	发现藏在身体里的汉字的秘密	1. 能在阅读文本的基础上，发现月字旁、页字旁等不同偏旁的意义，在语境中初步了解汉字字形与字义的关系。 2. 能根据自己对表示身体部位的汉字的理解，通过多种方式搜集资料，至少讲1个汉字的由来。
	动手制作"藏在身体里的汉字"小挂图	能通过小组合作，为熟悉的身体部位的汉字制作小名片，动手制作小组专属的"藏在身体里的汉字"小挂图，并向全班同学宣讲。
单元测评	"藏在身体里的汉字"交流分享会	1. 能清晰回顾自己通过认识身体部位，理解藏在身体里的汉字的秘密的过程，描述自己印象最深刻的事情。 2. 能对表示身体不同部位的汉字进行分类，发现月字旁、页字旁等不同偏旁的意义，在语境中初步了解汉字字形与字义的关系。 3. 能在分享会中大声地、清楚地交流"藏在身体里的汉字"小挂图。

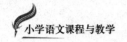

六、资源与工具

（一）资源

学生已经学过的与身体有关的汉字；廖文豪《汉字树：身体里的汉字地图》（节选），张雨荷（文）、刘涛（绘）《好玩儿的汉字·我们的身体》等。

（二）工具

《现代汉语词典》等工具书、人体挂图等。

七、设计说明

汉字形美如画，意美如诗，每个汉字的造字和演变过程都是一段故事，记录着中华民族的历史，反映了我们祖先的聪明才智，隐藏着中华文明生生不息的基因密码。识字教学要引导学生充分感受汉字独特的魅力，享受识字的快乐。

学生首先从生活出发，在已有学习经验的基础上，通过拍照、剪贴、抄写等多种方式收集、整理生活中熟悉的身体部位的汉字，并读一读，认一认。接着借助文本阅读，为身体里的汉字分类，从而发现规律，了解月字旁、页字旁等不同偏旁的意义，在语境中初步了解汉字字形与字义的关系。同时开展"藏在身体里的汉字"宣讲活动，借助资料，利用图文对照、字理识字等多种方法探究与身体有关的汉字的由来。最后通过小组合作，为熟悉的身体部位的汉字制作小名片，动手制作小组专属的"藏在身体里的汉字"小挂图，并向全班同学宣讲，丰富对偏旁表意构字规律的理解，初步形成归类识字的意识，体会汉字中蕴含的独特魅力。

学习任务群2：实用性阅读与交流

语言文字作为最重要的交际工具，在人类信息传递和情感沟通中起着重要的作用。而语文课程作为一门学习国家语言文字运用的综合性、实践性课程。其首要目的就是引导学生牢固掌握使用这一工具的技能。为此，设置"实用性阅读与交流"学习任务群以加强语文课程与生活的联系，凸显语文学科的实用性功能。

本学习任务群旨在引导学生在语文实践活动中，通过倾听、阅读、观察，获取整合有价值的信息，根据具体交际情境和交流对象，清楚得体表达，有效传递信息，满足家庭生活、学校生活、社会生活交流沟通的需要。

【案例2-2】

教室里的世界

（三年级）

一、学习主题和内容

（一）学习主题

教室里的世界。

（二）学习内容

1. 文本阅读：

（1）名篇：《趵突泉》《美丽的小兴安岭》《海底世界》。

（2）图画书：《坐着高铁去新疆》《北纬36度线》。

2. 拓展阅读：门票、导游图、纪录片、《朱自清游记》《八十天环游地球》。

二、学习目标与课时安排

（一）学习目标

1. 阅读一组文章，领略名家笔下不同地方的景致，感受世界的美好，激发学生对世界各地风光的向往。

2. 能够选择自己喜欢的地方，运用文本中描写当地风光的方法，按照一定逻辑查找需要的资料，制作一张明信片，并在班级内布置展区，展示明信片。

3. 能够分工合作，查找自己向往之地的纪录片、门票、旅游攻略等相关资料，搜集该地的特色物品。

4. 借助搜集到的资料，基于自己的阅读体会，大方地向同学介绍自己

向往之地的情况。

（二）课时安排

6课时。

三、学习情境

疫情期间，旅行的脚步虽然受到限制，但我们心中对外面世界的渴望没有消减，我们可以换个思路游世界：跟随大师的脚步，欣赏不同地方的景致，用世界美景装点教室；小组合作，查找更多资料，搜集具有地域特色的物品，丰富生活；举办"世界之窗嘉年华"，通过介绍自己喜欢的地方，了解世界各地风光，把世界带进教室。

四、学习任务与学习活动

表2-3 学习任务与学习活动设计

学习任务	学习活动	活动内容	课时安排
把世界带进教室	用世界美景装点教室	1. 阅读作品，感受世界风光：阅读《趵突泉》《美丽的小兴安岭》《海底世界》《八十天环游地球》等作品，感受文字展示的美丽景致，互相交流分享最吸引自己的地方，发现作者是怎样把一个地方介绍清楚的。 2. 制作"我最向往的地方"明信片：交流分享自己最向往的地方，结合阅读和自己的旅行经历，制作一张"我最向往的地方"明信片。 3. 布置教室，展示明信片：自由结组，按照一定逻辑在班级内布置一个展区，展示明信片。	1
	用世界丰富生活	1. 分组阅读：以展区为组，查找并浏览关于小组所展示地方或地域的门票、旅行攻略、纪录片等相关资料。 2. 丰富认识：分类记录阅读所得，丰富自己对所展示地方或地域的认识。 3. 搜集特色物品：可以搜集所展示地方或地域的特色物品，也可以创意制作相关联的物品。	3

续表

学习任务	学习活动	活动内容	课时安排
把世界带进教室	世界之窗嘉年华	1. 准备介绍词：小组合作，整理自己找到的资料、搜集的物品，结合阅读体验，梳理自己的介绍思路，以合适的方式呈现。 2. 参观嘉年华：以小组为单位进行参观，了解世界各地的风光，学习其他展区的特色。	2

五、过程性评价与单元测评

表2-4 过程性评价与单元测评设计

评价类型	内容	基本标准
过程性评价	用世界美景装点教室	1. 在阅读中能够主动圈画让自己印象深刻的句子，互相交流时能够说出这些句子引发的感受。 2. 能够发现作品中介绍一个地方的方法，并有意识地运用到明信片制作中。 3. 在布置"我最向往的地方"展区时，能够按照从不同方面介绍一个地方的思路分组，或按照搜集介绍同一个地方的不同文章的方式分组，或同时介绍在某个方面有关联的几个城市，如"中国四大古都"。
	用世界丰富生活	1. 小组合作时能够快速分工，有不同想法时能够相互讨论。 2. 能够从众多信息中找到自己需要的信息，并进行分类梳理。 3. 能够找到所展示地区或地域的特色物品，并能够创意制作相关联的物品。
	世界之窗嘉年华	1. 小组分工明确，能够用自己的话解释查到的资料，形成自己的观点，并用合适的方式呈现这些资料。 2. 展区介绍分工明确，担任介绍任务的同学能够做到声音洪亮，仪态大方，及时回应其他同学的提问。
单元测评	小组制作我的旅行见闻录	1. 小组成员人人参与，合理分工，各尽其责，能合作。 2. 结合嘉年华见闻，能够制作图文并茂、故事新颖、设计精美、有创意的见闻录。

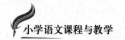

六、资源与工具

（一）资源

以中外作家的游记、图书为主要阅读资源；以纪录片、门票、导游图为补充阅读资料。

（二）工具

网络平台、演示文稿、过程性评价和单元测评的分级标准。

七、设计说明

"实用性阅读与交流"学习任务群指向生活。本案例以"教室里的世界"为主题，以自我表达为路径，以引领学生感受世界的奇妙与美好为目标，不仅关注学生语文综合素养的提升，更关注学生生命成长的需要。

本案例围绕"把世界带进教室"这个大任务设计了三个子任务：

子任务一：用世界美景装点教室。通过阅读名家作品，了解更多地方的景致；通过小组讨论确定自己最向往的地方，学习名家描写景致的方法并将其体现在明信片上，然后通过布置展区进行创意表达。

子任务二：用世界丰富生活。通过分组阅读门票、纪录片、导游图等资料，搜集或制作特色物品，丰富对展示的地方或地域的认识。

子任务三：世界之窗嘉年华。小组合作准备展区介绍词，在分享自己阅读与布置展区的所得中加深对"我最向往的地方"独特之处的认识。作为参观者，学生可以了解更多地方，学习其他展区的特色之处。

这三个子任务紧密围绕"把世界带进教室"这个大任务，引导学生感受世界的奇妙与美好，并以多种形式表达自己的收获。

学习任务群3：文学阅读与创意表达

文学作品在语文教科书选文中所占比例较大，文学作品阅读与欣赏是义务教育阶段重要的语文学习活动。专门设置"文学阅读与创意表达"学习任务群，体现了对文学作品阅读与创意表达教学的高度重视。

本学习任务群旨在引导学生在语文实践活动中，通过整体感知、联想想象，感受文学语言和形象的独特魅力，获得个性化的审美体验；了解文学作品的基本特点，欣赏和评价语言文字作品，提高审美品位；观察、感受自然与社会，表达自己独特的体验与思考，尝试创作文学作品。

"文学阅读与创意表达"学习任务群力求引导学生围绕不同的主题阅读多样的文学作品，从语言和形象等视角鉴赏、评价文本，持续积累审美体验，提升审美能力，提高审美品位；创造性地开展文学作品创作、交流、研讨等读写活动，表达自己对自然、社会、生活的个性化思考。

【案例2-3】

童话世界

（四年级）

一、学习主题和内容

（一）学习主题

童话世界。

（二）学习内容

童话故事：《宝葫芦的秘密》（节选）《巨人的花园》《海的女儿》。

二、学习目标与课时安排

（一）学习目标

1. 搜集整理经典的童话故事，进行"我讲情节，你猜题目"游戏，分享自己最喜欢的童话人物，进一步激发阅读童话故事的兴趣。

2. 阅读中外经典童话故事，通过奇思妙想编故事、围绕重要语句想象画面、代入角色讲故事等方式，领略童话的奇妙构思，发现童话人物的真善美，获取温暖的力量。

3. 在任务情境中学习并展开丰富的想象，用夸张、拟人等手法编织奇妙情节，选择自己喜欢的童话故事，用图文结合的方式续编或新编，在快乐的分享中感受童话世界里的美好。

（二）课时安排

8课时。

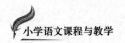

三、学习情境

童话世界里的真善美，有着温暖人心的力量，照亮我们五彩的梦。阅读奇妙的中外经典童话，围绕重点段落和语句展开想象，寻找心中最美好的人。给自己的想象力"松松土"，编写属于自己的五彩童话故事，帮助闪光的"种子"长成参天大树。

四、学习任务与学习活动

表 2-5　学习任务与学习活动设计

学习任务	学习活动	活动内容	课时安排
编织五彩的童话梦	聊聊我喜欢的童话故事	1. 通过搜寻记忆库、查阅资料等方式，搜集经典童话故事的题目，填写童话故事题目采集卡。 2. 根据童话故事题目采集卡，进行"我讲情节，你猜题目"游戏，看谁猜得准猜得多。 3. 与同学分享自己最喜欢的一个童话人物，发现许多童话人物都是善良、热情、勇敢而美好的。	1
	创编一个宝葫芦的故事	1. 阅读《宝葫芦的秘密》（节选），找一找奶奶给王葆讲了哪些宝葫芦的故事，说说宝葫芦的神奇之处。 2. 假如王葆也有一个宝葫芦，他的生活会有什么变化？展开丰富的想象，创编并分享奇妙的故事。 3. 读读原著片段，说说作者的故事和自己编的故事有何不同。 4. 带着自己的疑问再读读原著，分享自己的收获。	2
	寻找巨人花园里的春天	1. 阅读《巨人的花园》，找出并朗读描写巨人花园不同景色的词句，想想花园发生变化的原因，简要说说故事的内容。 2. 情景模拟：巨人不懂花园的春天为什么来得这样迟，你想对他说什么？ 3. 根据"巨人的花园又成了孩子们的花园"这句话，想象巨人看到花园里的热闹场景时的心情，续编童话故事并交流分享。	2

续表

学习任务	学习活动	活动内容	课时安排
	绽放童话世界缤纷的焰火	1. 阅读《海的女儿》，借助"故事山"说说小人鱼的心事，用小人鱼的口吻讲讲、演演这个故事，体会小人鱼的美好品质。 2. 欣赏电影《海底总动员》《疯狂动物城》，说说电影版童话故事最吸引你的地方。 3. 选择你最喜欢的一个童话故事，用图文结合的方式进行续编或创编。 4. 利用课余时间在班里办一次童话故事擂台赛，每个人都上台分享自己的童话故事。	3

五、过程性评价与单元测评

表2-6　过程性评价与单元测评设计

评价类型	内容	基本标准
过程性评价	聊聊我喜欢的童话故事	1. 能借助图表等工具搜集经典童话故事，制作童话故事采集卡。 2. 能积极参与"我讲情节，你猜题目"游戏，感受童话世界的多姿多彩。 3. 愿意分享自己最喜欢的童话故事人物，发现童话故事的美好。
	创编一个宝葫芦的故事	1. 了解故事内容，能说出一两点宝葫芦神奇的地方。 2. 能根据情境展开想象，创编并分享宝葫芦的故事。 3. 能通过对比阅读提出问题，并带着问题读原著，说出一两点阅读收获。
	寻找巨人花园里的春天	1. 能通过找变化理清故事脉络，并简要说出故事的主要内容。 2. 能通过情景体验发现男孩对巨人的影响，感悟巨人内心的变化。 3. 能围绕关键句子想象孩子们尽情玩耍的场景，领悟巨人明白的道理。

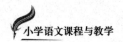

续表

评价类型	内容	基本标准
单元测评	绽放童话世界缤纷的焰火	1. 能借助"故事山"或表格整理出小人鱼的心事,通过表演了解小人鱼的善良和勇敢。 2. 能从推荐的电影中获得一两点启示,发现童话的特点。 3. 能用图文结合的方式续编或创编童话故事,并做到敢于想象和表达有创意。 4. 能用演讲或表演的方式在班级童话故事擂台赛上展示自己创编的童话故事。

六、资源与工具

(一)资源

1. 童话故事:《宝葫芦的秘密》《安徒生童话》《格林童话》《一千零一夜》。

2. 影视作品:《海底总动员》《疯狂动物城》。

(二)工具

任务单、童话故事采集卡、"故事山"情节图、评价量表等。

七、设计说明

童话故事是儿童文学的重要体裁。童话中丰富的想象和夸张的手法可以活跃思维;生动的形象、美妙的故事可以帮助儿童认识社会、理解人生,引导他们做一个通达事理、明辨是非的人。本案例以"童话世界"为主题,整合四个活动展开学习:聊聊我喜欢的童话故事,猜猜我喜欢的童话人物,激发阅读童话故事的情趣;读读宝葫芦的故事,通过奇思妙想创编一个宝葫芦的故事;围绕重要语句想象画面,续编巨人花园春天里的故事;梳理故事情节,代入角色讲讲小人鱼的故事;从影视作品中获得启发,打开想象力的魔法盒,用图文结合的方式编织自己的童话故事,绽放童话世界缤纷的焰火,照亮璀璨美好的童年。

学习任务群4：思辨性阅读与表达

语言文字既是最重要的交际工具，也是最为重要的思维工具。2022版课标将"思维能力"作为核心素养的四个方面之一，并单独设置思辨性阅读与表达学习任务群，体现了对于培养学生思维能力的关注。

本学习任务群旨在引导学生在语文实践活动中，通过阅读、比较、推断、质疑、讨论等方式，梳理观点、事实与材料及其关系；辨析态度与立场，辨别是非、善恶、美丑，保持好奇心和求知欲，养成勤学好问的习惯；负责任、有中心、有条理、重证据地表达，培养理性思维和理性精神。

【案例2-4】

"大智慧"与"小聪明"

（四年级）

一、学习主题和内容

（一）学习主题

"大智慧"与"小聪明"。

（二）学习内容

文本阅读：《晏子使楚》《草船借箭》《负荆请罪》《中国智谋故事》。

二、学习目标与课时安排

（一）学习目标

1. 能通过调查、访谈等形式了解生活中的"小聪明"现象，发现有"小聪明"的人的特点，为自己或同学制作一份关于生活中的"小聪明"警示卡。

2. 能通过比较阅读中华传统智谋故事名篇佳作，改编创作剧本，并代入角色进行展演，感受故事中人物的大智慧，书写自己的大智慧座右铭。

3. 能用口语交际的形式展开"大智慧"与"小聪明"大讨论，表达自己的观点，从表达中提升思辨能力，形成《"小聪明"避雷指南》。

（二）课时安排

5—6课时。

三、学习情境

大智若愚，小智若巧，生活中我们会遇到很多需要用智慧解决的情况和问题，因此我们将开展一次"大智慧"与"小聪明"讨论会。首先，我们要发现生活中的"小聪明"现象，阅读与大智慧有关的文章，寻找故事中蕴藏的处事智慧，感受智慧的魅力。然后在发现与比较中提升思维水平，以"大智慧"与"小聪明"为主题开展班级讨论会，表达自己的观点，形成综合性学习成果，从活动中提升思辨能力。

四、学习任务与学习活动

表2-7　学习任务与学习活动设计

学习任务	学习活动	活动内容	课时安排
"大智慧"与"小聪明"讨论会	发现生活中的"小聪明"现象，制作"小聪明"警示卡	1. 开展发现生活中的"小聪明"现象活动。以"生活中有哪些'小聪明'现象"为任务，通过调查、访谈等方式了解生活中的"小聪明"现象。 2. 制作"小聪明"警示卡。在调查发现的基础上，开展"小聪明"现象讨论会，畅谈生活中的"小聪明"案例，发现"小聪明"形成的原因，发表自己的观点，并制作"小聪明"警示卡，如不能做损人利己的事，不能目光短浅等。	1
	比较阅读中华传统智谋故事，书写大智慧座右铭	1. 开设班级智慧小剧场。阅读《晏子使楚》《草船借箭》《负荆请罪》等中华传统智谋故事名篇，利用"情节曲线"的形式梳理故事脉络。小组合作创编剧本，用表演的形式与同学们分享自己对"大智慧"的理解，并在剧中用旁观者的视角对"大智慧"中的启发点进行评论或总结。	2—3

续表

学习任务	学习活动	活动内容	课时安排
"大智慧"与"小聪明"讨论会	比较阅读中华传统智谋故事，书写大智慧座右铭	2. 开展智慧故事比较阅读交流会。在梳理故事情节、表演课本剧的基础上，借助比较阅读单，发现几个故事和主人公表现出的共同点。例如，拥有"大智慧"的人都不会以损人利己的方式解决和处理问题，而是根据当时的情境迅速选择最恰当的问题处理方式和方法。同时，比较"大智慧"背后蕴藏的不同之处，感受晏子外交遇危急，伶牙俐齿巧处理；廉颇和蔺相如两人顾大局，豁达心胸释前嫌；诸葛亮知天文、晓地理、识人心，最终取得胜利。 3. 书写大智慧座右铭。以古观今，阅读古人大智慧的故事，写下一句能够启发自己的大智慧座右铭。	2-3
	开展"大智慧"与"小聪明"讨论会，创作《"小聪明"避雷指南》	1. 开展"大智慧"与"小聪明"讨论会。在了解生活中的"小聪明"现象和历史中的大智慧故事之后，以"'大智慧'与'小聪明'的区别是什么"为话题，在组内发表自己的观点，并推举代表在班级内分享。 2. 创作《"小聪明"避雷指南》。结合课前开展的"小聪明"调查，对生活中常见的问题情境进行归类，创作一本《"小聪明"避雷指南》，提出有价值的建议，在小组、班级内分享。	1-2

五、过程性评价与单元测评

表2-8　过程性评价与单元测评设计

评价类型	内容	基本标准
过程性评价	发现生活中的"小聪明"现象，制作"小聪明"警示卡	1. 能运用调查、访谈等方法发现生活中的"小聪明"现象，并以图、文、视频等方式进行记录。 2. 能在调查的基础上开展关于"小聪明"现象的讨论会，制作一张"小聪明"警示卡，并做到有理有据。
	比较阅读中华传统智谋故事，书写大智慧座右铭	1. 能在阅读中快速提取故事的主要信息，并进行梳理，改编成剧本。能分享改编后的情境故事，表演时能做到口齿清晰、表达流畅。 2. 能进行不同文本的比较阅读，并利用表格的形式梳理出主人公的大智慧。能通过认真思考书写自己的大智慧座右铭，力求做到个性化表达，书写工整，字迹美观。
单元测评	开展"大智慧"与"小聪明"讨论会，创作《"小聪明"避雷指南》	1. 能清楚表达自己的观点，初步感受思辨力。能准确运用积累的词语、句子、事例支撑自己的观点，完整地表达一段话。 2. 能在讨论的场合认真倾听对方的发言，调整自己的发言内容，清晰、大方、得体地作出回应。 3. 能综合自己对"小聪明"和"大智慧"的理解，对生活中常见的问题情境进行归类，创作一本《"小聪明"避雷指南》，书写工整，条理清晰，设计精巧。

六、资源与工具

（一）资源

学生已经学过或积累过的与智慧有关的古诗词以及文章。

（二）工具

网络搜索软件、电子书等。

七、设计说明

智慧的处事方法是学生随着年龄增长需要具备的一种综合素养，思辨力是学生随着年级增高需要不断培养和提升的一种能力。本案例引导学生先通过调查、访谈发现生活中的"小聪明"现象，制作一张"小聪明"警示卡；再阅读中华传统智谋故事，通过创编剧本、合作表演的形式感受古人身上的大智慧，进一步比较群文中主人公大智慧的相同与不同，引发思考，书写大智慧座右铭；最后让学生在搜集和整理资料的过程中，还原生活的真实情境，以"'大智慧'与'小聪明'"为主题展开讨论，创作一本《"小聪明"避雷指南》，提出有价值的建议，在小组、班级内分享，使学生真切感受大智慧的魅力，同时获得语言、文化、思维的多重成长。

学习任务群5：整本书阅读

整本书阅读是我国语文教育的优秀传统。2022年版课标明确将整本书阅读作为独立的学习任务群来呈现。同时，在附录部分也提出课内外读物的建议，鼓励学生将整本书阅读从课内向课外延伸。课程标准重视整本书阅读正是为了继承语文教育的优良传统，回归语文阅读教学的正道。

本学习任务群旨在引导学生在语文实践活动中，根据阅读目的和兴趣选择合适的图书，制订阅读计划，综合运用多种方法阅读整本书；借助多种方式分享阅读心得，交流研讨阅读中的问题，积累整本书阅读经验，养成良好阅读习惯，提高整体认知能力，丰富精神世界。

【案例2-5】

小兵张嘎故事会

（五年级）

一、学习主题和内容

（一）学习主题

小兵张嘎故事会。

（二）学习内容

革命题材的儿童小说《小兵张嘎》。

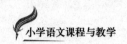

二、学习目标与课时安排

（一）学习目标

1. 能根据阅读计划自主阅读小说；能讲述在故事中感受到的家国情怀和爱国精神。

2. 能自主学习和梳理小说的基本内容，并针对感兴趣的话题展开讨论。

3. 能用不同的方式读、讲、演小兵张嘎的动人故事，并分享自己在阅读中感受到的故事形象、感人场景和人物精神。

4. 能用多种形式展示、分享自己的阅读经历和体会，以及阅读方法和建议。

（二）课时安排

8—10课时。

三、学习情境

阅读革命题材的儿童小说《小兵张嘎》，走进发生在战争年代的儿童故事，感受张嘎从"野孩子"到"小八路"的成长经历，并为他画张像，制作"人物卡片"，感受他独特而丰满的形象；举办"最打动我的那一幕"故事会，和小伙伴一起说说、讲讲小兵张嘎的精彩故事；观赏同名电影或电视剧，比比哪个更有意思，再把喜欢的故事改编成剧本演一演，分享阅读体验，表达对小兵张嘎的崇敬之情。

四、学习任务与学习活动

表2-9　学习任务与学习活动设计

学习任务	学习活动	活动内容	课时安排
讲讲小兵张嘎的故事	制订《小兵张嘎》阅读计划	1. 制订《小兵张嘎》阅读计划，并按计划进行"阅读打卡"，读完整本书。 2. 完成不同章节的"阅读闯关"，并进行自我检测。 3. 评选"阅读闯关小能手"。	2-3

续表

学习任务	学习活动	活动内容	课时安排
讲讲小兵张嘎的故事	我为嘎子画张像	1. 根据具体情节或描写内容，用图文结合的方式制作"人物卡片"。 2. 展示分享"我心目中的嘎子"。 3. 评选"最佳画像师"。	2
	举办"最打动我的那一幕"故事会	1. 选择自己喜欢的一个故事或场景，独自或与小伙伴合作讲述小兵张嘎的故事。 2. 举办"最打动我的那一幕"故事会。 3. 评选"故事大王"。	3
	"嘎子剧场"开演啦	1. 观赏《小兵张嘎》电影或电视剧精彩片段，与小说做比较。 2. 把自己喜欢的一个故事或场景改编成剧本。 3. 戏剧表演。 4. 评选"最佳编剧奖""最佳表演奖"等。	2-3

五、过程性评价与单元测评

表 2-10　过程性评价与单元测评设计

评价类型	内容	基本标准
过程性评价	制订《小兵张嘎》阅读计划	1. 能制订一份完整的"阅读计划"。 2. 能按计划进行"阅读打卡"，并读完整本书。 3. 能完成不同章节的"阅读闯关"，并进行自我检测。
	我为嘎子画张像	1. 能根据具体的情节或描写内容，用图文结合的方式制作"人物卡片"。 2. 能展示和介绍自己制作的"人物卡片"，并从不同角度归纳嘎子形象。 3. 能对他人的作品进行恰当的评价。
	举办"最打动我的那一幕"故事会	1. 能选择喜欢的故事或场景，自己一个人或与小伙伴合作讲述这个故事或场景。 2. 能把故事的主要内容讲述完整，重点情节讲述生动，神情自然大方。 3. 能对他人的讲述进行恰当的评价。

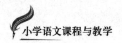

续表

评价类型	内容	基本标准
过程性评价	"嘎子剧场"开演啦	1. 观赏《小兵张嘎》电影或电视剧精彩片段，说出与小说之间的异同。 2. 能把喜欢的一个故事或场景改编成剧本。 3. 能和小伙伴合作完成戏剧表演。 4. 能对他人的剧本、表演等进行恰当的评价。
单元测评	我与"嘎子"的故事	1. 回顾自己阅读《小兵张嘎》的过程，能梳理总结好的阅读方法，自我反思需要改进的建议。 2. 能在线下读书交流会或线上班级读书互动平台上，和小伙伴展示、分享自己阅读《小兵张嘎》的读书笔记，交流自己的读书心得、读书经验等。 3. 能撰写《小兵张嘎》的好书推荐语，吸引更多的人阅读这本书，喜欢上这本书，从故事中汲取营养，收获成长。

六、资源与工具

（一）资源

战争题材的图画书、故事书《小英雄雨来》《王二小》《鸡毛信》《闪闪的红星》等，电影（或电视剧）《小兵张嘎》。

（二）工具

阅读计划、阅读打卡榜单、阅读闯关题、故事情节思维导图、阅读地图、评价量表、阅读反思单等。

七、设计说明

《小兵张嘎》是一部革命题材的儿童小说，离学生的真实生活比较遥远。在教学中，教师可以先勾连学生已有的阅读经历，回忆曾经看过、听过的描写战争年代儿童生活经历的故事、影视作品，简单讲讲故事情节，以及对主要人物的印象。再引导学生阅读《小兵张嘎》，通过导读激发学生阅读期待，指导学生制订阅读计划，自主阅读小说；通过三个学习活动展示阅读收获，进行阅读分享，聚焦人物形象，感受故事情节；用剧本改编和戏剧表演让学生体验角色，表达阅读领悟。本案例的过程性评价是学生在整本书阅读过程中，通过自评、互评等方式主动梳理、展示和分享自己在人物形象感悟、故事情节领悟等方面的阅读体验和阅读收获，并及时调整、改进自己的阅读方法，提高阅读效果。单元测评任务要求学生用自己的方式分享"我与'嘎子'的故事"，旨在引导学生回顾梳理整个单元的学习过程，为后续的整本书阅读积累经验。

学习任务群6：跨学科学习

发展学生的核心素养离不开基础教育阶段各个学科的通力合作。2022年版课标专门设置"跨学科学习"学习任务群，实际是对2011年版课程标准"综合性学习"的深化，渗透了学科融合的课程理念，体现了语文课程的综合性和开放性。

本学习任务群旨在引导学生在语文实践活动中，联结课堂内外、学校内外，拓宽语文学习和运用领域，围绕学科学习、社会生活中有意义的话题，开展阅读、梳理、探究、交流等活动，在综合运用多学科知识发现问题、分析问题、解决问题的过程中，提高语言文字运用能力。

【案例2-6】

充满创意的校园生活

（六年级）

一、学习主题和内容

（一）学习主题

充满创意的校园生活。

（二）学习内容

1. 散文：《早》（吴伯箫），《永远的校园》（谢冕）。

2. 视频：北大宣传片《永远的校园》，清华系列短片《家国君子》。

3. 校园文创：厦门大学手绘明信片、清华大学手绘书签、北京大学手绘地图等。

二、学习目标与课时安排

（一）学习目标

1. 阅读名家佳作，欣赏知名大学的宣传视频和文创作品，简要地向大家介绍三味书屋、知名大学的文化和特点。

2. 能采用实地考察、查阅资料、采访梳理等多种方式收集资料，了解学校的历史、文化、特色等；能围绕主题开展共同讨论，采用书面语与口头语相结合的方式分享自己的经验和感受。

3. 能选择自己喜欢的方式介绍学校的特色和亮点，为学校宣传片设计创意方案；能运用多种方式表达自己在校园生活中的独特体验和感受。

（二）课时安排

6—8课时。

三、学习情境

学校，是一座充满活力的城堡，是一个能量满满的加油站，是一本记载喜怒哀乐的长篇日记。学校，记录了我们的童年，是我们成长的摇篮。我们要做学校的代言人，为学校宣传片设计创意方案，运用多种方式分享自己在校园生活中的体验和感受，让更多的人了解、喜欢自己的学校。

四、学习任务与学习活动

表 2-11　学习任务与学习活动设计

学习任务	学习活动	活动内容	课时安排
设计学校宣传片创意方案	调查：我眼中的学校	1. 设计调查问卷，调查同学们心中最喜欢的学校；征集同学们对学校印象的关键词。 2. 梳理调查结果，提炼关键词，选出学校最具代表性的景观和特色，形成图表式报告。	1-2
	学习名校的宣传方式	1. 阅读两篇散文，并简要分享一下表达的方法和作者的情感。 2. 欣赏视频和文创作品，并简要分享名校的文化、特色、创意等。	1

续表

学习任务	学习活动	活动内容	课时安排
设计学校宣传片创意方案	设计一份学校宣传片创意方案	1. 讨论宣传片的主题和内容框架。 2. 完成一份宣传片剧本。 3. 形成一份宣传片拍摄方案。	2
	"我的学校我代言"宣传片创意分享交流会	1. 设计评价表（评分表）。 2. 小组分享，全班评价。 3. 评选最佳主题、最佳剧情、最佳画面、最佳合作团队等。	2-3

五、过程性评价与单元测评

表2-12　过程性评价与单元测评设计

评价类型	内容	基本标准
过程性评价	调查：我眼中的学校	1. 问卷内容设计合理，指向清晰。 2. 能梳理出关键信息，并形成简要的报告（如表格、思维导图等）。
	学习名校的宣传方式	1. 能读懂散文，了解表达的方法，并体会到作者的情感。 2. 能通过不同的内容学习运用多元的表达方式。
	设计一份学校宣传片创意方案	1. 主题明确，结构清晰，能凸显学校的特点。 2. 剧本的语言准确、情节生动。 3. 能借助画面、音乐等多元的方式进行创意表达。
单元测评	"我的学校我代言"宣传片创意分享交流会	1. 表达逻辑性强，语言生动活泼。 2. 能运用演示文稿、图表、图片等工具辅助表达。 3. 有较好的口语交流能力，声音响亮，速度适中，有礼貌，能做到互动交流。 4. 工作方案清晰，体现了集体的智慧和明确的分工等。 5. 能对他人作出恰当的评价。

六、资源与工具

（一）资源

学校网站、微信平台；学校的各种宣传资料、各种场馆的介绍等；名

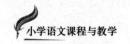

校的宣传片等。

（二）工具

网络搜索软件、在线调查工具、电子文档、演示文稿、视频记录表等；评价表以及单元测评的分级质量标准。

七、设计说明

"设计学校宣传片创意方案"是一个真实的有挑战性的学习任务。从了解学生的真实想法，到让学生学习名校的宣传方式，再到让学生在设计方案和交流分享的过程中自主收集资料、相互合作、表达创意。这种富有挑战性的学习活动，旨在培养学生综合运用语文、艺术、信息科技等学科的知识分析、解决实际问题的能力，发展学生的团队合作、实践创新等综合素养。

五、学业质量

"学业质量"是2022年版课标新增加的部分，是语文学习、教学和评价的基本依据。首次研制了基于核心素养的学业质量标准，建立了一个具有突破性的学业质量体系。

（一）学业质量内涵

学业质量是学生在完成课程阶段性学习后的学业成就表现，反映核心素养要求。语文课程学业质量标准是以核心素养为主要维度，结合课程内容，对学生语文学业成就具体表现特征的整体刻画。依据义务教育四个学段，按照日常生活、文学体验、跨学科学习三类语言文字运用情境，整合识字与写字、阅读与鉴赏、表达与交流、梳理与探究等语文实践活动，描述学生语文学业成就的关键表现，体现学段结束时学生核心素养应达到的水平。四个学段的语文课程学业质量标准之间相互衔接，体现学生核心素养发展的进阶，为核心素养评价提供基本依据。

（二）学业质量描述

学业质量描述的是"六三"学制学业质量标准。"五四"学制学业质量标准参照学段要求研制。

学业质量描述的内容，重点凸显：

1. 完整描述学生核心素养的基本表现

学业质量是学生在完成课程阶段学习后的学业成就表现，是对学生核心素养表现的总体描述，是阶段性评价、学业水平考试和升学考试命题的重要依据，也是语文课程标准的重要组成部分。作为描述学生学习结果的标准，学业质量必须充分体现学生核心素养培养的基本要求，必须与义务教育语文课程总目标、学段要求相对应，能够完整、有效地刻画出义务教育阶段学生核心素养的基本表现；所反映、所描述的必须是学生核心素养的水平，而不仅仅是学生通过义务教育阶段学习所掌握的语文知识和技能水平。

2. 满足不同类型评价与测量的基本要求

作为语文课程学业质量评价的依据，学业质量标准要满足评价与测量的基本要求，尽可能使学业质量水平可观察、可测量、可评价，以便一线教师、教研人员和考试命题人员设计语文课程评价的内容，开发语文学业水平测试工具。

核心素养是人内在的能力和品质，是内隐的和综合性的。它可以通过外在的言语行为表现来观察，但不像知识和技能那样可以直接、分项地测量。它只有在一定的语言运用情境中，通过具体的言语活动才能表现出来。要测量和评价学生的核心素养，需要进一步改进学业质量描述方式，改变传统的语文试题命制方式和题目特征，在描述和设计语言运用情境和言语活动上下功夫，将内隐的综合性语文素养变成可观察、可描述、可测量的外显的语言运用行为。

学业质量标准作为学生核心素养的表现标准，并不仅仅用于纸笔测验，还需要同时满足日常教学开展过程性评价的要求。学业质量不仅描述了学生的能力水平，还描述了伴随着语文关键能力表现出的情感、态度倾向等品质特征。例如，强调学生要"喜欢阅读……""愿意用自己喜欢的

方式……""乐于和他人分享……"等。这些核心素养的重要表现，是完整刻画学生表现水平的必要维度。这些维度难以采用纸笔测验的方式评价，所以需要认真研究和开发适合的过程性评价工具，基于学业质量标准的水平描述，建立系统的、结构化的学生核心素养表现观察量表，以便教师通过日常的系统观察和记录，促进学生核心素养形成和发展，使评价真正为实现立德树人的育人目标服务。

3.清晰刻画语文学业发展的进阶水平

不同学段的学业质量描述对应不同学段的学业质量要求。语文课程按照四个学段划分学业质量标准，四个学段的语文课程学业质量标准之间相互衔接，体现学生核心素养发展的进阶，为核心素养评价提供基本依据。

学习阶段与"学业水平"是密切相关的两个概念，但不能简单地画等号。一般而言，学生的学习随着时间的延长和内容的增加，应该表现出学业水平逐渐提高的趋势。但学生之间存在明显的个体差异，他们在学习过程中的表现不尽相同，在不同学段的进步程度也不相同，学业水平会呈现出一定的差异。语文课程标准修订组同时考虑学习阶段和学业水平两方面的因素，整体规划学生的学业质量标准和进阶水平。

六、课程实施

课程实施部分包括"教学建议""评价建议""教材编写建议""课程资源开发与利用""教学研究与教师培训"五个方面。这五个方面，环环相扣，互相呼应，在课程实施中缺一不可。2022年版课标在评价这一部分增加了"考试命题"的要求，并单独增加了"教学研究与教师培训"，一方面从目标到内容，到学习方式，再到学习评价，更具体到考试命题，增强了课标的指引性和操作性，课程与教学改革走向深水区；另一方面，正因为2022年版课标变革的力度大，所以对教学研究和教师培训提出了新的要求。

关于教学建议。紧紧呼应"课程理念"，体现了课程理念直接作用于教学，课程设计思路决定教学的因果关系。这部分提出了四点建议，第一点指向育人价值，第二点指向学习内容，第三点指向学习方式，第四点指向信息化下的教学变革。依照价值决定内容，价值和内容决定学习过程，然后再决定教学策略的顺序，构成教学要素间的内在关系。

关于教学评价。评价与学习目标高度相关，不仅能促进教师完善教的过程，更重要的是促进学生认识自我状态，调动学习的积极性和主动性。当今教育强调学科育人，关注人的培养与成长过程，对学习方式的重视程度前所未有，因此要建立与之相匹配的过程性评价机制。其次，2022年版课标第一次提出"学业水平考试"的具体要求，显示出国家对这一教育环节的直视与重视。作为终结性评价的重要组成部分，学业水平考试应当精准测评出课程落实情况、学业质量情况和素养发展情况。

关于教材编写建议。建议分别就思想性、文化性、时代性、规律性、系统性、文学性、情境性、开放性、信息化等方面提出具体要求。十条要求中既有一贯坚守的编写原则，如思想性、文化性、文学性要求，也提出了新要求，鲜明地提出教材编写要围绕学习任务群进行纵向进阶和横向关联整合的要求。

关于课程资源开发与利用。课程资源开发与利用是课程有效实施的重要组成部分。课程资源开发与利用的四点要求，包含了课程资源选用原则、开发途径、开发机制和使用原则，遵循这些要求，教师可以较好地参与到课程资源建设中。

关于教学研究与教师培训。特别强调了课程标准的培训，提出要从新时代教育变革的总体方向和要求出发，明晰2022年版课标修订的背景和价值；强调语文课程的素养导向和育人价值，明确核心素养与课程目标、课程内容、学业质量、课程实施等各部分的内在联系；要将学习任务群的设计理念和实施方法作为培训的重要内容，以课程内容及其组织形态的变革推动语文教学方式的变革。这一环节强调教师自身和各级教研机构在课程实施中具有重要作用。

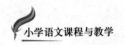

小学语文课程与教学

◆ 推荐阅读 ◆

1. 中华人民共和国教育部.义务教育语文课程标准（2022年版）［S］.北京师范大学出版社，2022.

2. 叶圣陶.叶圣陶语文教学论集（上下册）［M］.北京：教育科学出版社，1980.

3. 郑国民，李宇明.《义务教育语文课程标准（2022年版）》解读［M］.北京：高等教育出版社，2022.

4. 吴欣歆，管贤强，陈晓波.新版课程标准解析与教学指导（小学语文）［M］.北京：北京师范大学出版社，2022.

5. 王崧舟.《义务教育语文课程标准（2022年版）》案例式解读.小学［M］.上海：华东师范大学出版社，2022.

6. 孙宗良，林秋雁等.《义务教育语文课程标准（2022年版）》案例式解读.初中［M］.上海：华东师范大学出版社，2022.

7. 何捷.语文《新课标》一线解读.［M］.上海：上海教育出版社，2022.

8.林治金.中国小学语文教学史［M］.济南：山东教育出版社，1997.

9.人民教育出版社.http：//www.pep.com.cn

10.国家中小学智慧教育平台.https：//basic.smartedu.cn

◆ 学习思考 ◆

1.新中国成立之后，我国颁布的小学语文教学指导性文件有哪些？

2.2022年版课标指出："语文课程是一门学习国家通用语言文字运用的综合性、实践性课程。"谈谈你对这句话的理解。

3.2022年版课标的理念分别是从哪几个方面提出的？

4.什么是"核心素养"？义务教育语文课程培养的核心素养是什么？

5.语文学习任务群包括哪些？结合案例，谈谈你对学习任务群的认识、评价与思考。

6.2022年版课标关于学业质量描述思路与依据是什么？

◆ 教学实践 ◆

1.阅读并绘制2022年版课标内容框架图。

2.阅读或观看相关语文教学的课例与视频，结合统编版教材尝试进行一个学习任务群的设计。

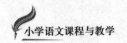

第三章　小学语文教材

【学习目标】

1. 了解小学语文教材的内涵与发展。

2. 了解统编版小学语文教材的特点及创新之处。

第一节　小学语文教材的内涵与发展

教材是课程的重要组成部分，是《义务教育语文课程标准》的具体表现形式。党的二十大报告提出要"增强自主创新能力"，对于语文教学来说，小学语文教材则是教师进行创新性教学的重要载体，是培养学生自主创新能力，养成学生良好的学习方法和习惯的主要媒介，同时也是学校和教育主管部门进行教学管理和教学评估的重要依据。

一、小学语文教材的内涵

关于教材的内涵，早期的教材指的就是课本，随着教育学研究的不断深入，各家对于教材的解释从不同的视角也呈现出各自不同的观点。我国学者钟启泉对于教材的阐述是从实践教学的视角展开的，他认为教材有三个方面的含义，第一，从《义务教育语文课程标准（2022年版）》出发展示的教学内容，如"领会课文大意"；第二，教学内容的具体化形式，如适于学生抓住大意的阅读材料；第三，教师在教学中运用到的其他硬件与软件，如各种教具。①日本学者欢喜隆司则认为，教材受学校的教育内容所制约，它包括学生应掌握的物质对象与观念对象，第一，作为学生的知识体系所计划的事实、概念、法则、理论；第二，同知识紧密相关的、有助于各种能力与熟练的系统学习、心理作业与实践作业的各种步骤、作业方式与技术；第三，知识体系同能力体系的密切结合，奠定世界观之基础的，表现为信念的、政治的、世界观的、道德的认识、观念及规范。

　　一般来说，所谓教材，指的是"教师和学生在教学活动中所使用的主要材料"，是根据学科任务而选编和组织起来的知识和技能体系，是"为学习者提供的有计划的经验"，以及帮助学习者"获得预期学习结果所必需的知识或必要的信念、理解力和习惯"。②总而言之，广义的教材是指为了实现教学目标和课程目标，承载教学内容与课程内容的各种媒介与材料，包括教科书、教学参考书、练习册、补充读本、教学挂图及多媒体材料、教学软件等，其中教科书（课本）是主体。所谓小学语文教材，则是指为了实现小学语文教学目标和课程目标，承载小学语文教学内容与课程内容的媒介与材料，它是实施小学语文课程标准的重要依据，是实现小学语文课程目标的重要资源。

二、小学语文教材的发展

　　纵观语文教材发展的历史，小学语文教材发展的历程是曲折前进的，它经历了古代、近代到现代的发展过程。

（一）古代小学语文教材

1."四书""五经"

　　我国古代学校开发课程和教材的鼻祖是孔子。他首创私人办学的先河，杏坛讲学，继承了西周"六艺"教育的传统，修订、编纂了几种教

---

① 钟启泉.教材概念的界定与教材编制的原则及技术（一）.上海教育，2001，（8）.
② 中国大百科全书编委会.中国大百科全书·教育（2）.北京：中国大百科全书出版社，1985：144.

材，其中影响最大的是"五经"。它包括《诗》《书》《礼》《易》《春秋》。"五经"原与《乐经》并成为"六经"，据历史相传，秦始皇焚书时《乐经》佚失，仅存"五经"。汉武帝时期，"五经"被定为全国通用的必读教材。唐朝时期，这套教材得以充实，除了"五经"外，又增加了算经、医经、律经学，出现了几种儿童识字教材。到了宋朝，又增加了"四书"，即《大学》《中庸》《论语》《孟子》。这样"四书""五经"就形成了我国古代比较完整的课程教材体系，一直沿用到清朝末期。古代的语文教材除了"四书""五经"外，还有蒙学读本。

2. 蒙学读本

蒙学读本影响比较大的有《急就篇》《三字经》《百家姓》《千字文》，后三种又简称"三百千"。

《急就篇》西汉史游编撰，成书时间约在公元前四十年，分章叙述了各种名物，如姓氏人名、锦绣、饮食等。由于分章的原因，也有人把它称作《急就章》。《急救篇》共二千一百四十四字，共三部分：一是"姓氏名字"，四百多字；二是"服器百物"，一千一百多字；三是"文学法理"，四百四十多字。全书为三言、四言、七言的韵语，以便记诵。如：以三言陈说姓名"宋延年，郑子方，卫益寿，史步昌……"，用七言介绍农作物的"稻黍秫稷粟麻秔，饼饵麦饭甘豆羹……"等。

《三字经》是南宋学者王应麟编的，总共一千二百四十字。它包括五部分内容，先说"教"和"学"的重要性，八十四字。如："养不教，父之过，教不严，师之惰……"等。其次讲封建伦常，一百十四字，再就是介绍树木、四时、五行、六谷、六畜等，共九十六个字。如："稻粱菽，麦黍稷，此六谷，人所食……"等。接着是讲述历史，四百六十八字。最后讲了奋发勤学的人物故事，总共二百四十字。如："头悬梁，锥刺股，彼不教，自勤苦……"，用简短而整齐的韵语，便于记诵。三字一句短小精悍、朗朗上口，千百年来，家喻户晓。

《百家姓》作者尚不可考。因为首字是"赵"，是宋朝的国姓，所以学者普遍认为此书成书于宋朝。全书568个字，508个姓。虽然字与字之间，句与句之间没有意义联系，但四字一句的韵文形式朗朗上口，便于记诵。如：赵钱孙李，周吴郑王。冯陈褚卫，蒋沈韩杨……

《千字文》是南北朝梁朝时期周兴嗣编的，梁武帝命其从王羲之书法作品中选取1000个不重复汉字编纂成文。它并不是一千个单字堆积，而是条理分明、通顺可诵的韵文，其内容涉及自然、社会、历史、教育、伦理等多方面的知识，如："天地玄黄，宇宙洪荒。日月盈昃，辰宿列张……"。

除此之外，还有《千家诗》，内容大部分是通俗易懂的名家名篇，便于记忆，成为相辅相成的整套启蒙教材，一直流传到清末。

（二）近代小学语文教材

近代小学语文教材的发展，可以分为两个阶段：即：国文时期的小学语文教材和国语时期的小学语文教材。

1. 国文时期的小学语文教材

中国小学堂国文教科书的编写，始于清末癸卯学制的颁行。清政府1904年颁布的《奏定学堂章程》，正式建立了我国的现代小学教育制度，教育史称为"癸卯学制"。1907年清政府颁布的《奏定女子小学堂章程》，规定的教授科目只有国文科，而无读经科。

此时相应的有代表性的国文教科书也相继问世：1904—1906年上海商务印书馆出版了《最新国文教科书》，共10册，每册60课，每课均附精美图画；内容贴近儿童生活，题材内容丰富，文字由简至繁，但仍显过深；编辑上，以识字为主，阅读由"识字"到"读句"再到"读文"，体现渐进性。

民国初年，国文教科书实行审定制。在此期间出版了多种小学国文教科书。1912年中华书局编印的《新中华新制初小国文教科书》十二册，商务印书馆出版的《共和国新国文教科书》春秋各八册等。这一时期的小学国文教科书，较之传统教材，更注重贴近儿童的生活实际。

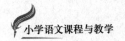

2. 国语时期的小学语文教材

（1）1920—1927年的国语教材

1920年北洋政府教育部训令全国各国民学校先将小学"国文"科改为"国语"科，截至1922年，一律废止小学各年级用文言文编写的国文、修身、唱歌等教科书。此后，中小学其他各科教科书以及大学讲义逐渐全部使用白话文。从文言文到白话文教学是语文教育史上的一次根本性变革。

1923年我国第一个课程纲要《小学新学制课程标准纲要》颁发，在这一纲要的导向下，教科书编纂出现了繁荣的局面。其教材特点为：在内容上，反帝反封建和热爱祖国的内容增加；在形式上，用白话文编写，打破了以前以识字为主的编排方法，增强了课文的文学性和趣味性。这一时期还有传统的私塾，私塾里还在继续使用"三百千"和"四书""五经"。

（2）1927—1937年的国语教材

1927年到1937年的小学国语读本，可分为两大类：一类是国民政府国语读本，一类是苏区政府国语读本。

① 国民政府小学国语教材

这一时期，国民政府国语教科书版本较多，较有代表性的教材有：《复兴国语教科书》《开明国语读本》《国语新读本》等。其中《开明国语读本》是影响最大的一套教材，由叶圣陶编写，丰子恺书画，出版后受到广大师生的欢迎。这一时期小学国语读本的共同特点是：以儿童为本位，以儿童文学为主体。

② 苏区政府小学国语教材

当时苏区政府要求各地小学使用自己组织编写的教材。1933年出版国语教材《共产儿童读本》，1934年出版《国语教科书》。苏区小学国语读本的特点是：密切联系土地革命战争的实际；密切联系生产劳动和苏区群众生活的实际；注意儿童特点，形式多样，通俗生动，有文有图。

（3）1937—1949年的国语教材

这个时期，我国经历了抗日战争和解放战争，国语教材仍然分为两类，一类是国民政府编审的小学国语课本，一类是抗日根据地和解放区编审的小学国语课本。此外，还有私塾和边远地区村学使用的国语教材。

这一时期国民政府《小学国语常识课本》采用综合性的大单元混合编制法，以常识为经，国语配合编组，体例上为单元制；国语教材主要用儿童文学的形式来表现，课本为精读的读本，有的另编国语科补充读物。

根据地和解放区使用的是《边区政府小学国语课本》，课本密切联系抗日战争与解放战争的实际，密切联系生产劳动和边区群众生活实际，但是内容政治化偏重。

（三）现代小学语文教材的发展

从1949年新中国成立直到20世纪80年代末，我国的小学语文教材一直处于"一纲一本"的状态，直到90年代初，国家教育部门提出了"中小学教材要在统一基本要求的前提下实行多元化"的意见，我国小学语文教材才变成了"一纲多本"，走向了多元化发展的繁荣局面。

1. 1950年《小学语文课程暂行标准（草案）》的配套教材

新中国成立初期，由人民教育出版社在老解放区《国语课本》的基础上进行修改，由华北人民政府教育部审定的新教材投入使用，该套教材由叶圣陶先生指导出版，做到了既重视书面语言读写的训练，又重视口头语言听说的训练。课本以《中国人民政治协商会议共同纲领》为指导，既重视对学生爱国主义和新民主主义的指导，又注重对学生优秀品质的教育。整套教材的识字量大约为2800字左右，一律随文识字，几篇课文后编有练习题。此套教材因编写时间短，成书仓促，教材水准不高。

1951年，中央人民政府决定小学实行五年一贯制，由人民教育出版社根据《小学语文课程暂行标准（草案）》编写小学语文教材，但只用到1953年，第二次全国教育工作会议提出暂缓执行小学的五年一贯制，课本只编了两册便宣告完结。

2. 1956年《小学语文教学大纲（草案）》的配套教材

1956年，教育部颁发了《小学语文教学大纲》的草案，这部大纲主张

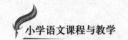

学习苏联的小学语文教育教学经验，人民教育出版社编写了《大纲》的配套教材，该套教材有如下特点：①重视进行社会主义道德教育和辩证唯物主义教育；②识字量为3000个，随文识字；③选入大量名家名作，文艺作品多，忽视应用文的学习；④编写了配套的教学参考书、练习册、录制了朗读录音带、出版了配套的挂图和卡片等。此套课本因"分量较重、内容较深"（教育部《关于语文教学的几个临时办法的通知》），于1957年停止使用。

1958年，在极左思潮的影响下，教育界也掀起了"教育大革命"，此阶段编写的小学语文教材，强调突出政治、紧跟形势，成了政治的附庸。但此时的语文课本第一册首次编入了汉语拼音，由此，汉语拼音正式成为小学语文的教学内容之一。

1960年，教育界展开了"文道关系"的讨论，讨论明确了语文学科的工具性，明确了学校应以教学为主。1961年，人民教育出版社出版了十年制学校的小学语文教材，该套教材有如下特点：① 重视爱国教育，重视培养学生的阶级观点和群众观点，培养学生讲卫生守纪律和勤俭朴素精神；② 识字量为3500个，先学拼音后集中识字；③ 知识性较强，选材范围较广，涉及历史、地理、自然等多个方面；④ 强调多读多练，共安排课文344篇，其中62%的课文要求背诵，每课后有"问题和作业"，每单元后有练习。此套教材注重借鉴我国传统语文教学的经验，吸取了1956年大纲中有益的东西，避开了生搬硬套苏联教学经验的做法，纠正了"教育大革命"造成的偏差，在我国语文教学前进的道路上奠定了坚实的基础。

3. 1963年《全日制小学语文教学大纲（草案）》的配套教材

1963年，教育部在《小学语文教学大纲（草案）》的基础上颁发了《全日制小学语文教学大纲（草案）》，据此编写的小学语文教材强调低年级的小学语文学习以识字为重点，重视语文基础知识的学习，重视语文基本技能的训练。该套教材的特点如下：①识字量为3500个，采用集中识字与分散识字相结合的方法进行学习；②重视写字的教学，将汉字的笔画、笔顺、间架结构等作为知识点编入教材；③共安排课文460篇，其中约240篇要求背诵，每篇后安排练习题，每单元安排单元练习。这套教材将我国小学语文教学的优良传统加以发扬，进一步改变了盲目照搬苏联经验的做法。

4. 1978年《全日制十年制学校小学语文教学大纲（试行草案）》配套教材

1978年到1981年，根据《全日制十年制学校小学语文教学大纲（试行草案）》编写的小学语文教材在全国通用。这套教材力求处理好三个关系：做到思想教育和语文教学的辩证统一；做到知识学习与技能学习的辩证统一；培养学生的自学能力和自学习惯。该套教材具有如下特点：①重视思想政治教育，培养学生热爱党热爱社会主义的精神，加强学生的思想道德教育及为革命而学习的教育；②低年级的学习以识字为主，采用多种方法识字，将随文识字与集中识字结合起来，培养学生的识字能力；③注重对学生阅读能力的培养，不但安排了多种类型的课文，还安排了讲读课文、阅读课文和独立阅读课文，而且逐年加重阅读课文和独立阅读课文的比重，从而培养学生的自学能力；④重视写作训练，安排了习作例文等，提高学生对写作的认识与兴趣，培养学生的写作能力；⑤安排综合训练，进行有关字词句篇、听说读写的基础训练，加强学生语文学习的实践。这套教材综合吸取了新中国成立以来小学语文教材的经验与教训，是我国小学语文教材发展史上又一套重要作品。

1981年教育部颁发了《全日制五年制小学教学计划（修正草案）》，1982年秋季开始在全国推广实行，根据此草案，上述教材被改编为全日制五年制小学语文教材，适当降低了难度，减缓了学习坡度。

5. 1993年《九年制义务教育全日制小学语文教学大纲（试用）》配套教材

1993年颁布的《九年制义务教育全日制小学语文教学大纲（试用）》进一步确立了我国小学语文教材"一纲多本"的原则，因此，人民教育出版社编写出版了五年制和六年制小学语文教材各一套，1993年秋季开始供全国实行九年制义务教育的小学选用。这两套教材有如下特点：①强调素质教育，选文力求优美，着力实现语言文字训练与思想道德教育的统一；②低年级的学习重点转为发展学生的语言能力，重视在语言环境中识字，识字量为2500个；③中高年级的学习重点为读写训练，每组课文前安排"导读"，每组课文后安排"基础训练"，每篇课文前安排"预习"，每篇课文后安排"思考练习"，对学生的训练实现阶梯式前进；④与课本配套使用自读课本，以扩大学生的阅读量，提高学生的阅读能力；⑤重视学生听说能力的培养，由低到高年级安排听话、说话训练，并与读写训练有机结合；⑥出版了与课本配套的教师用书、教学挂图、生字卡片及录音磁带等系列教材。这两套课文紧扣《九年制义务教育全日制小学语文教学大纲（试用）》的精神，教学内容安排较合理，课文体系较严密，满足了现代化语文教育的发展需求。

6. 2001《全日制义务教育语文课程标准（实验稿）》配套教材

2001年1月，教育部基础教育司发布《关于启动国家基础教育课程改革实验工作的通知》，全国的基础教育开始实行"课程改革"。依据教育部颁布的全日制义务教育课程计划和各学科课程标准（实验稿），人民教育出版社、北京师范大学出版社、江苏教育出版社各编辑出版了"义务教育课程标准实验教科书"，经全国中小学教材审查委员会初审通过，并于2001年秋季开始使用，由一年级开始，逐年推开。

人教版"义务教育课程标准实验教科书"是人教社编辑出版的第十套教材。这套教材，自一年级下册开始以专题组织单元，每个单元一般都由单元学习提示、课文、"语文园地"几部分构成；一年级上册教材把学拼音、认识字与读韵文结合起来，识字教材采用多认少写、认写分开的方法编排；每个单元的单元学习提示与"语文园地"的设计，都有利于引导学生自主学习与实践。

北师大版的"义务教育课程标准实验教科书"也采用"主题单元"编

排方式，每个单元一般有2~3篇课文和一个"语文天地"构成；汉语拼音教学放在了第一学期第五至第八单元，先学习部分代表汉字文化的象形字和常用字，再学拼音，以汉字带学拼音；识字教材编写认读书写分流，认读得多，书写得少。

苏教版的《义务教育课程标准实验教科书》采用统一的编写体例，由"培养良好的学习习惯""识字""课文""单元练习"组成；识字教材按照"识写分流、多识少写""识写结合、描仿入体"的策略安排；中年级"习作"与"例文"相联系，由扶到放，有利于促进读写结合。

此后各地使用的小学语文教材除了人教版、苏教版、北师大版外，还有湘教版、鄂教版、鲁教版等多套教材。

7. 2017年至今，统编版语文教科书

随着课程改革的推进，教材也接受着实践的检验，"义务教育课程标准实验教科书"也在不断地进行着修改和调整。根据教育部的要求，从2017年9月入学的一年级起，统一使用教育部组织编写、人民教育出版社出版的《义务教育教科书·语文》，也称为统编版小学语文教科书。

第二节　统编版小学语文教科书

统编版小学语文教科书的推行，再次确立了我国小学语文教材"一纲一本"的原则。统编版相较于之前的版本，在很多方面都有所改进和提升。

一、统编版小学语文教科书的总体特色

（一）整体规划，有机渗透

统编版小学语文教科书是由教育部组织编写，调集全国最强的编写队伍，比一般版本教材站得更高，视野更加开阔。教材体现社会主义核心价值观，强调立德树人。通过"整体规划，有机渗透"将意识形态内容融

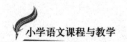

入其中。把能充分体现核心价值观，特别是两个"传统"，即中华优秀传统文化和革命传统教育融入教材的文章选编、内容安排、导语和习题的设计等诸多方面，融入语文所包含的语言教育、情感教育、审美教育，让学生乐于接受，真正达到了党的二十大报告所提出的"落实立德树人"的目的，起到润物细无声的效果。

（二）注重课外延伸，强调与生活结合

统编版小学语文教科书格外注重让语文课往课外延伸，往学生的生活延伸。小学一年级安排了"和大人一起读"栏目。到了中高年级，每个单元都有往课外阅读延伸的设计，还安排了包括"古典诗文诵读"等栏目。新编语文力图让"教读""自读"加上"课外导读"，构成三位一体的教学体系。统编版小学语文教科书在课文的选取、习题的设计、教学活动的安排等方面，贴近当代小学生的语文生活，适应社会转型和时代需求，体现时代性。比如，如何正确地认识和使用新媒体，如何过滤信息，都在教材中有体现。

（三）强调内容编排的科学性

统编版小学语文教科书特别重视小学生的语文认知规律，比如，识字写字教学内容的安排，如何让孩子"多认少写"，尽快学会读书写字，新编一年级教材的识字课文，就采纳了北师大关于儿童字频研究的成果，把儿童读书最先需要认识的300个字，安排在一年级教材中，充分体现教材编写的科学性。另外，增加了很多童谣、儿歌，激发孩子对汉语音韵节奏的感受，提高学语文的兴趣。

二、统编版小学语文教科书的创新之处

语文教材总主编温儒敏在谈部编本教材的创新之处时，提出了以下七点：

（一）选文强调四个标准

四个标准即经典性、文质兼美、适宜教学、适当兼顾时代性。温儒敏指出：统编版小学语文教科书课文数量和原来人教版做比较，课文数量总的是减少了。一年级上册原来共41课，包括汉语拼音13课，识字8课，另有课文20篇；新教材共32课，其中汉语拼音减少为8课，识字则增加到10课，另有课文14篇。数量减少不等于教学总量减少，而是几个版块的内容方式在调整，使教学内容更丰富，也更有效。很多经典课文再次补充到教材中，特别是传统文化和革命传统教育的篇目比重增大。

以二年级下册为例，本册编入4首古诗，两则古代寓言及富含传统文化因素的识字课，"日积月累"中，有序安排了古诗、俗语、古代名言、传统文化常识等经典性内容，也有弘扬爱国主义、革命传统、中华传统美德、社会主义核心价值观等思想内容的课文。如《邓小平爷爷植树》《雷锋叔叔，你在哪里》《千人糕》《神州谣》等。还有从儿童的经验世界和想象世界出发，反映时代精神风貌、表现儿童思想和情感、充满童心童趣的课文，如《沙滩上的童话》《大象的耳朵》《蜘蛛开店》《青蛙卖泥塘》等，这些课文既文质兼美，富有童趣，适宜教学，又兼顾时代性。

（二）更加灵活的单元结构体例

统编版教材结构上明显的变化是采用"双线"组织单元，一条线是人文主题，即按照"内容主题"组织单元，一个单元的课文大致都能体现相关的主题，但又不给予明确的单元主题命名；同时又有另一条线：语文要素，如基本的语文知识、语文能力、学习策略和学习习惯以及写作、口语训练等，分成若干个知识或能力训练的"点"，由浅入深，由易及难地分布在各个单元。比如三年级上册教科书，除了阅读策略和习作两个单元，其余六个单元都有人文主题和明确的语文要素。

以三年级上册第二单元为例，开篇第一页有两部分内容，一部分提示了本单元"金秋时节"的人文主题；下边语句提示了本单元的语文要素，即："运用多种方法理解难懂的词语"和"学习写日记"，这是本单元的知识能力训练点，目标明确具体。本单元的课文，编排了《山行》《赠刘景文》《夜书所见》三首古诗和《铺满金色巴掌的水泥道》《秋天的雨》

《听听，秋的声音》三篇课文。每篇课文从不同角度展现秋天别样的风景，同时又都承担着"运用多种方法理解难懂的词语"这一训练目标，《古诗三首》侧重借助注释理解难懂的词语；《铺满金色巴掌的水泥道》侧重联系上下文、结合生活实际等方法理解词语；《秋天的雨》以"五彩缤纷"为例，引导学生用不同的方法理解词语的意思；《听听，秋的声音》引导学生运用学过的方法理解相关词语。课后练习题、语文园地的交流平台、词句段运用都有围绕"运用多种方法理解难懂的词语"这一目标的内容。

由此可见，一个单元的几个板块围绕语文要素安排，而且功能不同：单元导语提示语文要素；课文与课后题落实语文要素，学习方法；交流平台梳理总结，归纳方法；词句段运用实践运用方法。

（三）重视语文核心素养，重建语文知识体系

统编版小学语文教科书重新确定语文教学的"知识体系"，落实那些体现语文核心素养的知识点、能力点。那么，小学语文教材是如何体现知识体系和能力点的呢？主要有以下四个渠道：

第一，教师教学用书的每个单元，都有"教学要点和课时安排表"，这个单元的教学要点一目了然。

第二，教科书每个单元的单元导语，提示了本单元知识能力点。

第三，每篇课文的课后题，有一两道是按照本单元知识能力点设计的。

第四，语文园地、习作等板块，有学习方法和知识能力点的提示。

如此，课程内容目标体现的线索和各个学段单元的教学要点更清晰，并体现出螺旋上升的序列和梯度，建构出适合小学的语文核心素养体系，又不刻意强调体系，防止过度操练。

（四）强化阅读，构建"三位一体"的阅读体系

从三年级开始，统编版小学语文教科书开始安排略读课文，形成"精读""略读""课外阅读"三位一体的阅读体系。在统编版小学语文教科书的目录中，不带星号的是精读课文，带星号的是略读课文，每册教科书有一个单元里安排了引导学生课外阅读的板块"快乐读书吧"。

精读课文、略读课文和课外阅读，各自承担着不同的功能：精读课文，老师要精讲，学生学习方法；略读课文，老师略讲，学生运用方法自主阅读；课外阅读，老师引导学生进行大量阅读实践。通过这样的设计，使课内阅读与课外阅读有机整合，共同促进学生阅读能力的提升。

（五）把课外阅读纳入教材体制

与以前人教版实验教材相比，统编教材增加的阅读量多在课外阅读安排上。从课外阅读的栏目看："和大人一起读""我爱阅读""快乐读书吧""阅读链接""资料袋"等，共同构建课外阅读体系。

从一年级开始就重视课外阅读。一年级安排有"和大人一起读"栏目，到二年级"和大人一起读"换成"我爱阅读"，其编排意图都是激发阅读兴趣，加强课外阅读。另外，每册教材有一个单元安排了"快乐读书吧"，三年级开始设置了"你读过吗"和"相信你可以读更多"两个栏目，引导、鼓励学生读书。有的精读课文后面安排了"阅读链接""资料袋"等栏目，引导学生拓展阅读，扩大阅读视野。

统编教材实际上把"课外阅读"部分纳入教学体系，使课内与课外阅读结合，引导学生"多读书、读好书、好读书、读整本的书"。

（六）识字写字教学更加讲究科学性

科学性主要体现在以下三个方面：

第一，放缓汉语拼音学习坡度。改变了以往入学即学拼音的方式，先编排一个识字单元，再排汉语拼音，使拼音和认字互为拐杖，降低了汉语拼音学习难度，明确拼音学习要求不宜过高，只是识字的拐杖。

第二，优先编排300个常用字。这些字是以王宁教授为主的北师大科研团队，依据大量对小学生阅读的调查，从字频的角度来确定必须先学的字，这样的安排更加科学。

第三，识字写字遵循"认写分流、多认少写"的原则。要求认的字，大都是出现频率高的生活常用字；要求写的字，大多是字形简单、构字能

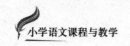

力较强的字，大体按照由易到难、由简到繁、由独体到合体的顺序编排。

（七）重视写作教学

写作教学，一是编排立体化，二是能力序列化。每学期七个"单元习作"，加一个独立的"习作单元"，撑起了习作教学的骨架。此外，有的课后练习题或语文园地的词句段运用中还安排了仿写句子或小练笔，还有语文园地里习作修改、语言积累等多个单项练习。从整体看，单元习作、习作单元、小练笔、单项练习互相配合，形成训练提升习作能力的网络和序列。

◆ 推荐阅读 ◆

1. 杨九俊，姚烺强. 小学语文教材概说［M］. 南京：南京大学出版社，2000.

2. 王相文等主编. 语文教材研究［M］. 北京：高等教育出版社，1999.

3. 金如香. 教科版小学语文教材与小学语文教育［M］. 哈尔滨：黑龙江大学出版社，2011.

4. 温儒敏. "部编本"语文教材的编写理念、特色与使用建议［J］. 课程.教材.教法，2016（11）：3–11.

5. 人民教育出版社小学语文专题网站. http://www.pep.com.cn/xiaoyu/

6. 牟奕蒙. 部编版小学语文低段教材课后习题探究［J］. 郑州师范教育，2020（05）：40–46.

◆ 学习思考 ◆

1. 小学语文教材的发展经历了哪几个阶段，各有什么特点？

2. 统编版小学语文教科书的创新之处有哪些？

◆ 教学实践 ◆

1. 谈谈对统编版小学语文教科书双线结构的理解。

2. 选取一个单元的课文，分小组进行研读讨论其特点并展示讨论成果。

教学篇

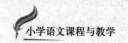

第四章　识字与写字

【学习目标】

1. 明确识字与写字教学的目标与原则，掌握识字与写字教学的方法。

2. 掌握汉语拼音教学的原则和方法。

3. 掌握写字教学的原则与方法。

4. 掌握写字教学应注意的问题。

5. 了解小学阶段儿童认知识字的特点。

第一节　识字与写字教学概述

识字与写字教学是小学语文教学的重要任务之一，在小学语文教学中占有非常重要的地位。2022年版课标将语文课程内容分为共四大板块，而第一板块就是"识字与写字"。识字与写字教学，影响到学生听说读写能力的形成与发展，关系到语文教学的质量和效率。总之，识字与写字教学对完成义务教育语文课程目标和任务具有多方面的功能和作用。

一、识字与写字教学的意义

（一）奠定读写基础

我国传统语文教学就是从集中识字开始的。通过1～2年时间教学生诵读《三字经》《百家姓》《千字文》等识字启蒙课本，使其认识相当数量的汉字，为学生读书写文章奠定基础。识字与写字是阅读和写作的基础，学生不掌握一定数量的汉字，就无法阅读书面语言材料，并用书面语言交流思想，表达情感。因此，识字是形成学生读写能力的先决条件。可以说，识字既是目的，更是手段。识字不是终极目标，而是语文学习的滥觞。识字是为了阅读和写作，离开了读和写，识字就毫无意义。相应的，阅读和写作又是识字的基本途径，是固化、运用识字成果的主要方式，它们之间是相互浸润、相互依存、彼此作用的辩证关系。正是认识到识字在语文教学中的奠基作用以及识字与阅读的互动关系，统编版语文教科书不同程度地加大了一二年级的识字量，以此实现大量识字，提早阅读，提高语文教学效率之目的。

（二）发展认知能力

文字与思维发展是有内在联系的，而思维能力又是构成智力的核心要素。"识字不只是为智力开发提供工具，而且也是促进儿童智力发展的重要手段。"汉字是由不同线条的笔画和结构按特定方式而构成的高度抽象的符号系统。每一个汉字都包括音、形、义三个要素。学生识字，不仅要分别识记音、形、义，还需要建立音、形、义三者之间的统一联系，且能达到自动化程度，即见形而知音、义；闻声而知义、形；知义而晓形、音。儿童识字的过程就是对文字符号的感知，并与语音语义建立联系的过程。在此过程中，他们要进行观察、比较、辨析、归类、推理、想象、综合、概括等一系列的复杂思维活动，其本身就是思维训练的过程。学生独立识字能力的形成，就是思维受到提升和智力得到开发的结果。具体而言，在识字教学过程中，教师一般要引导学生观察字形结构，分解组成部件，感悟义形联系，主动识记字形，进行偏旁部首归类，等等。例如，"仙"字的教学，就要让学生观察字形结构，知道这是一个左右结构的形声字，由"单人旁"与"山"组合而成，学生可以记忆为"住在山里的人就是仙人"。很明显，学生的识记理解的过程有观察、分析、联想、记忆等多种心理因素的参与，他们对字形、字义的记忆超越了机械识记，而

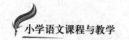

是打上了文化的烙印的意义识记。再如"蚕"字，学生是这样识记的："蚕"，上下结构，上面是"天"，下面是"虫"，因为虫会变成蛾，蛾会飞上天，就是虫子最后能上天，所以是天虫，写成"蚕"。可见，学生这样的理解记忆中包含着他们独特的想象与分析、推理与判断，潜隐着学生创造性、发散性思维的因子。在此，形象思维与逻辑思维高度互动，学生的认知能力、智力水平得到提高。

识字教学能否真正起到发展思维、开发智力的作用，关键还取决于教师的点拨与引导。如果教师具备基本的文字学常识，一定的汉字文化基础，了解小学生识字的心理特点，就能够采取灵活多样、生动有趣的识字教学形式与方法，轻松自如驾驭课堂，善于点拨，巧于引导，使识字教学焕发出生命的活力，弥漫着文化的气息。这样的识字教学定能达到发展学生思维，开启心智，开发潜能，提高认知能力的效应。

（三）提升人文素养

党的二十大报告强调："加大国家通用语言文字推广力度。"我们知道，有无文字是判断一个文明诞生的主要标志之一，文字本身就是文明与文化极其重要的内容。文字符号在一定程度上、一定范围内反映了一个民族的某种文化特征，成为民族文化精神的载体。汉字具有辉煌悠久的历史，它体现出先民的情感与智慧，熔铸了独特的思维方式与审美心理，积淀着汉民族丰富的文化信息。从这个意义上讲，学习汉字的过程就是对学生进行文化启蒙，了解吸收民族文化的过程。汉字有其独特的造字方法和结构方式，其最突出的特征之一就是形象性。古人造字时"仰则观象于天，俯则观法于地。""近取诸身，远取诸物。"通过对对象的直接观照来构筑字的符号，从而以"天文"之形表"人文"之概念。这是汉民族具象思维——观物取象在文字构造上的显现。因此，汉字往往是世界万物的符号性表达。古人用高度概括的简明线条来描摹事物，表达朴素的思想，最终达到表义性与表情性，象形性与审美性浑然一体。因而一个汉字往往就是一个特定的意义世界、情感世界、形象世界与审美世界。汉字形体本身就蕴涵着丰富的文化意蕴和文化资源。"一个汉字，往往就是有关人的一个故事、一种姿态、行为和情致；一个汉字，常常就是有关人的一种智慧，一种情感智慧、生存智慧、生命智慧或伦理智慧。"如"寇"字的形体结构本身就讲述了一个故事。它说的是一个人闯进别人家里，用木棒敲打主人的头，把别人打晕倒之后抢夺财物。这样的行为表现就是"盗寇"。再如"煦"字，从"日"从"火"，句声，阳光灿烂是最暖和的，有阳光有火那就更暖和了。"煦"是暖和的意思。当我们听到"和煦"一词时，潜意识里不是马上就有一种温暖的感觉吗？汉字的形象性、直观性往往使我们一见即感，一感即觉，一觉即了。再看"旦"字是地平线上的太阳，"暮"是太阳落到草丛中，"燕"使我们仿佛看到燕子那剪刀似的尾巴，"瓜"让人联想各种瓜的鲜活形象，"笑"字使人欢快，"哭"字让人悲伤，就像在流泪哭泣。可以说，汉字是有生命有灵性的，汉字结构的每一个笔画、线条，一撇或一点往往都有意义指向，有其特有的内涵。

汉字与文化的这种同构性特点，要求我们在教字过程中就不仅仅是告诉学生某某字由几笔组成，是什么结构，拘泥于引导学生进行单调枯燥的笔画、笔顺、结构等的表层分析，而应该引领学生走进奇异的汉字王国，还原复活抽象的笔画、偏旁部首的生命意义，使学生受到汉字文化启蒙和濡染，化单调乏味的文字识记为内蕴深厚、意趣盎然的文化体认。当然，要做到这一点，需要教师本身具备丰厚的文化底蕴和较好的文字学功底，拥有慧眼进而诗性感悟，析形释义，左右逢源，游刃有余地驾驭教学过程，把汉字的情感意义、深层文化意蕴故事化、意趣化、情境化、形象化、动态化地呈现给学生。这样的识字与写字教学不仅使学生对汉字感悟深刻，记忆牢固，而且受到民族情感、文化精神的滋养浸润，无形中接受了汉民族思维的诗性智慧熏陶，能有效地提升学生的人文素养，对祖国语言文字的热爱之情油然而生。

二、小学阶段儿童识字认知的特点

（一）小学生感知的特点

小学生对事物的感知是以整体轮廓为主的，细致辨别能力差，能够对几何图形做出初步判断，对相关概念也有了一定的了解。随着年龄的增长，学生认知几何图形的能力逐步提高。初入学的小学生经过学习能够初步辨别前后、上下、左右等方位，但辨别的程度还没有达到完善的程度。小学生对时间的认知要晚于对空间的认识，最先掌握的是与他们关系密切的时间观念，然后才能适度的具有抽象的时间观念，最后才能够运用自己的言语表达各种时间关系，但这种表达明显受思维发展水平的限制。

在观察力方面，小学生精确观察的能力低，不能细致地观察具体细节，只能说出事物的个别部分或个别属性；在观察时排除干扰能力差，随意性较强，集中注意较短，并且观察的错误较多；观察事物的顺序较乱，不能按照一定的顺序观察事物。但是到了高年级，这种情况有了明显的改善。高年级学生开始关注观察的顺序，一般能做到从头到尾，边看边说，在观察表述前往往能先想后说。在观察事物时，小学生对所观察的事物不能做出整体性的概括，表述事物的特征不成系统，分不清主次，经常注意于各种无意义的特征而忽略了有意义的特征。

正因如此，所以孩子在识记字形时往往是大体轮廓占优势，分化能力较低。识字中往往移花接木，张冠李戴。比如"鸟"和"乌"，"旅"和"放"等常常混淆。

（二）小学生记忆的特点

虽然小学低年级儿童无意记忆和机械记忆占优势，但有意记忆和意义记忆也有初步的发展。到了高年级，小学生的有意识记和意义识记都明显体现出优势，并且这种能力随着年级的增高而逐渐发展。低年级小学生抽象思维逻辑还没有建立，不善于对记忆的材料进行思维加工，因而较多地运用机械记忆。随着知识经验的丰富，言语和思维的发展，小学生的意义记忆日益增强，机械记忆相对减少。小学生的知识经验和思维方式直接影响到记忆的形式，所以，小学生的具体形象记忆要优于抽象记忆能力，到了高年级，形象记忆和抽象记忆的差异明显减少。

因此，特别是低年级的孩子对汉字的识记属于机械记忆：通常通过字形的分析，或对汉字进行整体记忆。虽然记得快，但汉字之间很难形成有效的联系，组成有机的知识结构，因而也容易忘却。学生们记得快，忘得也快，学习汉字时的回生率较高。如果再把学生的识字学习限定在课本上，使学生的语文学习远离生活，学生识字难度将更大，记得快，忘得也快。

（三）小学生思维的特点

小学生的抽象思维逐步发展，但仍带有较大的具体性。低年级小学生还不能指出事物中最本质的东西，因此他们的思维方式在很大程度上与具体事物相联系，到了小学高年级阶段，逐步能够判别事物的本质与非本质的特征。小学生的抽象思维开始发展，带有很大的不自觉性。他们能够根据已有的一些概念进行判断推理，但还不能自觉地调节、检查或记忆自己的思维过程。这主要是由于小学生思维的分析综合能力与其内部言语的发展能力分不开，只有小学生逐步从出声言语向无声思考过渡时候，他们的抽象思维能力才会达到新的高度。

小学生思维由形象思维向抽象思维过渡，是思维发展过程中的飞跃，因此，在识字教学中要创造充分的条件促进思维方式的转化，通过对汉字形体的科学拆分和讲解，使学生由单纯的记忆汉字逐步发展为能够初步地分析字形。

曹传泳、沈晔的研究表明[1]：从整个辨认汉字的过程来看，儿童首先辨认的是字形的大致轮廓，然后是各个组成部分。在合体字辨认中，首先辨认的是字的组成部分，然后才是部分与部分的关系，字的细节部分被忽略。儿童对字形的精确感知能力随年级的增高而递增。汉字字形结构的常见方式作为已有经验是影响辨认字形的重要因素，并且这种影响随年级升

---

① 叶丽华.生活识字一种重要的识字途径［J］.青海教育，2003，（6）.

高而逐渐增大。学习者对汉字字形的辨认与字的笔画数目、笔画种类和结构繁简有重要关系。学生辨认字形的完整性与精确性的水平，随着所掌握的汉字知识、字形的分析和比较能力的发展而提高。随着汉字学习熟练程度的增加，对汉字的再认就不仅仅在笔画上起作用，而且大于笔画的构件可能作为加工单位而起作用。现代生理学研究成果表明：儿童对形象及空间的感受敏锐，主要是右脑的功能，而左脑擅长语言加工，具有抽象思维的功能。在识字教学中，把形象思维和抽象思维结合起来，就可以使大脑的功能得到充分发挥，有效地提高识字效率。

三、识字教学须注意的问题

（一）在语言环境中识字

著名教育心理学家杜威认为："教育即生活。""社会生活本身的经久不衰需要教导和学习，共同生活过程本身也具有教育作用。"他认为，教育的过程就是生活的过程，教育与生活密不可分。我国的新课程中也明确指出，"课程不是孤立于生活的抽象存在，而是生活的有机构成；课程不是把学生与其生活割裂开来的屏障，而是使学生与其生活有机融合起来的基本途径。"[①]所以，回归生活是我们教学中必不可少的一个环节。生活对教育有着重要的意义，因为在识字教学的过程中，教师要善于发现生活中的这些资源，努力开发并积极利用这些现成的生活环境，引导学生充分利用教科书和课堂以外的学习资源和渠道，鼓励学生积极自主地在生活中学习汉字，将识字过程融入学生的生活当中。

教师要有意识地设置识字任务，提供丰富的语言材料，使学生在不同的语境中识字、应用、巩固。主要有两种做法：一是调动学生的识字积累，引导学生在生活中识字。生活中识字是学生的一种学习理念、学习方式，更应是一种学习态度和学习习惯，应贯穿于整个小学甚至义务教育阶段。对中年级儿童来讲，学生的经验是重要的学习资源和凭借，设置任

---

① 倪文锦.语文新课程教学法（小学）［M］.北京：高等教育出版社，2010：5.

务，引导学生在生活中识字，有利于他们识字的兴趣的养成。教学中可依托教材中的有关内容，将识字引向课外，如：认姓氏字，认各种标牌上的字，从电视、广播中认字，激励学生在生活中识字，使生活成为识字的大舞台，并提供机会让学生交流课外认的字。二是识字与阅读、写话结合。阅读对汉字识别的要求不仅仅是能识别，而且要达到"自动化"的整体认知。也就是说，不必看清字的每一个细节，只要看到字的轮廓或特征，就能准确无误地加以识别。只有达到这样的程度，儿童才有可能联系上下文体会语义，从而顺利地进行阅读。采取识读同步、寓识于读，能有效地提高识字教学的质量。明白了这个道理，才能恰当地处理好识字与阅读的关系。识字是低年级的教学重点，这是大前提。识字又要兼顾与阅读的结合，这是应予以注意的。如一年级上册"识字1"《一去二三里》，其用意是借助诗的语境来学10个生字，这是教学重点。学会了这10个生字，又要将它们放到这首古诗里去诵读，从而培养学生"自动化"地整体认读汉字的能力。与写话结合主要要求应用学会的字，完整意思的文字表达中用出了这些字才算学会，反过来在运用中可以促进这些字的巩固。

（二）鼓励学生用自己喜欢的方式识字

教师应该尊重学生的不同的学习方式和学习方法，鼓励他们用自己最喜欢、最习惯的方法识记汉字。识字的巩固是识字教学的难点，教师要创造多种途径和多样方式，加强学生对已认识汉字的巩固。提倡学生运用记忆规律，发现新知与旧知的联系，恰当运用识字方法。学生的学习风格不尽相同，教师应鼓励学生用自己最喜欢、最习惯的方法尽快地认识汉字。如可以让学生交流这些字认识哪些，是怎么认识的，不认识的字该怎么记。

（三）鼓励学生独立识字

独立识字是低年级识字课堂教学中的重点，相信学生能够应用已经形成的初步的识字能力来独立识字，如结合汉字的学习，认识最常见的偏旁；如果新学的汉字中某一部分是学生会认的独体字，加上认识的偏旁，可以指导学生运用熟字加一加或减一减的方法来学习；可以设计多种活

动，如字词游戏、阅读竞赛活动等，使儿童与汉字反复见面，逐步从本课会认过渡到在其他语言环境也能认识。

中年级的学生已初步掌握了识字工具，在识字教学中，教师应把着眼点放在教会学生识字方法上，无论认识、理解、运用、检查，都靠学生自己来完成。要能做到勤问"三师"，即书师（读课文、查字典）、人师（问老师、问同学）、法师（求教于汉字规律）。

第二节　识字与写字教学目标解读

识字与写字教学的改革直接决定着语文教学的改革，2022年版课标在总目标和阶段目标中，都明确提出了"识字与写字"的学习目标。准确把握"识字与写字"的学习目标及内容，对于改进识字与写字教学，对于提高学生的识字能力与写字能力，乃至提高学生的语文素养，都有极其重要的意义。

一、识字与写字教学目标与内容

《义务教育语文课程标准（2022年版）》提出的义务教育阶段识字教学的总目标是：认识和书写常用汉字，学会汉语拼音，能说普通话。主动积累、梳理基本的语言材料和语言经验，逐步形成良好的语感，初步领悟语言文字运用规律。学会使用常用的语文工具书，运用多种媒介学习语文，初步掌握基本的语文学习方法，养成良好的学习习惯。

语文课程标准分别提出了小学三个学段的阶段目标，规定如下：

第一学段（1~2年级）

（一）识字与写字

1. 喜欢学习汉字，有主动识字、写字的愿望。认识常用汉字1600个左右，其中800个左右会写。

2. 学会汉语拼音。能读准声母、韵母、声调和整体认读音节；能准确地拼读音节，正确书写声母、韵母和音节；认识大写字母，熟记《汉语拼音字母表》。

3. 掌握汉字的基本笔画和常用的偏旁部首，能按基本的笔顺规则用硬笔写字，注意间架结构，初步感受汉字的形体美。努力养成良好的写字习惯，写字姿势正确，书写规范、端正、整洁。

4. 学习独立识字。能借助汉语拼音认读汉字，学会用音序检字法和部首检字法查字典。

第二学段（3~4年级）

（一）识字与写字

1. 对学习汉字有浓厚的兴趣，养成主动识字的习惯。累计认识常用汉字2500个左右，其中1600个左右会写。有初步的独立识字能力。能用音序检字法和部首检字法查字典、词典。

2. 写字姿势正确，养成良好的书写习惯。能用硬笔熟练地书写正楷字，做到规范、端正、整洁。用毛笔临摹正楷字帖，感受汉字的书写特点和形体美。

3. 能感知常用汉字形、音、义之间的联系，初步建立汉字与生活中事物、行为的联系，初步感受汉字的文化内涵。

第三学段（5~6年级）

（一）识字与写字

1. 有较强的独立识字能力。累计认识常用汉字3000个左右，其中2500个左右会写。感受汉字的构字组词特点，体会汉字蕴含的智慧。

2. 写字姿势正确，有良好的书写习惯。硬笔书写楷书，行款整齐，力求美观，有一定的速度。能用毛笔书写楷书，在书写中体会汉字的优美。

二、识字与写字教学目标的解读

综观三个学段的识字教学目标，我们可以探知识字教学有如下的目标

和要求：

（一）识字量的要求

2022年版课标中，不同的学段的识字量有不同的要求，如表所示

表4-1 2022年版课标各学段识字量分布表

学段	识字量要求
1-2年级	认识常用汉字1600个左右，其中800个左右会写。
3-4年级	累计认识常用汉字2500个左右，其中1600个左右会写。
5-6年级	累计认识常用汉字3000个左右，其中2500个左右会写。

从纵向上看，低年级承担了较重的识字任务。低年级学生要认识常用汉字1600个，约占小学阶段总识字量的60%，中高年级的识字任务明显减少，两个学段共计完成40%的识字任务。这样的设定与语文课程改革"小学低段侧重解决识字问题，小学中段侧重解决阅读问题，小学高段侧重解决写作问题"的指导思想有关。这也告诉我们低年级是识字教学的重点，教师应该将主要精力倾注在如何有效指导学生大量识字上，而中高年级，在教学重点已经转移的必然前提下，教师应该大力培养学生独立识字的能力，让学生自主承担大部分的识字任务，教师的主导作用体现在加大对重点字和繁难字的点拨上。

从横向上看，2022年版课标坚持"识写分流""多认少写"的原则。在低年级提出"认识常用汉字1600个，其中800个会写"，这样做有利于学生尽早尽快、尽可能多的认字，为阅读创造可能的条件。这样的做法无论是对阅读能力的培养，还是对信息获取能力的提升，都有重要意义。有效防止"认"和"写"的相互牵制，防止形成既认不快，又写不好的恶性循环。

（二）独立识字能力的要求

相对于上文提出识字"量"的要求，识字能力是对识字"质"的要求，所谓"授之以鱼，不如授之以渔"，独立识字能力的培养应是识字教学的主线。学生具备了一定的独立识字能力，掌握了一定的识字方法，就可以通过多种途径自主正确识字。2022年版课标中，对于独立识字能力的要求也有详细的规定，如表所示：

表4-2　2022年版课标各学段识字能力分布表

学段	识字能力的要求
1-2年级	学习独立识字。能借助汉语拼音认读汉字，学会用音序检字法和部首检字法查字典。
3-4年级	有初步的独立识字能力。会运用音序检字法和部首检字法查字典、词典。
5-6年级	有较强的独立识字能力。

从纵向上看，2022年版课标对学生识字能力的要求体现出阶段性的特征，从低年级开始学习独立识字，到中年级有初步独立识字的能力，再到高年级具有较强的独立识字能力，是一个环环相扣、层层推进的过程。教师要结合每阶段的识字能力培养的目标，有效教学、扎实训练，切实提高学生独立识字能力。

从横向上看，每个阶段独立识字能力培养的侧重点又有所不同。低年级应重点培养学生掌握识字的工具，如汉语拼音，偏旁结构等，及时学习独立识字；到了中年级能够较熟练地使用字典、词典去释义，并能形成自己的识字方法系统；而经过低中年级的训练，到了高年级，学生应能够在不需要教师的指导下，较好地自学大部分生字。识字能力的形成离不开学会正确使用字典和词典，教师应在识字教学的过程中教给学生查字典、词典的正确方法。目前，很多小学生不爱使用工具书独立识字，在阅读中遇到不会读的字或者写作中遇到不会写的字，总是习惯性地跳过或者直接请教别人，却不主动使用字典扫除阅读或写作的障碍。这样的行为省略了独立思考的过程，不利于正确识字习惯的养成。教师应安排适量的查字典练习，培养学生主动使用工具书的良好识字习惯，为识字能力的提高奠定基础。

除了对识字量和独立识字能力有要求外，2022年版课标还尊重学生情

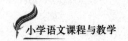

感的需求，明确提出在低年级要培养学生"喜欢学习汉字、有主动识字、写字的愿望"，在中年级要培养学生"对学习汉字有浓厚的兴趣，养成主动识字的习惯"。这些体现了语文课程的人文性。识字的情感、态度和兴趣与识字教学效率的提高有莫大的联系，教师在教学中，应注重对学生识字兴趣的激发、识字情感的植染、识字习惯的培养，让识字教学整体效果的提高成为必然。

（三）写字的要求

语文课程标准特别突出了对写字教学的规定，从下表中可看出不同学段的写字教学的要求：

表 4–3　不同学段写字教学的不同要求

学段	写字的要求
1–2年级	掌握汉字的基本笔画和常用的偏旁部首，能按基本的笔顺规则用硬笔写字，注意间架结构，初步感受汉字的形体美。努力养成良好的写字习惯，写字姿势正确，书写规范、端正、整洁。
3–4年级	写字姿势正确，养成良好的书写习惯。能用硬笔熟练地书写正楷字，做到规范、端正、整洁。用毛笔临摹正楷字帖，感受汉字的书写特点和形体美。
5–6年级	写字姿势正确，有良好的书写习惯。硬笔书写楷书，行款整齐，力求美观，有一定的速度。能用毛笔书写楷书，在书写中体会汉字的优美。

考察"会写"的字的掌握情况，提出：要在重视书写的规范、端正、整洁的基础上，力求美观，有一定的速度。还提出第一学段要关注学生写好基本笔画、基本结构和基本字；第二、第三学段还要关注学生的毛笔书写。强调"义务教育的各个学段的写字评价都要关注学生写字的姿势与习惯，引导掌握基本的书写技能，养成良好的书写习惯"。对三到六年级的学生提出了毛笔书法的要求。其中规定，三到四年级的学生除了能用硬笔熟练书写正楷字，还要用毛笔临摹正楷字帖。五到六年级学生能用毛笔书写楷书，并且强调"义务教育的各个学段的写字评价都要关注学生写字的

姿势与习惯，引导学生提高书写质量"。

作为母语教育，最为突出的特点之一就是汉字的识记与书写。近年来，母语教学受到多方面的冲击，写字教学首当其冲。在实践中，写字教学成了阅读教学的附庸，指导不细致，时间不充足，评价不到位，听课时常常看到只用三五分钟匆匆一写的现象。电脑化的出现，也使整个社会对书写的重视一落千丈。

根据课标精神，要全面加强对识字写字的要求和评价，充分运用激励机制，让学生看到自己在写字方面的进步，从被动的"要我写"转变为主动的"我要写"，进而促进学生主动写字兴趣的激发，促进学生"独立识字的能力"的形成。

第三节　识字与写字教学设计

我们祖国的汉语言文字，在世界上独树一帜，"六书"造字法造就了千万个具有表意功能的汉字，每个汉字都像一首诗，像一幅画。汉语言文字是世界上最丰富，表达最完整、最准确、最活泼的语言文字之一。每一个汉字都有其特点和蕴含的规律，识字教学时，我们既要了解识字教学的载体——识字与写字教材的特点，又要遵循识字教学的规律去教学。

关于识字与写字教学的历届教材在小学语文教材这一部分已经有详细的描述，这里重点阐述的是现行统编版教材识字与写字部分与以往教材相比的特色：

一、统编版识字与写字教材的特点

（一）两种识字方式

统编版低学段语文教科书主要分为两种识字方式，集中识字和分散识字。其中集中识字采取了两种方式进行识字，一种是专门的识字课，一种

是在语文园地中设置"识字加油站"栏目进行识字。分散识字，又称随课文识字，是指生字在课文中，一边学文，一边识字。

（二）先识字，后拼音

新教材采用了先学汉字后学拼音的编排顺序，这是为了减轻学生负担，体现零起点学习。应该看到，对初入学的孩子来说，识字比学拼音容易。为此，新教材先安排学习最常用汉字，延后学习拼音的时间，先让学生对汉字有了初步的感知了解后再学习拼音，降低了难度，用汉字来帮助学生学习拼音，互相补充，相辅相成，是适合儿童年龄心理的举措。

（三）重视识字方法

统编版低学段语文教科书较为重视多种识字方法的呈现，有字理识字、同类事物识字、游戏识字以及传统的韵语识字等，例如，在一年级编排了看图识字、字理识字等引导学生在识字过程中了解汉字的构字规律。除了识字课的编排凸显了识字构字规律外，统编版低学段语文教科书还通过多种形式来强化学生对构字规律的理解，例如教科书的选文充满童趣，文采优美，与时代发展相连，利于激活学生的经验和想象力。在识字课中渗透着浓厚的汉字文化底蕴，根据汉字的构造方法进行字理识字，例如《口耳目》《日月水火》用图片展示了象形字的造字方法，形象有趣，简单明了，学生更容易接受；《日月明》则向学生展示了会意字的构造方法。语文园地安排了两个"我的发现"栏目，分别是"很多木字旁字的含义大都和树有关""日字旁字的含义大多和时间有关，女字旁字的含义大多和女性有关"，让学生在识字的同时了解偏旁表义，了解大部分汉字的构造规律，使学生有意识的学习常用偏旁，从而能够举一反三地进行识字。

（四）由易到难

一年级上册教科书采取由简单到复杂的识字方式，由独体字到合体字，全册笔顺跟随，训练有序，例如识字一的第二课中《金木水火土》先学习笔画为"横"的生字，第三课再学习笔画为"竖"的生字，逐步深入。写字由简单到复杂，由独体到合体。教材结合写字学习笔顺，符合教师教学笔顺，明确规范的要求。"书写提示"是这一教材中的新栏目，在这个栏目中引导学生发现，循序渐进，一字带一串，重视汉字书写规律的揭示，引导学生观察结构相似，并带有相同笔画的汉字。例如"二""三"，师生共同验证"从上到下"书写规律，进一步联系学生已有的学习经验，从学过的汉字，自己的姓名等处，寻找具有相同书写规律的汉字，如"天、日、目"，做到一字带一串。

（五）重视自主识字能力

统编版低学段语文教科书重视开发学生自主识字的能力，采取多种方式来激发学生自主识字的意识。例如在一年级下册和二年级上册的"识字加油站"设置如何查字典，教会学生如何通过查字典来查找自己不熟悉的汉字，学练结合，学以致用。利用拼音来使学生自主识字，统编版低学段语文教科书在二年级上册依旧采取全文注音的方式，其目的在于强化学生对汉语拼音的掌握。掌握了汉语拼音的方法，今后遇到不认识的汉字，也能够借助汉语拼音来解决。新增加的"识字加油站""字词句运用""书写提示"及"和大人一起读""我的发现"等板块大都是与学生的生活实际相联系，鼓励学生生活识字，从生活的不同渠道进行识字，使学生对识字的巩固练习丰富多样，夯实了学生识字的基础，提升了学生自主识字能力。

（六）关注孩子身心健康

统编版低学段语文教科书在强调自主识字的同时还关注学生身心发展的规律。一年级上册借助图片识字，一年级下册学生的思维能力有所发展，就编排了根据汉字规律、语境与生活经验来进行识字，到了二年级就更注重发展学生的综合能力，呈梯度上升，使学生识字不再枯燥无味。统编版低学段语文教科书不仅注重学生识字，更关注的是学生识字是否能够更好地运用。识字角度全面，关注识字与生活的联系，充分利用母语学习的资源，能够将所学知识运用到生活中去，这样的编排能够使学生感受到

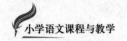

识字的价值和意义。

二、识字与写字教学的原则

（一）根据"三条规律"进行识字教学

规律是人们根据客观事物内部的联系而提出的法则。识字与写字教学要遵循"三条规律"也就是要求教师在识字教学中既要研究汉字本身的特点，又要根据小学生年龄和知识情况，再去探索语文教学内容之间的联系，努力改进识字方法，提高识字效率。

1. 认识事物的规律

文字是一种符号，是具体事物抽象的记录。刚上学的六、七岁的孩子，通过具体事物的认知到文字的掌握，这中间有个过程。因为抽象本身就是认知的一种飞跃。从具体到抽象，从个别到一般，这是认识事物的规律，我们识字教学就要服从这条认识事物的规律，如由独体字到合体字，由简单结构的常用字到复杂结构的字，由拼音识字到看图学词、学句，由集中识字到课文的阅读，这一系列的安排和学习进程都是符合认识事物的规律的。

2. 学习语文的规律

识字是为了培养学生的读写能力。识字教学必须运用语文的规律，讲究字、词、句、段。因为字是连字成词、连词成句、连句成段、连段成篇的最基本单位，识字是最基本的基本功。也就是说，在教学生识字时，要注意字不离词，还要注意句子和篇章的训练，这是从字、词、句、段、篇的知识内在联系而言的，也是从培养学生读写能力的需要出发的。除此之外，学习语文还是一个听、说、读、写的综合训练和提高的过程。从一年级开始，就要注意听、说、读、写的训练，逐步培养学生的读写能力，字、词、句、段、篇的基础知识教学和听、说、读、写的基本技能训练，它们之间也有内在联系。学习语文，还必须把二者结合起来，把识字教学和学习语文的规律结合起来。

3. 汉字本身的规律

汉字字量很多，但也有规律可循。如像"六书"中的象形字（如日、月、山、水），会意字（如看、聆、林、休、众），形声字（如沏、糊、葫、蝴）等构字规律，同音、音近、多音、形近、同偏旁部首、同义、反义的特点等，在识字教学中，教师要根据汉字的特点，充分利用构字规律进行教学，把汉字的规律教给学生。这对于提高学生识字能力会收到事半功倍之效。

（二）要根据"两个结合"进行识字教学

1. 音、形、义的结合

在识字教学中，强调把字的音、形、义结合起来，这是由汉字的特点决定的。汉字是由音、形、义三个因素构成的统一体。识字，就要读准字音，认清字形，了解字义，使字的音、形、义之间形成联系，能互相沟通。当感知字的任何一个因素时，能准确地再现另外两个因素，如：听到字音，能想到形、义；看到字形，能想到音、义。这样，才能正确运用学过的字，达到识字的目的。

怎样才有利于音、形、义的结合呢？那就是在语言环境中教识字，也就是让学生在学词学句学文中识字。这样识字，便于结合词句、上下文准确地理解字义，并能与字音、字形紧密联系起来。特别是多音字和多义字更需要放在词句中确定字音、字义。在语言环境中教识字，是使字的音、形、义建立起紧密联系的有效途径。

教学时，要把音、形、义这三者有机地统一起来，要让学生知道读什么音，是什么样子，是什么意思。但是，音、形、义的教学根据不同的年级、不同的生字，它的重点、难点又不尽相同。如果不分生字的难易程度，不找出这个生字的难点在哪儿，平均用力，效果也就无从谈起。一般地说，汉字的音、形、义三个方面，学生比较容易掌握的是字音，较难掌握的是字形。但有些字不一定是这样，如"人"这个字，难的是读音，根据方言的不同，学生可能会读成"yín"或者是"lén"，而字形却很容易掌

握；而"讥"这个字，学生难理解的可能是字义。因此，教师在进行识字教学时，既要注意音、形、义的结合，又要根据不同的年级、不同的生字的特点，突出重点和难点进行教学。

2. 学与用的结合

识字教学并不是为了识字而识字，识字是为了读和写，为了在实践中得以运用。因此，识字的质量不能只看是否会认、会默写，更重要的是能否在听说读写中运用。学生在听、读中能理解学过的字词的意思，或者能结合上下文揣摩出新词的意思，在说、写中能运用学过的字词，这才是学习字词的目的所在。从另一方面来说，学过的字词在语言实践中反复运用才能够巩固。字词的复现率越高，学生识记的效果越好，所以在教学中要注意把识字学词和听说读写的训练结合起来。同时，要创造条件，如开展丰富多彩的语文课外活动等，引导学生参加各种语言实践，使学生有机会反复运用学过的字词。这样，既有利于字词的巩固，也能促进听说读写能力的发展。

三、识字教学的方法

音、形、义是汉字的三个要素，这三者紧密相连。从这个角度看，识字教学的内容应包括字音教学、字形教学、字义教学。不同形式的识字教学其方法也各异。

（一）字音教学

识字教学首先要指导学生读准字音。因此，字音教学是学生识字教学的第一步。汉字是表意文字，字的构造不能把读音直接表示出来。所以，准确感知和发出字音，或在认识生字和独立复习生字时，都需要依靠汉语拼音作为正音工具。除此以外，字音教学的基本方法还有同音归类比较等。

1. 利用汉语拼音

汉语拼音是学生识字时学习字音读法最有效的工具。利用汉语拼音这个工具来读准字音，是字音教学的主要方法。由于各个地区方言与普通话都有些许区别，在字音教学时，教师应利用汉语拼音让学生分辨本方言区的易错音。如：平舌音的字与翘舌音的不同，淄博（zī bó），有些地方会读成（zhī bó）；边音l和翘舌音r的不同，如扔沙包的扔字，有的地方会读成lēng；前鼻音和后鼻音的区别等等。此外，轻声、儿化、变音等都是字音教学的难点，教师应说明读法，让学生练习读音，逐步掌握规律。

2. 同音归类比较

汉字当中有大量的同音字，尽管音同而形和义往往不同。弄清这一点，才不至于出现错别字，影响表情达意。同音字有以下两种情况：

（1）音同形异

如"公"和"工""在"和"再""个"和"各"等。教学这类同音字时，要结合词句，从字义和字形上进行比较，说明用法不同。

（2）音同形近

如"象"和"像""密"和"蜜""静"和"净"等。教学这类同音字时，要根据形声字特点，找出形旁和声旁进行比较，区别异同。

无论哪种情况，用选字填空的形式，把同音字放在一定的语言环境中进行应用和比较、辨别不失为一种好方法，如"刻苦学习下苦功，克服困难攀高峰"。

3. 多音字据义定音

同一个汉字，用在不同的语言环境中，读音就会发生变化，这是字义有所改变的缘故。这就要把它们放到语言环境中，根据词义定音定调。如"河面上漂（piāo）着一只漂（piào）亮的皮球"；又如："爱好（hào）"和"好（hǎo）人"等。

4. 利用声旁

在常用汉字中，形声字占85%左右。掌握了学习形声字的方法，就解决了学习绝大多数生字的问题。因此，可利用形声字声旁表音的特点，先读准作为声旁的独体字，再学形声字。如学了"青"之后，再学"清""情""请"等字，这也是以基本字带字的集中识字方法之一。由

于语音的不断变化，现在有很多形声字已经不能靠声旁来确定它们的读音。因此要提醒学生不要盲目地根据字的偏旁或某一部分，随意读出字音。如"匣"不能读成"甲"，"徘徊"不能读成"非回"。

（二）字形教学

字形教学是识字教学的难点。只有记住了字形，才不至于读错或写错。所以，教师要根据构字规律和学生识字的心理特点，进行字形教学，使学生能清楚地记住字形，从中培养分析综合能力、比较辨析能力和理解记忆能力。一般说来，字形教学可有如下几种方式方法。

1. 分析笔画法

教学独体字时，可采用分析笔画的方法。如：

师：（板书）谁会记"竹"？

生："竹"字左边是撇、横、竖，右边上面跟左边上面一个样，下面是竖钩。合起来就是"竹"。

师：（用红笔描出"竹"字的竖钩）刚才这位小朋友的记字方法很好，他把相同和不同的地方都找出来了，这样就记得牢固。

师：我们再来看看"木""禾""米"三个字，看看有点像，比比不一样，我们怎么记住它们呢？

师：（出示"木"）这是什么字？

生：这是树木的"木"。

师："木"字怎样写？

生：横、竖、撇、捺。

师：（出示"禾"）谁会记？

生：先写一撇，再写下面的"木"，合起来就是"禾"，禾苗的"禾"。

师；（出示"米"）这是什么字？谁会记？

生：鱼米乡的"米"。先写一小点，再写一小撇。中间写"木"，合起来就是"米"。

师：这三个字很像。多一笔少一笔就是另外一个字了。刚才我们看得很仔细，要牢牢记住它们。

以上的几个字，正是通过对笔画的分析和字形的比较，让学生形象地感知几个字的特点的。

低年级学生的思维以形象思维为主，在教学中，根据学生的年龄特征和构字的特点，在分析笔画时，还可以利用形象化的语言，生动的故事，把一个个抽象的汉字演绎活化成一幅幅图画或小故事。比如教学"鸟"字，教师可边板书演示边口述：上面的撇是鸟的冠，横折钩是鸟头，中间的点是鸟的眼睛，竖折折钩是鸟的身体，一横是鸟的尾巴。这样比喻，学生就很容易掌握。还可以把字比作人身体上的头、手、脚、肩。如教"商"字，就这样形容："一个商人头戴帽子，留着八字胡子"等等。

2. 分析偏旁法

教学笔画数较少的独体字时可以采用分析笔画的方法，但是对于笔画数较多的合体字，则可以用借助偏旁部首和独体字来识记字形。如"解"字，可用"刀、角、牛"来记忆。又如"赢"结构复杂，可用"亡、口、月、贝、凡"来分析记忆。可从整体出发，分成部分，再回到整体的规律进行分析和记忆。

3. 字形比较法

有些汉字形体比较接近，如"人""入""八"。学生学得字越多，形近字就越多，如不进行很好的比较就容易记混记错，出现张冠李戴的现象。例如"难"和"谁""堆"，"折"和"析""拆"，"睛"和"情""晴""请""清"等，都必须进行认真的分析和比较，读准字音，明确字义，记住字形。在比较形近字的时候，如果能注意趣味性，将会更好地帮助学生区别、识记，激发学生的识字热情。如下面的几组形近字，就可以用上幽默比较法：

——巾对币说：戴上博士帽，就身价倍增了。

——办对为说：平衡才是硬道理。

——由对甲说：这样练一指禅够累的。

——日对曰说：该减肥了。

——桌对卓说：没两拐看你能撑多久！

——叉对又说：咦，几天不见，怎么脸上那颗痣没了。

——寸对过说：日子不错啊，什么时候买了张躺椅？

——夫对天说：缩头缩脑干什么？大丈夫该出头的就要出头。

——吕对昌说：和你相比，我家徒四壁。

——森对木说：现在知道乱砍滥伐的后果了吧？只剩下光杆司令一个了。

4. 利用规律法

从汉字的造字法来看，有象形、指事、会意、形声几种。每一种都有一定的规律，教学时，如果能够帮助学生进行适当的归类，找到每类字的识字规律，既对学生提高识记效果有很大的帮助，又可以让学生举一反三，扩大识记的范围。

（1）象形字

象形字一般都能用一幅画表达出来。很多独体字如：山、石、田、土、日、月、水、火等都是象形字。在进行这些象形字教学时，可以先出示该字的甲骨文符号或图画，让学生看一看、想一想、猜一猜，然后再出示生字。在教给学生此识字方法的同时，应有意识地向学生灌输中国古老的汉字文化，特别给学生讲清汉字的起源发展、演变，激发学生的识字兴趣，激发其热爱中华民族传统文化的情感。这种方法可以发挥学生的想象力。

（2）会意字

会意是把几个有具体意义的形体组合起来表示一个意义的方法。教学会意字要从分析字形各部分意义入手。如"二人为从，三人为众""二木成林，三木成森""不正成歪，不用成甭""灭是在火上盖住一层东西"等。

（3）指事字

指事是以象征性的符号来表示意义的造字方法。教学时同象形字方法类似。如"刃"是刀上非常锐利的一点；"本"和"末"更是用木上一横来标示位置等。指事字为数不多，但可以启发学生利用奇特联想的方法来识记。

（4）形声字

利用"声旁表音、形旁表义"的形声字构字规律，学生自己能识记大批汉字。这种方法主要用于学生认识了一个基本字后，利用"熟字加部首、熟字去部首、熟字换部首、熟字加（去）部件"的规律扩展开，以一带十、甚至带几十地去识记一大批字。如认识"青"字后，就有"有虫是蜻蜓，有目是眼睛，有水是清泉，日出表天晴，心中有情义，用话来邀请，有米更精神"。因此，教给学生利用形声字的规律去识字，比教给学生认识多少个字重要得多。

5. 字谜、歌诀法

字谜是我国人民文化生活中的一种创造，根据汉字构形或读音方面的某些特点，编成谜语，茶余饭后闲暇时间或在文娱活动中让人们猜一猜，既幽默又形象，还开动了脑筋，不失为一种艺术享受。这种娱乐形式被借鉴到识字教学中，就出现了"谜语识字"教学法。这种教学方法可以起到寓教于乐的效果。例如：

美：王字俩疙瘩，大字要记下。

春：三人同日去观花。

告：一口咬掉牛尾巴。

磨：一点一横长，一撇到南洋，南洋两棵树，长在石头上。

采用这种适合小学生兴趣和理解能力的联想，用形象的方法编成字谜或歌诀，让学生猜一猜、背一背，进而达到识记字形的目的。再如"二小二小头上长草"是"蒜"；"十月十日"是"朝"；"此木为柴山山

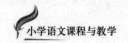

出"是"柴"和"出"；"因火成烟夕夕多"是"烟"和"多"等。又如"渴"与"喝"容易混淆，可以让学生读歌诀"渴了要喝水，喝水要张嘴"，教师多想多看，就能自编很多类似的谜语。但这种方法，要防止毫无依据的胡编乱造或只图趣味性，不讲科学性。

此外，由"字谜识字"教学法演变而来的"歌诀识字"教学法在教学过程中也深受孩子们喜爱。儿童对一些有规律的儿歌与口诀有着天然的亲和力，通过记忆一些儿歌与口诀，可以帮助学生轻松地掌握一些比较难识难记的汉字。利用儿歌口诀识字，也有帮助记忆的功效。例如，教"琴"字时可以编个口诀："二'王'今天来弹'琴'"。教"金"字时把"金"字记成："一个'人'，他姓'王'，口袋装着两块糖"。这样识记"王""琴"二字岂不是易如反掌？"兔子尾巴一点点，一点不要就是免"，有了这一句口诀，要区分"兔"字和"免"字是不是变得非常容易了？

在教学过程中，教师可以自己先做示范，再引导学生去编儿歌、口诀等，通过这样的方式来加强对复杂、易错的生字的记忆。

6. 演示识字法

随着识字数量的不断增加，小学生对识字会感到枯燥乏味。采用演示识字的方法，有利于焕发学生的识字热情。比如在教学"尖"这个字的时候，可以给学生出示圆锥的图形，让学生观察尖就是上小下大的。再比如教学"拿"和"掰"这两个字的时候，教师可以通过动作演示的方式，让学生理解拿需要两手合在一起，而掰的动作正是手分手，让学生形象的记住两个字的字形。再如：一位教师教学"日"字，将一个鸡蛋打碎在盘子里，学生看到那个圆圆的"太阳"，明白了"日"的意思，可谓妙趣横生。

7. 奇特联想识字法

奇特联想识字法就是根据汉字的特点，在识字过程中，通过对字的音、形、义的分析，找出三者之间的联系点展开奇特联想，从而在大脑中呈现相应的物象以增强记忆，然后通过暗示学习加以巩固的一种识字方法。

香港著名的语言文字学家安子介先生把汉字比作一座宝山，他说："汉字是一个阿丽斯仙境的领域，每一个转弯抹角就有一段故事。"如在田中用力之人谓"男"，"止戈为武"，体现着中国人的哲学思想和爱好和平的愿望。汉字的形象性很强，不少汉字通过横、竖、撇、捺的奇妙组合，使它成为有影无形的图画，不再是僵硬的符号。"笑"轻松而欢快；"哭"望之而悲伤；"巧"灵，"拙"笨；"轻"令人有飘浮感，"重"一望而沉坠；"傲"自大，"卑"沮丧。这些美丽而富有魅力的文字，能使人产生无穷无尽的联想。因此，用奇特联想识字法对于学生记忆汉字会起到意想不到的效果。

请看下面一位老师关于"休、看、灭"的教学案例：

师：谁是优秀解说员，能为这些字娃娃解说一下？

生：我能为"休"字解说——人累了就靠在树下休息。

生：老师，我还可以用动作来表示。（该生走到门边，靠着门框，闭上眼睛做打盹状。）

师：表演得真棒！

生：我来解说"看"字。（说着他把手搭在眼睛上，睁大眼睛看。其他同学看了都喊"孙悟空，孙悟空"。）

师：你到讲台这儿来，把你的动作再做一次，让大家看仔细。行吗？（该生再次表演了那个动作）

生：（恍然大悟）我知道了，他是在用动作解说"看"字——手搭在眼睛上望就是看。

生：孙悟空就是这样看的，看得可远了。

师：那咱们也来当一回孙悟空看一看吧。（全班都做"看"的动作，你看我，我看你，乐得嘻嘻哈哈。）

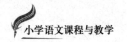

师：大家看，他多会动脑筋，能想出这样的好办法为"看"作解说，你们想送给他什么呀？

生：（齐喊）你真棒！你真棒！

师：还有谁更棒，能用老师提供的这三样东西为"灭"字解说呢？（说着老师拿出了蜡烛、打火机、铅笔盒，学生觉得奇怪，议论着：这是要做什么啊？）

师：（点燃蜡烛）谁能够帮老师灭掉这点燃的蜡烛呢？

生：（一下子明白过来了，高兴地举起手）老师，让我来！（一生走到讲台前，拿起铅笔盒朝蜡烛的火苗一压，火马上灭了。学生欢呼起来：火灭了，火灭了！）

生：我还在电视上看到过，发生火灾，大人就是这样灭火的。（说着，做了灭火的动作。）

师：对了，火公公最怕我们用东西压它。不过，老师要提醒小朋友不要玩火，因为火公公生气发起火来，很容易引起火灾。

评析：本教例中的"休、看、灭"三个字都是会意字，可以根据字形推断字意。而小学生长于形象思维，因此，引导他们借助会意字特点识字，不仅符合会意字的构字特点，而且十分符合小学生的心理特征和思维规律。这位老师在上述教学片段中，无论是让学生模拟动作认识"休""看"二字，还是借助生活化情境学习"灭"字，都充分注意到形象情境的创设，让学生在动手实践中认识生字，从而强化了认识，比起教师直接把有关知识全盘授予的做法要高明得多。

（三）字义教学

正确地理解字义，才能发展学生的语言能力，为阅读和习作铺路搭桥。所以，在识字教学过程中，必须重视字义教学，增强学生的理解（内化）和表达（外化）能力，从而促进读写水平的提高。字义教学一般可有以下几种方法。

1. 直观演示法

直观演示法是通过具体形象来认识客观事物的方法。在字义教学中，教师可充分运用直观的方法，把抽象的事物变成摸得着、看得见的东西，让学生的多种感官都参与获取知识的实践，从而明确字义或词义。例如：在让学生理解"浓墨涂抹"和"工笔细描"这两个词的时候，可以出示一幅运用了浓墨涂抹和工笔细描手法的中国画，让学生直观的感受什么是浓墨涂抹，什么是工笔细描。再比如在学习《美丽的南沙群岛》中 "星罗棋布"这个词语的时候，有位教师是这样做的：

教师随手抓起一大把粉笔头撒在讲桌上。

师：（指讲台）同学们，如果这是夜空，那么这些就是——

生：夜空中的星星。

师：如果这是棋盘，那么这些就是——

生：棋盘上的棋子。

师：现在，这是南海——

生：这些就是南海上的一个个岛屿。

师："星罗棋布"的意思懂了吗?

这位老师正是通过动作演示的方法，让学生理解了星罗棋布的意思。

2. 联系生活实际法

有的词比较抽象较难理解，可让学生联系生活实际，用具体的实例来说明，容易收到较好的教学效果。如一位教师利用"认真"一词来帮助学生理解"认"的字义时，出示了两份作业，一份写得认真，一份写得潦草，让学生观察分辨比较。从而使学生辨认就是认识，分辨的意思。这不仅用了直观的方法，而且也联系了学生的作业实际，使抽象的概念具体化了，加深了学生的理解。又如"颠簸"一词，可以启发学生说一说自己在崎岖不平的道路上乘车或在大风大浪中乘船的感受。

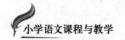

3. 联系上下文法

指导学生联系上下文来理解字词，是常用的一种方法。有些字词比较抽象，不易理解，这就必须通过联系上下文，读懂课文内容之后，才能正确理解其含意。例如，学习《翠鸟》一课，为了弄清"鲜艳"这个词语的意思，必须引导学生读懂第一自然段内容，这一段是通过具体描绘翠鸟头部的羽毛、背上的羽毛、腹部的羽毛各是什么颜色，来让学生理解翠鸟羽毛是如何鲜艳。所以说，联系上下文可以让我们更好地学会生字词，也能正确理解课文内容。

4. 联词造句法

学生可以根据学习的生字进行组词，再选择其中的词语进行造句、说话。通过反复练习，不仅可以加深学生对字词的记忆，而且可以丰富词汇、开发智力、发展语言。

5. 利用构字规律法

教会意字"笔"时先让学生观察一支毛笔，让学生知道笔杆是竹子做的，笔头是毛做的，"竹"字头下面放个"毛"字就是"笔"字。然后启发学生说说平时用的还有哪些笔，这样学生既掌握了"笔"的字形，又扩展了对笔的外延的认识，教形声字，可以利用形旁的表意特点，帮助学生理解字义。如"抱"和"饱"启发学生"抱"是提手旁，要用手来抱；饱是食字旁，是吃饱的"饱"。

识字本身是枯燥的，而对于枯燥的事物，人们的情绪总是消极和被动的。如果学生们一味地被动识字，不仅识字的效率低，而且还在一定程度上束缚了思维的发展。美国教育家第斯多惠说："如果使学生简单接受和被动地工作，任何教育方法都是坏的；如果能激发起学生的主动性，任何方法都是好的。"学生有了自主识字的积极性、有了主动识字的愿望，认识再多的字也不会成为负担。因此，作为教师一定要在起步阶段通过多种途径来营造识字教学的良好氛围，充分调动起儿童识字的兴趣，不断激发学生去体验识字的乐趣，只有这样，才能有效提高学生的识字效率。

因此，无论使用何种教学方法，识字教学都要紧紧围绕提高学生语文素养的目标，让学生学会自主学习，成为学习的主人，激发学生的进取精神和主动学习的意识，培养他们的团结合作精神，让他们在探究中体验成功的乐趣，促进他们各方面能力与修养的提升。

四、写字教学的原则

写字教学和识字教学密不可分，是巩固和提高识字率的重要手段。学生写字时应做到端正、整齐、优美、有一定的速度，不仅能在语文学习中完成写字任务，还能掌握一定的书法艺术，写好三笔字（铅笔、钢笔、毛笔），为终身学习、生活和工作打好基础，还可以进行审美情趣的陶冶，培养良好的写字习惯，增强文化素养，所以要搞好写字教学。

（一）兴趣为先

兴趣是学生最好的老师，在写字教学中同样也要激发学生的兴趣。李素荣认为：在对小学生进行写字教学指导时，应注意对其兴趣的激发。"孩子初学写字，需要动力、信心、兴趣方法和毅力，学写字较为枯燥，学生易对色彩缤纷的物体引起注意，产生兴趣。而写字只有黑、白两色，没有绘画具体可感知的形象，就不太容易使已有的愿望和兴趣得以巩固、发展。因此，培养、巩固、发展学生学习兴趣应放在重要地位。"[①]

（二）示范为主

有研究表明：在写字教学的过程中，教师的示范是不可或缺的。因为小孩子的模仿能力极强，老师的字往往会成为学生书写的模板。因此，教师无论在板书、还是在批改作业时都应该认真、规范地进行书写，做到书写清楚、规范、整洁。郑敏艳认为："学生通过观察老师的形象动作，亲眼看到起笔、行笔和收笔的全过程，感受到老师也在认真书写，他们也会跟着认真书写，这样就营造出认真书写汉字的良好氛围。教师的一手好

---

① 李素荣.《小学生写字能力训练浅谈》［J］.吉林教育科学普教研究，1995，（4）：43-44.

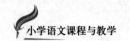

字，在教学中自觉不自觉地起着一种榜样的作用，具有很强的感染力和吸引力，合理优美的板书设计，可创造良好的教学气氛和吸引学生的无意注意。"

教师的示范对学生起着潜移默化的影响，针对小学生善于模仿的特点，在教学中要充分发挥教师的示范作用。教师的示范内容包括坐姿、握笔、书写动作、笔画和结构等。示范的具体方法有以下几种：

1. 课堂示范

这是一种最基本最主要的方法。在学生练习之前，教师首先应当众进行讲解示范，使学生形成正确的视觉形象，然后让学生模仿练习。

2. 个别示范

这是第一种方法的补充。在当众示范以后，有些学生还是掌握不好正确的书写要领，教师就得个别辅导，由于是面对面，学生对老师的示范，往往观察得比较清楚，能较快地纠正自己的错误之处。

3. 手把手示范

这种方法是针对初步写字的小学生，通过手把手，教师直接牵动学生的手指，使其能较快地形成正确的书写动作。

4. 作业示范

尽管教师在课堂上采用了多种不同的示范方法，但学生们在作业中还是会出现各种各样的问题。这就需要教师在批改作业时，在原字的旁边给以示范，并及时地总结，使学生清楚地认识到自己的不足之处。

（三）遵循规律

在写字教学中还应遵循儿童的心理规律。在学生从接触书写到熟练书写是一个循序渐进的过程，主要大致可分为三个阶段。第一阶段是对写字各个要素的掌握，例如：坐姿、如何拿笔；第二阶段则在观察字的结构、布局，要对一个字该如何去书写，有清楚的认识和把握；第三个阶段则是要达到书写的流畅与连贯，并开始提升书写的速度。"根据儿童写字心理，写字教学的设计应该是：先教学生练习正确的写字姿势和执笔姿势；

再练习书写横、竖、撇、捺等基本笔画，也可以在笔画练习的同时，教学生画些正方形、三角形；再结合写字练习，认识笔画形体、名称，掌握笔顺规则，学会使用田字格；最后过渡到专门的写字教材，进行特定的学习。"①

（四）注重基本功

学生的写字能力想要得到发展，基本功必须要扎实。教师在进行写字教学时，必须重视对写字基本功的训练。首先，要学生知道汉字的基本笔画并且去写好，横要平、竖要直。然后掌握汉字的笔顺，先写哪一笔后写哪一笔。这需要结合识字教学来进行，但是也要在写字教学时加以提醒。"写好字，笔顺规则不可忽视，在一年级的课本中已经学习了先横后竖、先撇后捺、从上到下、从左到右、先中间后两边、先里头后封口的写字规则。除了这些基本规则外，还有些个别情况，比如'火''车''轮'等字的笔顺书写，要让学生根据汉字笔顺规则正确书写，形成良好的书写习惯，这也是初学写汉字的一个难点，要指导学生有规律地去把握，一个笔画较多的字，不仅仅是一种书写规则的指导，也要加强汉字书写的综合指导。"其次，要掌握汉字的结构，独体字、上下结构、左右结构的汉字书写时应该注意什么问题等等。

五、写字教学的方法和步骤

在写字教学中，写字教学的指导过程，一般遵循以下的步骤：

一看，观察是认识事物的基础，写字教学首先指导学生看清字形，笔画结构。通过分析比较，准确认知字形特点。把要写的字规范地呈现在田字格中，让学生认读后，指导其进行观察每个字的结构、特点以及在田字格中的位置，并指导学生认识字形结构。

二想，在学生进行观察之后，要给学生想的时间，让学生想一想，这个字是什么结构，怎样能快速记住，怎样写才好看。还要让学生想一想这

---

① 吴忠豪.《小学语文课程与教学论》［M］.北京师范大学出版社，2011：238-246.

个字在田字格中的位置，比如独体字占田字格的位置，上下结构、左右结构的字，各部分的比例，半包围全包围结构所处的位置。

三说，写字教学中要加强"说字"训练，让学生说出自己是如何记住这个字的，可以采用说笔画，说结构等形式。比如教学"垂"字，可以引导学生说出第三笔的横要写得长一些，通过"说字"训练，不但加强学生对字形的识记，而且训练学生思维能力和口头表达能力。看字、想字、说字是密不可分的，教师在进行这三个步骤的时候应该一气呵成，同时，要针对不同年级和不同程度的学生有所侧重。

四写，写字可以分为教师范写，学生描红、临写，小学生写字往往眼高手低，实际动手书写的能力还不够，在写字教学中要帮助学生提高书写能力，低年级的写字教学要详细地指导字的基本笔画，笔顺规则。高年级可简单一些，但是也同样要求每一个笔顺都要规范，字的笔画也要做适当的指导。教师要指导到位，范写很重要。有了先前的"看""想""说"的整体认知后，教师在事先画好的田字格内做示范。并且要边演示、边讲述这个字是什么结构，第一笔在田字格的哪个部位落笔，名称是什么，运笔方法以及笔顺等使学生有一个初步的感性认识。如在教学"村"这个字的时候，先让学生观察字形结构说说在田字格中的位置，示范时边板演，边讲解。这个字从左上方起笔，横画不要太长，垂露竖，撇画稍舒展些，木字的捺画变点画，然后再写寸字等。

指导时不但要注意把字写正确，而且边写边把握字的结构，在田字格中的位置以及一些笔画的变化。学生写字的时候，要首先指导学生的坐姿、握笔的姿势以及方法，并时时提醒学生。对不正确的姿势和方法，做到随时纠正，学生书写时，教师要巡回指导，并提醒学生每个字、每一笔在田字格中的位置，运笔的方法、与上一个笔画的间距、这个字的结构特点及各部分的比例等等。发现有共性的问题，如笔画不到位、结构不合理、笔顺不正确，都要求学生及时纠正，并重新示范，纠错于萌芽。

五展，教师要把刚刚巡视学生写字的情况做代表性的展示。让孩子们的字公开亮相。如果有多媒体，可以放大一下，让全体学生都看到。小学生都有极强的好胜心，可以充分调动学生的好胜心，从而激发学生写好字的愿望。要让学生认真观察所展示的字和书上的字进行比较，看看这些同学的优缺点。展字时，教师要注意选取典型，有写得好的字，也有出错比较多的字。

六评，这是整个写字过程中至关重要的一步，是写字指导的延续和提高，因此在教学中要充分调动学生的主观能动性，开展自评互评。激发学生写字的兴趣。课堂上，教师要对学生微小的进步都要做适当的鼓励，树立他们写好字的信心。比如，书写是否正确，结构是否合理，主要的笔画是否突出，运笔是否到位，字面是否整洁等等，教师可以选择让学生自评，也可以让同桌互评，让学生在写得好的字下面做个记号，教师的点评必不可少，要对学生的情况进行恰如其分的表扬鼓励。如某某同学写字姿势好，某某同学写字点画到位，尽量不做批评，以免挫伤孩子的自尊心、积极性。

此外，表现欲强是小学生的特点，教师应当让孩子充分展示自己的成功，为孩子创造展示自己的机会。课堂上，教师展示学生的作品，课后在教室墙壁上办学生的作业专栏，将他们的作品"上墙"公开发表，比比谁上榜次数多，这样学生就可以经常了解自己的进步情况，了解自己在班中的位置，而且时常能够听到同学们的建议。

写字教学不仅担负着教学生正确书写汉字的任务，还担负着育人功能。写字教学中，要落实写字教学的目标，指导学生正确、规范地书写汉字，引领学生初步感受汉字的形体美，让每一个孩子拿起手中的笔认认真真写好中国字，堂堂正正做好中国人。

附：

统编版小学语文一年级下册《动物儿歌》教学设计

【教学目标】

1.认识"蜻、蜓"等12个生字，会写"间、造、池、网、迷、运、

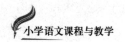

欢"7个字。

2.初步理解形声字的含义，能利用形声字的特点去识记生字。

3.正确、流利、有感情地朗读课文，感受识字的乐趣。

【教学重点】

认字、写字和初步掌握形声字的构字规律。

【教学过程】

一、谈话激趣，看图导入

1.今天，我跟同学们第一次见面，心里很高兴，我还给大家带来了一位新朋友。瞧，它是谁呢？（教师出示蝴蝶图片。）

2.你们听，蝴蝶一边飞一边还张着小嘴说话呢！（放录音："夏天就要到了。夏天里，小动物们会发生哪些有趣的事呢？我们一起去看看吧！"）

3.你们愿意接受蝴蝶的邀请吗？那咱们就一起走进热闹、有趣的夏天吧！

4.（播放乐曲）听，（粘贴挂图）看。你见到了什么？说给大家听一听吧！

5.夏天这么美丽，请你展开想象，都会吸引来哪些小动物呢？（学生自由发言，教师适时粘贴小动物图片）

（设计意图：低年级的孩子活泼好动。声音、图画、颜色等都会引起他们的注意，令他们产生浓厚的兴趣。顺应儿童的心理，开课伊始，创设新奇有趣的情景，激发学生的识字兴趣，使他们兴趣盎然地投入到学习中。）

二、多种方法，识记生字

1.小动物们这么可爱，那你们认识它们的名字吗？它们的名字呀，就藏在老师的讲桌上，谁愿意上来帮助这些小动物们找到它们的名字呢？其他同学做评判员，看他们找得对不对。（学生到台前找小动物们的名字，并把它贴到相应的小动物的旁边。）

2.借助图画，拼音认读生字。

（1）小动物们的名字已经找到了，我们都可以怎样去认识这些字词呢？（学生自主发言）

（2）自主认读。借助这些方法，你们自己试着读一读这些字词吧。

（3）同桌交流。同桌互相读一读，听一听。如果他读得非常棒，你就表扬表扬他；如果他遇到了困难，请你帮帮他。

（4）指名领读。谁愿意站起来，把你认识的动物名字领大家读一读。（在学生领读的同时，教师随机处理生字"蜻蜓"在空中干什么？我们一起做一做"展"的动作吧。谁能用一句话说一说"蚯蚓"的样子呀？"蚂蚁"从早到晚，在地上忙些什么呢？我们一起做一做'运'的动作吧，谁还能用"运"来组词、造句呢？你们知道"蝌蚪"长大会变成什么吗？"蜘蛛"有一种特殊的本领，是什么呢？出示实物"网"利用象形的特点识记"网"。）

3.选择适合自己的方法识记生字。

（1）这几种小动物呀，重新排队了，你还认识吗？（投影出示动物名字，学生认读）

（2）它们又摘掉拼音帽来和你们见面了，你还能认出来吗？（投影出示去掉拼音的动物名字，学生认读）仔细看，用你自己喜欢的方法把它们记在你的心里。如果一时忘记它们，请你再看看黑板上的拼音。

（3）同桌讨论：说说你早已经认识了哪个字，怎么认识的？想想可以怎样记住其他的字？

（4）交流汇报：

（设计意图：教给识字方法，促进自主识字。有层次性地、有目的性地把识字放在一定的语言环境之中，与认识事物结合起来，引导学生选择自己喜欢的方式自主识字，在识字的同时，发展语言，提高认识能力。可以说，在语言环境中学到的字词是活的，带着感情记忆的东西是牢固的，会收到事半功倍的效果。）

三、小组合作，发现规律

1. 今天，我们学的这些字中，有一些非常有趣，请看（投影出示本课的所有形声字），你发现了什么？（这些字都带有"虫"字旁）

2. 请同学们再读一读这些字的音，看一看这些字的形，你又会发现什么？（这些字的左边表示的是字的意思，右边表示的是字的读音）

3. 汉字中还有很多这样的字：一边表示字的意思，一边表示字的读音，我们把这样的字叫作形声字。

4. 你们还能举出这样的字吗？课后同学们就可以利用汉字的这一构字规律进行大量的识记生字活动。

（设计意图：抓住汉字的构字规律，掌握识字方法。本课所要识记的生字大都是形声字。教学中，让学生通过观察比较，发现其中的规律，感悟到声旁表音、形旁表意的特点，并把这一识字方法延伸到课外，培养识字能力，扩展识字量。）

四、重在观察，指导写字

1. 出示汉字"蚂、蚁"，引导观察：看一看，这两个字有什么相同的地方？有什么不同的地方？

2. 思考：你打算怎样写这两个字？怎样才能写好呢？

3. 教师在田字格里指导并范写"迷、运"两个字。

4. 学生按照写字要求，端正姿势，练习写"迷"和"运"等字。

5. 全班交流欣赏：

（设计意图：让学生通过观察比较，了解字形特点。写字时对于字的笔画、结构从整体入手，帮助学生感知感悟。同时，发挥教师的示范作用，养成学生良好的写字习惯。）

五、朗读韵文，引导背诵

1. 美丽的夏天，可爱的小动物，其实就是一首好听的儿歌。打开书，请看《动物儿歌》。教师范读课文。

2. 你们也想读吗？边读课文边用"△"画出生字，遇到生字多读几

遍。（学生自由读）

3. 你最喜欢哪种小动物？就请你把那句话好好地读一读。（学生自由表演读）

4. 让我们一起，伴着轻快的音乐，尽情地读一读吧！可以一边读一边表演，并展开想象的翅膀，让我们再次走进美丽、有趣的夏天。（配乐齐读）

（设计意图：充分尊重学生的兴趣和个性，自由选择喜欢的内容，充分地读、尽情地读；并伴着轻快的音乐边读边演，培养学生的多种能力。）

六、多种练习，巩固生字

1. 做游戏"找朋友"：学生动手搭配动物图片和动物名字。

2. 做游戏"找卡片"：教师读字，学生快速地从生字卡中找到相应的生字。

（设计意图：根据儿童记得快忘得也快的记忆特点，在学完字词和课文后，利用多种生动有趣的练习形式，帮助学生在轻松的环境中巩固生字，加深印象。）

七、拓展创编，引导课外识字

1. 学习了这首儿歌，我们认识了六种小动物。大自然中还有很多很多可爱的小动物，你们想不想把他们也请到我们的课堂中，跟我们一起学习呢？（学生取出课前搜集到的或制作的动物识字卡）

2. 同桌之间互相读一读，认一认。

3. 你们能把这些小动物也请进我们的课文中吗？（指导学生用"谁在哪儿，干什么"说话，并续编儿歌）

（设计意图：识字不单单是在语文课堂上，学习资源和实践的机会无处不在，无时不有。积极引导学生利用搜集到的动物字卡来拓宽识字渠道，增加识字量。鼓励学生把搜集到的识字材料制成识字手册，这样做不但培养学生的动手能力，收集处理信息的能力，还能调动学生课外识字的积极性。）

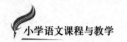

八、畅谈所想，结束课文

1. 通过今天的学习活动，我们感受到：夏天是多么的美丽，夏天里的小动物们是多么的有趣！就让我们在轻快的音乐声中，用我们那清脆的声音来赞美可爱的夏天吧！

2. 全班配乐、配动作，齐读课文。

在本课的教学中，教师抓住了汉字的构字规律，引导学生主动掌握识字方法。教学时，让学生通过观察比较去探寻这些字的声旁表音、形旁表意的特点，这样学生不但能很快记住这些字，而且会慢慢地根据这个特点去认识更多的汉字，培养识字能力，扩展了识字量。同时，教师在教学中还可引导学生选择自己喜欢的方式自主识字，使学生学得主动、学得有趣。

总之，在识字与写字教学这片天地中，给孩子们一点空间，他会带给你一份惊喜，给孩子一点自由，他会给你创造无限奇迹。解放孩子们的思维，让他们走进识字的天空，自主识字，识字的天空将是一片明丽与灿烂。

第四节 汉语拼音教学设计

汉语拼音是学习语言的基础，也是学习语言的工具，它是低年级语文教学的首要任务。《义务教育语文课程标准（2022年版）》把汉语拼音教学作为识字与写字教学的一部分。

一、小学汉语拼音教学的意义及要求

（一）汉语拼音教学的意义

1. 帮助识字

汉字是表意文字，看见形，不能读出音。如果掌握了汉语拼音，就能借助拼音读出字音，还能区别多音字，纠正读错的字音，在阅读注音读物中借助拼音识字。写话、作文时，遇到不会写的汉字，可以利用拼音查字典，解决字形问题。所以汉语拼音是加快识字速度、培养独立识字能力、提高识字质量的有效工具。

2. 学说普通话

语言是人类交流思想的工具。我国幅员辽阔，各地语言有很大不同。只有说普通话才能克服方言的障碍，达到互相交流的目的。但是学习普通话仅凭耳听口授，不一定有很好的效果，也难以掌握规律。如果掌握了汉语拼音这个工具，就能做到读音正确，较快较好地学会普通话，同时利用汉语拼音可以纠正方言土语和读不准的音调。

（二）小学汉语拼音教学的要求

总的要求：读准声母、韵母、声调和整体认读音节，能准确地拼读音节，正确地书写声母、韵母和音节，认识大小写字母，熟记《汉语拼音字母表》。

具体要求：

1. 学会声母23个：b、p、m、f、d、t、n、l、g、k、h、j、q、x、zh、ch、sh、r、z、c、s、y、w——要注意发音部位和发音方法，注意书写的笔顺和位置。

2. 学会韵母24个：a、o、e、i、u、ü、ai、ei、ui、ao、ou、iu、ie、üe、er、an、en、in、un、ün、ang、eng、ing、ong——要注意单韵母、复韵母和鼻韵母发音的不同方法，注意书写位置。

3. 认识整体认读音节16个：zhi、chi、shi、ri、zi、ci、si、yi、wu、yu、ye、yue、yun、yin、yuan、ying——要学会一口呼。

4. 读准声调：注意读准四个声调的调值。

5. 学会拼音方法：掌握两拼法、三拼法。

6. 认识大写字母：熟记《汉语拼音字母表》的顺序。

对于汉语拼音教学，语文课程标准要求只拼不默，即只要求"正确书写"，而不要求默写，这完全是为了减轻学生学习负担，强化复习、巩固

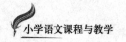

和应用。

（三）统编版拼音教学教材特点

统编版教材汉语拼音共13课，分两个单元。第一单元安排了8课拼音和1个语文园地，学习内容包括6个单韵母，23个声母和 10个整体认读音节，还穿插安排了儿歌、词语以及认读字。第二单元安排了5课拼音和1个语文园地，学习内容包括9个复韵母、9个鼻韵母和6个整体认读音节，还穿插安排了儿歌、词语以及认读字。13课拼音共有11课安排了词语拼读，10课安排了儿歌朗读，让学生在读读拼拼中运用、巩固所学拼音，使拼音学习与学生的生活相结合，激发学生的兴趣。同时，将识字与拼音的学习有机地融为一体，拼音帮助认读汉字，汉字帮助读准拼音，学生学以致用，从中体会拼音学习的价值。

二、汉语拼音教学的原则

（一）学习拼音与认识事物相结合

一年级学生正处于认知的关键时期，汉语拼音教材中配有的大量贴近儿童生活实际的图片，不仅化抽象字母的形为具体可感的形象，为学生学习汉语拼音架起了一座轻松而有趣的桥梁，也为学生学认识生活、认识事物提供了很好的材料。

例如：字母"k"配有小蝌蚪附在水草上的图，教学到此处时可相机向学生提问："水草上有什么？"学生回答："水草上有两只小蝌蚪。"教师又问："你们看看，小蝌蚪是什么样子的呀？"学生答："小蝌蚪是灰黑色的""小蝌蚪的尾巴很长""小蝌蚪的脑袋很大"。老师接着问："那你知道小蝌蚪长大了会变成什么吗？"老师在学生回答的基础上出示"青蛙"的图片，简单讲解小蝌蚪变青蛙的过程，教育学生保护青蛙就要从保护小蝌蚪做起，渗透环保教育。

（二）学习拼音与发展语言相结合

初入学时的孩子已具有一定的口语语言表达能力，但不够规范。在拼音教学时，教师就要利用以下几种途径在教学的各个环节中不失时机地进行训练。

1. 利用字母的形状，训练学生的语言表达能力。例如，教授字母"o"时，趁机点拨学生："o像什么？"结果学生的记忆闸门打开，有的说："o像圆圈。"有的说："o像一个乒乓球。"有的说："o像弟弟的小脑袋。"

2. 利用形象的插图，训练学生的语言表达能力。现行的拼音教材为每个字母都配备了一幅彩图。在教学中，教师应充分利用插图，引导学生看图，创设语言情境，引导学生说话。例如：教授"h"时，可以让学生仔细观察图画，然后设问："图上画的是什么？"学生说："一个小男孩在喝水。"教师借机引导："一个穿着什么衣服的小男孩坐在什么上喝水？他拿什么在喝水？"学生在老师的引导下，思维顿时打开了，有的说："一个穿着红色短袖上衣的小男孩在椅子上拿着茶杯在喝水。"有的说："一个穿着红色T恤衫，蓝色裤子的小男孩拿着杯子坐在椅子上喝水。"

3. 利用音节遣词造句，锻练学生的语言表达能力。例如，在教学"gua"这个音节时，可请学生用这个音节组词，然后再让他们从中挑一个自己喜欢的词说一句话。有的说："西瓜长得又大又圆。"有的说："小青蛙在田里呱呱叫。"还有的说："新疆的哈密瓜真好吃！"当音节放在具体的语言环境中，让它与生活密切相关，能提高学生的语言表达能力。

（三）学习拼音与培养能力相结合

拼音教学中既可以培养学生敏锐的观察力，也可以启迪学生丰富的想象力等。例如，教授字母"b"时，教师趁机点拨学生："b像什么？"学生会结合他们的生活，想象出各种各样的答案，比如会说："b像数字6。"比如会说："b像一个小勺子。"还可能会说："b像倒着的国旗。" 这正通过学生的观察，结合自己的想象表达出的丰富多彩的答案，这个过程也是培养学生观察力和想象力的过程。

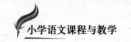

三、汉语拼音教学的方法与步骤

（一）汉语拼音教学的方法

在汉语拼音教学中，要以新课程标准倡导的理念为指导，集"学拼音、读音节、识汉字、念儿歌"为一体，确立汉语拼音学习与语言学习相结合、与其他学科相结合、与生活实际相结合的新理念。让学生在"自主、合作、探究"的全新学习方式中学习拼音，学习语文，体味乐趣。

1. 示范法

示范法是教师为学生做示范，让学生听、看并模仿的方法。"听"是读的前提和基础，也是拼音教学中不可缺少的重要环节。"听"，即辨音，辨别字母的发音正确与否，辨别音值读得准确与否，辨别拼读得规范与否。"看"是指让学生观察教师发音时的口型，以便模仿。在听、看的过程中加强对学生的口型指导可以为示范法的有力支撑。通过耳听、眼看、口动，进行心模口仿，仔细体会。例如：在教学声母"b"时，首先就要提示学生注意老师的发音口型，然后示范发音，这样就很好地利用了"听"与"看"，建立了字母音的形式依托。同样，在学生听练后，采用只做口型不发音的方法，为学生对音的记忆重现架起了桥梁。长此以往，也会让孩子的听变得专注凝神，培养良好的听觉习惯。再如发"o"音时，必须注意唇形是圆的，让学生观察教师发音时的口型，然后互相练习纠正。

2. 歌诀法

低年级的学生活泼好动，易接受直观生动的事物。教师可以结合课文内容教一些带童趣的儿歌，也可以让学生自编顺口溜，帮助学生熟记拼音知识，培养学生的创造力和想象力，如："张大嘴巴aaa，圆圆嘴巴ooo，扁扁嘴巴eee，aoe，aoe，我们一起来唱歌。"再如：学生常常不知道声调应该标在哪个字母上，我们可以通过下面这个儿歌让学生记住声调的标调规则"一顶帽子真奇怪，你也戴来我也戴，有a在，给a戴，a不在，o、 e戴，i、u、ü挨个排，要是i、u一起来，谁在后面给谁戴，你说奇怪不奇怪？"再如，为了让学生记住ü与j、q、x相拼时，要去掉两点的规则，可以采用这样的儿歌："小ü有礼貌，见到j、q、x就脱帽。"通过儿歌的形式让学生记住一些汉语拼音的规则。

3. 直观演示法

低年级儿童自控能力较弱，思维也带着很大的具体性，无意注意占据优势。如何利用这种无意注意，取决于教学内容的具体性和直观性。在教学中，可选择一些接近生活，富有情趣的插图，利用插图既表音又表形的特点，启发学生掌握字母。例如，教单韵母a、o、e时，我先引导儿童对照插图，启发儿童说出字母与图的哪一部分相似。如"a"，正是图中那个小女孩的头和一条小辫儿。可以找一名梳着小辫儿的女孩侧身站在讲台前，指指女孩圆圆的脑袋，再指指那条小辫儿，然后让学生思考"a"字母像不像这个女孩圆圆的脑袋和小辫儿。此时，孩子会形象地感受到"a"的字形，抓住时机，教学生说一句顺口溜："圆脑袋小辫儿aaa。"以此加深儿童对"a"字母字形的记忆。

在教学中还可以通过实物演示，用直观的办法来帮助学生发准字音，记住字形。根据字母的特点，进行音和形的演示。如教t时，教师可拿一把带钩的布伞进行直观演示，再把水一滴滴地滴到雨伞上，让学生仔细听水滴在伞上的声音，然后在学生的问答中揭示t的读音及写法。如区分b和p，一个发音不送气，一个发音送气，教师可放一张薄纸在嘴边，发出两个音，让学生直观地观察送气的情况。

除了用图片和实物演示，教师还可以配以手势等动作演示的方法，让学生形象的感知汉语拼音的特点。如：教师可以利用汽车爬坡的教具或黑板上的简笔画，根据四声的声调变化，使学生形象地感知四声声调的调号形状及读法。

师：小朋友，a是单韵母，单韵母有四种声调，谁知道是哪四种吗？

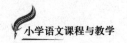

生：ā、á、ǎ、à

师：真聪明！（师点击鼠标，媒体出现该画面）看到了没有，a的四种声调就像小朋友玩滑板车一样。来，准备好了，跟老师一起来玩玩声调滑板车。

师：（指着第一幅图）多平啊！一声音高平又平（师辅以平平的手势）。（生跟着老师边做动作边念）

师：前面出现了高坡，爬坡了，二声就像上山坡á——（师辅以向上的有力的手势）。（生跟着老师边做动作边念）

师：爬到山顶了，该下去了，仔细看看图，说发现第三声有什么特别吗？

生：我发现了，第三声下去后还要爬上去。

师：是啊，三声下坡又上坡（师辅以向上后又向下的手势）。（生跟着老师边做动作边念）

师：第四声，看看图，谁会念à。（生都把小手举得高高的，师指一生来念，该生念得不够干脆有力，声调发音不到位）

师：听老师念念，à（师辅以向下的有力的手势），四声就像下山坡，à（师再次辅以向下的有力的手势）。（生跟着做动作和念）

师：小朋友，下面老师要请你自己看着图片来玩声调滑板车了，来，自己先练练。

（小朋友兴致勃勃地看着画面做着动作念着四声）

这种直观演示的教学方法，不仅可以激发学生学习拼音的兴趣，还可以使他们牢固地掌握拼音字母和各种规则。

4. 游戏法

小学生一般都具有好奇、好问的心理，机械重复地读、写，会让人乏味，何况是生性好动的刚入学的儿童呢？而游戏能够使学生迅速地由抑制到兴奋，萌发求知欲望，把知识的学习当作一种自我需要，迅速地进入最佳学习状态。

（1）我会摆

苏霍姆林斯基说过："人的心灵深处都有一种根深蒂固的需要，这就是希望感到自己是一个发明者、研究者、探究者。"为了帮助学生更好地记住"z、c、s"的字形，可以让孩子们用自己准备好的一段毛线来摆摆这三个字母，看谁摆得最漂亮，让孩子做个小小设计师。孩子们在游戏过程中，不知不觉地就能记住"z、c、s"的字形。还可以让孩子用数学中用到的小塑料棒、圆环、毛线等一起摆出"a、o、e、zh、ch、sh、r"等其他字母，也可以用打手势的方法来记字母，既简单又方便。这不仅能大大激发孩子们学习拼音字母的兴趣，培养孩子们的想象力，而且还能挖掘学生创造的潜能。

（2）找朋友

找朋友的游戏是孩子们常玩的，把他们常玩的游戏带入课堂，也就把课堂内容延伸到了课外。比如在拼读音节的时候，让学生带上字母的头饰，围成两个圆圈：声母在外圈，韵母在里圈。大家一起拍手边唱边跳："找呀找呀找朋友，找到一个好朋友……"让找到朋友的同学看看能不能和他成为好朋友，就是看看能不能和他相拼，并带领大家一起拼读。

（3）猜哑谜

"猜哑谜"形式新奇，比其他游戏更能吸引学生，使学生兴趣盎然。在游戏中让学生观察教师的口型变化，猜猜教师所展示的是哪一个字母，以此让学生体会不同字母的口型状态，尤其是在学习复韵母时，可以让学生先分辨出单韵母和复韵母（分别举起小卡片），请学生将这些字母卡片分组，说说为什么这么分，引导学生联系"哑谜"（口型的变化），通过比较，找到异同因素，从而得出单韵母发音时口型不变；复韵母发音时口型要变化，从前一个音滑向后一个音。复韵母发音时的这一特征也恰恰是发好两拼音节和三拼音节所必备的基础，可由此进行类推、迁移。

学生通过游戏学习拼音，既能活跃课堂气氛，又能增加学生的学习兴

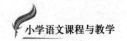

趣。除了以上这几种游戏的方法，还可用"开火车""摘苹果"等游戏让学生在快乐中学习。

5. 引导法

引导法是利用儿童已有的发音经验，帮助学习较难的发音的方法。如，教学复韵母"ai"时，先让学生做出"a"的口型，后示范由"a"音滑向"i"，把"ai"的音发完。学生学会了"ai"的发音方法，也就能慢慢推演出"ei、ui、ao、ou、iu……"的发音。

6. 比较法

比较法是把两个或几个形近的声母、韵母放在一起比较异同的方法。如s—sh、in—ng、p—q、h—n。又如字母f、t的字形有不少学生容易混淆，教学时，可以把f画成一根拐棍，突出拐棍上面的部分，记t形时画一把伞，突出伞把。通过比较，让学生体会相似中各自不同的特征。

拼音教学的方法多种多样，可以在教学实践中不断摸索总结，以取得较好的教学效果。苏联教育家苏霍姆林斯基认为，培养学生的学习兴趣和求知欲是推动学生完成学习任务的重要动力。可以说兴趣是最好的老师，一旦人们对某种事物产生了浓厚的学习兴趣，就会在兴趣老师的驱使下向着既定目标不断努力。因此，我们在拼音教学中，要从学生的兴趣入手，时刻保持拼音教学的新鲜感，想方设法调动学生学习汉语拼音的积极性。

（四）汉语拼音教学的步骤

拼音字母教学与音节拼读教学不能割裂和孤立进行，拼音教学的步骤或课堂教学的结构，一般都含着字母教学与音节拼读教学两个主体部分；当然作为完整课堂教学结构，首尾环节也是不可缺少的。因此在进行拼音课堂教学时，一般可以参照以下流程：

1. 创设情境，引入字母

一年级的小学生注意力容易分散，所以在设计导入的时候要注意直观性和趣味性。鉴于教材编排特别注重图片与字母相结合，导入设计可以利用课本上的插图来创设情境。例如，《dtnl》这一课我们可以这样导入：

"同学们，学校要举办艺术节，大家想不想去看看呀？老师告诉大家，我们这节课要学习的四个声母小朋友也都隐藏在艺术节中，看哪位小朋友能够火眼金睛把它们找出来，我们一起出发吧！"这样的导入可以吸引学生的注意力，激发学生的学习兴趣。

2. 联系语境，教学字母

在教学字母发音的时候，要强调声母读音轻、短的特点。还可以联系情境图，结合儿歌，使用示范的方式来教学生发音。比如《dtnl》这一课，结合情境图编制儿歌"小鼓小鼓ddd，伞把朝下ttt，一个门洞nnn，鼓棒鼓棒lll"，这样既能结合图识记字形，又能根据儿歌识记字音，实现了拼音字母音和形的结合。

3. 游戏演练，拼读音节

在这个环节我们可以出示课本上拼读的插图，通过教师的示范，卡片的配合，儿歌的朗读来指导学生学习拼读。比如在学习b和a的拼读时，教师先出示图片，引导学生说出图片上画的是小白兔在拔大萝卜，顺势出示b和a的卡片，用卡片来演示两音相碰，让学生尝试拼读，体会"前音轻短后音重，两音相连猛一碰"的拼读要领。

4. 设计练习，巩固音节

当学生初步掌握拼读方法后，教师可以设计课堂练习来加深学生对音节的印象，比如"找朋友"，也就是让一部分学生扮演声母，一部分学生扮演韵母，教师随机说出一个字，让相应的声母和韵母迅速走到一起，或者是利用课本上的儿歌，反复朗读，加深学生对本课所学音节的印象。类似的游戏还有"摘果子""夺红旗"等。

5. 指导书写，强化成果

在学生掌握字母的读音和字形后，还应及时进行字母书写的指导。统编版教材给出了每一个拼音字母的书写笔顺，教师可结合字母笔顺规则，指导学生在四线三格中进行书写，具体指导策略可借鉴写字教学的指导步骤，通过书写加强学生的自主练习，结合情境图中拼音字形的体现，可帮

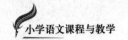

助学生再次巩固拼音字形。

四、汉语拼音教学应注意的问题

（一）教给方法

汉语拼音教学的重点是教学字母和拼音方法，难点是教学声母、鼻韵母的发音和三拼连读以及直呼音节的方法。开始时声母要教呼读音，教拼读方法时再强调声母读得特别轻短或读本音。字母教学一方面要让学生掌握发音的方法，另一方面要充分运用插图和教具学具，帮助学生掌握字音和字形。结合低年级学生的年龄特点，可采用形象生动的歌诀、顺口溜、游戏等方法进行汉语拼音教学。声母和韵母相拼的音节，可让学生掌握"前音轻短后音重，两音相连猛一碰"的要领。声、介、韵相拼的音节，可掌握"声轻、介快、韵母响，三音连续很顺畅"的口诀。要特别注意快速连读这个关键，拼读方法的教学，如前面所言，要教给方法，多示范，勤训练，使学生逐步掌握规律，形成自学的能力。

（二）培养能力

普通话中有400多个基本音节，大约有一半是常用音节。学生掌握了这些常用音节，就能借助拼音识字、正音和阅读。常用音节的训练，是从声母教学开始的，边学声母边学拼音方法。学完声母，应基本掌握了方法。教复韵母和鼻音母时，可强化方法，培养能力。

（三）方言比较

方言地区的发音与普通话的发音具有一定的差距，主要表现在平翘舌不分；前后鼻音不分；还有的地区鼻音和边音不清、声调不准。教学中要注意zh、ch、sh、r和z、c、s不分的区别；n、l不分的地区，要注意嘴唇的变化。还有的地区h、f不分，要注意发音部位。总之，要课内外相结合，把普通话作为教学语言、生活语言和工作语言，只有注意了方言辨正，才能真正地学好汉语拼音。

（四）复习巩固

要想尽快地学好汉语拼音，使之真正成为识字和学习普通话的工具，就必须创造条件，扎扎实实地进行及时多次的复习巩固。一年级在学完汉语拼音字母后，应结合字、词、句、文的学习，充分发挥其作用，培养运用能力，在实际应用中加以巩固。

附：

《b p m f》教案

【教学目标】

1. 学会声母 b p m f，能够读准音，认清形，并能正确书写。

2. 认识音节，学习"两拼法"，能准确拼读 b p m f 与单韵母组成的音节。

3. 培养学生学习汉语拼音的兴趣。

【教学重点】

1. 教读、教写 b p m f。

2. 学习拼读音节。

3. 教学带调拼读。

【教学难点】

1. 教写 b p m f。

2. 拼读音节。

【教学准备】

教师准备：教学课件、挂图。

【教学时间】2课时。

【教学过程】

第一课时

一、激发情趣、谈话导入

我们已经认识了韵母家族的6个朋友（出示 a o e i u ü）一起读读，你们读得真准，能不能按字母顺序摆一摆，再按顺序读一读。你们记得真清楚。这节课我们一起到拼音王国里再认识四个声母家族的朋友，你们愿意吗？

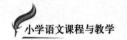

二、创设情景、学习"b p"音形

（一）导入新课

指导儿童看"情境图"，通过谈话引出有关声母。

师引导：爸爸带着一个小朋友去看什么呀？（看大佛）对，这就是"大佛"的"f"，相机出示卡片"f"。指着图上的山坡部位，问：他们看大佛，要先爬一段什么呢？（山坡）这就是"山坡"的"p"，出示卡片"p"，这个小朋友看到大佛很好奇，就想用手去——（摸），这就是"用手去摸"的"m"，出示卡片"m"。这个时候旁边的大喇叭正在广播："大佛是文物，我们要爱护文物，不要用手去摸！"这就是"广播"的"b"，出示卡片"b"。

（二）教学发音：教学声母"b"

1.看图说话引出b。

图上画着谁？他在干什么？

b这个音就是把"广播"的"播"读得又轻又短。

2.教学b的发音，认清字形。

（1）先让学生知道读音是"广播"的"播"，然后教师示范，学生仔细观察老师发音时的口型变化，教师带领学生练习发音。一定要读的又轻又短，也可以运用教材中"波浪"的"波"，编口诀"帆船冲浪bbb"。

指导发音要领：双唇紧闭，然后嘴唇突然张开，吐气成音。读时要轻而短。

（2）师范读、领读，正音。

（3）忆字形。

启发学生看图：b像什么？b的一竖像收音机拉出的天线，b的右半圆像收音机。读顺口溜："我听广播b、b、b。"

3.学习b和a的拼音。

（1）看图引出bá。

图上画着什么？（一只小白兔，拔个大萝卜。）

（2）卡片演示两音相碰：

b á让学生拼读，体会"前音轻短后音重，两音相连猛一碰"，拼成一个音节：bá。bá

（3）指导小学生念儿歌，边读边表演，作为课中操："一只小白兔，用力拔萝卜。"

（4）指导学习b与o、u的拼音。

（三）教学声母"p"

1.看图说话引出p。

图上画着谁？他在干什么？

可以这样说："冬冬用脸盆泼水。""泼"的声母是p。

2.教学p的发音，认清字形。

（1）发音要领：双唇紧闭，突然张开嘴唇，把气送出，发出p音，要轻而短。

（2）师范读、领读，正音。

（3）b、p对比读。教师用一张白纸放在嘴前，读b时白纸不动，读p时气流吹动白纸。让学生口对着手心试读，体会送气和不送气的不同。

（4）忆字形。

启发学生看图想象，p的一竖像水往下流，p的半圆像脸盆。顺口溜："脸盆泼水p、p、p。"

3.学习p和a的拼音。

（1）看图引出pá。

图上画着什么？（一只猴子在爬竿。）

（2）卡片演示两音相碰：p→á→pá

学生自由拼读，指名、正音、领读。

还可变声调，让学生拼读：pà、pā、pǎ。要求带调拼读。

（3）指导学习p与o、u的拼音。

4.口诀记忆。编口诀为：猴子推车p p p。

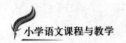

三、巩固练习

（一）认读卡片。

（二）用纸条演示，教师读音后让学生说说，老师在发什么音？

四、指导书写

（一）亲情导入

刚才，我们已经学会了b和p的读音，与它们交上了朋友。现在，我们来练习写一写，比一比谁写得漂亮，好吗？

（二）指导书写b

1. 认识一个字母基本笔画："丨"上竖。

2. 请同学们观察书中字母"b"先写哪笔？再写哪笔？几笔写成？占什么格？同桌同学互相说说。

3. 学生说笔顺、位置，教师范写，强调"b"的第一笔在上格的三分之一处起笔到第三条线停笔。

4. 学生书空笔顺。

5. 学生在拼音本上书写。教师行间巡视，进行个别辅导。纠正学生的写姿和执笔方法。对姿势正确的学生及时表扬鼓励。

（三）指导书写"p"

1. 认识基础笔画：下竖。

2. 请同学们观察书中"p"的书写，先写哪笔？再写哪笔？几笔写成？占什么格？观察后同桌同学说一说。

3. 学生独立书写一个。

4. 教师选择一位同学书写的字母在投影上进行展示。

你认为哪笔写得好？哪笔写得不太好？教师范写强调第一笔竖从第二条线起笔写竖，到第四条线上面一点停笔，然后再写右半圆。

5. 学生结合书中的范字进行对照比较、修改。

6. 学生再独立写一个。教师巡视，个别辅导。

第二课时

一、复习检查

（一）卡片认读b、p。（集体练，个别读）

（二）拼读bá、pá及四声。

二、教学声母m

（一）看图说话引出m

1.指导发音

"摸"的声母是m。（出示"m"的图）

问：图上的小朋友在干什么？你们做过摸人游戏吗？

这个字母怎么读？发"m"音时，双唇闭拢，把气堵住，气流从鼻子里出来，声带有些颤动。教师示范读。

2.学生练习读，体会发音方法。

3.开火车读。

（二）学"m"的形，记忆字形

1.看图说说怎样记住"m"的形？

2.编记忆小儿歌："两个门洞m、m、m"，"两扇小门m、m、m。"

（三）指导书写

1.认识基本笔画：右弯竖。

2.学生书空。

3.请同学观察书中字母"m"的笔顺：先写哪笔、再写哪笔、几笔写成、占什么格？

4.教师范写，强调"m"占中格，注意左边和右边的门洞要一样大。

5.学生练习书写，教师巡视，个别辅导。

6.展示书写好的，有进步的，激发学生学习的积极性。

（四）教学m和单韵母的拼音

看课本上的图，拼读mù、mǎ。

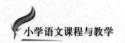

三、教学声母f

（一）看图说话引出f

（二）教学f的发音

1.提问：从图上你知道了什么？

2.借助"佛"的音读"f"。教师范读讲发音要领。上牙轻轻地放在下唇上，摩擦一下发出音。

3.学生体会读。

（三）学习"f"的形

1.怎么记忆"f"的形呀？你们见过拐杖吗？

教师出示拐杖，帮助记忆"f"的形。

2.编记忆"f"的小儿歌：

爷爷拐杖"f、f、f"。

一根拐棍"f、f、f"。

像根拐杖"f、f、f"。

像把雨伞"f、f、f"。

（四）指导书写

1.认识基本笔画：右弯竖。

2.观察书中"f"的笔顺，先写哪笔？再写哪笔？几笔写成？占什么格？同桌小伙伴互相说一说。f两笔写成，写在四线格的上格和中格。

3.教师范写。强调第一笔在上格的三分之一处起笔，写到中格第三条线停笔，第二笔横写在第二条线下边略低一点的位置上。

4.学生练习书写，教师巡视，个别辅导。纠正学生的写姿和执笔方法。

（五）教学f和单韵母的拼音

看课本上的图，拼读pí、pá。

四、巩固练习

（一）读语境歌

"爸爸带我爬山坡，爬上山坡看大佛，大喇叭里正广播，爱护大佛不要摸。"

（二）猜字母

1. 两扇小门是什么声母？

2. 一竖像天线，右下半圆像收音机，是什么声母？

3. 一竖像水往下流，右上半圆像个盆，是什么声母？

4. 像根拐杖是什么声母？

（三）听音取卡片

教师读一个声母，学生取出卡片。

（四）用卡片认读声母和音节

（五）创新思维：指导学生编儿歌

1. 你们能编一个记忆"b"的小儿歌吗？

预设：拉开天线听广播"b、b、b"。

右下半圆"b、b、b"。

6字"b"。

……

2. 你们能编一个记忆"p"的小儿歌吗？

预设：右上半圆"p、p、p"。

端起脸盆把水泼"p、p、p"。

路灯"p"。

3. 你们能编一个记忆"m"的小儿歌吗？

预设：两扇小门"m、m、m"。

钻进门洞"m、m、m"。

兔采蘑菇"m、m、m"。

4. 你们能编一个记忆"f"的小儿歌吗？

预设：爷爷拐杖"f、f、f"。

一根拐棍"f、f、f"。

手扶拐棍"f、f、f"。

五、学习小结，课后激励

（一）今天我们又认识了四个声母家族的朋友，它们分别是"b p m f"。同学们学习得可认真了！回家以后读给亲人听好吗？

（二）放学回家以后，把你学会的拼音儿歌说爸爸妈妈听，爸爸妈妈一定会夸奖你是一个聪明的好孩子。

第五节　识字教学实验介绍

20世纪初语文单独设科，特别是"五四"以后以现代文教学为主，识字教学也以分散识字教学法为主。基本方法是随课文识字，即在阅读教学过程中进行识字教学。其优点是在具体的语言环境中识字，易于理解，避免了死记硬背；缺点是每篇课文只能识三五个汉字，速度太慢，并因而影响了读写能力的发展。所以以后不断有新的改革实验。1990年1月，中央教科所和天津教科院联合主持，在天津召开了第一次全国小学识字教学研讨会，会上介绍了9种主要的识字教学改革实验，会后由天津教科院结集出版了《九种识字教学方法探新》。1994年8月，中央教科所主持在黄山召开了"首届小学汉字教育国际研讨会"，会上对18种识字教学法进行了交流和研讨，会后由潘仲茗、戴汝潜主编出版了《现代小学识字科学化研究》。《人民教育》1997年第1至第5期载《识字教学一览》一文中列出20余种。2000年11月，教育部基础教育课程教材发展中心在北京组织召开了"全国小学语文识字教学交流研讨会"，展示了我国50年来小学语文识字教学改革的成果，是新中国成立以来小学语文识字教学最重要的一次会议。有34家识字教学法代表参加，19家识字教学法的代表介绍了各自的经验，重点介绍了7种识字教学法：（1）集中识字，（2）分散识字，（3）字族文识字，（4）注音识字提前读写，（5）字理识字，（6）韵语识字，（7）电脑识字。对识字教学改革发展的方向有4点共识：（1）识字教学要树立长远观念，即要以实施素质教育为目标，要与阅读教学、作文教学和听说教学相结合，促进语文教学的整体改革，单方面追求速度和数量的方法是不可取的；（2）识字教学要建立在科学的基础之上，要研究学生认知汉字的规律和汉字自身发展的规律，把二者结合起来形成汉字教学的科学规律；（3）识字教学要在继承优秀传统的基础上勇于创新，要研究信息化时代的特点，从观念、方法、手段等方面锐意改革，不断提高识字教学的科学性和艺术性；（4）识字教学要综合运用各种方法，各种识字教学法都有独特的优势，也都有一定的局限性，要经常交流，互相借鉴。

根据我们的统计，新中国成立50年来各地先后开展的识字教学实验有60种以上，最具代表性的有以下几种：

一、分散识字教学法和集中识字教学法

（一）斯霞"随课文分散识字"教学法

南京师范大学附属小学教师斯霞创立的"随课文分散识字"教学法形成于20世纪60年代初，最大特点是"字不离词，词不离句，句不离文"。优点是：一是符合儿童的认知规律和汉字规律；二是强调语言环境，有助于儿童语言和智力的发展；三是有利于减轻学生过重的课业负担，促使学生身心健康发展。其基本原理是，汉字有一字多音、一字多义的现象，只有把它放到具体语境中，才有确切的含义和读音。

1958年斯霞老师进行分散识字教学法实验，取得了显著成果。基本方法是：首先教好汉语拼音作为识字的工具，然后教会60多个独体字，作为学习众多合体字的基础。做好这两项准备之后，开始结合课文进行识字教学。要依据课文实际和学生实际设计教法，没有固定的法则和程式。如关于字词的出现方式有：一是按照课文内容顺次出现生字词；二是课文中的主要地位的生字先出现；三是结合讲读提出生字词；四是在理解课文之后再提出生字词。具体方法灵活多样，一开始阅读生字较少的短课文，就一边讲读课文，一边教学生字词，在讲读课文中把重点字词突出出来，并通

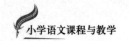

过朗读、书写等进行巩固。以后阅读生字较多的长课文，就先把一篇课文中的生字词提出来集中教学，然后讲读课文。但总的原则是"字不离词，词不离句"。其基本理论是，儿童识字的初期，主要问题是字音和字形；但随着识字量的增加和阅读写作的需要，识字的主要问题是字义。儿童理解字义的基本途径是通过阅读和写作的实际运用，而不是靠记忆字典上的解释。而且识字是为了阅读和写作，字义问题解决不了，就达不到这个目的。所以识字教学一定要和阅读结合起来，并尽可能早的和写作结合起来。

斯霞分散识字教学法实验取得了理想的效果，实验班学生的识字量明显增加，阅读和写作能力也有相应的提高。其理论意义在于，它验证了分散识字教学法的科学性和可行性。其灵活多样的方法和"字不离词，词不离句"的基本原则，对识字教学的理论和实践以及其他改革实验，都有深远影响。分散识字的不足在于识字进度缓慢，低年级识字量不足，汉字规律没有得到充分重视，识字教学本身没有完整的体系。

（二）辽宁省黑山学校、北京景山学校实验的集中识字教学法

1958年辽宁省黑山县北关实验学校率先进行集中识字教学法实验，1960年以后，北京景山学校及其他地区的部分学校也相继开展了这项实验。实验主要依据汉字的构形规律，把生字归类集中，指导学生用比较类推的方法学习汉字。基本方法是集中教分散练，先识字后读书，即学一批字读一些课文巩固，再学一批字再读一些课文巩固。具体方法有看图识字、以歌带字、以四声带字、形声字归类、用基本字带字等。后期以基本字带字为主要特点，基本方法是根据形旁或声旁归类，根据意符所属理解字义。例如从"页"的字大多与头部名称及动作有关，如额、颊、颌、项等；从"王"的字大多与玉石有关，如碧、块、玛、弄等；从"心、忄"的字与心理活动有关，如情、思、慕、恭等。根据声旁归类如"盏、浅、栈、践、残、贱、钱"等，这一组字的共同特点是都有表音的声旁"戋 cán，jiān"，加上不同的表义符号的形旁构成。可编成歌诀："有皿是灯盏，有水还显浅，有木修客栈，有足去实践，遇歹便伤残，有贝分贵贱，

有金就是钱"。这些方法有助于学生掌握构字规律，形成学习迁移。

北京景山学校把这种方法发展为"分批集中识字教学法"，每批字都采用较适宜的归类方法，选择较适宜的阅读课文进行练习。集中识字教学法实验在"文革"时期曾经中断，"文革"结束后又得到恢复和发展。1986年中央教科所在江西省南昌市主持召开实验会议，结合当时许多实验单位都已把集中识字与阅读教学和作文教学结合起来进行实验的实际情况，把该项实验更名为"集中识字·大量阅读·分步习作"小学语文教学改革实验。1991年教育科学出版社出版了郭林、张田若编著的《集中识字教学的理论与实践》，把该项实验推向了新的高度。

集中识字教学法继承和发展了我国古代识字教学的优良传统，突出汉字的构字规律，以识别字形为主，建立形、音、义相结合的汉字认知体系。集中识字的局限性在于：脱离语言环境孤立识字影响识字效果。同时，识字和阅读分开进行，势必延长从识字到阅读的转换过程，在一定程度上延误了书面语言学习的最佳时机。

1963年的《小学语文教学大纲》把集中识字教学法和分散识字教学法一并作为先进的识字方法加以提倡，并被各家教材编写者所运用。其实，分散识字教学法中包含着相对的集中，集中在小学低年级教学是大集中，把每篇课文中的生字词集中起来教学是小集中。集中识字教学法中也包含着相对的分散，分批就是分散。分散识字教学法突出字义，集中识字教学法突出字形，但都主张形、音、义相结合，都主张把识字教学与阅读教学和写作教学结合起来。

二、注音识字教学法和韵语识字教学法

（一）注音识字教学法实验

1958年国务院文字委员会颁布了《汉语拼音方案》，这项成果首先被用于全民的扫盲运动。1959年2月，吴玉章考察了河北、山东等八省市利用汉语拼音帮助扫盲工作的情况，提出汉语拼音字母能提高语文教学效率，

巩固和扩大扫盲效果。5月，中共中央、国务院发出《关于在农村中继续扫除文盲和巩固发展业余教育的通知》，要求利用汉语拼音帮助扫除文盲。1960年4月22日，中共中央发出《关于推广注音识字的指示》，推广山西省万荣县利用注音识字推动扫盲工作的经验。5月11日《人民日报》发表《大力推广注音识字，争取提前扫除文盲》的社论。万荣经验的主要特点是：第一步，学习汉语拼音，掌握识字工具；第二步，阅读识字课本，并进行抄写、写话、作文等写作练习。1958年开始，小学语文课本中安排了汉语拼音教学的内容。拼音教学经过三拼（声母、介母、韵母）加声调、双拼（声母、韵母）加声调、双拼（声母、韵母）带声调、直呼等几个发展阶段，逐步完善起来。1982年在原中国文字改革委员会和全国高等学校文字改革学会的指导下，黑龙江省在佳木斯第三小学、讷河县实验小学等学校开展"注音识字，提前读写"实验。该项实验的宗旨，主要是为了解决学汉字与学汉语的矛盾。实验设计是："以汉语拼音为工具，使阅读和写作提前起步，寓识字于学汉语之中。以此为原则，建立小学语文教学先读书后识字，边读书边识字的教学体系。"实验的内容和方法是：第一，汉语拼音教学。培养学生熟练直呼音节和书写音节的能力，使之成为提前读写和语言训练的工具。第二，阅读教学。从阅读纯拼音课文开始，进而阅读用汉语拼音注音的课文，逐步过渡到阅读纯汉字的课文，从而达到提前阅读、扩大阅读量的目的，并进而带动识字和听话、说话、作文能力的发展。第三，说话教学。把识字教学与发展学生的听话能力和说话能力结合起来。第四，作文教学。先用汉语拼音或拼音加汉字作文，再用汉字加拼音作文，逐步过渡到全用汉字作文，从而达到提前写作的目的。第五，写字教学。把识字教学与发展听说读写能力结合起来，通过说话和阅读提高"识"的能力，通过写字课提高"写"的能力，通过作文课提高"用"的能力。"注音识字，提前读写"实验，是在速成识字、分散识字、集中识字的基础上发展起来的，把汉字的音、义、形结合起来，全面提高学生的听说读写能力的一项综合性实验，对识字教学和小学语文教学改革具有全面的深远的意义。1992年3月，国家教委主持召开全国"小学教育'注音识字，提前读写'教改经验推广工作座谈会"，7月发出《关于推广小学语文"注音识字，提前读写"教改经验的若干意见》，指出"该项实验符合儿童学习语言的规律，有利于学生听说读写能力的协调发展，并对开阔学生视野、开发学生智力具有积极作用"。并于同月公布了《小学语文"注音识字，提前读写"教学改革实验纲要（试用稿）》和《关于印发〈小学语文"注音识字，提前读写"教学改革实验纲要教学建议（试用稿）〉的通知》，大力推进这项实验。

（二）韵语识字教学法实验

中央教科所"小学识字教学科学化"课题组于1995年开始在辽宁沈阳市、陕西延安市、浙江宁波市等地开展"韵语识字，尽早阅读，循序作文"实验。实验设计是，运用汉语韵文的方法，把小学语文教学大纲中规定的2500个常用字，先组成常用词，再用这些词编成句式整齐、合辙押韵、通俗有趣、短小精悍、含大密度生字而又能激发童趣的韵文。每篇韵文都围绕一个中心意思，并有一定的故事情节。每篇4—6句，每句5—7字，每篇生字率不低于60%，生字按基本字、高频字、次高频字的顺序出现。例如《家乡变新样》："以往咱村离城远，要看戏剧非常难。如今有了电视机，精彩节目随便看。"就具体的阅读对象来说，全文28字中含生字26个（看字已学过）；就编写课文的过程来说是"文从字"，即按识字教学的需要编写课文；就学生阅读课文的过程来说是"字从文"，即在阅读中识字。并且把识字、阅读与作文联系起来，每阅读一批课文，识一批字，就完成一种类型的作文训练。实验者编写了《新世纪素质教育课程实验教材·语文》。

这类识字教学法改革实验深入到汉字本身的特点——音、形、义结合，以"音"为主进行探索，深化了改革实验的主旨。主要优点是儿童可以借助拼音提前读写，在促进学习尤其是低年级学生的书面语言学习方面具有独特优势。其局限性在于：忽视汉字识记规律，没有建立起音、形、

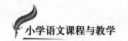

义内在联系，字形认知的模糊状态制约了识字教学的质量。最明显的例子是长期从事这种实验的学生，错别字大量出现。

三、部件析形识字法和字族文识字法

（一）部件析形识字法

1965年到1980年，河北、湖南、内蒙古等一些学校进行该项实验。实验设计是，根据汉字形体结构的规律，变一笔一画的教学为板块组合教学，简化识字过程。实验设计者认为，汉字的结构层次可分为三级：整字、部件、笔画。按笔画教过于繁琐，按整字教难于掌握，按部件教最为合理。所以，教学汉字的过程应该是：第一，看字形整体，分析字形结构；第二，根据字形结构确定不同的部件；第三，分析出部件；第四，将部件组合成整体。例如，"分"字就是八字头刀字底，"闪"字就是门字框人字心。教学程序是"先教学单体字，次教学简单合体字，最后教学复杂合体字"。该项实验主要意义是，按整体来识记汉字是模糊的，按笔画来识记汉字是繁琐的，按部件来识记汉字是简易的，并且是科学的易于理解的。愈是对复杂和难于理解的字愈有意义，例如"翼"就是羽、田、共，"夷"就是大、弓。

（二）字族文识字法

四川省井研县教育局于1991年开始进行"字族文识字法"教学实验。实验设计是采用"字形类联，字音类聚，字义类推"的方法，把汉字分成"族"，按"族"编成课文，称为"字族文"。例如《皮字朋友多》："有土堆成坡，有水波连波。碰石擦破皮，走路跛一跛。披衣床上坐，被子多暖和。菠菜营养好，玻璃用处多。"就是用"字音类聚"的方法，把"皮"字的八个同"族"字编在一篇课文中。又如《小青蛙》："江水清清天气晴，小小青蛙大眼睛。保护庄稼吃害虫，做了不少好事情。请你保护小青蛙，它是庄稼好卫兵。"就是借助语境把"青"繁衍、派生出的"清、情、请、睛"等字形成一个字族。用"字族文"识字，可以使大部分汉字都能够按类理解和识记，做到举一反三，触类旁通。同时，在不同

的"字族文"之间，也能对不同类的汉字进行对照和比较。例如，形声字的音旁在识字教学中的辨音作用非常明显，如"杨"的右旁是音旁，韵母为ang。这类字的韵母均为ang，例如扬、疡、炀、汤、烫、锡、荡、砀等。而"易"作音旁的字韵母均为i，如蜴、锡、踢、剔、惕等。实验者把这些"字族文"编成了《趣味规律识字读本》。1994年4月中国教育学会和《光明日报》举办了有关"字族文识字法"座谈会，1994年4月16日《中国青年报》做了报道。《教学研究》1994年第5期发表《"字族文识字"教学实验研究》一文，对该项实验作了全面介绍和评价。但是，不是所有的汉字都可以归进字族，和一般文章的字随意性不同，字族文因字为文，作为儿童学习书面语言的凭借，还有较大的局限性。

四、字理识字教学法

字理识字教学法是湖南省岳阳市教科所主持的识字教学改革实验，形成于20世纪90年代。汉字是从图画发展起来的象形文字，并以象形文字为基础，用"六书"的方法把音形义三方面结合起来，成为表意文字体系。字理识字教学法就是运用汉字的组构和演变规律进行识字教学，字理就是汉字的组构和演变规律。主要特点有：

（一）独体字（象形字和指示字）运用"溯源—对照"的模式，找到它所象的物体或所指的事物，然后了解其字形是怎样演变来的。例如"末"是"二"穿"木"。"盥"字上端的中间是水，两边是两只手，皿是器皿指盆类，合起来便是两手从盆里捧水洗涤的图画。"牟"是牛鼻子里呼出气来，模拟牛叫的声音。

（二）合体字（会意字和形声字）运用"分解—溯源—组合"的模式，先将其分解成几个基本意义单位，再找到它的本来意义或表示的读音，最后了解求其组合起来所表示的新的意义和读音。具体方法有：

1.图示法。如休——农夫倚树小憩图。

2.联想法。如自——说我时同时指着自己的鼻子。

3.故事法。如取——古代部落战争时割取敌人左耳回来报功的制度。

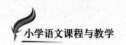

4.演示法。如笔——毛笔的竹和毛。

5.推理法。如人—从—众，木—林—森，水—冰—淼，火—炎—焱等。

6.迁移法。将所学甲字的字理用于学习乙字。如手持肉为有，手持皮为求。形声字一般都能做到见其形而察其义辩其声。教学中如果能揭示出这种内在联系，就能大大提高理解和识记效果。例如用"饣"（食）作偏旁的字（饮饭馒饼饺馅馄饨馍饱饥馑饿馋馁）多与食物有关，用"口"作偏旁的字多与吃喝叫喊唱等有关。

7. 比较法、猜谜法、歌诀法、点拨法等。如根据汉字的构字规律猜谜语，让学生通过猜谜语的方式来识字。"一块地，四方方，十字路，在中央"（田）。"画时圆，写时方，有它暖，无它凉"（日）。以上两例谜底是象形字，谜面描绘形象。"刀上有一点，有点刀就快"（刃）。谜底是指事字，谜面记述字的特征。"火上加个盖儿"（灭）。谜底是会意字，谜面说明字的结构。其他如"上不去下不来"（卡），"连月不开"（用）等。这种方法可以增强学生的学习兴趣。

汉字是形、音、义的结合体，但最终是为了示"义"。字理识字法要求在分析字形、确定字音的基础上显示字义，这是实行识字教学科学化艺术化的根本途径。但字理识字教学法在实践过程中有一定难度。这种实验要求教师首先要有丰富的文字学基础，全面了解汉字的产生和演变过程。例如由于字形演变，在形训中容易出现"望形生训"的弊端。在长期的历史过程中字音的变化很大，形声字的声旁只有三分之一左右还能较准确的表音作用，搞不好会出现"秀才读字半拉音"的现象。

以上几种识字方法都有较高的理论和实践价值，但也都有一定的局限性。我们必须系统地把握汉字及汉字认知的特点和规律，理性地认识各种识字方法的特点和优势，扬长避短，综合运用，提高识字教学效益。

◆ 推荐阅读 ◆

1.倪文锦.语文新课程教学法（小学）［M］.北京：高等教育出版

社，2010.

2. 斯霞. 我的教学生涯［M］. 上海：上海教育出版社，1982.

3. 佟乐泉，张一清. 小学识字教学研究［M］. 广州：广东教育出版社，1999.

4. 刘靖年，曹文辉. 汉字规范部件识字教学法［M］. 长春：吉林大学出版社，2009.

5. 张田若. 集中识字·大量阅读·分步习作［M］. 北京：中央编译出版社，2012.

6. 黄波. 趣味识字教学［M］. 北京：中国轻工业出版社，2011.

◆ 学习思考 ◆

1. 识字教学的原则和方法有哪些？

2. 汉语拼音教学的原则和方法有哪些？

3. 写字教学应注意哪些问题？

4. 小学阶段儿童认知识字的特点有哪些？

◆ 教学实践 ◆

1. 收看汉语拼音教学片段或请小学教师做观摩课。

2. 阅读汉语拼音教学教案，试编一个此类的教案。

3. 可根据汉语拼音的教学内容，编写字谜、儿歌、顺口溜、歌曲等。

4. 可试着编写识字教学教案，然后试讲练兵。

5. 可根据识字教学内容，编写顺口溜、儿歌、字谜等，强化快乐识字方法。

6. 将你所知道的写字教学应注意的问题写在日记或笔记上。

7. 练习编写一个写字教学的教案，然后进行试讲和评议。

8. 请你分析一个小学生在写"兔、哭、鸟"等字时容易漏写一点的原因，并讲一讲怎样才能使学生不写错别字。

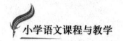

第五章　阅读与鉴赏

【学习目标】

1. 了解小学语文阅读与鉴赏教学的意义，掌握小学语文阅读与鉴赏教学的目标与内容，明确阅读与鉴赏教学的一般过程。

2. 结合具体的教学案例，掌握不同学段、不同类型、不同文体的小学语文阅读与鉴赏教学实施策略。

3. 结合小学语文教材，掌握文本解读的方法，培养文本解读的能力。

4. 了解小学语文单元整体教学的思路和方法。

5. 关注整本书阅读，在实践中提升自己的阅读与鉴赏教学水平与能力。

第一节　阅读与鉴赏教学概述

2022年4月，教育部颁布了《义务教育语文课程标准（2022年版）》。与《义务教育语文课程标准（2011年版）》相比，"阅读"板块最显著的变化就是改成了"阅读与鉴赏"。

2022年版课标从"阅读"改进为"阅读与鉴赏"，代表了当前语文阅读教学观念的理论深化与时代重构。阅读是一种从印的或写的语言符号中取得意义的心理过程，也是一种基本的智力技能，是人们学习、工作、生活中所必须具有的一种能力。随着现代科技的进步，信息时代广泛而日新月异的知识不断涌现，阅读更是现代人所必需的一种能力。在2022年版课标中，与阅读相呼应，多次用到"欣赏""鉴赏"等词。欣赏是基于个体的喜好，从兴趣的角度出发对文艺作品进行赏析的审美体验活动，鉴赏是比欣赏更高的层次和追求，是对欣赏的升华，强调个体基于自身生活经验、思想感情、艺术观点和兴趣等对文艺作品进行鉴定、探究和思考，是一种理性行为。

在语文教学尤其是文学作品的阅读教学中，"欣赏"常被视为一种基本的方法，强调阅读的整体感知。叶圣陶说："所谓欣赏，第一步还在透彻了解整篇文章，没有一点含糊，没有一点误会。这一步做到了，然后再进一步体会作者意念发展的途径及其辛苦经营的功力。体会或有所得，或踌躇满志，与作者完成一篇作品的时候不相上下，这就是欣赏，这就是有了欣赏的能力。"按照叶老的说法，在语文教学中运用欣赏的方法，整体感知文章是第一步，在此基础上进行文学创作手法的研究，这其实就已经从欣赏上升到鉴赏的层面了。

阅读与鉴赏教学是教师指导学生通过阅读理解文章思想感情，掌握文章表达方法，发展阅读与鉴赏能力，形成阅读习惯的过程。它是小学语文教学的重要组成部分，在完成小学语文教学任务中占有重要的地位。在2022年版课标中，阶段目标从"识字与写字""阅读与鉴赏""表达与交流""梳理与探究"四个方面提出要求。不仅学生的阅读与鉴赏能力必须通过阅读与鉴赏教学来培养，而且学生的识字与写字能力、表达与交流能力及梳理与探究能力也有赖于阅读与鉴赏教学来奠定基础。因此，阅读与鉴赏教学的质量在很大程度上决定整个语文教学的质量。

一、阅读与鉴赏教学的意义

阅读与鉴赏教学是小学语文教学的中心，对学生语文素养和整体素质的提高具有十分重要的意义。对处于启蒙时期的小学生来说，阅读与鉴赏

教学的作用在于：

（一）阅读与鉴赏教学是识字的重要途径

阅读可以使学生对所学的字、词加深理解，并在不同的语言环境中了解字词多方面的意义。学生通过大量、反复的课内外阅读，有大量的机会再认、重现所学过的字词。这样既丰富了词汇，又达到了巩固生字词的目的。

（二）阅读与鉴赏教学是培养学生阅读与文学鉴赏能力的主要途径

阅读有利于发展学生的各种能力，首先是阅读能力。在阅读教学过程中，教师引导学生识字、学词、学句，理解课文内容，体会思想感情，领悟表达方法，并进行朗读、默读、精读、略读、浏览、复述等各项训练。在训练中，潜移默化地提升了学生的阅读能力、思维能力等。此外，在通过阅读对文艺作品进行赏析的过程中，学生可以增加审美体验，提高文学鉴赏能力。

（三）阅读与鉴赏教学有利于培养表达能力和梳理探究能力

阅读是吸收知识与理解知识的过程，而作文则是表达思想与运用知识的过程。阅读课文及各种优秀的课外读物，为写作提供范例，有利于表达能力的培养。模仿是小学生的心理特征之一，在教学上，学生掌握知识、技能，常常从观看教师示范开始，然后是模仿，最后是在练习中逐步达到熟练掌握的境地。语文教学及课外阅读中，一篇篇文质兼美的文章，正是学生鉴赏并模仿写作的最好范本。

课文及课外读物提供了大量综合性的知识，不仅包括社会知识，更有大量的自然常识。学生阅读越多，知识面越广，视野越开阔，思维越活跃，需要梳理和探究的内容也就越丰富，学生在阅读过程中潜移默化地提高了梳理探究能力。

（四）阅读与鉴赏教学使学生受到思想教育和美的熏陶

党的二十大报告指出："中华优秀传统文化源远流长、博大精深，是中华文明的智慧结晶。"小学语文课文皆为精选的古今中外名篇佳作，饱含了我国传统文化的精髓，它的知识内容涵盖极大，可谓上下五千年，纵横九万里。其思想内容芬芳馥郁，沁人心脾，其语言形式瑰丽多彩，悦人耳目。"文章不是无情物，师生皆为有情人。"任何作品都反映作者一定的思想感情，都会对读者产生潜移默化的影响。每篇课文都引人入胜，发人深思，细细品读，能使学生在阅读中受到情感的熏陶，思想的启迪，美的陶冶，从而潜移默化地提升个人修养，提高审美品位。

二、阅读与鉴赏教学的一般过程

阅读与鉴赏教学的一般过程，是学生在教师的指导下，凭借阅读教材，主动进行阅读基本功训练，掌握阅读方法，培养阅读能力，丰富语言积累，发展智力，陶冶思想情操的过程。从一堂语文课的整体结构来看，这个过程还要遵循"整体——部分——整体"和"语言——思想——语言"的原则。也就是说，人们在阅读一篇新文章时，一般是先了解文章的大致结构和主要内容，通过反复阅读来加深对文章的理解。在理解的基础上，再品评语言，体会作者表达的妙处，并进一步通过整体把握、学以致用。

（一）课文教学的一般过程

就课文来说，其教学过程应是教师、学生、文本进行对话的过程，要体现从语言文字入手，将理解内容和学习表达二者有机统一的特点。在具体教学过程中，可以采用"入——总——分——出"的语文四步教学法。

1. 入——创设情境，导入新课

"创设情境"就是在讲授新的教学内容之前，教师根据教学内容创造一种融洽的教学情调和课堂氛围，把学生带进一个与教学任务和教学内容相适应的理想境界的行为。它要求教师能够迅速地运用恰当的方法，通过简短的言语或活动，恰如其分地引领学生进入学习内容。

"情境导入"犹如发动机，直接影响整台机器的正常有效的运转，它是一门艺术，更是一种创造。一个良好高效的导入将会大大提高语文的教学效率。当然导入的方法有很多，比如直观导入、猜谜导入、设疑导入等，导入的方法这一部分在教学技能这一章有详细说明。

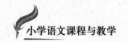

2. 总——阅读课文，整体感知

所谓"总"，不仅是让学生通过阅读对要学的某篇课文感知整体，更是对全单元课文的整体把握。其目的在于使学生在学习本课之前，对这一课所处单元的各篇课文大致了解，从而把握编辑意图，明确这一单元的人文主题和语文要素。在了解整个单元的基础上，再对所要施教的课文进行整体把握，了解课文的作者是谁，写了什么，想表达什么。美国当代美学家苏·郎格说："在一件艺术品中，其成分总是和整体形象联系在一起组成一种全新的创造物。虽然我们可以把其中一个成分在整体中的贡献和作用分析出来，但离开了整体就无法赋予每一个成分以意味。"从教学的角度看，"整体感知"是指在教师的指导下，学生通过朗读、诵读、品读、赏读、美读等多种感知语言的方式把握文本整体内容和形式的过程，而这一过程也应注意学生的个体感受。

在整体感知环节，首先要求学生对课文进行全方位的了解，这就要求学生必须读通文章，包括扫清文字障碍、自主识字、了解内容等。培养学生的自学能力，这是整体感知最基本的要求。这一环节可以分为两个步骤：一是提自学要求，让学生自学。中高年级这一步也可以放在课前，或者通过自主预习单完成。二是检查自学效果。检查学生对生字词以及课文内容的自学情况，鼓励学生质疑问难，开展合作学习。在检查自学效果时要注意，年段不同，重点不同。低年级以检查生字词为主，落实识字方法；中高年级以检查课文内容为主，尝试在了解课文背景的基础上，梳理文章大意，理清文章脉络。

3. 分——文本赏析，品读感悟

在前一阶段整体了解课文大意的基础上，教师引导学生进行细读、深读，交流读书心得，突出重点，突破难点，进行品读和鉴赏训练。所谓"文本赏析"，就是从整体到部分的过程，也是选择角度研究学习文本的过程。文本赏析，可以从语言入手，可以从形象入手，也可以从主旨入手，还可以从技法入手等。拿语言赏析来说，可以从词语锤炼入手，可以从句式选择入手，也可以从表达方式或者修辞手法入手，还可以从整体风格入手等。在这一阶段，学生要带着教师或自己提出的问题去理解内容。

文本赏析需要读一读、想一想，还要品一品、评一评、练一练。在自学、感知、吸收、积累的基础上，教师引导学生品析和解读。阅读与鉴赏是学生的个性化行为，故不应以教师的分析来代替学生的阅读实践，应让学生在主动积极的思维过程和情感活动中加深理解和体验，有所思考和感悟，受到情感熏陶，获得思想启迪，享受审美乐趣。教师要特别重视组织学生进行讨论和交流，有意识地训练学生的思维能力和口语表达能力，要引导学生积极参与交流、表达和讨论的语言实践练习，训练和发展他们的思维能力和表达能力。

4. 出——总结训练，拓展延伸

这一阶段是从部分回归整体的过程，主要是指导学生在理解各部分内容的基础上，体会文章思想感情；在精读的基础上，进行有感情或有表情的朗读训练；在熟读的基础上，指导背诵某个片段或全文复述课文；在领悟文章表达方法的基础上，完成课后习题或教师设计的练习，巩固知识，实践方法，逐步形成阅读与鉴赏能力。这一阶段的训练是在积累和消化的基础上，经过思考和讨论之后进行的实践操作练习。通过实践运用以达到知识的迁移和创新，能力的提高和发展。

在这一阶段的课堂教学中，还要结合学生生活、社会生活博引相关内容进行拓展学习。立足课本，跳出课堂，引导学生在实践中学会学习，到广阔的天地去探索、去获取更大的创造能力，将语文与生活相结合，将课内与课外相结合。

（二）课文教学的程序变式

课文教学的程序变式是指改变课文教学的固定模式，改变逐段讲读的程式，根据不同的教材内容、不同的教学目标、不同的教学重难点以及学生的不同年龄心理特点，设计出不同的教学过程。常用的有以下几种：

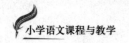

1. 直接切入式

又称"中心突破式"或"一点突破式"。即为更好地突出重点，教学时直接切入课文中牵一发而动全身的中心词、中心句、中心段，以此带动全文理解的课文教学方式。如《珍珠鸟》一课最后一段写道："信赖往往能创造出美好的世界。"导入课文后，就可以直接切入这个段落，通过对这个句子的分析理解，引导学生结合课文前面的段落，抓住课文的发展脉络理解"我"是怎样逐渐得到珍珠鸟信赖的，体会"我"和珍珠鸟之间的情谊，这样可使学生对课文把握得更明晰而深入。

2. 举一反三式

这种方式是围绕学法设计教法，即采用"导读—扶读—自读"的方式进行教学，适用于侧重教给学生某种读书方法的课型，尤其适用于几个部分结构、写法基本相似的课文。如《从现在开始》一文，课文主体部分分别写了猫头鹰、袋鼠、小猴子当了大王之后的做法。教师可以重点指导阅读猫头鹰当大王的部分，并引导学生回忆是如何读懂这一部分的，总结学习方法，然后让学生尝试用这种方法阅读袋鼠当大王的部分，教师相机进行指导。再进而放手让学生自学小猴子当大王的段落，学生读书、思考，同学之间讨论、交流。这种教学模式有助于学生积累学习方法，培养学生的主体意识和独立阅读能力。

3. 跳跃阅读式

跳跃阅读是指根据课文的教学要求选择段落或章节，抓住关键，直接跳到学习的重点、难点或疑点上进行阅读。如《少年闰土》，第一段写瓜地少年，展现在读者面前的是夏夜、海边、远景中的人物；第三段写"我"和闰土初次见面，写的是冬日、厨房、近景中的闰土；接下去又写了闰土讲瓜地刺猹的故事。教学时，把这些内容放在一起讲，就是跳跃阅读式。跳跃阅读式可较好地解决课文篇幅较长而课时有限的矛盾，避免了对课文平均使用力量，有利于提高教学效率。

4. 由果溯因式

这是为了引起学生阅读的兴趣，或为了突出理解的重点，改变课文的叙述顺序设计的由结果追溯其原因的课堂结构方式。如一位教师在教学《田忌赛马》一课时，引导学生按照"结果：田忌转败为胜；原因：调换马的出场顺序；依据：齐威王的马快不了多少"的顺序进行学习，这既激发了学生的阅读兴趣，满足了学生的认知需求，又为层层深入地理解课文创造了条件。

5. 一篇带多篇式

这是将精读与略读相结合，即把写法相似的课文组织在一起，"详讲一篇，通晓一类"。可把内容接近的课文放在一起教，如精读《威尼斯小艇》，略读《牧场之国》《金字塔》。还可采取"以主带辅"的方法，在指导学生学习《海底世界》的过程中，相机引导学生阅读补充材料《人类的秘密仓库》（讲海洋之大、之深，物产之丰富）和《海底的冷灯》（讲能够发光的海洋动物）等。这样安排，既有助于学生加深对精读课文的理解，又增加了阅读量，加大了教学的密度，对提高学生的独立阅读能力十分有利。

第二节　阅读与鉴赏教学目标解读

一、阅读与鉴赏教学的目标与内容

阅读与鉴赏教学的目标与内容分为总目标与内容和阶段目标与内容两部分，目标着眼于文化自信、语言运用、思维能力、审美创造四个方面设计，关注学生语文素养的整体提高。

（一）总目标与内容

《义务教育语文课程标准（2022年版）》明确提出义务教育阶段阅

读教学的总目标与内容："学会运用多种阅读方法，具有独立阅读能力。能阅读日常的书报杂志，初步鉴赏文学作品，能借助工具书阅读浅易文言文。"

阅读教学的总目标与内容对阅读教学的质与量做了明确的规定，并突出以下三点：

1. 突出学生的主体地位

学生要"具有独立阅读的能力""学会运用多种阅读方法"，所谓"独立"就是不依靠他人。只有确保学生的主体地位，让学生成为读书的主人，主动地读，自觉地读，才能最终形成能力。

2. 突出多读，重视积累

多读，是我国学习语文的传统经验。只有多读，才能"有较丰富的积累，形成良好的语感"；只有多读，才能形成"独立阅读的能力"。

多读，首先是遍数多。我国宋代教育家朱熹在谈到多读时说："读之，需要读得字字响亮，不可误一字，不可少一字，不可多一字，不可倒一字，不可牵强暗记。只是要多诵数遍，自然上口，久远不忘。古人云：'读书千遍，其义自见。'谓读得熟，则不解说，自晓其义也。"①当然遍数多，不能是单一形式的一读到底，要注意读的形式多样。如采用教师的范读、领读、学生个人读、分角色读、接读、配乐朗读、齐读等。要保证学生读的时间，使学生在读中感悟，在读中理解，在读中积累语言，在读中受到思想启迪。

多读，还要数量多。2022年版课标规定：小学阶段的课外阅读具体目标是：第一学段"课外阅读总量不少于5万字"，第二学段"课外阅读总量不少于40万字"，第三学段"课外阅读总量不少于100万字"。 教师在教学中一定要提倡学生多读书、读好书、读整本书。鼓励学生自主选择阅读

---

① 朱熹.童蒙须知.读书写文章第四.见：中国教育大系·历代教育论著选评【上】.武汉：湖北教育出版社，1994：909

材料，使学生在阅读中学会方法，提高独立阅读的能力。

多读，还指品种多。阅读的范围要广，要博览群书，像蜜蜂采蜜一样，采百花之蜜，集百家之说，用人类的智慧来丰富自己。从语文角度看，不仅要读散文、故事、童话、寓言，而且要读诗歌、戏剧等，不仅要读中国的作品，而且要读世界各国的作品；不仅要读中国现代的作品，而且要读中国古代的作品。

多读，还指方法多。在阅读时，要指导学生采用朗读、背诵、默读、浏览等不同的读法阅读文章，提升能力。

2022年版课标把"用普通话正确、流利、有感情地朗读课文"列在了每个学段阅读目标的第一条，体现了语文教学对朗读的重视。朗读是激发朗读兴趣、培养语感、提高理解欣赏能力的重要方式。教学时要根据学生实际和教材特点进行指导，把朗读、默读作为阅读与鉴赏教学最经常、最重要的训练。书声琅琅应当成一节好课的首要特征，只听老师滔滔不绝，不闻学生书声琅琅的语文课，不是一节好的语文课。要树立以读为本的理念，把语文课上成读书课。

浏览也是一种重要的读书方法。从阅读方式看，它包含了广泛地看、快速地看、粗略地看，甚至是鲁迅说的"随便翻翻"，主要用于信息的搜集与筛选。如果说"咬文嚼字"是精读，"不求甚解"是略读，那么浏览显然属于"不求甚解"，是略读中的一种。

浏览一般分为扫描式和跳读式两种：扫描式要求在阅读中一目数行，迅速扫视，撷取字里行间的重要信息；跳读式则根据一定的目的或某种需要，舍弃一部分不读，只快速读相关的部分。无论是扫描式还是跳读式，要提高自己的浏览能力，都要在阅读实践中反复训练。

3. 突出能力培养

关于能力培养，2022年版课标在总目标中强调"具有独立阅读的能力"，又指出还要能"初步鉴赏文学作品"。2022年版课标把"阅读与鉴赏"与核心素养、学习任务群等新元素结合起来，从新时代的大背景出

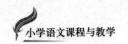

发，建构了义务教育阶段语文阅读教学的新体系。在本次课标的修订中，"欣赏"与"鉴赏"多次出现，从单纯地指向文学类文本的阅读发展到涵盖所有文本的阅读，其外延得以拓展，在课程目标上更明确了对学生文本分析能力、思辨能力和探究能力等综合能力的培养。

在基本的阅读能力上，强调感受、理解、欣赏和评价的综合能力。对小学低、中年级学生来说，主要是感受和理解，对小学高年级学生可以在感受和理解的基础上，进行欣赏和评价。阅读中的感受能力指通过字面对阅读材料初步感受，获得笼统印象和表层意义的能力；阅读理解能力指从书面符号中进行译码从而获得意义的能力；阅读欣赏能力指学生在理解文本的基础上，对课文中优美的形象、深刻的意蕴、丰富的情感以及用词造句的色彩、语言节奏的强弱、情调和风格特色等进行欣赏的能力；阅读评价能力指学生在对文本理解的基础上，对文本的材料、思想结构、特色进行评价的能力。

所谓"独立阅读能力"，不仅包括基本的认读、感受、理解、欣赏、记忆、迁移能力，还包括根据需要选择阅读方法、阅读策略的能力，会用精读的方法正确而有创意地理解阅读材料，会用略读的方法迅速把握阅读材料的大意，会用浏览的方法迅速捕捉阅读材料中的重要信息。此外，独立阅读时还要有一定的速度。也就是说，培养学生的独立阅读能力，不仅要重视读懂，更要重视会读，还要努力做到读得有一定速度。

学生独立阅读能力的形成依赖于阅读兴趣的产生、阅读方法的掌握、阅读习惯的养成和阅读量的积累。缺乏阅读兴趣，就不可能自觉地独立阅读；不掌握阅读方法，没有养成良好的阅读习惯，就无法有效地独立阅读；没有一定阅读量的积累，就无法提高独立阅读能力。这是独立阅读能力所必须具备的。

（二）阶段目标与内容

第一学段（1~2年级）

1.喜欢阅读，感受阅读的乐趣。学习用普通话正确、流利、有感情地朗读课文。学习默读。

2. 结合上下文和生活实际了解课文中词句的意思，在阅读中积累词语。认识课文中出现的常用标点符号，在阅读中体会句号、问号、感叹号所表达的不同语气。借助读物中的图画阅读。

3. 阅读浅近的童话、寓言、故事，向往美好的情境，关心自然和生命，对感兴趣的人物和事件有自己的感受和想法，并乐于与他人交流。诵读儿歌、儿童诗和浅近的古诗，展开想象，获得初步的情感体验，感受语言的优美。

4. 尝试阅读整本书，用自己喜欢的方式向他人介绍读过的书。养成爱护图书的习惯。

5. 积累自己喜欢的成语和格言警句。背诵优秀诗文50篇（段）。课外阅读总量不少于5万字。

第二学段（3～4年级）

1. 用普通话正确、流利、有感情地朗读课文。初步学会默读，做到不出声，不指读。学习略读，粗知文章大意。

2. 能联系上下文，理解词句的意思，体会课文中关键词句表达情意的作用。能借助字典、词典和生活积累，理解生词的意义。在理解语句的过程中，体会句号与逗号的不同用法，了解冒号、引号的一般用法。

3. 能初步把握文章的主要内容，体会文章表达的思想感情。学习圈点、批注等阅读方法。能对课文中不理解的地方提出疑问，乐于与他人讨论交流。

4. 能复述叙事性作品的大意，初步感受作品中生动的形象和优美的语言，关心作品中人物的命运和喜怒哀乐，与他人交流自己的阅读感受。诵读优秀诗文，注意在诵读过程中体验情感，展开想象，领悟诗文大意。

5. 阅读整本书，初步理解主要内容，主动和同学分享自己的阅读感受。

6. 积累课文中的优美词语、精彩句段，以及在课外阅读和生活中获得的语言材料。背诵优秀诗文50篇（段）。养成读书看报的习惯，收藏图书

资料，乐于与同学交流。课外阅读总量不少于40万字。

第三学段（5~6年级）

1. 熟练地用普通话正确、流利、有感情地朗读课文。默读有一定的速度，默读一般读物每分钟不少于300字。学习浏览，扩大知识面，根据需要搜集信息。

2. 能联系上下文和自己的积累，推想课文中有关词句的意思，辨别词语的感情色彩，体会其表达效果。在理解课文的过程中体会顿号与逗号、分号与句号的不同用法。

3. 在阅读中了解文章的表达顺序，体会作者的思想感情，初步领悟文章的基本表达方法。在交流和讨论中，敢于提出看法，作出自己的判断。

4. 阅读叙事性作品，了解事件梗概，能简单描述印象最深的场景、人物、细节，说出自己的喜爱、憎恶、崇敬、向往、同情等感受；阅读诗歌，大体把握诗意，想象诗歌描述的情境，体会作品的情感。受到优秀作品的感染和激励，向往和追求美好的理想。

5. 阅读说明性文章，能抓住要点，了解文章的基本说明方法。阅读简单的非连续性文本，能从图文等组合材料中找出有价值的信息。尝试使用多种媒介阅读。

6. 阅读整本书，把握文本的主要内容，积极向同学推荐并说明理由。

7. 背诵优秀诗文60篇（段），注意通过语调、韵律、节奏等体味作品的内容和情感。扩展阅读面，课外阅读总量不少于100万字。

阅读与鉴赏教学的阶段目标着眼于学生语文素养的整体提高，各个学段相互联系，循序渐进，螺旋上升，最终达成总目标。

1. 关于读的要求

第一学段的第一点就提出："喜欢阅读，感受阅读的乐趣。"托尔斯泰曾说："成功的教学需要的不是强制，而是激发学生的兴趣。"只有让学生充分感受到阅读的乐趣，他们才会愉悦主动地投入其中，渐渐地形成了良好的阅读能力、阅读习惯。

（1）朗读

第一学段：学习用普通话正确、流利、有感情地朗读课文。

第二学段：用普通话正确、流利、有感情地朗读课文。

第三学段：熟练地用普通话正确、流利、有感情地朗读课文。

仔细比较，正是这种表述上的细微差别，让我们明确了不同学段朗读要求上的差别：

第一学段是"学习用普通话正确、流利、有感情地朗读课文"。要求较低，它强调的是在老师的指导示范下用普通话朗读，强调了学习的过程。第二学段是"用普通话正确、流利、有感情地朗读课文"。它强调的是使用普通话进行朗读实践的过程，并要求形成用普通话朗读的习惯。这一学段教师要适当放手，逐步加大"用"的比例，引导学生在读中"用"，在"用"中学，努力做到以用促读，以用促学，既要给学生打下坚实的朗读基本功，又要使学生的普通话水平得到进一步提高。第三学段是"熟练地用普通话正确、流利、有感情地朗读课文"。它强调的是能力上的达成度，通过前面的学习实践，具有熟练地用普通话正确、流利、有感情地朗读课文的水平。

（2）默读

默读是最常用、最有效的阅读方式，是人们终生学习的主要阅读方法。课标对不同学段的默读也提出了不同的要求：

第一学段：学习默读。

第二学段：初步学会默读，做到不出声，不指读。

第三学段：默读有一定的速度，默读一般读物每分钟不少于300字。

所谓默读要有一定的速度，并非单指默读的快慢，默读速度的快慢往往体现的是默读能力的强弱，默读速度快应是以理解言语为基础的，绝非不求甚解、走马观花。高年级的课文篇幅更长，内容更复杂，文章的体裁和表达方法多种多样，如果此时依然停留在出声朗读思考的阅读训练中，学生则无法面对和承受高年级的阅读学习的任务，此时的小学生已经进入

无声语言开始占优势的阶段，如果此时不加大默读能力培养的力度，就会出现高年级的阅读与鉴赏教学滞后于学生语言发展的现象，错过发展学生语言的大好时机。

2. 关于词句理解的要求

第一学段：结合上下文和生活实际了解词句的意思，在阅读中积累词语。

第二学段：能联系上下文，理解词句的意思，体会课文中关键词句表达情意的作用。

第三学段：能联系上下文和自己的积累，推想课文中有关词句的意思，辨别词语的感情色彩，体会其表达效果。

比较三学段词句教学的目标我们会发现：

在理解词语的内涵上，第一学段是了解，第二学段是理解，第三学段是推想。在理解的层次上，第一学段只要求了解词句"意思"，第二学段则要求体会词语表达的情意。第三学段仍要引导学生体会情意，因为课标指出，要引导学生辨别词语的感情色彩。在意思的理解上，要求提高了一步，即引导学生理解词语在不同语言环境中的恰当意义。

3. 关于阅读过程的要求

第一学段：借助读物中的图画阅读。

第二学段：能初步把握文章的主要内容，体会文章表达的思想感情。

第三学段：在阅读中了解文章的表达顺序，体会作者的思想感情，初步领悟文章的基本表达方法。

第一学段以培养学生的阅读兴趣为主，借助图画读也是阅读的一种形式；第二学段的阅读，把握内容、体会思想感情是它的主要任务，它主要解决的问题是"写什么"；第三学段阅读要求是"了解文章的表达顺序""初步领悟文章基本的表达方法"，这里的"表达顺序""表达方法"，要解决的问题是"怎样写"。从阅读理解的层次上讲，第三学段的目标更高，也就是在明白"写什么"的基础上进一步思考"怎么写"的问题。

4. 关于整本书阅读的要求

第一学段：用自己喜欢的方式向他人介绍读过的书。

第二学段：初步理解主要内容，主动和同学分享自己的阅读感受。

第三学段：把握文本的主要内容，积极向同学推荐并说明理由。

可以看出，对于整本书阅读，第一学段不拘形式，表达即可，注重读书兴趣的培养；中年级在掌握主要内容的基础上，分享感受；而高年级则要注重内容把握的准确性，以及推荐时的合理性，读书要求逐步提高。

5. 关于阅读积累、课外阅读的要求

第一学段：积累自己喜欢的成语和格言警句。背诵优秀诗文50篇（段）。课外阅读总量不少于5万字。

第二学段：积累课文中的优美词语、精彩句段，以及在课外阅读和生活中获得的语言材料。背诵优秀诗文50篇（段）。养成读书看报的习惯，收藏图书资料，乐于与同学交流。课外阅读总量不少于40万字。

第三学段：背诵优秀诗文60篇（段），注意通过语调、韵律、节奏等体味作品的内容和情感。扩展阅读面，课外阅读总量不少于100万字。

2022年版课标在阅读目标中特别强调语言的积累，而且进行了量化：第一学段明确要求学生积累自己喜欢的成语和格言警句，背诵优秀诗文50篇（段），课外阅读总量不少于5万字。第二、三学段不仅强调积累，还要求学生扩大阅读面，走出课堂，以课内促课外，去阅览室、去图书馆、去书店……进行多种形式的课外阅读，感受语言的优美，体验阅读的乐趣。

对学生的语言积累，我们不仅关注课外，也要注意课内的积累。课内积累也是一个循序渐进的过程。低学段的教材中课后练习关注词语的积累和搭配，从第二学段开始课后题目中出现了句子的积累。1—6年级语文教材的语文园地部分都有"日积月累"这一板块，"日积月累"既有词语的积累，也有名人名言、古诗词的积累。

第三节　不同学段的阅读与鉴赏教学设计

　　党的二十大报告指出要"全面提高人才自主培养质量"，小学语文教学中最重要的部分即是阅读与鉴赏教学，阅读与鉴赏教学能力水平直接关系到小学语文教学水平，因此要特别重视阅读与鉴赏教学。

　　小学阶段的阅读与鉴赏教学是一个循序渐进，螺旋上升的过程。第一学段，学生刚开始学习阅读，要特别注重阅读兴趣的培养，让学生感受到阅读的乐趣。本学段教材中选编的课文往往都生动有趣、短小活泼，在教学中要注意引导学生关注文章中的人物和情节，让学生能对感兴趣的人物和事件产生自己的看法并与同学交流，从而不断提升学生的阅读兴趣。在阅读能力的培养方面，则要着眼于打好基础。本学段的阅读以词句理解为主，由于课文较浅显，学生理解了词句的意思，基本上就理解了文章意思。在理解词句时要侧重于结合上下文和生活实际，并注重好词佳句的积累。阅读方式以朗读的指导和训练为主，让学生通过朗读来理解课文，体会感情。一年级下学期学生初步学习默读，在默读中要逐步引导学生尝试不出声、不指读。除此之外，在阅读教学中始终要重视优秀传统文化的学习。从学生入学开始，就要引导学生尝试背诵浅近的古诗，通过古诗背诵体会传统文化之美，培养民族自豪感。

　　第二学段要继续重视培养学生的阅读兴趣，可以通过多种形式的读书活动引导学生进行大量的课外阅读，从而养成读书看报的习惯。在对阅读内容的理解上则要求学生不仅仅着眼于自己感兴趣的人物和故事，而是在阅读中关心人物的命运和喜怒哀乐，并与他人交流自己的阅读感受。阅读教学的重心由词句学习转向句段的学习，适当增添阅读方法和阅读策略的教授，如让学生通过文中的关键语句把握文章的主要内容，体会文章的思想感情。在诵读优秀诗文时要注意体验情感，展开想象，领悟诗文大意，通过想象感受中华传统文化之美。

学生进入第三学段后，经过前两学段的积累，应当具备一定的阅读兴趣并掌握简单的阅读方法，本学段阅读教学的重心可逐渐向整篇文章偏移。在此前提下，首先要继续提高词句学习的要求，要求学生能够在语言环境中理解词句，能够辨别词句在语言环境中的感情色彩，体会其表达效果。在进行单篇阅读教学时，要根据不同文体选择教学的侧重点，如阅读叙事性文本，要指引学生关注到人物、场景、细节，了解故事梗概并能说出感受；阅读说明性文章要带领学生学习说明方法；阅读诗歌要能让学生想象情境，体会情感，感受语言和情境之美。在阅读的基础上，本学段更要重视党的二十大报告中提出的"落实立德树人根本任务"，通过优秀作品的感染与激励，指引学生树立美好的人生理想。

一、第一学段阅读与鉴赏教学

2022年版课标中对第一学段的阅读与鉴赏教学提出了五条要求，尤其是针对语言运用和思维能力提出如下要求："学习用普通话正确、流利、有感情地朗读课文。学习默读。""结合上下文和生活实际了解课文中词句的意思，在阅读中积累词语。借助读物中的图画阅读。""阅读浅近的童话、寓言、故事，向往美好的情境，关心自然和生命，对感兴趣的人物和事件有自己的感受和想法，并乐于与他人交流。诵读儿歌、儿童诗和浅近的古诗，展开想象，获得初步的情感体验，感受语言的优美。"第一学段的学生以直观形象思维为主，自主学习的能力较弱，在教学中教师需要关注激发兴趣和培养能力两个方面的要求，给学生足够的正向引导，并逐步教给学生适宜的阅读方法。因此在教学中可关注如下策略：

（一）读为主线，激发阅读兴趣

统编版语文教材主编温儒敏先生在义务教育统编教材语文学科教师国家级培训会议上强调：统编语文教材最大的特色是以读书为主。教材以阅

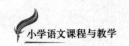

读为主线贯穿每个单元，有意识地建构了"教读""自读""课外阅读"三位一体的阅读教学结构。在低年级语文阅读教学的过程中，可逐步教给学生基本的阅读方法，以能力促兴趣，以兴趣强能力，二者共同提升。常用的阅读方法如下：

1. 拼音阅读法

拼音为小学生的阅读搭建了重要的桥梁，在入学后第一学期他们就完成了拼音的学习，之后便可以运用拼音进行阅读活动。统编版语文教材中的课文直到二年级上册都实行全文拼音标注，学生可借助拼音阅读法自主完成文章的阅读与预习。除教材外，还可鼓励学生运用拼音进行课外阅读，如设立班级读书角，为学生提供拼音读物；举行各种阅读活动，鼓励学生交流阅读感受等。

2. 读写结合法

读和写是互相促进，相辅相成的，低年级学生识字不多，但是这并不妨碍学生采用读写结合的方法，促进和提高阅读的质量。在阅读教学中要求学生把自己对课文的理解或基于课文的想象写下来，不但可以加深学生对课文的理解，还可以提升学生的语言表达能力，进而提高学生的写话水平。如在学过《纸船和风筝》后，可以让学生想象一下，假如你是收到纸条的小熊，你也想写一张纸条送给松鼠，会写什么呢？这样既锻炼学生的写话能力，更能让学生体会到友谊的珍贵。

3. 以演促读法

2022年版课标注重学生的核心素养的培养，核心素养包括文化自信、语言运用、思维能力和审美创造四个方面。在阅读材料改编并表演的过程中，将课文语言转化为舞台语言锻炼了学生的语言运用能力，将平面的文本转化为生动的人物形象并呈现出来体现了学生的思维能力，具体的表演过程能看出学生的审美能力，而整个过程会提升学生学习语文的自信，尤其是对传统故事、文言文、古诗的改编更能提升学生的文化自信。统编版语文教材在一二年级的课文中收录了大量的童话、寓言和故事，这些作品人物鲜明，情节简单，非常适合小学生表演。将课文改编表演的过程可以促进学生的小组合作精神，启发他们的创造性思维，提升他们的语言表达能力，获得丰富的审美经验。像《亡羊补牢》《揠苗助长》等寓言故事，学生在改编表演的过程中更能深刻地体会到故事中蕴含的道理，提升对传统文化的兴趣。

4. 结合上下文和生活实际

结合上下文和生活实际阅读是最基本最重要的阅读方法，可以伴随人一生的阅读。2022年版课标中第一学段也提出"结合上下文和生活实际了解课文中词句的意思"的要求，但低年级仅仅是这种方法的启蒙。教学中可引导学生边读边画，将文中不理解和值得揣摩探讨的地方用笔勾画出来，再针对这些词句一边读，一边联系前后文和自己熟悉的生活经历思考理解。如《蜘蛛开店》这篇课文中有个生词"寂寞"，教学时可以让学生关注到上文的"有一只蜘蛛，每天蹲在网上等着小飞虫落在上面"和下文的"好无聊啊"，去体会它的意思。还可以让学生交流自己在生活中有没有感到寂寞的时候，去体会词句的意思和蜘蛛的心情，这样学生就可以准确掌握"寂寞"的词义和用法了。

（二）图文结合，促进阅读兴趣

2022年版课标中提到"借助读物中的图画阅读"，低年级的学生以直观形象思维为主，图文结合更能激发他们的阅读兴趣，帮助他们理解课文内容。统编版语文教材在一二年级的编排中这一特点体现得尤为明显。如《植物妈妈有办法》这一课，可以先让学生观察课文插图中蒲公英、苍耳和豌豆是如何传播种子的，在班内交流后再对照课文进行学习，就可以准确地理解文中所列举的植物妈妈的办法了。

2022年版课标在第一学段已有整本书阅读的要求，教师在第一学段尤其是一年级的课外整本书阅读活动中可给学生推介绘本。绘本是最能体现儿童文学特性的文本样式，被认为是"孩子人生的第一本书"，所以绘本阅读是儿童打开阅读大门的重要途径。在阅读与鉴赏教学中，教师可以以

绘本为阅读素材，声情并茂地讲述绘本中的图画故事，引导学生仔细观察绘本的风格、主人公形象、故事情节等细节，想象故事内容，各抒己见。在这充分发挥学生主体性的互动交流下，不仅能提高学生的语言表达能力、观察力和想象力，还能激发学生浓厚的阅读兴趣，让他们在阅读中留下美妙的体验，爱上阅读并踏上快乐的阅读旅程。

（三）亲子共读，营造阅读氛围

教师作为课外阅读的引导者，通过"和大人一起读"栏目，把共读一本书、无压力阅读理念等传递给家长，使阅读不局限于课堂，让学生在家里也可以进行阅读活动。家长担当起孩子阅读的监督者和陪伴者的角色，以身作则，配合教师完成阅读任务，制订阅读计划、阅读目标。以书为媒，通过大人的指引，使孩子开阔视野，获得不一样的阅读体验。爱意流动的亲子阅读，营造出和谐温馨的阅读氛围，不仅能使孩子养成阅读习惯，同时也会有利于孩子成为终身学习者和阅读者。

总之，第一学段是培养学生阅读习惯，提升阅读能力的关键时期，因此教师在阅读教学中应注重培养学生的阅读兴趣，拓宽学生的阅读视野，提升学生的创造力和审美能力，实现学生全面发展。

二、第二学段阅读与鉴赏教学

经过一二年级的学习，学生已经具备一定的阅读兴趣，能够获得初步的情感体验，感受语言的优美。与之相对应，教学的内容也明显增加。无论是阅读与鉴赏教学需要达到的能力训练的广度，还是阅读与鉴赏教学训练的深度，明显区别于第一学段。2022年版课标也进一步提出了如下要求："能联系上下文，理解词句的意思，体会课文中关键词句表达情意的作用。能借助字典、词典和生活积累，理解生词的意义。""能初步把握文章的主要内容，体会文章表达的思想感情。学习圈点、批注等阅读方法。能对课文中不理解的地方提出疑问，乐于与他人讨论交流。""能复述叙事性作品的大意，初步感受作品中生动的形象和优美的语言，关心作品中人物的命运和喜怒哀乐，与他人交流自己的阅读感受。诵读优秀诗文，注意在诵读过程中体验情感，展开想象，领悟诗文大意。"根据学生的情况与2022年版课标的要求，可以考虑从以下几个角度设计教学：

（一）加强默读指导，要求不出声，不指读

默读是阅读活动中应用范围最广、应用时间最长的阅读方式。对小学生来说，默读具有一定的难度，因此2022年版课标逐级提升默读的要求，第二学段默读的要求是"初步学会默读，做到不出声，不指读"。与要求相对应，在统编版三年级上册教材中有三篇略读课文《不懂就要问》《那一定会很好》《一块奶酪》的阅读提示都有"默读课文，想一想……"的要求，而三年级上册第八单元的语文要素则是"学习带着问题默读，理解课文的意思"。无论从阅读能力还是身心发展的实际来看，本学段学生的默读学习仍处于起始阶段，他们在开始默读时常会有轻声指读，唇动、舌动、声带动的"心读"等现象，因此要注重默读的指导。默读指导有如下方法：

1. 注意力集中，专心默读

在学生进行默读练习时，教师尽可能避免对学生默读的干扰，一般不要播放配乐音响、不要出示画面视频、不要在学生身边任意走动。学生不举手寻求帮助，教师不主动俯身询问，也不要站在学生身后观看，努力营造安静专注的默读教学场。

2. 明确目标，带任务默读

课内默读要提高质量，需要教师在学生默读开始前就让学生明确本次默读的任务。这种有目标导向的默读在客观上会引导学生专注地默读，提高默读的效果，逐步养成有意搜寻的默读习惯。

3. 培养语感，按句号默读

这是第二学段学生学会默读首先需要解决的问题，要求学生在默读时用眼睛把握住词组和整个句子，而不是按字节一个个单独看。这不仅能提高默读速度，更重要的还能培养学生默读过程中的语感，培养整体阅读的

观念。

4. 边读边想边记

默读最大的好处是没有他人声音干扰，只需自己专心，有助于专心致志地思考。在不限时的自由默读中，可以引导学生一边看句子，一边想话意，特别感兴趣的或不明白的词语句子，要及时画下来钻研，从而抓住文章的主要意思，体会文章的情感。

第二学段进行的默读训练，不要超越学生身心发展的实际可能，不能提倡一目十行的速读，一般也不要将跳读、浏览混杂在一起进行。

（二）联系上下文，理解关键词句意思

联系上下文理解词句是一种非常重要的阅读能力，这种能力不是天生的，它需要教师在平时的课堂中"手把手"地教授，让学生掌握"联系上下文理解词句"的步骤及方法，让学生从一开始就有正确的方法引领，并在大量的阅读实践中内化，逐渐熟能生巧，具体来说有以下方法：

1. 联系上下文词句字面义直接感知词句意思。例如在《秋天的雨》这一课中，第二自然段围绕着"秋天的雨，有一盒五彩缤纷的颜料"这句话来展开描写，写到了黄色、红色、金黄色、橙红色、紫红的、淡黄的、雪白的……各种颜色。根据这些描写，学生不难感受到中心句及关键词"五彩缤纷"的意思。学习这一段时，可以带领学生先学习下文内容，再理解中心句及关键词的意思，就能事半功倍。

2. 联系上下文语句间关系理解词句意思。语句间关系错综复杂，对于一些比较抽象的虚词只通过口头释意很难准确表达，最有效的方法应是带领学生先读懂前后句子，挖掘语句间的关系，从而理解词语。例如《海滨小城》一课中有这样一个句子："人们把街道打扫得干净，甚至连一片落叶都没有。"要理解"甚至"一词，可以带领学生先弄清"打扫得十分干净"与"连一片落叶都没有"的关系是后者比前者的程度深，值得一提，非常突出，所以用"甚至"来表示，这样学生就能够更好地理解"甚至"的含义。

3. 联系上下文语句创设的情境理解关键词句。在写景、状物或渲染某种场景的课文中，往往会有一个中心句，整篇文章围绕中心句展开描写，教师能否引导学生真切地进入那情那景中去，是能否准确理解该中心句的关键。像《观潮》这一课，课文的中心句是"钱塘江大潮，自古以来被称为天下奇观"。明确了这一点，教师再带领学生去欣赏文章中三、四自然段对声音的描写"好像闷雷滚动""那声音如同山崩地裂，好像大地都被震得颤动起来"；对画面的描写"一条白线""白浪翻滚，形成一堵两丈多高的水墙""犹如千万匹白色战马齐头并进，浩浩荡荡地飞奔而来"。通过对语句的欣赏，加上图片或视频的配合，教师给学生创设出身临其境的感觉，可以让学生切身体会到为什么钱塘江大潮被称作"天下奇观"。

（三）根据文章特点，用不同方法把握主要内容

学生要以阅读理解为基础，以思考归纳为主线，以原文的语言材料为依据，通过归纳、加工、提炼、整理，才能把文章的主要内容准确而精炼地表达出来，这个过程需要教师的全程引导和方法教习。把握文章主要内容有这样几种方法：

1. 段意归并法

可以要求学生先概括出每段段意，再把主要的段意连起来，这就是文章的主要内容了。但是段意归并法并不等于各段大意的总和，概括时一定要提醒学生注意区别重点段落与次要段落，做到有详有略，重点突出。

2. 要素概括法

不同类型的文体，文章要素也是不同的，例如写人叙事类的文章，一般都具有时间、地点、人物、事件（包括起因、经过、结果）等基本要素，只要弄清楚这几个要素，并加以概括，文章的主要内容就能轻易把握了。如《西门豹治邺》这一课，时间是战国时期，地点是邺县，人物是西门豹，事件的起因是西门豹奉命治理邺县，看到田地荒芜人烟稀少，经过是西门豹惩治了乡绅头子和巫婆，并兴修水利，结果是邺县年年都有好收成。把这些要素连缀起来，便是文章的主要内容。

3. 抓重点句法

统编版教材中很多文章的结构和写作特点都非常具有典型性，像是"总—分—总"或者"先具体后概括"，有些文章还存在着过渡句。教学时可以抓住其特点，并以此为教学切入点，充分利用这些总起句、概括句、过渡句，从而很快地把握文章的主要内容。如《白鹅》这一课，第二段是过渡句，也是全文中心句，在进行这一课的教学时可以引导学生抓住"鹅的高傲，更表现在它的叫声、步态和吃相中"，就抓住了这篇文章的主要内容。在培养学生分析概括能力的时候，要充分利用课文所提供的这种有利条件，让学生学会抓住总起句、概括句等有提示作用的关键语句，来教会学生进行分析概括。

4. 课题扩展法

有的课题就是文章内容的高度概括，在教学中，教师可以紧扣课题质疑，筛选关键问题，引导学生来思考概括。首先使学生的思考及言语内容的选择有明确的指向性，做到"言之有物"，其次根据文本叙述顺序，排列问题，根据问题顺序回答问题，做到"言之有序"。通过从课文中找答案，把课题扩展成几句话，逐步进行填充，使概括更加恰当、完整。

综上所述，在进行第二学段阅读与鉴赏教学时，教师要从2022年版课标入手，紧扣文本自身的内容特质、文体特点以及学生的原始学情，精准地制定教学目标，为高效、深入地教学指明方向、奠定基础。

三、第三学段阅读与鉴赏教学

学生进入第三学段，已经初步具备了抽象概括的思维能力，在阅读中可以初步体会作者的感情并领悟写法。在前两个学段学习的基础上，2022年版课标对阅读与鉴赏教学的要求也有大幅提高，如首次提出默读的速度要求："默读有一定的速度，默读一般读物每分钟不少于300字。"在词句表达方面则是"能联系上下文和自己的积累，推想课文中有关词句的意思，辨别词语的感情色彩，体会其表达效果。""在阅读中了解文章的表达顺序，体会作者的思想感情，初步领悟文章的基本表达方法。"不同文体阅读方面要求"阅读叙事性作品，了解事件梗概，能简单描述印象最深的场景、人物、细节，说出自己的喜爱、憎恶、崇敬、向往、同情等感受；阅读诗歌，大体把握诗意，想象诗歌描述的情境，体会作品的情感。受到优秀作品的感染和激励，向往和追求美好的理想。阅读说明性文章，能抓住要点，了解文章的基本说明方法。阅读简单的非连续性文本，能从图文等组合材料中找出有价值的信息。尝试使用多种媒介阅读。"根据以上要求，在进行阅读与鉴赏教学时可侧重以下方面：

（一）重内容梳理

梳理文章内容时，首先要做的是带领学生整体感知课文内容，本学段有些课文篇幅较长，所表达的感情更加含蓄、深刻，教学时应留出充分的时间让学生阅读，以整体感知课文内容。可以让学生用完整、通顺的句子复述课文，以检测学生把握内容的情况，不能只让学生关注某些词句、段落，避免阅读的碎片化。

内容梳理不但要整体感知课文，更要把握文章主旨。在引导学生体会课文主旨的同时要让学生结合课文内容充分交流，鼓励学生大胆发表自己的感受和看法，再根据学生交流的情况进行总结。在教学情感表达细腻、丰富的课文时，可以引领学生关注课文中描述的场景、人物、细节，从中体会作者蕴含的情感，以把握主旨。还可以结合单元的语文要素来引领学生总结体会文章主旨。如六年级上册第六单元的语文要素为"抓住关键句，把握文章的主要观点"，根据该语文要素，抓本单元的课文主旨可以从关键句着手；还可以结合课后题或阅读提示来引领学生总结体会文章主旨。如《我的伯父鲁迅先生》这一课的阅读提示中有"想想课文写了关于鲁迅的哪几件事，给每件事加个小标题"，按照阅读提示的要求总结小标题也就把握了课文主旨。尤为重要的是，在教学过程中梳理文章内容一定要避免脱离文本，对课文的解读"标签化"。

（二）重语言品悟

在语文学习中，学生语言品悟能力的提升是必不可少的，引导学生品悟语言可以从以下几个方面着手：

1. 情境中品悟语言

课文中的语言不是孤立的，它是处于具体的语言环境之中，通过作者独特的表达方式，来表达其独有的情感。这种语言的精妙，不是浮于表面的文字所能直接传达的，教师需要引导学生进入情境，在情境中体会中才能感受得到。比如在学习《慈母情深》时，教师应引导学生跟随文中的"我"进入母亲工作的情境，在这个低矮破败的环境中去品味"背直起来了，我的母亲。转过身来了，我的母亲。褐色的口罩上方，一双眼神疲惫的眼睛吃惊地望着我，我的母亲的眼睛……"等复沓、倒装的语言特色，才能使学生真正感受到作家语言的精妙。

2. 联系生活感悟语言

语言文字来源于生活，只有引导学生通过联系生活实际去体会，运用他们在生活中的真切感受去体会文字的情感，才能与作者产生情感的共鸣，才能更深刻地感悟到文章的内涵。例如在学习《忆读书》时，教师可以引导学生根据自己平时的读书经验去思考或讨论"读书好，多读书，读好书"这句话，理解了这句话后，学生反过来还可以用这句话指导自己平时的读书活动，可谓理论和实践相结合。

（三）重迁移运用

学以致用，语文学习也不例外。在阅读与鉴赏的学习中，学生能够学习并积累大量的阅读方法，这些方法将伴随他们一生的阅读。因此，要重视语文知识与能力的迁移运用。教学中可从以下几个方面关注：

1. 关注表达方法

2022年版课标在本学段阅读与鉴赏教学目标中提出要让学生"初步领悟文章的基本表达方法"，统编教材也提出了相应的要求，如五年级上册"初步了解课文借助具体事物抒发感情的方法""初步体会课文中的静态描写和动态描写";五年级下册"体会静态描写和动态描写的表达效果";六年级上册"了解文章是怎样点面结合写场面的""体会文章是怎样围绕中心意思来写的"等,了解表达方法主要是为了丰富学生的阅读经验,给学生习作提供一定的借鉴。但是在教学时,要避免讲得过深过细,不要加重学生的认知负担。

2. 重视课外阅读

课外阅读、整本书阅读也是阅读与鉴赏教学的重要组成部分,在教学中要将课外阅读课程化落到实处。可利用五年级下册名著单元和各单元"快乐读书吧",做好整本书的导读,使学生主动进行课外阅读,并定期组织阅读交流会,解决学生在阅读过程中的问题,使学生在阅读中能够掌握阅读方法,有一定的阅读收获,感受语文学习的快乐。

3. 把握课文定位

要准确把握略读课文、文言文等不同类型课文的目标定位,避免拔高要求。略读课文的教学主要提倡学生能根据"学习提示"进行自主阅读,迁移本单元中学得的方法,以学生交流为主,教师引导为辅;文言文的教学,可引导学生根据注释和相关资料,结合想象来理解课文的大意,并能够正确、流利地朗读,注意通过语调、韵律、节奏等来体味课文的内容和情感;综合性学习单元中的"阅读材料"和习作单元中的课文,各有用途,教学中应避免定式思维,要指向核心目标的达成。习作单元中精读课文的教学应重点指向表达方法,让学生学习具体表现人物特点的基本方法;习作例文可作为指导学生表达的范例,但注意不要限制学生的习作,防止学生机械模仿。

与前两学段相比,本学段的教科书编排无论是课文的难度还是课文的迁移训练均呈现出螺旋上升的态势。与之相对应的,在进行第三学段阅读与鉴赏教学时,教师也应当更加注重教授给学生多种阅读方法,并由读延伸到表达,实现读写结合,共同发展。除此之外,在六年级下学期的阅读与鉴赏教学中,教师还要注重实现与中学内容的自然衔接,以完成学生小学向初中的过渡。

第四节　不同类型的语文阅读教学设计

统编版小学语文教科书从三年级上册开始安排略读课文，形成"精读""略读""课外阅读"三位一体的阅读体系。在统编版小学语文教科书的目录中，不带星号的是精读课文，带星号的是略读课文。每册教科书有一个单元里安排了"快乐读书吧"，是引导学生课外阅读的板块。精读课文、略读课文和课外阅读，各自承担着不同的功能。精读课文，老师要精讲，学生学习方法；略读课文，老师略讲，学生运用方法自主阅读；课外阅读，老师引导学生进行大量阅读实践。通过这样的设计，使课内阅读与课外阅读有机整合，共同促进学生阅读能力的提升。党的二十大报告指出"创新是第一动力"，在设计教学时要充分体现出精读课文和略读课文以及课外阅读的不同侧重点，使用创新式开放式思维进行设计，不求面面俱到，但求有新意。本节主要讨论精读课文和略读课文的教学策略。

一、精读课文的教学策略

精读课文是小学阅读教学的主体。从严格意义上来说，精读课文就是教方法、教规律的课文，相当于数学教材中的例题。小学阅读教学的出发点和终极目标，就是使学生具有独立阅读的能力，学会运用多种阅读方法，这些能力和方法主要从精读课文的学习中获得。在精读课文的教学中可关注以下方面：

（一）落实要素，凸显重点

统编版小学语文教材以单元为单位按照"人文主题"和"语文要素"双线结构进行编写。每个单元围绕人文主题和语文要素编排精读课文、略读课文、语文园地等。在进行精读课文教学设计时，要从语文要素出发，使用多种方法突破重点，夯实语文要素。比如三年级上册习作单元，人文主题为"留心观察"，语文要素是"体会作者是怎样留心观察周围事物的"。围绕人文主题和语文要素，编排了《搭船的鸟》《金色的草地》两篇精读课文，两篇课文分别示范了对动物和对植物的观察。在教学《搭船的鸟》时，可引导学生通过重点段落体会"我"观察的细致。教学第二自然段，可以让学生先带着"翠鸟给你留下了什么印象"的问题自读思考，以了解"我"对翠鸟外貌的观察；教学第四自然段，可以引导学生自读思考哪些词语体现了翠鸟动作的敏捷，再让学生聚焦动词，边读边想象画面，通过抓重点词语让学生了解"我"对翠鸟动作的观察。

（二）整体把握，随文点拨

精读引领课教学首要在"精"，即全面、精细、深入地分析理解课文内容，但要避免陷入语言文字烦琐的内容分析中，要注重整体把握，重视对文章的整体感受和文章精髓的挖掘，对语言的积累和写法的借鉴。

2022年版课标提出要尊重学生个性化的阅读，在精读课文教学时可让学生先自主阅读课文，使学生根据已有的阅读经验和生活积累对文章有整体的了解和感受。从整篇课文入手，无论年级高低，课文长短、深浅，都要重视自读自悟、整体感知，重视个人阅读后感受、体验的交流，切忌肢解课文。如《白鹭》这一课，作者郭沫若围绕着"白鹭是一首精巧的诗"，从多角度抒发了对白鹭的赞美之情。教学时不要让学生逐字逐句分析，而要鼓励学生联系上下文整体感知白鹭的精致小巧，如诗如画。可让学生在读准字音、读通句子的基础上，反复诵读课文，借助关键语句，想象画面，感受白鹭的美，体会作者的情感。

当学生对文章有了整体把握和初步了解之后，再带领学生进行随文点拨，选点探究，并贯穿方法的教授。学生的阅读理解能力是由词汇量、句意整合、推理理解、归纳概括、情感体会、评价赏析、综合运用等多个方面构成，与之相对应，在进行精读课文教学时，也可从字词、句段、文意、情感等方面进行方法的指导。

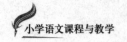

1.字词的学习方法

一查阅，即查阅字典或词典，直接了解词义；二分合，即将词先分成若干个语素，逐个击破，然后将这些语素的意思综合起来；三联文，即把所要解释的词放在具体的课文环境中去，采用解意、换词、找同义词和反义词等方法来理解词义。

2.句子的学习方法

一明确，明确需要学习的重点句。重点句通常包括中心句或含义深刻的句子，对表现中心作用较大的句子，生动形象、表现力强的句子，结构复杂的句子，内容距学生生活较远，较难理解的句子；二理解，注意理解句子的层次和步骤。一般是由浅入深：先字面理解（是什么、什么样等），再思考含义（说明了什么、表现了什么、反映了什么、可感受到什么），最后体会效果（能否更换，为什么）；三凝练方法，理解句子的同时注意凝练方法，并尝试将方法拓展运用到其他阅读材料中，常用方法比如把握字词、了解背景、联系生活、结合上下文、改变句式等。

3.段落学习方法

自然段的教学重点是指导学生理解句与句之间的关系和概括自然段的大意。操作步骤可以是：数数共有几句话；理解每句话的意思；理清各句话或段内层次之间的关系（如因果、总分、并列、对比等）；概括段落大意。概括段落大意时可提示学生首先看段中有无总起句、中心句、总结句等。如果有，这些句子往往就是段落大意。如果没有，就要引导学生归纳表述段落的意思。

4.把握主要内容的方法

段意归并法、要素概括法、抓重点句法、课题扩展法。

（三）引导借鉴，学以致用

读写结合是语文教学的重要目标，精读引领是范例、理念和方法的渗透，关键在于引导借鉴，从读学写，即通过精读课文习得方法，积累精妙语言，鼓励学生在口头和书面表达中迁移、运用。

如在学完《秋天的雨》之后，教师引导学生回顾课文第二段，可以发现本段由一个句子"秋天的雨，有一盒五彩缤纷的颜料"领起，接着进行分述，具体描写秋天绚丽多彩的美丽景象，文中各种表示颜色的词语交替出现，将秋天独有的色彩自然而然地呈现在读者面前，凸显了秋天的迷人。文章层次分明，非常适合三年级的学生阅读。根据这一段的特点，可以设置"我眼中的缤纷世界"活动，要求学生模仿本段的形式和特点进行书面或口头表达，让学生按同样的顺序表现事物和景色的特点，并恰当运用修辞手法。这样在提升学生阅读能力的同时，也锻炼了其观察能力和表达能力。小学生有较强的表现欲，还可为其精心搭建展示平台，借精读课文教学内容组织课外读物分享会。一方面活跃氛围，增添趣味；另一方面检验学习成果。

二、略读课文教学策略

叶圣陶先生在《略读指导举隅》一文中提到："学生在校的时候，为了需要与兴趣，须在课本或选文以外阅读旁的书籍文章；他日出校之后，为了需要与兴趣，一辈子须阅读各种书籍文章；这种阅读都是所谓应用。使学生在这方面打定根基，养成习惯，全在国文课的略读。"[①]可见略读课文的重要性。如何进行略读课文的教学，可从以下几个方面入手：

（一）关注提示语，明确略读要求

统编版小学语文教材在每一篇略读课文前都设置了提示语，提示语往往蕴含着丰富的信息，像故事背景、阅读要求、重点内容、课外延伸等，不但如此，提示语还凸显了单元的语文要素，与本单元之前的精读课文一脉相承。比如四年级神话单元《女娲补天》的提示语："《女娲补天》这个神话故事，处处充满着神奇的想象。默读课文，说说故事的起因、经过和结果。发挥自己的想象，试着把女娲从各地拣来五种颜色石头的过程说清楚、说生动。"《梅兰芳蓄须》的提示语："在京剧舞台上，梅兰芳主

---

① 叶圣陶著；刘国正主编.叶圣陶教育文集第二卷［M］.北京：人民教育出版社，1994：8.

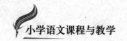

演的《贵妃醉酒》《霸王别姬》等享誉世界。默读课文，说说梅兰芳用了哪些办法拒绝为日本人演戏，在这个过程中经历了哪些危险和困难。有兴趣的同学可以查找资料，深入了解这位京剧大师。"

在学习略读课文时一定从阅读提示入手，让学生分析研读阅读提示的要求，带着要求自读课文，这既是对之前精读课文学到的阅读方法的巩固，更是学生自主阅读能力的提升。

（二）凸显重点，设计教学板块

略读课文虽然也需要教师指导，但只要提纲挈领，不须纤屑不遗。在略读课文教学中，可考虑围绕教学重点大刀阔斧地设计教学板块。这里的重点一是指单元语文要素，二是指略读课文教学体现的教师的"略"教，学生的"真"学。教师可以在文本的难点处、疑点处，表达方法与表达特点处和学生进行碰撞、交流，让教师的"教"更好地为学生的"学"服务。学生则要有真正读书的时间和空间，自己去跟作品打交道，利用课文这个载体，在教师的点拨下得意、得言、得法。

如五年级下册名著单元的略读课文《猴王出世》，在教学本课时，需要先关注单元语文要素："初步学习阅读古典名著的方法"，再聚焦文章提示语："默读课文，遇到不明白的语句，可以猜猜大致意思，然后继续往下读。读后用自己的话说一说石猴是怎么出世的，又是怎么成为猴王的。"明晰重点之后，可以设计以下教学板块：

板块一：复习回顾，梳理方法

1. 回顾略读课文学习方法：略读课文与精读课文的学习不同，回顾我们学过的略读课文，你们觉得首先要关注什么？

预设：提示语

（出示提示语，生读。）

2. 分析提示语：这段话共有两句，其实就是要我们做两件事，是哪两件事呢？

生答，明确：（1）遇到不明白意思的语句，猜猜大致意思。

（2）用自己的话说说猴王是怎么出世的，又是怎么成为猴王的。

3. 联系精读课文，回顾名著阅读方法：这个单元的几篇课文全都出自名著，读名著是有方法的，在本单元前两课的学习中，我们学到了哪些读名著的方法？

明确：不求甚解，不懂就猜。我们还可以看一看相关的电影、动画片，这些都能帮助我们读好名著。

板块二：指导朗读，感受人物形象

1. 提出阅读要求，自由朗读课文：下面，我们就运用学过的方法，自己来读这篇课文，遇到难读、难懂的句子可以勾画下来，多读几遍。

2. 交流文中难懂的句子，提取重点信息：刚刚同学们读了课文，画出了不好读、不好懂的地方，我们来交流交流，看看从这些句子中我们能读出一个怎样的猴王。

句子1：海外有一国土，名曰傲来国。国近大海，海中有一座名山，唤为花果山。

信息：猴王出世的地点。

句子2：盖自开辟以来，每受天真地秀，日精月华，感之既久，遂有灵通之意。内育仙胞，一日迸裂，产一石卵，似圆球样大。因见风，化作一个石猴。

信息：猴王出世的过程。

句子3：石猴端坐上面道："列位呵，'人而无信，不知其可'。你们才说有本事进得来，出得去，不伤身体者，就拜他为王。我如今进来又出去，出去又进来，寻了这一个洞天与列位安眠稳睡，各享成家之福，何不拜我为王？"

信息：猴王的王者风范。

板块三：抓重点词，讲清故事情节

1. 明确要求，小组讨论：刚刚我们做了第一件事，通过猜测了解不懂的词语的大意。下面我们做第二件事，说一说石猴是怎么出世的，是怎么

成为猴王的。石猴是怎么出世的？请大家小组内交流讨论。

2. 小组代表汇报，教师引导：我们先来回顾一下前面学过的两篇课文，看看讲清楚故事有哪些好的方法。

出示：默读课文，按照起因、经过、结果的顺序，说一说故事的主要内容。

——《草船借箭》

按照故事的发展顺序，把下面的内容补充完整，再说说故事的主要内容。

喝酒→（　　　　）→（　　　　）→（　　　　）

——《景阳冈》

3. 学生交流，再讲故事。

（三）穿针引线，注重学法迁移

叶圣陶先生在《略读指导教学举隅》中谈到："学生从精读方面得到种种经验，应用这些经验，自己去读长篇巨著以及其他的单篇短什，不再需要教师的详细指导，这就是'略读'。"略读的"略"字，在于"略"教，而非"略"学，怎样"略"教，如何落实学生的学，是略读课文教学的关键。

统编版语文教材从三年级开始在每个单元都编排了精读课文和略读课文，精读课文学方法，略读课文用方法。在教学略读课文时，要注重回顾本单元精读课文学到的学法，指引学生将学法迁移到略读课文的学习上来。如三年级上册第三单元精读课文《在牛肚子里旅行》后面紧跟着略读课文《一块奶酪》。分析这两篇童话，它们的共同特点是都充满了神奇的想象，情节曲折，在故事发展过程中人物形象突出。在教学《在牛肚子里旅行》时，教师可带领学生使用简笔画画路线图的方式来学习故事情节，抓对话和提示语的方式来体会红头和青头的性格特点。在教学接下来的《一块奶酪》时，教师可让学生先回顾学习《在牛肚子里旅行》的方法，再同样使用画图的方式体会蚂蚁队长一波三折的心情变化，通过抓蚂蚁队长的语言和文章提示语的方式来体会蚂蚁队长的性格特点。通过学生交流让学生感受到蚂蚁队长纪律严明，关爱弱小的精神。这才是真正做到了教师"略"教，学生真"学"；教师巧"穿"，学生真"练"。

（四）批注记录，培养读书习惯

叶老指出："按照教师所指导的去阅读、去参考、去研究。在这一段过程中，学生应该随时作笔记。"

读书做评注是读书学习不能不做的记录。这就要求教师首先让学生明白动笔是必须的阅读习惯，进而让学生学习做批注，写心得，哪怕是简单的一个词语，也是好的。四年级上册第六单元提出了"学习用批注的方法阅读"的语文要素，本单元的精读课文《牛和鹅》给出了批注的示范，随后的《一只窝囊的大老虎》和《陀螺》也给出了批注方法的指导。在略读课文阅读及课外阅读中，教师要注意敦促学生边读文章边做批注。久而久之，学生会从自己的批注中感受到阅读的乐趣，如形成习惯，必将终身受益。

（五）拓展阅读，加强课内外衔接

统编版小学语文教材构建了"精读""略读""课外阅读"三位一体的阅读体系，略读课文的教学是打通课内和课外阅读的重要通道。在进行略读课文教学时更应意识到，在教师穿针引线的指导下，引领学生自主读书，运用学到的阅读方法进行课外阅读实践也应是教学应该凸显的内容。

四年级上册第四单元是神话单元，本单元语文要素是"了解故事的起因、经过、结果，学习把握文章的主要内容。感受神话中神奇的想象和鲜明的人物形象。"围绕语文要素编排《盘古开天地》《精卫填海》《普罗米修斯》三篇精读课文，略读课文《女娲补天》的阅读提示中再次要求"默读课文，说说故事的起因、经过和结果"。教学时，既要回顾学习精读课文时学到的方法，又要放手给学生练习探求故事的起因、经过、结果，把过程说清楚、说生动，还要由此延续到本单元的"快乐读书吧"——《很久很久以前》。通过"快乐读书吧"给学生补充大量神话，由略读课文《女娲补天》的学习延续到课外神话的自主阅读，在阅读实践中运用迁移，培养阅读能力、陶情冶趣。

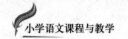

第五节　不同文体的语文阅读教学设计

　　文体是指文章、文学的体裁。是文章在结构形式和语言表达上所呈现的具体样式或类别。不同的文体有独特的功能和语体特征，在教学时侧重点也是不同的，2022年版课标也根据不同的文体给出了不同的阅读与鉴赏教学的目标要求。第一学段的要求是："阅读浅近的童话、寓言、故事，向往美好的情境，关心自然和生命，对感兴趣的人物和事件有自己的感受和想法，并乐于与他人交流。诵读儿歌、儿童诗和浅近的古诗，展开想象，获得初步的情感体验，感受语言的优美。"第二学段的要求是："能复述叙事性作品的大意，初步感受作品中生动的形象和优美的语言，关心作品中人物的命运和喜怒哀乐，与他人交流自己的阅读感受。诵读优秀诗文，注意在诵读过程中体验情感，展开想象，领悟诗文大意。"第三学段的要求是："阅读叙事性作品，了解事件梗概，能简单描述印象最深的场景、人物、细节，说出自己的喜爱、憎恶、崇敬、向往、同情等感受，阅读诗歌，大体把握诗意想象，诗歌描述的情景，体会作品的情感。受到优秀作品的感染和激励，向往和追求美好的理想，阅读说明性文章，能抓住要点，了解文章的基本说明方法。阅读简单的非连续性文本，从图文等组合材料中找出有价值的信息，尝试使用多种媒介阅读。"由2022年版课标的要求中可见，在小学阶段相对重要的文体大致可分为叙事性作品、诗歌和说明性文章三类，下面将从这三类作品分别加以阐述。

一、叙事性作品

　　叙事性作品，顾名思义就是以叙事功能为主的文学作品，这类作品或叙事写人，或叙事抒情，或叙事寓理。在叙事类作品的教学中，主要有以下策略：一是抓事件，读懂故事内容，概括事件梗概，理解故事所传达的道理；二是抓人物，体会故事中的人物塑造、使用的人物表现手法、挖掘人物的性格和品质；三是抓情感，通过事件、人物、场景、细节等体会作者所表达的情感，或在阅读中获得喜爱、憎恶、崇敬、向往、同情等情感体验。统编小学语文教材中的叙事性作品大致有童话、寓言、小说、故事、散文等，即使它们都归入叙事性作品，教学中也应该体现其个性，下面选取其中几类进行分析。

（一）童话的教学策略

著名儿童文学作家梅子涵先生说："我们确信，一本好的书，一个童话，如果在童年的眼前搁放了，那么很可能就把一生的美好方向决定了。"童话的阅读不仅是对儿时那颗稚嫩心灵的保护和滋养，还是成年之后仍葆有童真和想象的保障。单就"童话"这一文体而言，它在内容上是"幻想的"、在文体上是"故事的"、在读者设定上是以"儿童"为主的，根据童话的特点，在教学时可侧重如下方面：

1. 童趣朗读，感知故事

在统编版小学语文教材中，童话集中在第一学段和第二学段，此时的学生思维活跃，富有想象力，以直观形象思维为主。在童话教学中，教师应尊重并重视学生富有个性的独特的情感体验和思维方式，要让学生多读，以各种方式读，读出童真童趣，读出自己对童话人物的个性化理解。

以《蜘蛛开店》为例，这个童话诙谐有趣，在情节上有反复的特点，在教学中应注意读的层次。初读时可让学生大声朗读，并感知故事的关键信息：蜘蛛卖什么，顾客是谁？通过句式"蜘蛛想卖（ ），（ ）来了"依次引出河马、长颈鹿、蜈蚣，梳理出课文的关键信息。细读时，可采取默读的方式，让学生边读边画："蜘蛛在卖三样东西之前怎样想的，结果怎样？"深入思维，探究故事发展的原因。品读时，借助课本上的三幅插图，抓住关键词体会蜘蛛想法和心情的变化，进而读出故事的趣味。品读完，出示整篇文章，学生观察原来三次开店的语言结构有反复的特点，为接下来的讲故事打好基础。

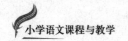

2. 角色扮演，复现故事

统编版小学语文教材中选取的童话故事大都活泼生动，富有情趣，角色扮演的方式既可以满足儿童游戏的天性，又能够使他们进入到故事的情境中，逼真地再现课文，通过分析人物、表现人物加深对故事内容的理解。

在教学《青蛙卖泥塘》这一课时，可让学生分别扮演故事中的青蛙和老牛、野鸭、小鸟等，扮演青蛙的学生随着一次次吆喝能够直接感受到泥塘的一次次变化，从而体会到青蛙心情的变化，最终理解为什么"青蛙不再卖泥塘了"。

3. 抓好角度，激发想象

在童话教学中，教师要善于利用童话的特点去培养学生的想象力。激发学生的想象力和创造潜能是童话教学的一个重要目标，可以利用补白、续编等教学方法实现这一目标。

如《小狗学叫》这一课，课文给出了三种不同的结局，教学时可以让学生想一想："故事还可能有什么结局？你喜欢哪个结局？"学生的回答一定是五花八门、天马行空的，教师要及时给予正向的引导和评价，鼓励学生发挥想象力，激发学生的创造潜能。

4. 领悟审美，启发思考

童话中藏着美好人性的种子，在教学时需要教师用适当的方式去唤醒学生的感知，使其获得教化。童话是孩童感知世界的一扇窗户，童话奇幻外表下藏着的是儿童对于世界的一切想象。读完童话后，孩子们是否从故事中角色的言行中找到自己现实生活中的某种投射或解决问题的方法呢？

如《巨人的花园》教学中，启发学生思考："这究竟发生了什么？是谁让巨人的改变如此之多？"是孩子的真诚改变了巨人，这种神奇的变化是爱的感召。巨人说："我有许多美丽的花，可孩子们却是最美丽的花。"巨人懂得了和他人分享花园的快乐，你有哪些快乐和你身边的人分享呢？通过联系实际表达，学生加深了对巨人语言的理解，体会到了其中的隐喻，这种感受也许并不深刻和全面，但是"独乐乐不如众乐乐""爱人者，人恒爱之；敬人者，人恒敬之"的待人处事真谛，会在潜移默化中使学生形成正确的主流价值观。

（二）散文的教学策略

散文是与小说、诗歌、戏剧并列的一种文学体裁，有广义和狭义两种理解。广义的散文，是指诗歌、小说、戏剧以外的所有具有文学性的散行文章。除以议论抒情为主的散文外，还包括通讯、报告文学、随笔杂文、回忆录、传记等文体。狭义的散文则是指文艺性散文，它是一种以记叙或抒情为主，取材广泛、笔法灵活、篇幅短小、图文并茂的文学样式。散文具有记叙、议论、抒情三种功能，与此相应，散文可分为记叙性散文、抒情性散文和议论性散文三种。也就是说，散文并不都是叙事性文章，为方便起见，在此归为一类。

1. 整体阅读，理清文章思路

散文的一大特点是"形散而神不散"。在进行散文教学时，教师要带领学生通过整体阅读抓住文章线索，由此来理清文章思路，领会文章意图。在整体阅读时，根据文章的不同，教师可以考虑以题目为切入点或抓关键句的方式来使学生了解文章的写作脉络。

如在教学《四季之美》时，可让学生先自读课文，找出每段的关键句。学生不难找出"春季最美是黎明""夏季最美是夜晚""秋季最美是黄昏""冬季最美是早晨"。根据关键句可以看出，文章按照时间顺序写了四个季节的美景，学生对文章内容和条理有了初步的理解和把握，有助于进一步感受文章之美。

2. 激发想象，领悟画面之美

想象力是使人预想不存在的事物的独特能力，是一切发明与创新的源泉。小学生处在年幼阶段，想象力比较丰富。小学语文选取的散文课文，无论是文字还是内容都充满着绮丽的色彩，是培养想象力的良好素材。散文文字描绘的优美画面，也令学生浮想联翩。教师可以通过引导学生领略散文的画面之美，激发学生的想象力，进而提高学生的审美素养。

《四季之美》的教学中，在学夏夜之美时，教师可以先让学生自读课文第二自然段，找出文章提及哪几种夏夜。在学生回答的基础上，明确为："明亮的月夜——固然美；漆黑漆黑的暗夜——无数的萤火虫翩翩飞舞；蒙蒙细雨的夜晚———一只两只的萤火虫，闪着朦胧的微光在飞行。"可以引导用轻柔的语气读出夏夜静谧的氛围，但在朗读"翩翩飞舞""闪着朦胧的微光"等词语时，要在柔和中读出动态变化，让人感受一份惊喜。这段文字静中有动，教师可通过视频、画面等直观呈现方式激发学生想象夏夜之美，引导学生感悟动静结合的美。

3. 品读文字，感受语言之美

散文一大特色是语言美。散文的语言凝练优美，自由灵活，富于哲理，极具诗情画意。教师可以确立某一个主话题，在话题引导下，启发学生细致品读散文的语言之美。这样，在提高学生审美能力的同时，也提高了学生文字表达能力。

在学习春季之美时，教师可以让学生先圈画出表示颜色的词，明确作者用"鱼肚白、红晕、红紫红紫"写出了天空颜色的变化。再抓住"泛、染、飘"三个动词和"一点儿一点儿、微微的"等叠词带学生感受天空颜色的变化过程。指导学生朗读，总体节奏要舒缓，读得要轻一些，要读出黎明时的安静。特别是"一点儿一点儿"要读得慢一些，表现东方天空慢慢变化的过程，读出画面感。通过品读，让学生感受到汉字的魅力，也学会用文字精彩准确地描绘事物，不仅丰富了词句积累，也提高了文字表达能力。

4. 赏析感悟，领略情感之美

在散文行云流水如诗如画的优美文字中，也包含着作者对自然、对生活、对生命的情感体验和感悟。散文创作的目的，是抒发作者的丰富情感，通过创作感染读者，使读者获得情感的共鸣。所以，语文教师在课堂上的散文教学应该富有情感。由于小学生的感悟能力比较低，也缺乏相应的社会经验，教师在课堂上更应该对学生开展情感教育，让学生领略散文表达的情感之美，得到情感美之熏陶。

在学习冬季之美时，教师要引导学生关注"铺满白雪"与"熊熊的炭火"的动静和色彩对比，结合自己的生活经验，感悟寒冷的冬天早晨那暖和的火盆带来的情趣，也就是雪中送炭的和谐之美。为了让学生更深切地感悟作者的内心情感，教师可以拓展资料："清少纳言说过，冬天的美是希望的美。老年的清少纳言生活凄凉，但她却总以平和的心态去面对生活，心中充满光明和希望。"指导学生通过舒缓的语调，读出寒冷的冬天手捧着暖和的火盆穿过走廊时的闲情逸致，结合冬季之美，让学生体会作者清少纳言不畏寒冬、不怕白霜，在她的心里有一盆熊熊燃烧的炭火，给人无限的生机，无限的希望。

（三）小说的教学策略

小说是文学的一大类别，是一种与诗歌、散文、戏剧并列的叙事性文学体裁，王蒙先生说："小说是虚拟的生活。'虚'就是虚构，'拟'就是模拟，模拟生活。"小说中叙述的并不是真人真事，而是用虚构来模拟现实生活。但这种虚拟又在现实中有各种各样的可能性，常常给人以心灵的冲击与震撼。我们通常所说的小说三要素，指的是人物、环境和故事情节。

统编小学语文教材从四年级下册开始编排小说类课文，到六年级下册共有三个小说单元，其中包括一个古典名著单元和一个外国名著单元，相应单元的"快乐读书吧"中也推荐了整本的小说，随着年级的增长，小说的地位愈益增高。下面我们以六年级上册的《桥》为例来关注一下小说教学的基本策略：

1. 梳理脉络，厘清小说情节

小说的结构与布局别具一格，常常跌宕起伏。因此，厘清故事情节和人物关系，是读懂小说的首要步骤。教师可以在学生浏览全文的基础上，围绕小说主旨，以思维导图、自主学习单等方式梳理人物关系，浓缩故事情节，将课文内容重新组合成若干板块，再分板块逐一感悟，做到整体把握，长文短教。尤其是在小说的矛盾冲突处，采取默读、品读、分角色读

等多种阅读方式，带领学生破解文本谋篇布局的密码，领略小说别具一格的构思。比如《桥》这一课，作者最后才点明老支书和小伙子的关系，这样的写作方法有什么好处呢？可以让同学们讨论一下，从而感受到作者构思的精巧。

2. 品词嚼句，赏析人物特点

小说一般是通过刻画典型的人物形象来凸显作品的主题，从而提示某些社会生活的本质，因而人物在小说中起着非常重要的作用。小说的人物具有鲜明的个性特色、典型的人格形象与独特的人物品质，是整个故事情节的中心。在小说中，对人物的刻画描写手法多种多样，包括语言描写、动作描写、心理描写、外貌描写等细节描写。在教学中，要善于引导学生聚焦人物形象，在人物形象细节描写处驻足，通过想象画面、换位体验、对比阅读等方式品味文本语言，就能让文字呈现的画面具体起来，体会小说语言之妙。

在《桥》的教学设计中，可以通过三个句子体会到老支书忠于职守的信念和舍己为人的伟大品质。

第一句话是"桥窄！排成一队，不要挤！党员排在后面！"这是一句典型的语言描写，通过三个感叹号能够感受到当时情况的危急和老支书的坚定有力。在万分危急的关头，老支书思路清晰，命令简洁，这才是沉着冷静、临危不乱的老共产党员。

第二句话是"老汉突然冲上前，从队伍里揪出一个小伙子，吼道：'你还算是个党员吗？排到后面去！'老汉凶得像只豹子。"这一揪对于小伙子来说意味着将站到最后，很有可能无法逃生，这一吼让我们看到了老支书没有犹豫的果断的态度。一揪一吼出现在我们面前的是一个铁面无私、不徇私情、公正如山的老支书。

第三句话是："小伙子推了老汉一把，说：'你先走。'老汉吼道：'少废话，快走。'他用力把小伙子推上木桥。"这一推一吼又让我们感受到了父爱如山，父子情深。因为他们是在木桥开始发抖，开始痛苦地呻吟，而且水爬上了老汉的胸膛这样的情况下来推让的。作者抓住动作和语言描写，刻画出了一个尽管深深爱着儿子，但在紧要关头却公正无私的老支书形象，这形象正是如山一般高大。

3. 关注环境，挖掘小说发展线索

国学大师王国维认为，"一切景语皆情语"。环境描写是小说描写中重要的一环，它包含自然环境描写与社会环境描写。有时起着交代故事发生的时间、地点和社会条件，衬托时代特点的作用；有时起着渲染特定氛围，从侧面表现人物性格的作用；有时还起着推动情节发展的作用。教师要善于引导学生抓住关键词语，发现环境描写所蕴含的巧妙构思和深远意味，品味语言的丰富内涵，了解环境描写在小说中的独特之处。在小说中，环境描写是衬托人物性格、展示故事情节的重要手段，在小说艺术中是不可或缺的要素。

在教学《桥》环境描写的部分时，可以让学生先找出描写暴雨和山洪的句子，尤其是抓住"像泼，像倒"这样的短句感受形势的危急和情绪的紧张；还有比喻句"山洪咆哮着，像一群受惊的野马，从山谷里狂奔而来，势不可当"感受洪水的来势凶猛，奔腾呼啸；拟人句"近一米高的洪水已经在路面上跳舞了"和"死亡在洪水的狞笑声中逼近"感受洪水的可怕。

回顾这部分环境描写，作者用了大量拟人、比喻的修辞手法，使用短句烘托环境的危急，这样危急的环境中更有可能发生感人的故事。在教学中通过抓修辞，抓表达，让学生感受作者笔下洪水的可怕，从而了解环境描写在小说中的渲染烘托作用。正是在这样特定的环境之下，老支书如山一般的形象更加深入人心。

4. 品味语言，揣摩言外之意

小说是语言的艺术，语言是小说的灵魂。小说教学，不仅仅是教知识，还要将这一文体的语文知识转化为生动的语言实践活动，或通过曲折的故事情节来感受人物命运与时代的关联，或通过独特的言语表达，体会小说教育意识的渗透，引领学生与文本深层次的对话，体验小说人物的内

心世界，让文学语言对学生的审美情趣、阅读兴趣以及人生观、价值观起到涵育作用。

《桥》这篇小说使用了大量简短的句段来渲染紧张的气氛，比如课文开篇时写黎明的时候雨突然大了，"像泼，像倒。"四个字构成两句话，不但描写雨水之大，而且表现出雨水的来势凶猛，为下文的山洪暴发做了铺垫。再比如课文最后写"她来祭奠两个人。她丈夫和她儿子。"这里每句话都单独成段，语言极为简练，却加强了故事的悲壮色彩，让人不禁为之动容。

这篇小说还大量使用比喻、拟人的修辞手法来增强表现力，除了环境描写中的运用，在写老汉时还有"他像一座山""老汉凶得像只豹子"等描写，使语言生动形象，让人如闻其声，如见其人。在进行老汉的语言描写时，老汉一共说了四次话，每一次都使用命令的语气，简短而铿锵有力，加以四个感叹号，让人体会到老汉的威严不容侵犯。教师在教学时可以抓住以上语言描写，让学生感受到小说语言的魅力。

（四）文言文的教学策略

文言是指以先秦口语为基础而形成的上古汉语书面语言以及后来历代作家仿古的作品中的语言。文言文，也就是用文言写成的文章，也叫古文。文言文是传统文化的载体，学习文言文是提升学生文言阅读水平，培养学生民族自豪感的重要途径。党的二十大报告提出要"坚守中华文化立场，提炼展示中华文明的精神标识和文化精髓，加快构建中国话语和中国叙事体系"，在文言文教学中要借助文本弘扬传统文化，展现可信、可爱、可敬的中国形象。统编版小学语文教材中的文言文选取的都是经典文本，同时还根据学生的特点兼顾了趣味性和人文性，可从以下方面探讨文言文的教学策略。

1. 以读为主，读中融趣

钱理群先生曾说过："我们传统的启蒙教育，发蒙时，教师不作任何解释，就让学生大声朗读经文，在抑扬顿挫之中，就自然领悟了经文中某些无法言说的神韵。"由此可见，朗读可以帮助学生理解文章内容，感受文章意境。理解文言文的语法规则对小学生来说有一定的难度，在教学时尝试以读为主，读中融趣，用朗读夯实学生文言文的学习之路。

（1）范读引领，读出旋律

小学阶段学习文言文的一个重要目的是培养学生的文言语感，因此文言文教学的首要任务是要帮助学生熟悉、掌握课文中的生字词，引导学生把握文言文朗读的节奏，所以文言文朗读可以由教师范读开始。教师范读应读好停顿、读出韵律、读出美感，范读的同时也应对学生提出要求，如认真听，圈画出生字词，标画好停顿等。范读结束后要进行正音断句，为学生学习文言文扫清障碍。

（2）巧用注释，读出感悟

文言文中的字词信息量大，含义丰富，学生在学习文言文时，注释是必不可少的抓手，在教学中，可引导学生借助注释，辅以课文插图及有根据的猜测尝试着疏通文意。如在《杨氏之子》的教学中，可依据课后第二题让学生借助注释了解课文的意思，说说从哪里可以看出杨氏之子的机智。

（3）直观教学，读出韵致

面对枯燥乏味的文言文，教师可以采用直观的教学画面引导学生分析文章内容。在《杨氏之子》的学习中，可以播放教学动画，将文字转化为视频，使学生更容易理解故事内容。理解故事内容的基础上，学生再读课文更能进入到故事情境中，体会故事的韵味。

在教学的过程中还可以播放微课，通过微课教给学生理解文意的常见方法，如借助注释、联系上下文、借助插图等，引导学生逐步掌握学习文言文的方法，使其具备自主学习文言文的能力。对文言文有自己的理解，学生更容易读出文言文的韵味。

2. 注重拓展，课后延趣

文言文意蕴深远，余味无穷，因此要注重课后的拓展，增加学生学习文言文的广度与深度。

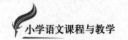

（1）分享感受，复述内容

统编版小学语文教材中的文言文大多是故事题材，课堂教学完成后可以引导学生将文言文和白话文联系起来，让学生学会分享自己的感受。课后可以要求学生对故事中人物的语言、动作、神态、心理活动等进行合理想象，试着把故事讲得生动具体，还可以让学生按照一定顺序复述故事，也可站在"我"的立场，讲述故事。在这样的训练中，学生不仅掌握了故事梗概，其语言表达能力得到了提升，思维能力也得到了训练。

（2）情境创设，随文表演

学习完每篇文言文后，教师可以安排学生表演，让故事内容再现，给学生一个展示自我的舞台。学生在这样的集体活动中不仅可以走进文言文，同时还能增进生生之间，师生之间的感情。

（3）寓理为基，拓展阅读

文言文的语言特点是言简义丰，语言凝练。想让学生有更多的阅读体验，还需要进行适度拓展。学完《守株待兔》之后，教师可以推荐其他的文言文寓言故事如《南辕北辙》《狐假虎威》；学完《精卫填海》教师可以推荐其他的文言文上古神话如《夸父逐日》《盘古开天地》；学完《杨氏之子》，可以推荐《世说新语》中其他的小故事如《孔融让梨》《陈太丘与友期》等。

二、诗歌

诗歌是一种用讲究韵律的语言和丰富的想象，含蓄地表现情感与思想的文学体裁。诗歌的基本特征是凝练性、跳跃性和音乐性。2022年版课标中小学三个学段对诗歌教学的要求分别是："诵读儿歌、儿童诗和浅近的古诗，展开想象，获得初步的情感体验，感受语言的优美。""诵读优秀诗文，注意在诵读过程中体验情感，展开想象，领悟诗文大意。""阅读诗歌，大体把握诗意想象，诗歌描述的情景，体会作品的情感。"可见诗歌教学的基本策略一是大体把握诗意，想象诗歌描述的情境，初步领会诗歌的意境；二是体会诗人情感，受到诗人情感的感染；三是体会诗歌语言的优美。统编版小学语文教材中编排的诗歌主要有古诗和现代诗。

（一）古诗的教学策略

党的二十大报告提出要"提炼展示中华文明的精神标识和文化精髓"，从语言文字运用上来看，古诗采用的是古代汉语；在表现形式上，古诗语言凝练，富有节奏感，思维跳跃性特别强；在内容的叙写上，古诗离我们的现实生活非常远，这都是中华文明文化精髓的体现。正是古诗的这些特点，给小学生解读古诗、体味古诗带来了很大的困难，需要教师采用多种教学方式组织教学，吸引学生注意力，才能取得良好的教学效果。

1. 解诗题，初知诗意

作为一堂阅读与鉴赏教学课，古诗的题目同样需要由导入引出。导入的设计形式可以是多种多样的，像情境导入、复习导入、游戏导入等，但最终目的都是吸引学生注意力，引出诗题。古诗的题目往往简明扼要却蕴含着丰富的信息，弄懂诗题对于理解诗句、明白诗意，能起到画龙点睛的作用，所以古诗教学一定有解诗题的环节。

2. 知诗人，激发兴趣

古诗的学习是读者与诗人、诗歌以及创作背景的对话，这就需要教师引导学生与古诗文本和诗人进行跨时空的交流，特别是要了解诗人创作诗歌时的心境与创作背景，因此，知诗人的环节必不可少。

3. 明诗意，多元感知

明确诗意才能想象情境，体会情感，在明确诗意时可以从以下几方面入手：第一，诗眼入手。很多诗歌都有一个关键字，整首诗的内容和情感都是围绕这个关键字展开，这就是诗眼。在教学时可引导学生先抓住诗眼，就能深入浅出地学好古诗。比如《九月九日忆山东兄弟》，抓住"独在异乡为异客"中的"独"字，就把作者那种寂寞的心情表达了出来，很自然为下面思念的内容奠定了基础。第二，画面入手。"诗中有画，画中有诗"，许多诗歌都为我们呈现出了美丽的画面，在教学时

可借助图画来帮助学生明确诗意。精美的图画配以对应的古诗，不仅便于学生理解古诗画面之美，更引导学生领略了古诗的意境之美。第三，诗句入手。古诗是由诗句构成，只有对诗句进行准确解读，才能够深化对诗意的理解，深入感悟诗歌的意境。在解读诗句时可借助注释，也可根据关键词句展开联想。

4.悟诗情，吟诵升华

古诗的意境、感情与内容相比是比较难理解和把握的，古诗词的欣赏实则是艺术再创造的过程。诗中意境不应只是诗人笔下的意境，也应是学生脑海中的意境，是学生自己读诗的感悟。在引导学生悟诗情时，需要带着学生与诗中的人、景、物、情进行深入的对话，才能真切体验到诗人所创造的艺术境界，才能与诗人相知，感受诗文之美。

在进行《望庐山瀑布》的教学时，教师可以带着学生从以下几个方面感受诗歌意境之美，体味诗人情感之深。

（1）读诗想象，感受瀑布的壮丽美

教师播放轻音乐，让学生边听音乐，边读诗文，想象那升腾的"紫烟"和从天际垂挂下来的瀑布。瀑布的水流飞泻而下，就像一匹最精美的白练，当水流到达底端，强大的冲击力溅起无数水花，壮丽无比。学生似乎也同诗人一般，站在了香炉峰旁边，看到了这人间仙境一般的奇景。

（2）听声悟意，感受瀑布的韵律美

教师出示课本中李白的插图，并播放瀑布的声音，学生想象着站在瀑布边的李白，脑海中产生一幅瀑布飞流直下的情境。瀑布从高空奔腾而下，这瀑布就算没有三千尺长也相差不远吧？瀑布从那么高的地方飞流而下，声音也一定非常巨大吧？教师适时播放瀑布的声音，激发学生的想象："原来瀑布的声音虽大，但并不聒噪，如同仙乐一般，让人如听天籁。原来瀑布的声音也是有韵律的，瀑布边的李白内心一定充满了激昂慷慨之情。"学生充分感受到瀑布的美之后，再让学生来读诗，学生必然可以饱含情感，读得声情并茂。

在古诗教学中，意境是非常重要的，可以通过层层带入的教学手法引导学生探寻诗中的意境，建立自己对诗词的审美。这样的教学模式不仅能发展学生的古诗理解能力，也能增强学生的文字鉴赏能力和语言表达能力。

（二）现代诗的教学策略

现代诗，又称白话诗，在时间上可追溯至清末，兴起于"五四"之后。与古典诗歌相比而言，虽都为感于物而作，但一般不拘格式和韵律。教学现代诗重点关注以下几点：

1. 读中揣其义

有些诗句的含义，单靠讲析是可以让学生明白的，但是，要切身体验到某些词句的深层含义，须反复体味、诵读才行。

2. 读中悟其情

在诵读中要引导学生用个体生命与诗文进行心灵的交流，在读中反复、揣摩、体会，最后让学生通过诵读把自己与诗人心灵碰撞刹那的体验表达出来，这样才能真正把握作品的内涵。

3. 诵中熟其文

熟读成诵，积累运用。反复地朗读、用心地朗读，可以加深学生对诗歌的体验和理解，取得"书读百遍，其义自见"的效果。

三、说明性文章

统编版小学语文教材中的说明性文章通常是指说明文。说明文是客观地说明事物或阐明事理的一种文体，它主要运用说明的表达方式，有很强的实用性，下面我们来看一看说明文的教学策略。

（一）构建趣味课堂，感受说明魅力

相较于其他文体，说明文的内容和表达形式略显单调，在说明文的教学课堂上，教师应当积极营造趣味性环境，让学生感受说明文的魅力，进而在学习过程中获得乐趣。统编教材中所编排的说明文涉及的大部分都是学生比较感兴趣的内容，如写动物习性的《松鼠》，表现海底景观的《海

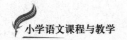

底世界》等。小学生容易对新鲜有趣的事物产生好奇心，可以根据学生的这一特点，在教学过程中通过多媒体设备展示图片或播放视频等，以此调动学生的学习积极性。

（二）梳理文章结构，整体感知文本

在进行说明文教学时，首先要明确这仍是一堂阅读与鉴赏教学课，不能只引领学生获取信息而忽略对文章本身的学习，因此整体感知这个环节必不可少。在整体感知时应引导学生厘清文章结构，梳理文章脉络，掌握说明文的说明顺序。同时，还可以让学生自主概括文章内容，弄清楚文章从哪几个方面介绍了什么事物。

例如在教学《太阳》时，教师可让学生自由朗读课文并思考：课文从哪些方面介绍了太阳？根据学生的回答，答案可以明确为：文章介绍了太阳远、大、热的特点，还有太阳和人类生活的密切关系。对文章的内容进行概括，这有利于学生对文章结构形成清晰的认知，进而深化对文本的理解。

（三）借鉴说明语言，提高语言素养

说明文的语言表达具有鲜明的特点。首先，说明文的语言具有准确性和科学性，其次，说明文在介绍说明对象时，始终遵循一定的顺序，条理分明地介绍对象的特点。因此，在教学时要注意引导学生关注说明文的语言，使学生领会并掌握说明文的语言特点。

（四）优化课堂设计，掌握说明方法

说明方法是说明文学习的重点，小学阶段涉及的说明方法包括列数字、打比方、举例子等，几乎每一篇说明文都包含了两种以上的说明方法，但在教学过程中应该有所侧重，根据课文特点及说明方法的使用频率，重点讲述一个或两个即可。

在《太阳》这篇文章中，作者在介绍太阳远、大、热三个特点时，大量运用了列数字、做比较等说明方法，可以首先关注列数字这个说明方法，抓住"约有一亿五千万千米远""太阳表面有五千多摄氏度"让学生感受列数字的直观准确，使用列数字的方法可以增强说明文的准确性。明确了列数字的说明方法后，紧接着提出问题："既然已经写了步行大约需要三千五百年，为什么还要写坐飞机需要二十几年，是不是重复了？"引导学生理解一亿五千万千米是一个很大很大的数字，读者无法想象它究竟有多远，而步行大约需要三千五百年，坐飞机也要二十几年，就把这个抽象的数字具体化了，让不同的人都能真切地感受到太阳的遥远，由此来体会做比较这种说明方法的优点。

（五）培植科学理性，感受科学精神

在说明文准确的语言表达背后往往还蕴含着科学精神和钻研态度，在进行说明文教学时要深入挖掘文章中蕴含的思政要素，培养学生的科学精神和求实态度，这是说明文教学区别于其他文体教学的又一特征。

总之，说明文作为一种有着明显特征的文体，对教学提出了更高要求，教师在进行说明文教学时，既要关注到文章中蕴含的信息，又要关注到文章的写作手法，更要关注到文章背后所体现的科学精神和求实态度。立足说明文特点，以文体意识指导说明文教学，情趣先行，理趣、智趣融合，才能彰显说明文的教学价值。

第六节　单元整体教学①

2022年版课标明确提出要"构建语文学习任务群，注重课程的阶段性与发展性"，在教学中，我们要尝试以学习任务为载体，整合学习内容，注重整体规划，关注单元整体教学。

一、单元整体教学的概念

单元整体教学是在新课改背景下应运而生的一种教学模式，是在单

---

① 本节为山东省教育科学规划创新素养专项课题"'双减'背景下指向创新意识培育的小学语文单元整体教学实践研究"（项目编号：2022CYB359）阶段研究成果。

元教学基础上发展出来的概念，受到众多学者和一线教师的关注，关于它的定义有很多。刘书云在《小学语文课实施单元整合教学之尝试》中的定义是："单元整合教学是指对教材的单元内容进行适当整合之后再组织教学的一种方式。在这种模式的指引下，有助于促进学生对所学知识的深度理解。"李怀源对小学语文单元整体教学的解释是："以教科书教学为起点，以读整本书为桥梁，以语文实践活动为路径，最终实现提高学生语文能力的目标。"杨红兵在《突出自主学习的单元整合教学》中解释到："单元整合教学从单元整体出发确定教学目标，对单元教材内容进行重组，通过单元导读、整合教学、拓展阅读、写作指导、实践活动等板块的系统学习，帮助学生逐步形成新的意义建构。"单元教学在《教育大辞典》中被解释为："一种将教材、活动等划分为完整的单元进行教学的教学方法。目的是改变偏重零碎知识和记忆文字符号的教学，并强调利用学生的手和脑来获得完整的知识和经验。"

从以上几种具有代表性的观点来看，单元整体教学是一种围绕单元教学目标、内容、方法等进行整体编排的教学形式，它区别于单课教学，在这种教学模式下，学生获得的是一种学习能力。这一教学方式的出现旨在改变单篇教学对知识碎片化教学的误区，加强教学内容之间的联系，促进学生知识的迁移与运用。它是以单元为基本单位，在教学过程中进行整体规划，统筹安排，有序进行教学的一种教学模式。

单元整体教学的有机组合并不是将单元中各部分内容简单相加，而是体现为教学目标的一致、教学内容的整合、教学方式的统筹以及教学评价的规划等各方面的整体设计与实施。单元整体教学首先要求教师要具备全局意识，即在全面整合单元内容的基础上，设置连贯的教学目标，勾连单元前后内容，突出语文教学的系统性和层级性。其次，单元整体教学要求教师要遵循学生"先学后教，以学定教，顺学而教，反复习得"的学习规律，引导学生在有限的时间内获取更多有价值的知识。

二、单元整体教学的基本特征

（一）教学设计的整体性

单元是由各个要素构成的有机统一体，单元内部整体与部分并不是简单割裂的关系，而是相互联系、相互依赖、互为系统的整体存在。单元整体教学基于整体系统对各部分进行有机统筹与安排，这种整体性表现在教学设计上主要包括教学目标的整体性、教学内容的整体性以及教学效果的整体性。其一，教学目标的整体性是指单元整体教学目标设计从整体性出发，分层设计教学目标，课时目标的设计安排为最终单元总目标的达成服务，最终落实单元整体的系统运作。其二，教学内容的整体性是指单元整体教学变单篇内容解读为整体内容建构，克服单篇文本解读的随意性与盲目性，基于单元部分功能差异对各部分内容进行合理的组织与安排，发挥教学活动的整体合力。以此进一步突出内容之间的系统性与连贯性，落实板块衔接，听说读写的有机统一，实现单元教学内容由"模糊一片"到"清晰可见"的教学转变。其三，教学效果的整体性是指单元整体教学要充分发挥各板块的作用，通过整体设计使各模块各司其职、环环相扣，以层层推进的方式实现整体大于部分之和的教学效果，推动知识体系纵横双向延伸，丰富认知结构，最终呈现出语文素养整体上相互联系、螺旋上升的教学效果。

（二）学生地位的主体性

单元整体教学相对于传统单篇教学的另一个基本特征为更加彰显学生学习的主体地位。在单元整体教学中，倡导以"学生为主体，教师为主导"的方式引导学生主动学习。教师的作用是引导启迪学生，使学生自奋其力，自致其知。单元整体教学重点突出对学习方法的传授，而非知识的简单传输。单元整体教学始终以学生学习为主体，从贴近学生生活的真实性问题情境出发，引导学生通过自主探索与协作学习等方式对知识进行主动的建构。在学生学习建构过程当中，教师是引导者，为学生学习进行情境与活动的创设，重点对学生的学习方法加以指导，为学生学习搭建脚手架，提供学习支持，推进自主学习活动的开展，帮助学生完成知识的迁移

与运用。

（三）教师教学的自主性

教师教学的自主性主要体现在教师对于单元整体教学中教学内容、教学方式等方面都拥有了更大的自主创造空间。首先在教学内容上，传统单篇教学内容固定，教师对教学内容的整合范围有限，不利于教师实现对于教学的个性化创造。而单元整体教学则为教师提供了更大的整合空间，教师可以在明确单元教学目标的前提下灵活对单元内容进行排列和重组，对教学内容进行调整以及对课外教学资源进行扩充。这隐含着教师不是教科书的执行者，而是教学方案的开发者，即教师是"用教科书教，而不是教教科书"的这一教学理念。此外，在教学方式上，单元整体教学与传统教学相比不再仅仅局限于课堂与书本之中，更重要的是教学要加强学生学习与真实生活的连接。在单元整体教学中，"下课"并不是学习结束的标志，而是课堂学习与学生生活的连接点。学生对于知识的学习不是为了应付考试而是为了更好地应对生活，为了解决生活中的实际问题。

三、单元整体教学的意义

（一）提高了教学效率

在传统的单篇教学中，大都以精讲精练的方式进行，各篇课文之间教学内容和训练点多有重合，教学过程必然要多次重复，导致课堂教学效率低下。在单元整体教学中，教师要根据学生对知识点的掌握情况，分析各篇课文、语文园地与口语交际等板块的功能与特点，以单元教学目标为指导，整合单元教学内容、开发课外教学资源，并按照具体的教学模块规划教学过程、安排学习活动。这尊重了学生的主体地位，为提供学生自主、探究的学习环境创造了条件。在教学过程中，教师通过单元导读、以文带文、课外拓展阅读等模块进行教学，循序渐进地引导学生掌握单元语文知识、迁移运用方法与策略，减少了教学过程的重复，提高了教学效率。

（二）促进学生能力的发展

单元整体教学有助于培育学生的自主学习意识以及迁移运用能力。单元整体教学通过精读课文引导学生学法，通过略读课文引导学生习法，通过精读带略读的方式有效促进了学生迁移运用能力的发展。同时，单元整体教学也有助于学生表达能力的发展。教师在单元课文学习中引导学生学习课文的表达方法，让学生将在课文中学到的方法迁移至习作中进行仿写训练与自主习作等，潜移默化地发展与提升学生的习作能力。

（三）有助于学生构建完整的知识体系

建构主义强调学生的知识是通过意义建构获得的。单元整体教学强调学生知识的建构，在单元整体教学设计中，教师从单元整体出发，分析考察单元知识与单元能力之间的内在联系，去搜寻该知识或能力在该年段的要求，以及各年段的目标，做到某知识点或能力的纵向把握，以此建立新旧知识的联系，搭建支架。同时教师利用各个模块来设计学习活动与任务，逐步引导学生学习与运用单元知识。在具体的单元整体教学实施过程中，教师通过旧知识来搭建学习支架，并创设情境与布置任务引导学生掌握新知识，建立新旧知识间的联系，积极构建完整的知识体系。同时，为了强化该单元知识的习得与运用，教师通过小练习、自主学习略读课文、课外拓展阅读、回顾总结等方式来构建完整的知识体系。

四、单元整体教学的实施

（一）单元整体教学过程设计

单元整体教学的目的在于解决单篇教学语文知识与能力的碎片化问题，努力让学生积极构建完整的知识体系与能力发展体系。教师在整合教科书各板块内容、挖掘课外教学资源的基础上，系统规划教学过程，通过构建完整的单元教学过程来逐步引导学生构建知识与能力体系。教学过程由不同的教学模块构成，本书在借鉴李怀源单元整体教学模块的基础上，结合统编版语文教科书特点以及语文教学实际，将统编小学语文教科书单

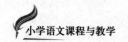

元整体教学按照低段与中高段进行教学模块的具体划分。如图所示：

图 5-1　教学模块

教学模块	
低年级	中高年级
预习	单元导读
识字	以文带文
写字	拓展阅读
朗读感悟	表达与交流
积累运用	巩固检测

1. 低年段单元整体教学设计

低段教学模块分为：预习模块、识字模块、写字模块、朗读感悟模块、积累运用模块。预习模块的任务是学生通过教师范读、借助拼音自读以及齐读等方式，了解课文主要内容。识字模块主要指向单元生字，该模块需要引导学生交流识字方法，进行自主识字。写字模块需要教师引导学生观察汉字的写字规律，注意偏旁与部件在田字格中的占位，并对个别生字进行范写，在学生书写后进行展示、评价与修改。朗读感悟模块需要教师引导学生通过多形式的朗读以及了解关键词语的意思来感悟课文内容，体会情感。积累运用模块主要指向语文园地模块，该模块需要教师引导学生迁移运用识字方法、积累古诗、谚语等。具体课时分配上可以参照下面的表格：

图 5-2　统编版小学语文教科书单元整体教学低年级课时分配表

模块	课时	模块说明
预习模块	1课时	朗读课文，圈画生字，了解主要内容。
识字模块	2课时	集中识记单元生字。
写字模块	2课时	集中书写单元生字。
理解领悟模块	3课时	理解和领悟课文内容。
积累运用模块	2课时	迁移运用和积累语言。

2. 中高年段单元整体教学设计

中高段教学模块分为：单元导读模块、以文带文模块、拓展阅读模块、表达与交流模块、巩固检测模块。

单元导读模块指向单元导语页与课文板块。该模块有三个任务：一是教师引导学生阅读单元导语，明确主题与语文要素；二是自由读课文，圈画、识记生字词；三是朗读或默读课文，初步了解课文主要内容。

以文带文模块包括两种课型：一是精读课，二是略读课。以文带文模块有两个任务：一是学生通过精读课文学法；二是学生借助略读课文习法。

拓展阅读模块的任务是：学生自主阅读教师提供的与本单元人文主题相关的课外阅读材料，将学到的方法进行举一反三、迁移运用，教师适时引导。

表达与交流模块指向口语交际和习作。该模块有两个任务：一是进行口语交际训练，二是进行习作训练。

巩固检测模块指向语文园地板块，即在学习完某单元后，教师先利用"交流平台"等部分进行单元的回顾与总结，然后通过纸笔测验，了解学生单元学习情况。具体课时分配上可以参照下面的表格。

图 5-3　统编版小学语文教科书单元整体教学中高段课时分配表

模块	课时	模块说明
单元导读	1课时	明确单元人文主题和语文要素，识记生字词，初步了解课文内容。
以文带文	4-5课时	精读学法，略读习法，实现由学法到习法。
拓展阅读	1课时	推荐阅读主题相关或同一作者的文章，拓宽阅读视野。
表达与交流	2-3课时	训练口语表达与习作。
巩固检测	2课时	单元回顾总结。

（二）单元整体教学示例

单元整体教学提倡学生通过单元的整体学习来实现知识与能力的整

体建构，并促进迁移能力的发展。因此，教师在整合单元各板块内容时要厘清各板块的功能与定位，按照"点明语文要素——落实语文要素——梳理总结语文要素"的路径进行内容整合。在整合各板块内容时可将精读课文与略读课文前后安排来实现学生的"学法"与"习法"，也可将语文园地的交流平台同课外教学资源进行整合，从课内延伸至课外来实现方法的再次迁移运用，体现语文的实践性特征。如三年级下册第四单元，语文要素之一是"借助关键语句概括一段话的大意"，单元板块分为课文板块、习作板块与语文园地板块，课文板块共有三篇课文，《花钟》《蜜蜂》为精读课文，《小虾》为略读课文。在整合教学内容时可将《花钟》作为主要的精讲课文，进行方法讲授，引导学生通过找出关键句。比如"一天之内，不同的花开放时间是不同的""有的植物开花的时间，与温度、湿度、光照有着密切的关系。还有的花需要昆虫传播花粉"概括段落大意，让学生理解借助关键句可以更好地概括段落大意。另外让学生明白在概括段意时，有的关键句直接就是段意，有的需要根据关键句的提示去概括，而且关键句在段落中位置各不相同。在此基础上，可将《小虾》作为自读课文，让学生进行方法的迁移与运用，通过精读课文与略读课文的整合，实现学生方法的习得与运用。同时，《蜜蜂》的课后习题与本单元习作联系密切，《蜜蜂》的课后习题通过引导学生填写实验流程图不仅让学生练习与运用了概括段落大意的方法，还为习作"借助图表整理小实验的主要信息"做了准备。因此，教师可将《蜜蜂》与习作进行读写的整合与迁移，而且还可以通过语文园地的交流平台再次巩固本单元语文要素，并与整本书阅读相结合，让学生把所学语文要素与课外阅读相融通，在阅读中去实践和练习。

2022年版课标指出："引导学生在多样的日常生活场景和社会实践活动中学习语言文字运用。"挖掘课外教学资源也是语文课堂沟通课外的一种方式，通过选择并引进与单元主题相关且适合进行方法迁移的文章，鼓励学生将方法运用到课外阅读中去，实现知识与能力的课内外沟通，有利于学生知识与能力的内化。本单元课文《蜜蜂》，节选自法布尔的《昆虫记》，该作品记录了作者对昆虫的观察与发现，与该单元人文主题"观察与发现"不谋而合。因此，在挖掘该单元的课外教学资源时，就可优先选择法布尔《昆虫记》中的文章，作为方法迁移运用的载体，引导学生再次感受《昆虫记》优美的语言、细致的观察与发现并实现方法的迁移运用，同时也拓宽学生的阅读面，积累学生的阅读量。

基于单元整体意识，教师在教学时可将单元中的整体内容分成这些不同的模块，每部分承担不同的目标和任务，各部分为实现单元总目标而服务。教学中以单元目标为统领，突出"精读课例"的示范引领作用，遵循教材中单元教学的基本思路，落实教材的语言训练项目，避免教学的盲目性。各模块之间既各自独立，又互为联系，形成了"精读引领示范，略读整合印证、自主阅读拓展、检测巩固提升"的不同梯次。

附：

五年级上册第七单元整体教学设计

一、教材分析

五年级上册第七单元的人文主题为："四时景物皆成趣"，围绕"自然之趣"这一主题编排了四篇课文：《古诗词三首》《四季之美》《鸟的天堂》是精读课文，《月迹》为略读课文。从不同角度描写了不同时间、不同地点的景物，通过具体生动的描写，表现了景致的情趣，还设置了一篇习作和语文园地板块。

《山居秋暝》《枫桥夜泊》《长相思》三首古诗词，都对景物进行了细致的描写，有山雨过后的山居秋景，有夜半难眠的客船夜景，有行军营帐的边塞雪景，这些风景都与诗人的情感融为一体。《四季之美》按一年四季的顺序描写了春天的黎明、夏天的夜晚、秋天的黄昏和冬天的早晨等不同时间的景致。《鸟的天堂》记叙了作者和朋友两次经过"鸟的天堂"时见到的不同景象，展现了一派美丽动人的南国风光，表达了对自然和生命的热爱和赞美。《月迹》记叙了中秋夜几个孩童从屋里到院子、从院子到河边寻找月亮的过程，以儿童化的语言描绘了皎洁的月光和月光下的夜

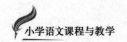

色，表现了孩童奇特敏锐的观察力和丰富的想象力，充满童趣。

第七单元编排的语文要素是"初步体会课文中的静态描写和动态描写"，这是教材第一次以单元编排的方式专门培养学生的文学品鉴能力。本单元的课文均有静态描写和动态描写，但是每篇课文又充满每个作家独特的情趣和韵味。《四季之美》娴静委婉，作者描写了春天黎明时分天空颜色的变化、夏夜萤火虫翩翩飞舞的情景，还有秋天黄昏时大雁比翼而飞的景致，凸显了四时景物的动态美；《鸟的天堂》中，傍晚的大榕树是静谧的，早晨的大榕树则是热闹的，一静一动，特色鲜明；《月迹》则清新雅致，既有对月亮爬竹帘格儿的动态描写，也有对月光洒满院子的静态描写，在一群孩子对月迹的追逐之中，显示出明月神秘又慷慨的性格，对童心的描写更是既传神又逼真，营造出一种清新优美的艺术境界，体现出作家敏锐的感受力和超凡的语言驾驭能力。

语文园地中的"交流平台"，引导学生关注静态描写和动态描写的句子，并品味和积累；"词句段运用"第二题引导学生在仿写中进一步体会动态描写和静态描写的作用。习作《＿＿＿＿即景》是在"初步体会课文中的静态描写和动态描写"的基础上，进行由学到用、由读到写的训练。学生在四年级下册已学习过"按照一定的顺序写景物"，能够较有条理地观察并描写景物，本单元进一步提出写景物变化的要求，要求观察一种自然现象或一处自然景观。重点观察景物的变化，按照一定的顺序，有条理地描写景物，写出景物的动态变化，使画面更加鲜活。

本单元学习任务的设计重在抓住单元的人文主题，带领学生走进大自然，发现自然景物的变化，感受世界的奇妙和美好；引导学生走进名家名作，通过品味、朗读和积累，感受字里行间流淌的自然之美，培养初步的文学品鉴能力；引导学生用心观察大自然的某种景观或自然现象，感受自然界动静之间的奇妙和美好，用笔记录下观察所得。

二、单元目标

1. 学会本单元22个生字词，背诵《四季之美》《古诗三首》，并默写

《枫桥夜泊》。

2. 通过诗词的学习，让学生能借助注释，联系上下文，想象诗词中所描绘的景象。

3. 通过本单元几篇文章的学习，让学生能初步体会课文中的静态描写和动态描写，通过朗读感受文章的思想感情。

4. 通过本单元文章的学习，让学生理解文章中景物描写的变化，能交流在课内外阅读中遇到的动态描写和静态描写的语句，初步体会这样表达的好处。

5. 指导学生学习按照一定的顺序描写景物并写出景物的变化，完成习作《即景》。

三、设计情境

四时景物皆成趣。诵读名家笔下的四季之美，说说自己发现的自然之趣；开展古诗词品鉴会感受秋夜、行军旅程中的诗情，寻找童年时光中的月迹；走近颤动着生命的那棵南国的树，记录充满变化的自然景物，在品读与鉴赏中，体会动静之美，发现世界的美好。班级举办"发现世界的美好"摄影展，每张照片配一篇美文，把你拍摄时眼睛所看到的美景更好地展现出来，让观众能通过文字看到照片里的美景动起来，感受世界的美好。

四、具体实施

单元导读模块：四时景物皆成趣（1学时）

学习目标：

1. 了解单元人文主题与语文要素。

2. 认识"矿、怡"等25个生字，读准"更、悄"等3个多音字。

3. 默读课文，了解故事的主要内容，填写景物观察单。

学习过程：

活动一　走进美丽风景

1. 走进单元导语

（1）走进人文主题：阅读单元导语页，结合图片，谈谈自己如何理解

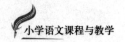

"四时景物皆成趣"。

（2）走进单元文本：通读本单元四篇文章，读通课文，初步尝试理解分析课文。回顾之前学过的写景文章，再来谈谈自己对"四时景物皆成趣"的理解。

（3）聚焦语文要素：明确本单元的学习重点——初步体会课文中的静态描写和动态描写，学习描写景物的变化。可以提出自己不懂的问题，讨论交流。

2.整体梳理景致

（1）初读文章寻找景致。一边读一边圈注，画出美丽的风景。

（2）词语归类初步体会。一边读一边按课文所描写的内容进行分类，说说这些词语给你的感觉。

活动二 记录美丽风景

1.布置景物观察任务

本单元的习作要求是"学习描写景物的变化"，需要提前布置观察任务，让学生明确观察目的、确定观察对象、做好观察记录，为本次习作拓展思路，积累素材。

要求：观察一种自然现象或自然景观，拍一张照片。完成预学单。

预学单			
照片粘贴			
自然现象		自然景观	
观察到的景物有什么			
景物有哪些变化			

以文带文模块1：《古诗词三首》和《月迹》（2学时）

学习目标：

1. 有感情地朗读三首古诗词，背诵课文，默写《枫桥夜泊》。

2. 想象诗词描绘的景象，体会其中的动态描写和静态描写，并能借助批注理解自主理解《月迹》中动静结合的用法。

3. 借助注释，理解《长相思》的意思，试着体会作者的思想感情。

学习过程：

白天，大自然美不胜收。夜晚，大自然更有独特的美。开展古诗词品鉴会，让我们一起去欣赏。

活动一　开展古诗词品鉴会，赏景悟情

1. 跨越时空，与古人一同赏秋

（1）以"秋"为题，引入课题。解诗题。读有关秋天诗句，让我们一同感受《山居秋暝》的独特魅力！

（2）读通诗句。做到读准字音、注意节奏、读出韵味。

（3）读懂诗意。借助注释和资料，读懂每句诗的意思，体会诗中景物之美。

（4）联想画面。说说"明月松间照，清泉石上流""竹喧归浣女，莲动下渔舟"所描绘的景象，体会其中的静态描写和动态描写。感情朗读，积累背诵。

（5）鉴赏意境。山中有人、有树、有水，为什么诗人写此山为"空山"？结合诗中所写景与人来看，以及联系诗人背景及其他诗作，初步感知"空"。

2. 自主学习《枫桥夜泊》，感悟诗人愁绪

（1）小组合作，自主学习

①读一读：读准字音、注意节奏、读通句子。

②圈一圈：画出的诗中景物。

③品一品：抓住诗中景物，品读诗人心绪。（给出重点词句品读的要点）

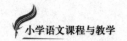

（2）小组汇报

诵读古诗。引导学生读诗句想画面，从而感悟诗情。

3. 两诗对比异同，把握不同情感

（1）引导学生朗诵两首古诗并比较这两首古诗有什么联系和区别。（从哪些角度或方面做比较？给出建议或比较的支架。）

相同点是两首古诗都是写秋天景色的。区别在于第一首《山居秋暝》写的是一种自由、幽静、惬意之美，体现了诗人的高洁情怀和对理想的追求；而第二首《枫桥夜泊》所描绘的景色处处透露出诗人的寂寞愁绪，写出了诗人旅途中的孤寂忧愁。

（2）诵读两首古诗，把握不同情感。一切景语皆情语，研读写景的古诗，我们要着重把握诗人的情感，透过景物描写感悟诗人内心的情感。这样我们能走进诗人的内心世界，品味别样的古诗境界。

4. 学习《长相思》

（1）解诗题，知作者

复习词的有关知识，学生根据搜集的资料介绍作者。

（2）读通顺，明意思

① 细细读：注意词中的生字和多音字，把词念得字正腔圆，注意词句内部的停顿。

② 明诗意：这首词给你留下什么印象和感觉？结合具体的字词说说，串词成句，理解全文。

（3）巧设疑，品词情

① 引导质疑：作者身在哪里？作者为什么会来到这里呢？作者的心在哪儿？

② 体会情感：本文是康熙二十一年，作者随康熙皇帝到关外慰问巡视时创作的，看到关外军士生活艰苦，闻听风雪交加之声，作者内心充满了怎样的情感？（这里可以多补充些资料，为学生体会情感做铺垫。）

（4）明中心，诵读词

① 拓展名句：课件出示《菩萨蛮》中的名句"问君何事轻离别，一年能几团圆月？"纳兰性德为何事而"轻离别"？

② 诵读诗情：建功立业的壮志和理想，思念家乡的孤独和寂寞，就这样交织在一起，化作纳兰性德的《长相思》。通过诵读感受这份诗情。

活动二　寻找童年时光中的月迹

1.巩固字词，具化学习任务。

（1）读准名字，初识作者。

①读自述，读准凹（wā）。

②读介绍，识作者。学生交流对贾平凹的初印象。

（2）检查预习，巩固字词。

（3）出示导语，明确任务。

2.导图归纳，朗读品悟情感。

（1）理顺月迹，地点分类

根据课文内容，现将月亮的足迹补充完整，再按地点的变化分类。

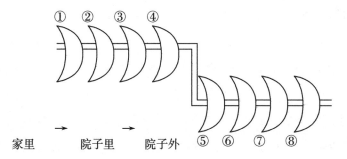

（2）朗读品悟，感受意境

①独立自学：默读课文，画出描写"月亮"的句子。

②同桌互学：把描写"月亮"的句子读给同桌听，谈谈自己的感悟。

③同班分享：把描写"月亮"的句子读给大家听，交流自我感悟。

（3）联系作品，悟哲思

"月亮"，是贾平凹情有独钟的文学创作对象。联系作者在《山石、

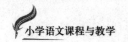

明月和美中的我》相关语句，说说对"我突然觉得，我们有了月亮，那无边无际的天空也是我们的了。"这句话的理解。

社会的反复无常的运动，家庭的反应连锁的遭遇，构成了我是是非非、灾灾难难的童年、少年生活。培养了一颗羞涩的、委屈的甚至孤独的灵魂。

慰藉以这颗灵魂安宁的，在其漫长的二十年里，是门前屋后那重重叠叠的山石，和山石之上的圆圆的明月……夜里，我在山地上行走，明月总是陪伴着我，我上山，它也上山，我下沟，它也下沟。

——《山石、明月和美中的我》1983

3.阅读批注，体会动静描写

（1）自由交流，丰富写法认识。学生交流对"作者细腻的感受和动人的描写"的理解。（如孩子们寻月心情的变化和感受，丰富的想象力等）

（2）借用"交流平台"，示范批注。

（3）练习批注，体会动静描写。

独立自学：默读课文，在书上画出一处景物描写的句子或段落，批注"动静描写"的阅读感受。

小组互学：把自己的批注读给小组同学们听。（给出一两个范例）

同班分享：小组内选出一个同学，有感情地朗读句子，说感受给大家听。

（4）布置作业，拓展写法特色

课文中还有人物心情变化、想象等描写，也充满了趣味，让人体会到作者细腻的感受和动人的描写。

（5）连读作品，推荐课外阅读。视频播放《朗读者：我就是秦岭里的人》片段。

2019年第2期朗读者的作家就是贾平凹，请听主持人董卿对他的介绍。课外，让我们一起做贾平凹作品的朗读者，继续了解贾平凹。

以文带文模块2：《四季之美》（2课时）

学习目标：

1.有感情朗读课文，体会作者笔下四季之美的独特韵味。

2.抓住重点语句，联系上下文，体会静物的动态描写。

3.背诵课文。

学习过程：

朝阳喷薄而出，夕阳缓缓西沉；林中百鸟争鸣，园中鲜花怒放……四时景物皆成趣！

活动一　诵读名家笔下的四季之美

1.穿越时空诗词对话

（1）根据词语猜诗句。第一组：日出、江花、江水。第二组：绿蚁、酒、红泥、火炉。

（2）引出本文作者。在一千多年前的唐代，是中国文化的鼎盛时期，许许多多国家都会遣派使者来大唐学习。比如说日本，这些遣唐使回到自己的国家后，就在日本刮起了一阵"唐风"。而白居易呢，因为他的文章通俗易懂，粉丝无数！其中一位，就是我们今天这篇文章的作者——清少纳言。

2.整体梳理四季景致

（1）初读散文寻找景致。一边读一边圈注，在四季中清少纳言觉得最美的时刻。

（2）词语归类初步体会：一边读一边按课文所描写的季节进行分类，说说这些词语给你的感觉。

红晕、漆黑、萤火虫、大雁、成群结队、比翼而飞

凛冽、火盆、走廊、闲逸、夜幕降临、心旷神怡

3.合作学习研读风景

（1）批注自学，研读课文。找到自己喜欢的季节，批注你爱上这个季节的理由。

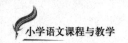

（2）六个步骤，交流学习。

读：读一读描写自己喜欢的这个季节的段落。

找：找一找这个季节的景致。

说：说说喜欢这个段落的理由。（聚焦叠词和动词）

想：你会想到怎样的画面。

结：总结段落的写法。

诵：借助图片诵读出景致的美感。

4.感受动静结合之美

（1）回顾本课所学写法。相似结构的建筑之美；描写景物时的动静结合；叠词所表达的细腻之情；色彩的大胆运用；多种感官来写景物；多重对比的灵活结合；书写生活中熟悉的事物。

（2）多种策略移情修改。出示一段文字，用上以上的策略进行改写。（建议：给出一个指导样例）

活动二 读写结合，创造美

1. 每个人的心里都会有一处难以忘怀的景致，学习课文中对景物进行动态描写的方法，结合课后选做题写几句话。

2. 同桌互说、评议，然后动笔写下来。

3. 集体交流、评议、修改。

4. 总结：在作者的笔下，春天的早晨是柔和的，夏夜的夜晚是迷人的，秋天的黄昏令人心旷神怡，冬天的早晨是温馨、闲逸的。细细品味课文的语言，作者那份细腻真挚，那份溢于言表的对自然和生命的热爱感染了读者。让我们和作者一样带着这份热爱再来朗读课文吧！

以文带文模块3：《鸟的天堂》（1课时）

教学目标：

1. 认识"桨、桩、暇"3个生字，会写"桨、榕"等10个字。能借助上下文理解"应接不暇"的意思。

2. 正确、流利、有感情地朗读课文，把握课文内容。

3. 找出文中描写傍晚和早晨两次看到"鸟的天堂"的情景，说说它们有哪些不同的特点，体会同一景物的动态美和静态美。能用不同的语气和节奏朗读相关段落。

4. 懂得为什么"'鸟的天堂'的确是鸟的天堂！"体会作者热爱大自然的思想感情。

学习过程：

大自然，涌动着蓬勃，充满着生机。它的一呼一吸，尽展生命之力；它的一静一动，都是独特景致。让我们靠近它，感受它，读懂它。

活动一　走近颤动着生命的那棵南国的树

1. 检查预习，字词过关

（1）读准多音字

枝干的数（shù）目不可计数（shǔ）　不禁（jīn）　应（yìng）接不暇

（2）理解词语

出示视频、照片、文字介绍。

鸟的天堂：是一棵有几百年树龄的独木成林的大榕树，在广东新会——梁启超的故乡，树上栖息着很多鸟，被当地人称为"雀墩"。1933年，著名作家巴金到"雀墩"游玩，看到了漫天飞舞的小鸟，心情雀跃，停船欣赏鸟飞鸟落，久久不愿离去。回到上海后写了散文《鸟的天堂》，记述了这次快乐的旅程。这篇文章发表在当年的《文学》杂志上，当时的中国正处于动荡的年代，名家笔下的这方乐土引起了人们广泛的兴趣和向往。"鸟的天堂"从此得名，今天成了新会著名的旅游景点。

（3）关注文体

这是一篇游记。游记：指记录游览经历的文章。常见的游记有以下三种：记录行程为主是记叙型游记；抒发感情为主是抒情型游记；描绘景物、景观为主是写景型游记。这一篇属于哪一种呢？

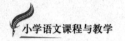

2.利用表格，梳理内容

	第一次	第二次
时间	傍晚	
看到的景物		
特点		
静态描写还是动态描写		

3.用心观察，说变化

（1）感受大榕树之茂盛。

① 默读7、8自然段，画出写榕树茂盛的句子，想想作者是从哪些方面来写的？

② 再读第8自然段，你认为这一段中用的最好的一个词是什么？

③ 总结：作者是怎样把大榕树的茂盛写出来的？

从几方面写清楚：数量　形体　颜色　生命力

准确表达：好像　展示　堆　似乎

（2）感受大榕树之热闹

① 默读12、13自然段，画出写鸟多、热闹的句子，想想作者用了什么方法来写？

② 总结：写出当时场面的变化，写出鸟的形态、颜色、姿态；从面到点，写大的、小的、花的、黑的，有的站在树枝上叫，有的飞起来，有的在扑翅膀；多用同句式短句。

（3）体会动静结合描写的妙处

① 用不同的语气和节奏读课文中静态描写和动态描写的段落。

② 找找《古诗词三首》《四季之美》《月迹》几篇文章中的静态描写和动态描写。思考：只写静，好吗？只写动，好吗？

4.建立联系，品变化

（1）作者描写出鸟的天堂热闹、壮观的景象，还具体描写了大榕树，鸟儿们和大榕树有关系吗？有什么关系？

（2）理解作者的感叹之言。

5.体会情感，悟生命

（1）引入阅读链接，体会"生命"的意义

刚才我们提到了"生命"，这是课后链接中的一段话，选自巴金爷爷的《筑渝道上》，这段话中也写了"生命"，小声读读这段文字。

（2）回到文中，感悟"生命"的意义

回到课文中，你能找到哪些使你的眼睛舒畅、使你的呼吸畅快、使你的心灵舒展，甚至是带给你美好享受的"生命"呢？

（3）拓展阅读，延续生命之美

《鸟的天堂》一课，巴金爷爷让我们在动、静之中，感受生命的力量与跃动，其实像这样的文字还有很多。出示《海上日出》《趵突泉》等节选文字，进行品读。

读着这些文字，我们感受到景物的静态描写与动态描写的同时，还体会到生命的力量与灵动之美。这就是文学的魅力！

活动二　记录充满变化的自然景物

1.学以致用

鸟儿们的生活多么欢乐呀！我们生活中也有这样热闹的场景，请你仿照"_____变得热闹了，到处都是_____，到处都是_____。_____的，_____的，_____的，_____的，有的_____，有的_____，有的_____。"选择一处场景来写一写。比如大街上、菜市场、操场上、集市上、校园里游乐场、超市里，等等都可以。

2.分享生活

生分享作品，师评价。

拓展阅读模块：《筑渝道上》（1课时或自主阅读）

学习目标：

1.通过"阅读链接"导入阅读，激发学生的阅读兴趣。

2.通过比较阅读，感受作者笔下景物的动静之美。

3. 对阅读篇目进行分类阅读，初步发现作品的写作特点，尝试写出自己生活中发现的动静之美。

导读课

1. 自由读《鸟的天堂》课后"阅读链接"，进入整书阅读。

2. 根据目录，初步对所写内容进行分类。

3. 对自己感兴趣的内容进行深入阅读，并进行阅读记录。

表达与交流模块（2课时）

学习目标：

1. 观察某种自然现象或某处自然景观，重点观察景物的变化，表达出观察所得，并把题目补充完整。

2. 能按照一定的顺序描写景物，写出景物的动态变化。

学习过程：

活动一　记录充满变化的自然景物

1. 创设情境，明确要求

（1）交流观察单。说说自己观察的景物是什么？有什么变化？

（2）班级即将举办"发现世界的美好"摄影展。出示参展要求：每张照片需配一篇美文，把你拍摄时眼睛所看到的美景更好地展现出来，让观众能通过文字，看到照片里的美景动起来，感受到世界的美好。

2. 回忆课文，梳理方法

（1）按顺序，有条理地写。时间、空间、方位、由远及近……

（2）联想加想象，让景物活起来。联系《月迹》《索溪峪的"野"》片段，先读再思考：作者是怎样让美景动起来的？

3. 迁移运用，展示评价

现在就从照片中选择自然现象里的一刻，或者其中一处景物，用上我们刚才教的方法，在学习单上写一写，看是否能让照片动起来，以便成功入展。

题目补充	＿＿＿＿即景	
选择一刻景象 或一处景物		把它想象或联 想为什么事物	
试着写一写这个片段， 让景物活起来，动起来		
同桌评价	变身后和之前的景物像吗？（是　　否） 变身后它的动作发生改变了吗？（是　　否）	

活动二　分享美丽景色

1. 明确评价标准：

（1）围绕题目写了哪些内容？段落结构是否清晰？

（2）作文的语言是否通顺流畅？

（3）抓住景物的哪些特点来写的？是否写具体？

2. 集体交流。积极主动地与同学分享习作，尝试从是否按照一定顺序、是否写出了景物变化等不同角度互相进行评价，并提出意见，进行修改。

3. 完成习作。注意写出景物的动态变化，使画面更加鲜活。

4. 修改成文。先自主修改习作，修正错别字、不通顺的语句等。然后结合小组交流进一步修改成文。

巩固检测模块（2课时）

活动一：测验

第七单元测试题

一、基础训练营

1. 给下列加点字选择正确的读音。

yūn　yùn

（1）小红今天有点发烧，感到头晕（　　　　），脸上也泛起了红晕（　　　　）。

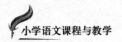

léi lěi lèi

（2）到了果实累（　　　）累的秋季，农民伯伯都忙着收果子，累（　　　）得筋疲力尽。

gēng gèng

（3）这次操作系统得到了更（　　　）新，我们的工作效率就更（　　　）高了。

bó pō

（4）湖泊（　　　）上停泊（　　　）着各种小准船。

2. 读拼音，写词语。

zhǎng cháo　xián yì　shù shāo　qī hēi　lí míng

（　　）（　　）（　　）（　　）（　　）

jiàng lín　huà méi　hú pàn　chuán jiǎng　pāo qì

（　　）（　　）（　　）（　　）（　　）

二、综合展示

1. 把下列诗词补充完整，并完成练习。

（1）千里（　　）啼绿映红，水村山郭酒旗风。

（2）故人西辞（　　　）楼，烟花三月下扬州。

（3）两个（　　）鸣翠柳，一行（　　）上青天。

（4）西塞山前（　　）飞，桃花流水鳜鱼肥。

我发现括号里填的都是（　　　），我会写带"鸟"字的四字词语：（　　　　　）。

2. 下面是琳琳同学为元旦联欢会设计的宣传语，你认为最吸引人的是——（　　）

A. 欢迎参加2021年元旦联欢会。

B. 你想看神奇的魔术吗？你想欣赏优美的舞蹈吗？你想参与好玩的游戏吗？2021年元旦联欢会，期待你的参与！

C. 元旦联欢会等你来，欢迎届时光临。

三、课本直通车

1. 判断。

（1）《鸟的天堂》中作者两次到"鸟的天堂"，都看到了许多鸟。

（　　）

（2）《月迹》一文是按照盼月、寻月、议月的顺序来写的。（　　）

（3）"王孙自可留"中的"王孙"在此处指的是贵族子弟。（　　）

2. 选择。

（1）《山居秋暝》一诗中运用了动静结合的手法的一句是（　　）

A. 空山新雨后，天气晚来秋。

B. 明月松间照，清泉石上流。

C. 随意春芳歇，王孙自可留。

（2）《枫桥夜泊》一诗抒发了诗人（　　）的心情。

A. 孤寂忧愁　　　　　B. 踌躇满志　　　　　C. 怡然自乐

（3）下面句子中，属于动态描写的是（　　）

A. 那么多的绿叶，一簇堆在另一簇上面，不留一点儿缝隙。

B. 满院子的白光，是玉玉的，银银的，灯光也没有这般亮。

C. 夕阳斜照西山时，动人的是点点归鸦急急匆匆地朝窠里飞去。

3. 填空。

（1）春天最美是_____，夏天最美是_____，秋天最美是_____，冬天最美是_____。

（2）风一更，_____，_____，梦不成，_____无此声。

（3）"昨天是我的眼睛骗了我，那'鸟的天堂'的确是鸟的天堂啊！"句中第一个"鸟的天堂"加双引号表示_____，第二个"鸟的天堂"不加双引号是因为_____。

四、阅读检阅台

（一）十一期间，王亮同学报名参加了"泰山三日游"。请你仔细阅读下面的表格并完成练习。

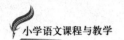

淄博	10月1日 晴 20℃-21℃	10月2日 晴 14℃-19℃	10月3日 晴 16℃-21℃
泰山	10月1日 晴 14℃-20℃	10月2日 晴 10℃-17℃	10月3日 晴 12℃-19℃

1. 王亮的出发地是_____。

2. 从天气预报中我们至少可以提取到两条信息，分别是：

（1）_____。

（2）_____。

3. 请你根据这份天气预报，以导游的身份向游客做出简短、温馨的出行提示。

_____。

（二）荷塘月色（节选）

① 曲曲折折的荷塘上面，弥望的是田田的叶子。叶子出水很高，像亭亭的舞女的裙。层层的叶子中间，零星地点缀着些白花，有袅娜地开着的，有羞涩地打着朵儿的；正如一粒粒的明珠，又如碧天里的星星，又如刚出浴的美人。微风过处，送来缕缕清香，仿佛远处高楼上渺茫的歌声似的。② 这时候叶子与花也有一丝的颤动，像闪电般，霎时传过荷塘的那边去了。叶子本是肩并肩密密地挨着，这便宛然有了一道凝碧的波痕。叶子底下是脉脉的流水，遮住了，不能见一些颜色；而叶子却更见风致了。

月光如流水一般，静静地（　　　）在这一片叶子和花上。薄薄的青雾（　　　）起在荷塘里。叶子和花仿佛在牛乳中（　　　）过一样；又像（　　　）着轻纱的梦。虽然是满月，天上却有一层淡淡的云，所以不能朗照；但我以为这恰是到了好处——酣眠固不可少，小睡也别有风味的。月光是隔了树照过来的，高处丛生的灌木，落下参差的斑驳的黑影，峭楞楞如鬼一般；弯弯的杨柳的稀疏的倩影，却又像是画在荷叶上。塘中的月色并不均匀；但光与影有着和谐的旋律，如梵婀玲上奏着的名曲。

1. 本文中作者对景物的描写采用了动静结合的手法。其中句①是

_____。句②是_____。

2.选择合适的字填在括号内，使句子更加符合意境。

洗　泻　浮　笼

3.文中"有袅娜地开着的""有羞涩地打着朵儿的"其实是写了两种不同形态的荷花，分别是_____和_____。

4.文中对"荷叶""荷花""荷香"进行了描写，请分别用横线画出来。（各画一处即可）

5.你最喜欢文中的哪个句子？写出你对这句话的体会。

五、习作百花园

1.皎洁的月亮，给童年的作者带来了美的享受。相信在晴朗的夏夜，你也一定凝视过神奇的夜空，神往过灿烂的星辰，请以"夏日星空"为题写一篇文章。

活动二：完成单元学习评价表，进行自评、互评与师评

第七单元学习评价表

班级：　　　姓名：　　　学号：

	内容	星级
自评	1.认识本单元20个生字，读准3个多音字，会写27个字，会写22个词语。	★★★★★
	2.能背诵《古诗词三首》《四季之美》，默写《枫桥夜泊》	★★★★★
	3.能借助注释，联系上下文，想象诗词中所描绘的景象。	★★★★★
	4.通过朗读感受了景致独特的韵味。	★★★★★
	5.了解静态描写和动态描写，并根据描写想象出具体、丰富的画面。	★★★★★
	6.观察生活，用多种方式记录美景，并能用多种形式介绍自己的观察成果。	★★★★★

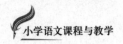

续表

	内容	星级
互评	1. 了解静态描写和动态描写，并根据描写想象出具体、丰富的画面。	★★★★★
	2. 能背诵《古诗词三首》《四季之美》，默写《枫桥夜泊》。	★★★★★
	3. 观察生活，能用多种方式记录美景，并能用多种形式介绍自己的观察成果。	★★★★★
师评	基础知识	★★★★★
	阅读与鉴赏	★★★★★
	表达与交流	★★★★★

第七节　整本书阅读教学设计

早在二十世纪四十年代，叶圣陶先生就在《论中学国文课程的改定》中提出："把整本的书做主体，把单篇短章作辅佐"。由此可见，整本书阅读的思想早已有之。在2011年颁布的《全日制义务教育语文课程标准》中，教学建议部分则有这样的表述："培养学生广泛的阅读兴趣，扩大阅读面，增加阅读量，提倡少做题，多读书，好读书，读好书，读整本的书。"而在2022年版课标中，更是直接将整本书阅读作为拓展型学习任务群的重要内容，提出要让学生积累整本书阅读经验，养成良好的阅读习惯，提高整体认知能力，丰富精神世界。由此可见，整本书阅读的思想源远流长，而在今日，整本书阅读更是日渐重要。本节从阅读指导课、阅读研讨课、阅读展示课来论述整本书阅读教学的完整流程。

一、阅读指导课

在进行阅读指导课的教学时，可以遵循"初识整本书——走进整本书——规划整本书"这样的思路进行教学。

（一）初识整本书

首先要引导学生关注书的封面，封面可以说是这本书的窗口，它往往包含着书名、图片和作者信息。拿到一本书之后，可以让学生认真观察封面，找到书名、作者和出版社，再让学生仔细读图，展开想象，想一下从这幅图中能看到什么，它可能向我们讲述了一个怎样的故事。充分想象之后，学生会更想要去书中寻求答案，看看书中的故事和自己想象的故事是否一致。

欣赏一本书，不仅要关注封面，更要了解作者，可以说作者赋予了整本书的意义，所以更要看作者。要根据作者所处的时代背景，作者的写作风格去了解这本书是否有更深层次的含义，所以了解一本书的作者必不可少。比如在进行《草房子》的阅读指导课时，可以对作者曹文轩进行介绍："曹文轩凭借这本书获得了国际安徒生奖，国际安徒生奖是全世界儿童文学最高的荣誉奖项，而曹文轩是中国首次获得该奖项的作家。"以此引发学生对曹文轩的兴趣：如此厉害的作家写出来的书会是什么样的呢？顺势播放曹文轩的采访视频，通过视频让学生知道这本书的主人公桑桑和桑爸的人物原型就是曹文轩自己和其父亲，这使得学生对整本书有深刻印象。

每本书都有目录，浏览目录可以帮助读者了解整本书的内容，告诉读者这本书主要写了什么，所以教师需要引导学生学会关注目录并且能从目录中发现自己想要了解的信息。比如在设计《一起长大的玩具》阅读指导课时，教师可以引导学生从目录了解这本书里都介绍了哪些玩具，使学生对书籍内容有直观了解，可以从自己喜欢的部分开始阅读。

（二）走进整本书

当对一本书有了初步了解，就要试着引导学生走近它，了解它，也就

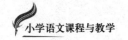

是打开书，关注内容。

1. 寻找主人公

假如一本书有主人公，可以引导学生先去寻找主人公，这样可以由主人公引领着学生走进故事，体味情感。比如《不老泉》这本书，在上阅读指导课时教师可以先要求学生尝试着寻找文中的主人公，学生找不全的，教师来补全。补全后应当是：

塔克——梅的丈夫

梅——塔克的妻子

迈尔斯——塔克和梅的大儿子

杰西——塔克和梅的二儿子

温妮——11岁女孩，树间村小丛林主的女儿

把主人公找出来后，学生自然会意识到故事就是围绕着塔克一家和小女孩温妮展开的。

2. 关注引言和尾声

一本书的引言和尾声往往会透露出很多信息，所以关注引言和尾声也是必不可少的环节。比如《尼尔斯骑鹅旅行记》开篇就说："从前有一个男孩子，他大概十四岁左右，身体很单薄，是个瘦高个儿，而且还长着一头像亚麻那样的淡黄色头发。他没有多大出息。他最乐意睡觉和吃饭，再就是很爱调皮捣蛋。"让我们知道故事的主人公叫尼尔斯，了解了他的长相和性格，并且可以猜测他将会为他的调皮付出代价。《爱丽丝漫游奇境记》开头则是："爱丽丝靠着姐姐坐在河岸边很久了，由于没有什么事情可做，她开始感到厌倦，……天热得她非常困，甚至迷糊了，但是爱丽丝还是认真地盘算着……就在这时，突然一只粉红眼睛的白兔，贴着她身边跑过去了。"这让我们看到爱丽丝很无聊，很困，在这时跑过去的这只白兔，一定会引发什么故事吧。于是故事由此展开。

与引言相对应的，故事的尾声同样重要。《尼尔斯骑鹅旅行记》的末尾写道："他踏上堤岸以后，又转过身去观看那些朝向大海飞去的鸟

群。……惟独有一群大雁却悄然无声地朝前飞去。男孩子站在那里目送他们远去。……男孩子脉脉深情地目送着他们远去，心里无限惆怅，似乎在盼望能够再一次变成一个名叫大拇指儿的小人儿，再跟随着雁群飞过陆地和海洋，遨游各地。"看这一段我们知道尼尔斯是跟随着一群大雁旅行的，在旅行的过程中他有个外号叫大拇指儿，故事的最后，他和雁群分别了。而《爱丽丝漫游奇境记》最后一章则告诉我们"她正在把这些纸牌扬去，却发觉自己躺在河岸边，头还枕在姐姐的腿上，而姐姐正在轻轻地拿掉落在她脸上的枯叶。"所以我们知道，原来漫游奇境是爱丽丝的一个梦。

想要真正走近一本书，还要引导学生读它的精彩章节。如指导学生阅读《夏洛的网》这本书时，为引导学生关注情节要点和人物形象，可以选取夏洛第一次织网的片段：

它爬下来到网中央，在那里开始咬断几根丝。它缓慢却又不停地结网，这时候其他动物都打盹了。没有一个，甚至包括母鹅，注意到它在工作。威尔伯深深陷在它软绵绵的床上呼呼大睡。那些小鹅在另一头它们心爱的角落里希哩希哩地吹着夜曲。

夏洛把它原来的网上拉掉一大片，网当中开了天窗。然后它开始织起什么东西来，代替它拉掉的丝。当老鼠半夜从垃圾场回来时，蜘蛛还在织个不停。

……

瞧，在网中央，整整齐齐地织着几个大字，这是一句话。它写的是：王牌猪。

教学时，我们可以先引导学生读一读，说一说从中可以体会到什么。这样一来，学生对故事中的夏洛这一形象有了初步的认识和了解。接着可以顺势关联其他章节，激发学生阅读的兴趣。最后，引导学生猜一猜故事结尾，激发学生通过阅读来验证自己的猜测，也能有效地促进学生走进文本。

（三）规划整本书

一本书的导读课走到尾声，应当引导学生回顾本课内容，制定整本书阅读的框架或者计划。可参考以下形式：

1. 在读书的过程中完成阅读表格

人物	时间	地点	事件（起因、经过、结果）

2. 制订阅读计划

时间	进度	好词	佳句	感想

3. 制作人物卡片

人物	身份	外貌	性格	事例	你想对他说

阅读指导课是整本书阅读的开端。上好阅读指导课，能够有效激发学生的读书兴趣，引导学生读好书，好读书，会读书。

二、阅读研讨课

阅读研讨课应当在学生读书的过程中展开，它是为了让学生见证不同的见解，提高学生的思维活动，进一步激发学生的阅读兴趣。在读一本书的过程中，可以开设多次阅读研讨课，以此促进学生的不断交流，将学生的阅读兴趣维持在较高水平。

在设计阅读研讨课时，教师可遵循"感受——故事——人物"这样的顺序来带领学生进行研讨。接下来以《爱德华的奇妙之旅》为例，看一下一堂完整的阅读研讨课是如何设计的。

（一）交流阅读感受

引出课题之后，可带领学生先交流自上次课以来的阅读成果和阅读感受，以李怀源老师的教学片段为例：

师：在考你们之前，我想请你们先说说读这本书你们有什么收获，把你们组里最智慧的一条想法说出来。

（学生开始讨论）

师：好，安静，中间这组开始吧！

生：我们组觉得爱德华非常勇敢，因为中间有一部分讲到他被内莉打扮成一个女孩，然后也没有那种特殊场合穿的特殊礼服，但他只是伤心了一下，没有长久的留下什么心理阴影。

师：勇敢。好，你们组（指另一组）。

生：我们组觉得爱德华挺可怜的，请大家跟我一起看第52页，在第一段中，爱德华被抛到了垃圾堆上，一只小瓷兔子被扔到垃圾堆上确实挺可怜的。

师：嗯，好，可怜。

生：我们觉得这本书的作者展开了丰富的想象，因为这本书中写的爱德华是一只瓷兔子，但是它却有像人一样的想法，能把一个玩具写得那么生动，说明这个作者非常有想象力。

师：你们跳出了故事，关注到了作者，非常好，还有吗？

生：我们组的收获是，你不去爱别人，别人也不会爱你。

通过以上片段可以看出，在阅读过程中学生会有各种想法和感受，他们既可以关注到书本内容，也可以跳出书本关注作者和写法，所以教师应

当鼓励学生交流感受，发表感受，使学生通过获得认同感，来激发更大的读书兴趣。

（二）关注故事情节

交流完读书感受后，教师可以带领学生再次走进故事，梳理故事内容，理清故事结构。让我们再次走进李怀源老师的课堂：

PPT出示要求：

绘制爱德华旅行路线图

1. 在哪里?

2. 和谁在一起?

3. 心情（感受）如何?

（在你认为"奇妙"的地方可以用特殊的方式来表示。）

师：请看懂的同学说一说，没看懂的同学认真听。

生：第一个问题是爱德华在哪里；第二个问题是爱德华和谁在一起；第三个问题是爱德华和谁在一起时，他的心情或感受如何。并且要用特殊的方式把有趣的地方表示出来。

师：好，这位同学把问题都说明白了，但是，看最上面这行字，绘制是什么意思?

生：就是画出来。

师：旅行路线图是什么意思?

生：就是把爱德华去过的地方一个一个画出来。

师：现在我们明白要求了，给大家几分钟时间，在发的那张纸背面没有格子的地方，画上你的路线图。注意不要讨论，各自完成自己的。

……

师：好，时间到了，把笔放下，完成的请举手。谁想上台展示?

生：我先画的是阿比林家，阿比林家是爱德华开始旅行的起点。然后就是在海上的船上，航行了一段时间后，两个男孩把他扔到了海里，接着他在海里待了很长时间。被渔网网上来后，又被放到内莉家，而内莉的女儿把爱德华丢到了垃圾桶里……

在以上的片段中，李怀源老师引导学生通过画线路图的方式理清故事结构，除此以外，还可引导学生按照时间、地点、人物、事件来梳理整本书内容。梳理故事内容可以使学生对书籍有整体上的了解和把握，有助于学生理清整本书的脉络，为深入研读故事内容打下良好基础。

（三）走近故事人物

梳理完故事的脉络，接下来要聚焦故事中的主要角色，根据不同年级学生的实际情况，可采用不同方式引导学生将目光聚焦于书中的人物身上。常见的方式有以下几种：看图片猜人物，这样的方法适用于人物特点鲜明的书籍；读外貌猜人物，很多文学书籍中关于人物的外貌描写是非常有特点的，所以也可以通过出示外貌描写让学生猜人物来加深学生对人物的印象；找对话猜人物，相比较于看图片和读外貌，找对话猜人物则对学生的要求更高一些，可以采用由一组学生来表演对话，其他小组的同学猜人物角色的游戏，这样更有助于学生深入挖掘人物内心，表现人物的情感。

此外，还可以借助思维导图建立人物之间的关系，或者根据所读书的特点来使用相应的方法引导学生深入人物内心。再以《爱德华的奇幻之旅》为例：

PPT出示要求：

> 角色审判
> 1. 挑选一个你要审判的角色；
> 2. 描述他（她）的罪状；
> 3. 找出宣判此罪的证据。

师：你们先在纸上写一下你要审判的角色的名字，然后描述他的罪状，找出审判他的证据。书中怎么写的你就怎么写。

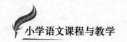

（生纷纷低头写）

师：谁来说一下你写的是谁？你判他什么罪？

生：我选的是洛莉，她的罪状是她很粗鲁，还把爱德华扔到了垃圾桶里。

生：我要审判的角色是把爱德华当成稻草人的那个老太太，罪状是没有考虑爱德华的感受。

生：我审判的角色是轮船上那两个男孩，罪状是把爱德华抛来抛去。

师：你们的答案我可以总结为一类，就是对爱德华不好的人。你们审判了很多人，但是你们为什么不审判爱德华呢？因为你们都把自己当成了爱德华。所以你们认为那些人都非常自私。其实爱德华也有罪，什么罪？

由以上片段我们可以看出，李怀源老师创设了一个当小法官的情境。在学生选角色审判的过程中，学生可以对故事中的人物有更深层次的理解和体会，有助于学生更好地走进故事，走进人物的内心。

交流感受，关注情节，走近人物，不断进行沟通与交流，既督促学生按时完成阅读计划，又能维持学生较高的阅读兴趣水平。阅读研讨课在整本书阅读中的地位和作用是显而易见的，因此教师要设计好、上好每一堂阅读研讨课。

三、阅读展示课

整本书阅读教学是前后相承的，它贯穿于各学段的语文教学中，整本书的阅读更是伴随人的一生。因此，某本书阅读后的交流展示并不意味着阅读的结束，更代表着下一阶段阅读的开始。所以阅读展示课要能够让学生保持充沛的阅读兴趣，感受良好的阅读氛围，形成阅读的良性循环。因此，阅读展示课应具备以下特点：

（一）趣味性

整本书阅读对学生来说是有一定难度的，要想使学生始终保持整本书阅读的热情，趣味必不可少。在读后的展示课中，教师设置的活动可以是表演、辩论、改编、续作等，也可以让学生发挥自主能动性选择自己喜欢的方式来进行展示交流。不管怎样，展示交流的活动一定要是学生乐于参加，乐于分享的。

（二）指向性

整本书阅读的教学要指向思维能力的提升，作为整本书阅读教学的重要部分，展示课也不例外。展示课的活动不应当是单纯的游戏，而是在设置活动时教师就应当考虑如何指向思维能力的提升。回顾读过的整本书，要用什么样的方式将读书成果呈现出来，在书本内容的基础上应当有哪些拓展与延伸，这都需要学生运用形象思维、逻辑思维、辩证思维和创造思维，最终的展示成果一定是学生创造思维的综合体现。

（三）全面性

阅读活动要考虑学生整体的全面性，不宜难度过大，要尽可能增加受众面，促使学生共同提高。小学阶段学生情感的丰富性和深刻性得到迅速发展，逐步从冲动易变向平衡稳定的方向发展。在设计阅读展示活动中照顾到每一位学生，有助于引导学生情感朝向正确的方向发展，正向引导会使得学生更加积极地参与到阅读活动中来，从而不断实现自我提升。

常用的阅读展示方式有如下几种类型：

（一）言语表达类

此类展示活动可以有文学作品朗诵、亲子共读、自由论坛等，以锻炼学生语言表达和思维能力为主要目的。如在读完《伊索寓言》后可以设计亲子共读活动，家长和孩子或合作或补充来完成讲故事明道理的过程，而《小鹿斑比》的亲子共读则可聚焦于斑比和妈妈的亲情及斑比的成长过程。而在读完《十万个为什么》《人类起源的演化过程》等科学类书籍后，可以设计自由论坛的活动，让学生谈收获，提问题，或以小组为单位或以班级为单位，形成共同研读、共同交流的氛围，以提高学生合作交流，自由探究学习的能力。

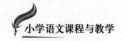

（二）竞技比赛类

这类活动主要包括辩论赛、知识竞赛等，竞赛活动一方面能检查学生整本书阅读的学习程度，另一方面可以有效激发学生的阅读兴趣，引导学生以积极的心态结束这一阶段的学习并展开下一阶段的整本书阅读。如在进行《小英雄雨来》的阅读展示课时，教师可设计一个简单的知识竞赛，题目可参考如下类型：

1.雨来是要给谁送鸡毛信？（细节考察题）

A.铁头 　　 B.杜绍英 　　 C.王二哥 　　 D.李大叔

2.连线（知识积累题）

管桦　　　　　　　　《西游记》

罗贯中　　　　　　　《水浒传》

吴承恩　　　　　　　《小英雄雨来》

3.句子赏析（知识素养题）

文中多次出现"我们是中国人，我们爱自己的祖国。"有什么作用？

4.《这儿是中国的土地》中，主要体现了雨来什么样的品质？说明理由。（文章理解题）

（三）设计创作类

这类活动主要有图书推广海报、贺卡制作、剧本创作等，让学生自己动手，以多样的形式加深对整本书内容的理解，甚至可以将创作的剧本以小话剧的形式展现出来。在分享展示环节，学生上交的每一份作品都是他们阅读的精华，学生可以在交流共享中思考他人的阅读见解，学习他人优秀的阅读作品。同样的，自己的阅读作品得以展示和赞美也可以大大增强学生的阅读信心和阅读兴趣。比如在读完《爱的教育》后，可以让学生体会父母之爱、教师之情、朋友之谊，甚至是陌生人的关心。在对自己的生活有了新的理解与感悟后，他们一定有许多话想对父母说、想对老师说、想对朋友说。在此基础上，教师可以开展"爱的表达"明信片设计活动，让学生把想说的话写到卡片上，配上照片做成明信片，亲手送给想要感谢的人。通过这个活动，让学生学会对他人表达爱与关心，加深对爱的理解，拉近与他人之间的距离。当学生将照片带到学校，兴致勃勃地与同学分享照片上的故事，分享自己的幸福。那一刻，"爱的教育"在无形之中得以渗透。

总之，一堂优秀的阅读展示课应当是活跃的，它能够调动每一位学生的参与兴趣，能够将学生的认识活动与情绪情感的表达结合起来。它是一个阅读阶段的结束，更是下一个阅读阶段的开始，一堂堂阅读展示课将成为学生阅读能力和阅读素养进步的一级级阶梯。

◆ 推荐阅读 ◆

1. 王崧舟编. 义务教育语文课程标准案例式解读·小学·2022版［M］. 上海：华东师范大学出版社，2022.

2. 温儒敏. 温儒敏讲现代文学名篇［M］. 商务印书馆有限公司，2022.

3. 黄吉鸿. 统编小学语文教材文本细读·文字味道［M］. 福州：福建教育出版社有限责任公司，2021.

4. 宋庆捷. 小元素与大单元·小学语文单元整体教学设计与指导［M］. 北京：九州出版社，2022.

5. 李怀源. 小学读整本书教学实施方略［M］. 上海：华东师范大学出版社，2019.

6. 叶圣陶著；李怀源选编. 叶圣陶谈阅读［M］. 南京：江苏教育出版社，2015.

7. 刘荣华. 新课标教学丛书·小学语文思辨性阅读问题设计与指导［M］. 上海：上海教育出版社，2022.

8. 马英编；盛银花总主编. 语文教学设计与实施［M］. 武汉：华中科学技术大学出版社，2022.

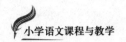

◆ 学习思考 ◆

1. 阅读小学语文阅读与鉴赏教学第一学段、第二学段、第三学段的目标，思考各个学段教学的主要内容与侧重点是什么？学段目标之间的联系与区别是什么？

2. 小学语文阅读与鉴赏教学中精读课与略读课的特点是什么？教学策略与方法分别有哪些？

3. 小学语文阅读与鉴赏教学中有哪些常见文体？教学中如何凸显文体特点？

4. 不同学段进行单元整体教学的一般流程分别是什么？教学策略有哪些？

5. 整本书教学的常用课型有哪些？分别有什么作用？

◆ 教学实践 ◆

1. 请选取不同学段的课文，通过分析文章的文体特点、写作手法等体会不同学段文本解读的重点。

2. 请你观摩第一、二、三学段阅读教学实录或者视频，思考：第一、二、三学段阅读教学设计中应注意什么？

3. 选取小学语文教材中的一篇精读课文和一篇略读课文，分别进行教学设计，写出完整的教案，并模拟试讲。

4. 以小组为单位，合作设计一个单元的整体教学设计，注意围绕单元的人文主题和语文要素，凸显学段特点与单元教学内容的内在联系。

5. 以小组为单位，尝试设计一本书的整本书阅读教学设计，注意符合学段要求，教学设计体现整本书阅读的整体性与示范性，阅读展示课突出激发学生继续阅读的兴趣。

第六章　表达与交流

第一节　表达与交流教学概述

"教育是国之大计、党之大计"，党的二十大报告强调："教育、科技、人才是全面建设社会主义现代化国家的基础性、战略性支撑。"阅读与鉴赏、表达与交流是语文学科的关键能力，而表达与交流则是意义的转换，是言意的转换，是思维的过程，更是生命的言说。语文课程中的表达、交流有所不同，学生是通过表达、交流的活动，来学习如何表达、如何交流，以获得新的知识、方法、策略等。简单地说，生活中的表达、交流是运用相关知识来待人接物、完成任务等，属于学以致用；而教学中的表达、交流，都属于语文实践活动，目的是获得新知，发展语文技能。

《义务教育语文课程标准（2022年版）》（以下简称"2022年版课

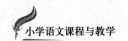

标")用"与"连接"表达""交流",表示并列关系,在原有意义上又赋予了新的意义。2022年版课标将原来的"作文""口语交际"整合为"表达与交流"。"表达与交流"要努力做到有用,使学习成果可见可测。如果说学习"阅读与鉴赏"时,更多经历的是由外而内的体验、领会,那么"表达与交流"更多的是由内而外的思想情感的表达和抒发。

一、作文的性质和特征

作文是经过人的思想考虑、语言组织后,通过文字来表达一个主题意义的记叙方法。作文,就是写文章。2022年版课标立足核心素养教育导向,更加注重课程内容统整,以及基于真实生活的学科课程实践。在书面语表达的教学方面,在不同的学段,作文用了不同的概念:第一学段(1-2年级)是"写话",第二(3-4年级)、三学段(5-6年级)是"习作",第四学段(7-9年级)是"写作"。

作文学习任务一般具有如下特征:

一是富有生活气息。不同的任务,都有明确的读者或受众,因此写什么以及怎么写,学生都要有强大的内驱力。

二是匹配学习目标。设计学习任务是为了有效快捷地达成写作学习目标,也就是任务设计与学习目标匹配度要高。

三是适合课堂操作。作文任务主要在学校教室这样的空间进行,作文时需要考虑任务情境是否适合学生参与,因此有专家提出"拟真交际语境作文",以最大限度地发挥作文的真实交际功能。

二、作文教学的意义

小学作文教学是"循序渐进,逐步提高"的训练过程,强调小学作文基本功的训练,体现了小学作文教学"从整体入手,分段训练,综合提高"的训练规律。小学作文把说话、写话作为习作训练的起点,用口语交际训练带动书面语言训练,符合儿童语言发展规律,减轻了学生对作文的恐惧心理。

（一）学会做人

作文是真情实感的流露，同时也是作者生命的印记。一个人如何体现自己的存在？笛卡尔说："我思故我在。"这里的"思"也包括了对思的表达，即作文，也就是说，思想情感的表达是我们生命重要的体现方式之一。我们正是要引导学生把作文当成自己生命的存在形式，在作文中感受自己生命之花的绽放。进行作文训练也是提高学生思想认识水平的重要途径，同样也反映了他们的思想与人格。让学生在作文前有一种宣泄的冲动，在作文中有一种倾诉的畅快，在作文后有一种成功的愉悦。教师批改学生作文，可以了解学生的内心活动，把握学生的思想脉搏，把教学生作文和教学生做人紧密结合起来，珍爱生命，享受生命的美好。

（二）培养能力

1. 书面表达能力

书面表达能力和口头表达能力一样，都是每个人一辈子生活、学习、工作不可缺少的本领。书面表达较之口头表达，更具简洁性、严密性、准确性。我们往往碰到这样的情况：讲话人讲了一番话，听众反映不错，可是根据录音一字不漏地整理出来一看，就发现有些地方重复、不连贯，甚至有些语句不通顺。这些问题在听的时候并没有明显感觉到，这是什么原因呢？主要是在口头讲的时候，听的对象就在眼前，有当时的语言环境，讲话人还可以用声调、语气、手势等来帮忙，而一旦写成文字就不同了，全要靠文字来表情达意。作文教学的任务正是要培养学生运用恰当的文字来进行表达的能力，这种能力形成了，学生将终身受益。

2. 阅读能力

作文和阅读有着密切联系，阅读为作文准备了大量借鉴范例，反过来，学生通过作文训练的实践又能增强阅读的目的性，有意识深入理解文章的思想、作者的意图，进而探索表达方法、语言技巧和艺术风格。教师要善于引导，使作文教学和阅读教学之间呈现出良性循环的局面。

3. 口头表达能力

"口头为'语'，书面为'文'，文本于语，不可偏指，故合言之。"①叶圣陶先生的这一经典论述，生动揭示了口头语言和书面语言的辩证关系。通过作文教学，可以帮助学生在一定程度上克服说话词不达意、条理不清等毛病，增强语汇的丰富性和思维的严密性，使学生口头表达能力得到提高。

（三）提高认识

作文是复杂的心理活动，从积累到构思再到成文，无论是选择安排材料，还是组织语言、用词造句，都需要运用观察、想象、分析、比较、抽象、概括等方法。学生作文所表达的是自己的所见所闻、所思所感，尤其离不开观察和思维。例如，小学生有时参加了某些活动，但写不出东西，常出现用词不当、句子不通、条理不清等问题，这固然是由于语言文字的表达能力较差，同时也是观察不够仔细、思维不够严密的缘故。语言文字的表达是和观察、思维紧密联系在一起的。所以，作文训练的过程，也是学生各种认识能力不断得到发展的过程。

三、口语交际的定义

口语交际是一种实践性的人类交往活动，这种活动是在一定的情境中，交际者根据自己的交际目的和交际对象的特点，使用语言来表达自己的意思，与交际对象进行交流和沟通的过程。口语交际的本质特点在于沟通和互动。吴立岗认为，口语交际即口头言语交际，是指人们运用有声语言来表达思想和传递感情的过程。②专家们也对口语交际做出了几点解释：一、口语交际的核心是交际性，也就是强调了口语交际的目的；二、口语交际是一种活动，是建立在实践的基础上的；三、强调口语交际的互动性；四、要培养学生具有适应实际生活需要的识字写字能力、阅读能力、

---

① 叶圣陶．叶圣陶语文教学论集［M］．北京：教育科学出版社，1980：730.
② 吴立岗．小学语文教学研究［M］．北京：中央广播电视大学出版社，2004：263.

作文能力、口语交际能力。

综上所述，口语交际是与识字、作文、阅读并列的一种基本语文素养。口语交际教学则是在学校教育中，通过语文课程实施的，以培养学生的口语交际能力为目的，在师生或生生之间进行的教与学的活动。口语交际教学不仅要注重对学生口语交际能力的培养，还要注重培养学生在交际时的文明态度和礼貌修养，从而培养学生的合作精神，完善学生的健康个性。

四、口语交际教学的意义

运用口头语言进行交际活动是人类最原始、最实用、最常用的交际活动。在当代社会，能够恰当准确、得体自如地借助口头语言来表达自己的思想感情，来实现与他人进行交流沟通的目的，从而与他人进行和谐的互动，成为现代人一种必备的能力，这也是在当代社会能够生存和发展的必需手段。但是口语交际能力却不是与生俱来的，而是需要通过口语交际学习逐步培养和形成的。因此，我们需要从社会发展，培育人才的高度来认识口语交际教学。

（一）口语交际学习是学生语言学习的重要组成部分

语言包括书面语言和口头语言两种，二者是紧密相连，互相促进的。口语交际能力是学生必须具备的基本能力之一，学生在上一年级以前就已经具备了初步的口语交际能力，但这种口语交际能力是在儿童的母语环境中自然习得的，因此具有随意性。当学生进入小学，开始了系统的语文学习后，不但要学习书面语言，同时也要进一步地学习和发展口头语言。一方面，口语能力是书面语言能力的基础；另一方面，随着书面语言能力的提高，其中有益的成分也会自然融入口语交际中。两种语言形式是相辅相成，共同发展的。

（二）口语交际学习是促进学生智力发展的重要因素

语言学家认为，一个人形成基本概念的方式和智力的发展很大程度上取决于他的语言能力。因此，加强学生口语交际能力的培养可以促进他们

智力的发展。在口语交际的过程中，交际者首先要考虑口语交际的语境、交际对象的身份和情绪，还要根据交际的目的对交际中涉及的相关事物进行细致观察，以便迅速把握对对方的认识，这就需要交际者具有敏锐的感受能力和细致的观察能力。其次，口语交际的随机性较强，而且语音转瞬即逝，这就要求交际者快速地调动头脑中原有的知识储备，并针对具体情况做出具体分析，及时做出准确而又得体的应答，这需要交际者具有丰富的知识储备和强大的随机应变能力。再次，口语交际要求交际者做到表达清晰、逻辑严密、条理清楚，并且要做到边听边想，记住别人说话的要点，听明白别人说话的意思，还要思考有没有"话外音"，这都需要交际者具有一定的分析判断能力和联想思考能力。因此，口语交际实际上是包括了思考、观察、感受、联想和分析等各方面能力的综合能力，发展口语交际实际上也是发展智力的一个重要方面。

（三）口语交际学习有助于学生语文综合能力的全面提高

语文能力包括听、说、读、写等四个方面，叶圣陶指出："口头为'语'，书面为'文'，文本于语，不可偏指，故合言之。亦见此学科'听''说''读''写'宜并重，诵习课本，练习作文，固为读写之事，而苟忽于听说，不注意训练，则读写之成效亦将减损。"在传统的语文教学中，普遍存在着重文轻语、重写轻说的问题，这严重阻碍了学生语文能力的全面提高。听、说、读、写四项能力应该是互相促进、全面提高的，它们共同构成了理解与表达，知能与情意的内化的语文能力。因此，口语交际能力的提高是语文综合能力提高的必备条件。

第二节　表达与交流教学目标解读

《义务教育语文课程标准（2022年版）》将"作文""口语交际"整合为"表达与交流"，在课程目标和内容框架上改变了过去听、说、读、写等技能训练的方式，转向以"识字与写字""阅读与鉴赏""表达与交流""梳理与探究"四类语文实践活动统整表述课程内容，是核心素养教育导向，是注重课程内容统整和真实学科实践等新理念的重要举措。2022年版课标强调的核心素养教育是对"三维目标"的继承和超越，从内涵来看，核心素养指向"核心知识""关键能力""必备品格"，从本质来看，从"双基目标"到"三维目标"再到"核心素养目标"，实现了"学科本位"到"素养为本"的跨越。

一、表达与交流教学的总目标

2022年版课标的总目标对"语言运用"的表述为"学会倾听与表达，初步学会用口头语言文明地进行人际沟通和社会交往。能根据需要，用书面语言具体明确、文从字顺地表达自己的见闻、体验和想法。"

"倾听与表达"主要指"口语交际"，即听说技能。"人际沟通、社会交往"指向交际情境、目的，"口头语言文明"指向交流的基本要求。在总目标中，强调口语交际的实用性，口语交际应用于"人际沟通和社会交往"，而将学生的口语交际能力划分为三个层面："倾听""表达"与"交流"。

"具体明确"是对作文风格的基本要求，从根本上反对浮艳文风，反对华而不实的扭捏作态和无病呻吟，让孩子从小开始言之有物，不说空话、大话、套话，而是要说真话、实话、心里话，给孩子打上诚实的底色，也培养一种讲求实际、注重客观、看重实证的科学态度，而这些科学态度和科学精神的养成，对学生一生的成长都是极其有用的。

"文从字顺"是从书面语言表达角度提出的基本要求，就是在书面语言表达上所使用的文字符合表达内容要求，能够把内容恰如其分地表达出来，意思是通顺的，文字是流畅的。这里不强调语句优美，只要通顺达意即可。

写"自己的见闻、体验和想法"是从内容角度提出的要求。不需要去

绞尽脑汁另编一套，生活中的许多事件和瞬间，都给学生留下了很多丰富内容。作文并不高深，引导学生关注现实，热爱生活，写这些见闻、体验和想法，不需故作姿态，更不需拿腔拿调，需要的是表达真情实感。

2022年版课标在作文能力方面呈现出"句子写明白——语段写清楚——语篇写具体——表达重语体"的进阶要求。提出第一学段要聚焦写话，保护兴趣；第二学段要聚焦构段，内容清楚；第三学段要聚焦谋篇，真实具体。

从口语交际方面看，2022年版课标中"表达与交流"的学段目标大致从态度、能力两个方面描述了进阶要求和变化，在口语交际的态度和能力上体现了"自信言说——主动言说——乐于言说——得体言说"的进阶要求。

下面将从写话、习作、口语交际三个维度，分别梳理"表达与交流"课程目标的螺旋进阶。

二、写话教学的目标与内容

从写话到习作再到写作，没有统一称为作文，其目的就是为了体现语文的层次性、发展性。具体来说，写话教学的目标是：

第一学段（1—2年级）

1. 对写话有兴趣，留心周围事物，写自己想说的话，写想象中的事物。

2. 在写话中乐于运用阅读和生活中学到的词语。

3. 根据表达的需要，学习使用逗号、句号、问号、感叹号。

写话教学的内容有很多，例如统编版教材从二年级开始就安排了具体的写话练习，上册分别体现在语文园地三、语文园地四、语文园地七中，下册则见于语文园地二、语文园地四、语文园地六和语文园地七。还有"字词句运用"中的读例句写话，教材和练习册中的看图写话，以及诸如一年级下册第二课《我多想去看看》和二年级上册第九课《黄山奇石》中的结合课文写话、日记、节假日及活动写话等。

2022年版课标虽然没有对写话教学提出更详细的要求，但是在关于写作评价的说明中特别指出"第一学段主要评价学生的写话兴趣"。

三、习作教学的目标与内容

第二学段（3—4年级）

1. 观察周围世界，能不拘形式地写下见闻、感受和想象，注意把自己觉得新奇有趣或印象最深、最受感动的内容写清楚。

2. 能用便条、简短的书信等进行交流。

3. 尝试在习作中运用自己平时积累的语言材料，特别是有新鲜感的词句。

4. 学习修改习作中有明显错误的词句。

5. 根据表达的需要，正确使用冒号、引号等标点符号。

6. 课内习作每学年16次左右。

第三学段（5—6年级）

1. 懂得写作是为了自我表达和与人交流。

2. 养成留心观察周围事物的习惯，有意识地丰富自己的见闻，珍视个人的独特感受，积累习作素材。

3. 能写简单的记事作文和想象作文，内容具体，感情真实。能根据习作内容表达的需要，分段表述。

4. 学写读书笔记，学写常见应用文。

5. 修改自己的习作，并主动与他人交换修改，做到语句通顺，行款正确，书写规范、整洁。

6. 根据表达需要，正确使用常见的标点符号。

7. 习作要有一定速度。课内习作每学年16次左右。

在统编版小学语文教材中，习作内容的编排包含了：随机练习、词句段运用、语文园地"交流平台"、习作单元。可以看出，在教材的编排上，注意到了整组编排阅读与习作，统筹学习习作，独立编排习作单元，突出习作关键能力。

四、口语交际教学的目标与内容

第一学段（1—2年级）

1. 学说普通话，逐步养成说普通话的习惯，有表达交流的自信心。

2. 能认真听他人讲话，努力了解讲话的主要内容。

3. 听故事、看影视作品，能复述大意和自己感兴趣的情节。

4. 能较完整地讲述小故事，能简要讲述自己感兴趣的见闻。

5. 与他人交谈，态度自然大方，有礼貌。

6. 积极参加讨论，敢于发表自己的意见。

第二学段（3—4年级）

1. 乐于用口头、书面的方式与人交流沟通，愿意与他人分享，增强表达的自信心。

2. 能用普通话交谈，学会认真倾听，听人说话时能把握主要内容，并能简要转述。

3. 能就不理解的地方向人请教，就不同的意见与人商讨。

4. 能清楚明白地讲述见闻，说出自己的感受和想法。

5. 讲述故事力求具体生动。

6. 能主动参与日常生活中的文化活动，根据不同的场合，尝试运用合适的音量和语气与他人交流，有礼貌地请教、回应。

第三学段（5—6年级）

1. 听人说话认真、耐心，能抓住要点，并能简要转述。

2. 乐于表达，与人交流能尊重和理解对方。

3. 注意语言美，抵制不文明的语言。

4. 表达有条理，语气、语调适当。

5. 参与讨论，敢于发表自己的意见，说清自己的观点。

6. 能根据对象和场合，稍作准备，作简单的发言。

从口语交际教学的三个学段目标，可以发现以下特点：首先，三个学段都从"倾听""表达""交流"三个方面提出了能力目标要求；其次，三个学段都提出了口语交际的情感态度目标；最后，三个学段的目标要求有梯度，呈螺旋上升趋势：第一学段提出了学生口语交际的基本要求，为今后的学习打下良好基础；第二学段体现了促进学生自身发展，奠定终身学习的基础观点；第三学段则在前两个学段的基础上提出了情感态度方面的要求，突出了文明交际这一人文素养的基本要求。

统编版教材中所提出的口语交际话题大都是来源于实际生活，注重口语交际的实用性，有针对性又有效地训练提高了学生的口语交际能力。在小学阶段的语文教学中，常用的口语交际话题类型有以下几种：

1. 介绍类：介绍类包含的内容比较多，可以是自我介绍、介绍自己的家、介绍一张照片、介绍家人或朋友、介绍去过的某个地方、介绍一处名胜古迹、介绍一种动物等。只要是学生能够感知到的，有一定了解的，都可以做出介绍，介绍类的口语交际训练有助于加深学生对社会和自然的认知。

2. 独白类：独白是用来表达自己的内心活动或想法，表现自己的思想感受或观点的，例如说自己的梦想、说自己的愿望、说读后感或观后感、说自己的见闻等都属于独白类。独白类的口语交际训练有助于学生锻炼表达自我的能力，增强学生的自我认知能力。

3. 交往类：交往类是最能体现交际性的口语交际活动，去别人家或别人来自己家做客、向别人道歉或道谢、劝阻、请教、祝贺、赞美、安慰、辩论、购物、指路、打电话或接电话、推荐与自我推荐等都属于交往类。交往类的训练能够锻炼学生的交际能力，并能应用于学生的日常生活中，通过实践来提高学生的口语交际能力。

4. 表演类：表演类是在语言表达之外又加上了其他的活动，其本质还是一种口语交际，像演小剧本、演童话剧、演讲、主持节目等都属于表演类。表演类能够激发学生的兴趣，并通过表演培养学生的自信心和表现力。

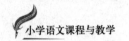

5. 讨论类：讨论往往是针对特定问题的探讨，交际的双方可以有不同的意见，通过沟通和交流最终实现交际的目的，像"……行不行""……对不对""……怎么办"和提建议、小辩论赛等都属于讨论类。讨论类的交际性也很强，并且能够通过学生之间的讨论交流提高学生团结协作的能力。

第三节　表达与交流教学设计

党的二十大报告指出："教育、科技、人才是全面建设社会主义现代化国家的基础性、战略性支撑。必须坚持科技是第一生产力、人才是第一资源、创新是第一动力，深入实施科教兴国战略、人才强国战略、创新驱动发展战略，开辟发展新领域新赛道，不断塑造发展新动能新优势。"改革创新是中国教育现代化的动力源泉，在表达与交流教学设计中要秉持"不求面面俱到，但求有创新，有自己的理解和设计"的原则，进行创新性的教学设计。

一、写话教学的重点和方法

写话是建立在说话训练的基础上的，写话的训练重点是激发学生的兴趣，使这种浓厚的兴趣得以长久地保持。从小学生学会写字那天起，就鼓励他们写话。写话教学应坚持"从说到写，以说促写，说写结合"的方法。教师根据写话的内容，灵活设计训练形式。

（一）看图说话、写话

1. 看图写话教学存在的问题

第一学段看图写话教学是学生写作文的基础，是培养儿童提高认识能力、形象思维能力和表达能力的良好途径。看图写话教学中常见这样的问题：教学指导不到位，教学形式比较单一；没有引导学生联系生活实际展开合理想象，学生观察图后，看不懂图，弄不清图中的意思，写不出话来；部分学生虽然看懂了图中大意，但是写话内容单一，语无伦次，不够丰富。

2. 看图写话教学策略

（1）拓展学生知识面

教师采用多种形式让学生多观察、认识事物，充分利用校园内环境，进行一些实践活动，比如让学生在校园里进行找春天的活动，观察动植物，写观察日记等。

（2）训练学生会看图

一是培养看图兴趣，学生对图画产生了浓厚兴趣，才能仔细观察，才能写出精彩的语言。二是教给学生观察方法，训练思维的条理性。观察单幅图，或由上到下，或由近及远，或从左到右，或从人物到景物，或相反。观察多幅图，要一幅一幅地看，不仅要看懂每幅图的意思，而且要能把几幅图联系起来思考，并能补充有关内容。不管是单幅图还是多幅图，先按照"整体—部分—整体"的方法进行，然后有重点地观察。三是培养联想和想象的能力。在理解图画内容的过程中，引导学生根据画面意思，展开合理想象，丰富画面内容，培养他们透过图画上的形象展开想象的能力。

（3）训练学生会"说话"

在教学中保护儿童说话的积极性。开展讲故事、说笑话、猜谜语等活动，比如在语文课前安排一分钟"巧嘴巴"活动，训练学生口头表达能力，并且及时鼓励和表扬学生。

（4）训练学生会"写话"

训练学生写通顺的句子，书写做到规范、整洁。比如让学生收集自己喜欢的图片，写上一两句话，不会写的字用拼音代替，在班上进行展示。课文是学生习作最好的范本，引导学生把学到的精彩词语、句子应用到写话中，鼓励学生写具体生动富有个性的话。

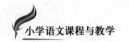

（5）用爱心写好批语

第一学段的学生十分在意教师的评价，一句赞扬的话，会使他们心花怒放，兴奋不已，教师对写话进行批阅时，写上学生能读懂的话语或者画上笑脸、小红花等，鼓励每一个学生，使学生感受到进步的快乐，从而增强写话兴趣。

（二）写日记

用谈话的方式引导和激励学生学习写日记，写自己生活中看到的、听到的、想到的人或事，从小养成从生活中寻找写作素材的习惯。遇到不会写的字词，可以问别人，可以注拼音，可以画图画。对学生写的日记要给予鼓励，给学生提供相互交流日记的机会，给予学生写话不竭的动力。常见的日记类型包括绘画日记和情境日记。

绘画日记：绘画日记的第一行写"×月×日，星期×"，天气可以画相应的图像，晴天就画太阳，阴天就画一朵云，如果下雨就在云下面画上雨丝，再接着写"我想说的话"。刚开始要求不能太高，想写什么都行，一两句也行，但一定是真实的。下面是"我的画"，让学生想办法把日记打扮得美一点，画上自己喜欢的内容。

情境日记：有意识地创设游戏、图画、童话等，通过趣味浓浓的情境或择取生活中的片段作为日记的内容，提高学生对日记的兴趣，指导学生"写什么"。小学生处在充满奇异幻想的时期，处在富于无限想象的思维发展阶段，教师应让想象这支美丽的思维花朵进入孩子们的写话中，其方法有：看动画想象、看玩具想象、看图画想象、读课文想象等。同时，从创编故事这种学生喜欢的形式入手，培养学生先把自己编的故事说出来，然后再记录下来，也是一种很好的方法。

（三）仿照例句写话

句子是段落的组成部分，段落是文章的构成部分，写好句子能够打牢写作文的基础。指导学生练好四素句、连续句、并列句。

比如四素句练习：

读一读，比一比。

小刚踢足球。（二素句）

小刚在操场上踢足球。（三素句）

体育课上，小刚在操场上踢足球。（四素句）

写四素句其实只要把时间、人物、地点、事件都用一句话说清楚就可以了。训练四素句的方法：

1. 填写词语，完成句子

（1）＿＿＿＿＿＿是著名的足球运动员。（谁是什么）

（2）老师在＿＿＿＿＿＿。（谁做什么）

（3）我的同桌真＿＿＿＿＿＿。（谁怎么样）

2. 扩句训练

（1）老师讲课，＿＿＿＿＿＿。

（2）我们写字，＿＿＿＿＿＿。

3. 根据提示词写出完整通顺的四素句

例：操场：下课了，同学们到操场上参加自己喜爱的课间活动。

（1）晚上：＿＿＿＿＿＿。

（2）妈妈：＿＿＿＿＿＿。

（3）游泳：＿＿＿＿＿＿。

4. 在小组内用游戏的方式

游戏规则：四人一个小组，A同学说时间，B同学说人物，C同学说地点，D同学说事件。这样就可以组成一句话了，不过要注意看看组成的一句话是不是符合我们实际的生活情况，不要闹出类似的笑话：晚上，小红在树上打球。

（四）结合课文写话

模仿是创造的基础，在模仿中寻找创造的快乐。学习一篇课文，从理解方面讲，要读懂字、词、句、段，理解课文内容；从运用方面讲，要学

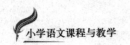

会表达，教师鼓励学生说说自己对课文的理解、感受，写出自己的想法、看法。根据课文进行仿写，如《找春天》一课中有这样的句子："早开的野花一朵两朵，那是春天的眼睛吧？"

这句话采用了比喻、拟人、反问的修辞方法，把早开的野花比作春天的眼睛，把早春当作人来写，生动形象地写出了早春的特点，给人恬美、可爱、有趣的感觉。在教学中，不用给学生讲这些修辞手法的术语，让学生通过朗读，到校园里观察，然后再仿写。如：

桃树枝头吐出了红珠子，那是春天的纽扣吧？

燕子穿着黑色的燕尾服斜飞在空中，那是春天的宾客吧？

迎春花开出了香气宜人的小黄花，那是春天的项链吧？

二、习作教学的基本环节

（一）平时的指导

1. 扎实有效的阅读教学

在阅读教学中遵循以作者写作文章的思路为统帅，以大量阅读、主题感悟、提高学生语言表达为主要目的的语文教学思路。根据儿童善于模仿的特点，依靠教材文本作为读写结合的"中介"，把阅读感悟、复述表达、仿写习作结合起来，以课文为例仿写作文，变传统的"师授作文"为"自能作文"，注重由仿到创，循序渐进。

（1）审题立意，学习写法

题目是文章的眼睛，抓住学生阅读心理，通过审题激发学生学习新课的兴趣。学生从中学会审题立意，了解文章的中心和选材，感悟作者分别运用哪些材料来突出文章中心，怎样安排材料详略及过渡衔接，文章开头、结尾有什么特点等，让学生站在作者角度审视一篇文章的写作思路及写作方法，领悟写好一篇文章的写作技巧。让学生学会分析课题，能读懂题目，抓住题眼，这实际上就是在教学生审题的方法，习作中的命题作文就能用上这种方法审题。

（2）仿写训练

① 以课文写作特点为指导进行仿写

作为小学生，头脑中即使有语言、有内容去表达，也很难条理清晰地表达出来，所以课文的学习就给他们提供了范例。对于写人、记事、写景、状物的文章，教师都要善于总结课文的结构方式，总结出自然段的构段方式，如总分式、因果式、并列式、转折式、递进式……教师把写作顺序渗透给学生，让学生写文章时要注意"言之有序"。如学习了《美丽的小兴安岭》《桂林山水》等课文，习作时就可以仿照课文按照一定顺序来写写《美丽的校园》《美丽的森林公园》等。每篇课文都有重难点句子和精彩片段，在学生背诵的基础上潜移默化加以运用，习作练习就不会无话可写。比如对人物刻画的方法、细节描写、环境描写及修辞手法的运用，让学生体会这些写法的好处，把在阅读课中学到的写作手法灵活运用于自己的写作中。

② 以课文内容为依托进行仿写

许多课文内容为写作提供了广阔空间。比如古诗提供了一个自由想象的画面，学生把自己的认识和感想拓展成300-600字的文字表达出来，使学生的想象思维、创新意识得到发展。有的课文结尾意犹未尽、戛然而止，为读者提供了丰富的想象空间，教师要善于利用这种有效资源让课文为习作服务。如《穷人》以桑娜拉开了帐子结尾，留给读者无限想象空间，可以引导学生展开合理想象，续写课文。这样，既补充了课文内容，为孩子的想象插上了翅膀，又丰富了情感，深化了课文主旨。

③ 正确运用标点符号

引导学生注意课文使用的标点符号，在不知不觉中对学生进行习作训练。如课文《狼牙山五壮士》第7-9自然段出现四个感叹号，引导学生把感叹号换成句号，体会表达效果的不同，再结合题目，思考"壮士"为什么不是"战士"。这样既进行了标点符号训练，又加深了学生对课文的理解。

2. 日积月累的课外阅读

根据学生年龄特点，向学生推荐必读书、选读书，指导学生每天坚持课外阅读半小时并做好读书笔记，养成"不动笔墨不看书"的好习惯。整理好词佳句本，把背诵好词佳句当作积累语言的好方法。长期坚持积累，语言就会越来越丰富。定期举行班级读书交流会，评选阅读明星，学生讲述书中人物、大概内容、谈谈自己的收获，也可以全班同读一本书。利用家长会、班级QQ群等方式，让家长配合老师工作，做好督促，将每天半小时课外阅读落到实处。在阅读欣赏后，还必须反复吟诵，达到熟练背诵书面语的各个言语要素，这样会在学生大脑皮层留下深刻系统的印象，一旦遇到外在的刺激，就会凭借大脑皮层留下的痕迹进行筛选，准确表达出来，正所谓"熟读唐诗三百首，不会作诗也会吟"。所以，教师一定要鼓励学生多背诵，这样经过长期积累和内化，学生写作的语言资料库就会不断丰富完善，写作时遇到的障碍就会大大减少。

3. 其他积累习作素材的途径

（1）勤观察

叶圣陶先生说："生活犹如源泉，文章犹如溪流，泉源丰盈，溪流自然活泼，昼夜不息。"所以，教会学生积累生活素材是写好作文的关键。观察是人们认识事物的第一步。对小学生来说，认识世界的主要途径是观察，只有亲身接触事物，仔细地观察事物，才能获得真实、深刻、细致的第一手资料，写作时才有话可写，写出的文章才会比较真实生动。引导学生做生活有心人，遇到事物多问个"为什么"。在引导学生进行观察时，首先应教给学生观察的方法，使他们学会有条理地观察事物；其次，要让学生明确观察的重点、目的，及时捕捉新鲜的、有意义的目标。

（2）重活动

教师紧扣教材，开展丰富多彩的活动，组织学生进行有意观察，丰富写作材料，如在找春天、看日出、小制作、放风筝、跳绳、拔河、田径赛、球赛、故事演讲会等活动中，教师进行必要的现场指导，使学生及时、准确、生动地把观察到的东西形成文章。

（3）多训练

一是写日记。著名作家巴金先生说"只有写，才会写"，美国作家海明威也说过，当写得越多的时候，才越懂得怎样写。对小学生而言，通过写日记，可以吐露自己的心声，学会更加细致地去观察周围的事物和人。思想在写日记的过程中得到自我锤炼，日积月累，学生在写日记的过程中就积累了素材。

二是进行素描训练。国外作文教学十分重视素描练习，如法国让学生通过观察人的面部表情、外貌特征，以及天气、树林、道路来表现快乐和忧愁。还就某一事物，组织小组成员进行集体素描训练，几个人依次往下写，最后整理成文。苏联十分风行素描教学，苏霍姆林斯基在为学生提供的233个作文题中，写生性质的观察作文题有116个，占1/2。他们的观察作文分为两类，一类是艺术性的描写文，另一类是科学性的描写文。我们可以借鉴这些做法，在习作训练的初期，特别是在学生课外练笔时，提倡进行素描训练。上海师范大学教科所吴立岗教授借鉴美术教学的经验创设了一种适用于三、四年级学生的作文教学方法——素描作文教学，类似课标中提出的"写实作文"。

（二）习作课的指导

习作训练的目的不同，要求不同，其环节也是不同的。但从理论上说，一次完整的习作训练一般应经历以下八个步骤：（1）拟定题目；（2）写前准备；（3）写前指导；（4）独立成文；（5）评改准备；（6）指导评改；（7）全面"把关"；（8）再改完善。其中写前指导、独立成文、指导评改和再改完善四步一般是要在课堂上进行的。

1. 写前指导

目的：明确目标，激发欲望。

第一种，自然式指导。

从内容入手，先引导学生说说要写的内容或材料，老师相机点拨，逐

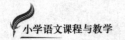

步引导学生把内容说得有条理、说具体、说通顺，最后写下来。这种思路的指导中，"条理""具体""通顺"等要求，是针对学生说的情况，相机自然提出的，很多情况之下学生意识不到是在写作文，不会有作文的压力，容易说（写）好。观察生活作文、时政要闻评论、实践活动作文、素描作文、想象作文，大都按此思路指导。

第二种，规范化指导。

即从审题入手，按照审题、选材、立意、表达及由说到写等的顺序，逐步审题、成文。命题作文等"大作文"多按这种思路进行指导。这种思路，有利于学生掌握审题、作文的一般思路与方法，比较适用于中高年级的学生。

第三种，"下水文"指导。

语文老师教作文，既要动口又要动手，写"下水文"，应当是准备作文课时必做的功课。叶圣陶先生认为："语文教师教学生作文，要是老师自己经常动笔，或者做跟学生相同的题目，或者另外写些什么，就能更有效地帮助学生，加快学生的进步。经常动笔用比喻的说法说，就是'下水'。"教师只有通过亲身实践才会体会写作的甘苦，获得感性认识，才能发现问题，有效地指导学生作文。

附：

习作教学使用"下水文"的调查与思考（节选）①

福建省福安市实验小学富阳校区　缪晓红

比之于来源网络等途径的范文，"下水文"系量身定做，更具有针对性，撰写和使用得法，尤其在"范"思维上做足功夫，具有明显的优势。同时，不同学段学生的思维特点不同，写作要求也不同，"下水文"的撰写和使用除了聚焦思维，还必须体现学段特点和写作要求，因段制宜，以发挥其最大效益。

---

① 缪晓红 . 习作教学使用"下水文"的调查与思考［J］. 语文教育，2021：33.

一、借"下水文"搭架子，仿创结合让思维更有序

低年级的孩子具象思维能力比较强，而逻辑思维比较弱，思维的条理性、序列性也比较差，再加上识字量少、词汇量少，写话自然捉襟见肘。问题的提示就是导向学生思维的序列性，让写话言之有序。因此，教学中关注思维的序列性，为写话教学量身定制教师"下水文"显得尤为重要。比如，统编教材二年级下册第四单元的看图写话，四幅图内容结构相似，可以把第一幅图作为范例来讲故事。

这是美好的一天，你看——（课件：擦出太阳）阳光明媚，白云朵朵。小虫子摇摇摆摆地从草丛里钻出来，小蝴蝶呢？——（学生看课件说）还有小蚂蚁呢？——（学生看课件说）

突然，它们发现了"大家伙"（课件：蛋壳），就好奇地左看看右看看，这个"大家伙"——圆乎乎的，白白的东西，敲一敲还会"咔咔"响，这么奇怪的东西可以用来做什么呢？

小蚂蚁想：要是能变成一个跷跷板，那该多好玩呀！毛毛虫连连点头："哇！真是个好主意！"说干就干，它们一起把蛋壳翻了个身，在顶上放了一块长长的木板，用胶水粘得牢牢的。跷跷板就做好啦！

小蚂蚁迫不及待地爬了上去，木板便慢慢地落下来，毛毛虫赶紧也扭动身子向上爬，才坐下，木板便"啪"的一声落到地上。小蝴蝶连忙帮它们调整好位置，跷跷板便一上一下地荡起来了。小蝴蝶飞来飞去，扇着翅膀喊："加油！加油！"它们玩得不亦乐乎，都说："蛋壳跷跷板真是太好玩啦！"

配合课件，生动的故事调动了学生的兴趣，然后教师在与学生交流中提取故事支架：毛毛虫、蚂蚁、蝴蝶看到蛋壳怎么想？怎么变？怎么玩？怎么说？进而运用这个支架师生合作一起讲第二幅图，第三幅和第四幅让同桌合作说，活用支架。最后，教师布置学生自制绘本，内化支架，通过师生评议，强化支架，让学生"易于写话""乐于写话"。这样的"下水文"具有很强的针对性、示范性，学生在上课开始就能依情境进入写话的

状态，有效缓解了写话的难度，增强了趣味性，学生思维、想象、语言的潜能得以充分释放，达到自身最佳状态，有助于"易于动笔"。此类例文属于"引路文"，教师写的时候就要对本节课要教给学生的写话模型了如指掌，并预判学生可能会出现的分歧，提前做好预设。这类"下水文"可能是原创，也可能是根据需要改编，发挥的是"思维的支架"作用并非"语言的模板"，是帮助学生构建写话的结构模型，不能成为细致入微的言语模板，教师在教学中既要立足例文又要跳出例文。有了这样的写话结构模型，能力弱的学生也能写完整、通顺，而能力强的学生则可以创造出更多的精彩。由于低年级的写话内容大多故事性比较强，教师可以采用这样的方式进行思维序列性训练，构建写话模式，发展思维形成能力。长此以往，到了中高年级，学生便已储备了大量的写作素材和语言图式，构建了阅读与习作之间的链接，可以自主尝试列作文提纲、思维导图等让思维显性化，思维的序列性、逻辑性就会逐渐形成。

二、借"下水文"找梯子，仿创交融培养发散性思维

到了小学中年级，学生的抽象逻辑思维开始发展，观察力迅速提升，观察的目的性、持续性、细致性和概括性有较大的进步，在低年级"言之有序"的基础上能够"言之有物"。课程标准对第二学段习作的要求是"能不拘形式地写下来"意在避免进行过多形式指导，把精力集中到内容指导上。然而，现实的习作教学中我们常常教什么写什么，学生大多是在教师的暗示下完成习作，学生的习作大同小异，是集体创作，不是千篇一律、选材单一，就是言之无物，语言简单、干瘪。施茂枝教授曾提出中年级的观察序列作文教学模式，创造性地运用导"甲"度"乙"策略，即在"引领观察，点拨表达"中指导观察和口头表达甲物，在"迁移方法，观察表达"中让学生独立观察和书面表达乙物，有效促进学生发散性思维的发展，有利于其形成相对稳定的写作思维方法，避免"千篇一律"的局面。那么从"导甲"到"度乙"，这两者之间最重要的连接点就是教师的"下水文"。此类"下水文"区别于一般性的观察作文，是教师根据本节

课中的特定程序和特殊需要，针对本次习作精心写成的专属文本，它不仅让学生易于动笔，更不会限制其创造性，甚至会推动其进行创造。以三年级下册第一单元《我的植物朋友》的观察为例，教师先引导学生观察熟悉的凤凰花（当然可根据实际选择学生熟悉的植物），点拨渗透观察的顺序和方法；第二环节出示教师"下水文"，对照观察，提炼方法，归整思路；最后出示三角梅或其他植物，让学生自主观察，迁移方法。这样的"下水文"区别于书中的范文，它更有针对性、更具亲和力，是前面观察方法的归整、领悟、提升，是学生在观察过程中经历从分析到综合，从综合再到分析的过程，习得的是观察的方法。如果说第一环节学生获得的方法是隐性知识，那么第二环节就是将隐性知识显性化，这样观察的方法就更加明晰，为下一环节独立观察和表达夯实基础。在此基础上学生观察有章可循，有法可依，同时又给予学生极大的创造空间，思维的独立性、发散性得到充分地提升，达成仿创和谐的目的。同样的范文，全班59个学生却呈现出26种不同的植物，每一种植物的介绍在有序的基础上都展示了孩子们不一样的个性，不一样的情感。

当然，与此类的景物观察、动物观察、人物动作、神态、语言、心理等专项训练都可以运用这样的方式。这类"下水文"属于"搭桥文"，能有效撬动学生主动性思维，培养思维的发散性、灵活性。

三、借"下水文"留空子，仿创共生让思维更深刻

到小学高年级，学生的抽象概念思维开始成为思维的主要形式，学生具有了一定的分析、判断能力；自我意识迅速增强，人际交往开始成为他们的主导活动。因此，纪实性习作开始登场，习作思维也开始向深度和广度发展。这时候教师"下水文"往往显得单一，如果用在写前确实容易限制学生的思维，此刻学生的范文可能比教师的"下水文"更有说服力、感染力，也往往被用于讲评习作。因此，改变"下水文"的形式，改全篇为片段，甚至是思维导图，找准学生习作中的疑难处、薄弱点，正面阻截，借力打力，能起到四两拨千斤的作用。比如，六年级上册习作单元中课文

《盼》的教学，其单元语文要素是体会文章是怎样围绕中心意思来写的。在学习第4-15段"蕾蕾千方百计想出门"的一波三折的细腻描写后，笔者出示了这篇"下水文"。

我想养只狗

我想养只小狗，一只普通得不能再普通的小狗。可是妈妈总嫌脏。

我找了许多狗的照片给她看，给她讲同学家的狗的趣事，她都不肯答应。我上网加了宠物群，他们给我出了好多主意，都不行。

有一天中午，家门口来了一只流浪狗，我好想留下它，就千方百计地央求妈妈。可是最后我只能依依不舍地把它送走。

从文字本身看，对于六年级的学生来说，实在是太小儿科了，毫无示范性可言。但是仔细揣摩你会发现，"养只狗"是许多孩子心中的期待，贴近孩子，接地气。文中所写的这些小事确实与"想养狗"这个中心有关，而且情节还有些曲折，美中不足的是缺少了细腻的描写，文中画线处留下了四处补白的点，如一面镜子，给了学生深入思考的空间。独具匠心的留白，触发了学生的纵向思维，有利于培养其思维的深刻性、丰富性。这类范文属于"攻关文"，可以根据需要灵活调整出示的内容、时机和方式，做到疏密有度，富有变化。关于"下水文"的使用，笔者总结了三种方式。

第一，抛砖引玉式。第三学段的习作指导强调整体构思，但是习作之始大多停留于表面。比如六年级习作单元"围绕中心意思写"，关于"甜"，学生大多想到了谁表扬了我，我心里甜，这时教师可以出示多角度的思维导图，如学会了一样本领；帮助别人，收到别人的感谢信；挑战某一任务，获得了成功；一只失而复得的小猫等，启发学生深度思考，多角度思维，训练学生思维的宽度。

第二，庖丁解牛式。习作过程往往经历"生活（素材）——思维——语言（文字）"的过程，只有深入浅出地教会学生思维方式、思维方法，学生才能得法。因此，将下水文分段呈现，梳理教师审题立意、比较取舍思维过程，理清范文行文思路，品评语言表达，训练的是学生的判断、审辨思维能力。

第三，锦上添花式。学生习作后，发现作文未达到效果，这时出示"下水文"，对照自己的文章分析优劣，触类旁通。比如，教学生写家乡美食，就可采用先写后教的方式，此刻的习作往往选材多元，但细节描写不够。于是教师"下水文"以"精美片段"的方式出场，引导多角度对照分析品评。在学生"心欲通而未能，口欲言而未达"时出示"下水文"，其效果不言而喻。

"下水文"具有量身定做的针对性，优于一般性范文，只要立足于开启思维，写好、用好"下水文"，对于提升习作教学质量，具有令人惊喜之效。

2. 独立成文

给学生提出明确的习作要求，让学生趁热打铁、一气呵成的完成自己的习作。同时，提醒学生要注意书写规范。鼓励学生对习作内容进行修改，并与同学、老师相互交流。

3. 修改习作

（1）搜集一些作家作品的初稿，指导学生把初稿和定稿对照起来学习，体会作者在哪些地方做了修改，是怎么改的，为什么这样改。

（2）给学生做修改示范。教师的批改对学生具有示范作用，不仅要对学生的作文批改得精当，而且要引导学生仔细钻研教师的批改，使学生获得更大的收益。

（3）指导学生自己修改。古人云："三分文章七分改。"小学生习作普遍存在一个问题——只写不改，教师要怎样指导学生修改自己的习作呢？

第一，检查审题是否正确。

小学生作文，多是命题作文。命题作文第一步工作就是审题，所以必须首先指导学生检查审题是否正确。如何检查审题是否正确呢？题目中的关键词就是题眼，它常常是题目的主要要求或主题的提示，也是习作

重点，从找关键词入手，重新理解题意，检查主题是否明确、集中。如《我最喜欢的一位老师》，中心语是"老师"，限制词是"我""最喜欢""一位"。这个题目包含三层意思，一是写老师，语文老师、数学老师等各学科老师均可；二是"我"最喜欢的；三是只写一位。这样弄清题意后，再看原文内容是不是与其相符，如果有问题，就应该修改。再如《看电视的风波》，题眼是"风波"，如果把重点放在介绍某某电视内容怎样，或是讲自己喜欢看什么电视节目，家里人喜欢看什么电视节目，而不是重点写看电视时发生的"风波"，那么文章就跑题了，也要重新修改。

第二，检查题目中的选材范围。

根据表现主题的需要，来决定材料的取舍。哪些材料和主题有关，并能突出主题就选取哪些材料，而和主题无关的材料，应毫不犹豫地舍弃。例如《发生在语文课上的事》，题目限定了地点"在语文课上"，内容范围只能是语文课上的事，文章的重点是将事情的起因、经过和结果做明确的记述。若作文时组织的材料是发生在数学课上的事，或是课外的事、暑假的事，不管多生动、多具体，都不能采用。这样的情形在文章中出现了，当然非改不可。

第三，检查内容是否具体。

学生习作内容常常不够具体、不够充实，犯只有空架子，没有"血肉"的毛病，所以必须认真检查修改。所谓"具体"，是指所写的事情不抽象、不笼统、不含糊，十分明确。

第四，检查语言文字是否通顺。

语言文字是用来表情达意的，一般检查时看句子通不通顺，有没有用词不当、搭配错误，有没有词序颠倒、重复啰嗦，标点符号对不对，是否有错别字等，如果有就要改正，尽量使自己写的文章能用最少的字句表达必须说清楚的意思。

除了给学生做修改示范、指导学生修改自己的习作之外，还应当让学生互相批改作文。学生互相批改作文的好处如下：

第一，经过多次批改实践，学生不仅准确记住了写作文的基本要求，而且对这些要求理解得越来越深刻。会指导别人应该怎样写，不应该怎样写，自然也增强了自己的写作能力。

第二，每个人都有机会看到其他同学的作文，这样容易发现、学习别人的长处。别人的缺点短处，自己引以为戒，也是好事，学生多了一个相互交流、沟通的机会。

第三，每次批改作文，每人只批一本，负担不重，每次又都抽签换人，使批的人有新鲜感，有兴趣。每位同学的作文，每次又都换一位同学批，看不同的同学对自己的批语，当然也有新鲜感。这种新鲜感，有利于培养学生批改作文的兴趣和看别人批语的兴趣。

第四，批改作文时，学生站在批改者的角度，进入教师的角色思考问题，有利于增强学生的心理适应能力、心理平衡能力、角色互换能力，促进学生心理走向成熟。

第五，教师只抽查翻阅一部分同学的批改结果，在短时间内看多篇作文，有利于教师比较思考，且保持较浓厚的阅读兴趣，容易激发教师的智力潜能与创造潜能。还可将节省的大量用笔批改的时间，用于研究学生心理、研究学习方法，进一步提高教书育人的效率。

互批作文的好处有很多，但是在学生自我教育能力不强的班集体，弊端也会显现出来。教师要加强组织教学，善于引导，耐心指导学生做好互批作文。

（三）习作批改

习作批改的直接目的是为习作讲评做准备，它是习作指导的继续，也是习作讲评的基础。

1. 批改内容

思想内容：看学生习作是否有生活情趣，观点是否正确，情感是否真实，材料是否虚假等。

篇章结构：看整篇习作材料组织得好不好，中心是否明确，条理是否

清晰，详略是否得当。

语言文字：看句子是否通顺，用词是否恰当，有没有错别字。

书写情况：文面是否整洁美观，书写格式是否正确，字迹是否清楚。

2. 批改形式

批	眉批：对某一部分的优缺点进行指点、分析、评定。
	总批：对整篇习作的总体性评价。
改	包括删、补、调、换等方式。基本原则是多做少改。

3. 批改符号

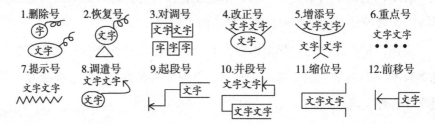

（四）习作讲评

习作教学必须重视"作后讲评"。讲评不只是将学生的习作讲一讲、评一评，更在于批改时发现学生习作的精彩之处，由此引出一个训练点，由个别至全体，这种训练从学生中来，到学生中去，使学生有心理认同感。

1. 习作讲评准备

上讲评课前要做到：认真研读学生习作，认真批改学生习作，同时摘录学生习作中优美的句子、有突出语病的句子，看学生习作中有没有普遍的问题，有没有有创意的表达。

2. 习作讲评要求

（1）突出指导意识

2022年版课标指出，要"重视引导学生在自我修改和相互修改的过程中提高写作能力。"习作讲评课上我们应该突出"讲评也是指导"的意识，力求在习作讲评过程中，点拨习作方法。

（2）培养修改意识

2022年版课标在第二学段提出"学习修改习作中有明显错误的词句"，在第三学段提出"修改自己的习作，并主动与他人交换修改"，在评价建议中强调要"重视对作文修改的评价"。课堂上注重讲评与修改结合，指导学生点评修改例文，通过对自己文章的自改，还有小组内的交流评改等环节，为学生提供修改实践的机会。

（3）体现主体意识

如果教师只是"抓住习作中普遍存在的问题"来讲评，学生很难结合自己习作中"个别问题"进行分析、修改。所以在讲评课上，教师不能包办到底，要让学生成为评改主体。

（4）彰显激励意识

讲评课的目的是帮助小学生提高习作的认识和能力，讲评中要注意保护学生的积极性。各层次的学生每完成一篇习作后，都希望从老师和同学那里得到鼓励和启发，讲评课中对学生的成绩和进步一定要给予充分肯定。师生一起欣赏学生的佳作，佳作要读，要赞美，让学生感受到写出一句美好的句子，是一件多么美好的事。

3. 讲评课常见形式

①专题讲评。抓住作文中普遍存在的一两个主要问题，如立意、选材、构思等，结合有关写作知识集中进行讲评，这样便于将教学难点分散，收效快。

②佳作奖评。选出一篇或几篇有代表性的学生作文进行深入系统的讲评，用典型指导一般。

③对比讲评。对比讲评几篇作文，引导学生在对比中鉴别作文优劣，并分析其原因，可以是整篇文章的对比，也可以是片段的对比。

④综合讲评。对学生作文进行全面的概括分析，肯定成绩，指出不足，并朗读学生佳作。讲评时注意点面结合，重点突出，避免面面俱到，流于形式。

⑤学生互评。利用小组合作学习，同学之间互评的方式，及时归纳总结本次作文的得与失，也可以指导学生写作文后记。

三、习作教学设计与实践指导

贾志敏《记一件_____的事》作文教学实录①

第一课时

一、听话，找中心句

师：我们都知道，一篇作文是由一个个段落组成的，每一个段落是由一个个句子组成的，每一个句子又是由一个个词语组成的。因此，写好作文，就要用好每个词，写好每句话和每段话。下面老师念几段话，大家认真听，仔细想，每一段话是围绕哪一句话来写的。

（老师念第一段话）

生：这段话是围绕"小明是个粗心的孩子"来写的。

师：（跷起大拇指）你讲得真好！

（老师念第二段话）

（生紧张，在老师启迪下，第5次才说完整："这段话是围绕'河马的嘴比一般动物的嘴都大'来写的。"）

师：（提高声音，高兴地）真了不起！（走上前）我可以跟你握手吗？（跟这位学生握了手）你一共错了4次，第5次才正确，同学们都没有这种学习经历。学习就是要这样，错了没有关系。

（师又说了第三段话，学生很快答出。）

二、指导仔细观察

师：（出示一个大橘子，放在学生容易看见的位置）这是一个橘子。（板书：这个橘子真可爱）谁来读呢？（一生读）

师：读得一般，谁再试一下？（又一生读，"这个"拖调了。）

师：不是念"这——个"，应该念"这个"，语速要快些。你读。

_____

① 贾志敏.《记一件事》作文指导课实录［J］. 语文教学通讯，2003.

（学生读）

师：你读得真好！大家一起读。（学生齐读）

师：（板书：啊！）在前面加一个"啊"，谁能读好？（学生读得不错）

师：啊，这个橘子真可爱！怎么个"可爱"，要用事实说话，要表达形象，要把话写具体。怎样写具体？要——（板书：观察）。观察，指的是以看为主，对事物进行调查。观察要——（板书：仔细）。如果要写这个橘子，你们可以从哪几个方面来观察？

（学生说了颜色、形状、大小，教师板书。）

师：小朋友真聪明！还有吗？（见学生不举手，老师走过去，拿起橘子，做了一个"掂"的动作。）

生：（脱口而出）重量。

师：（板书：重量）好！再近一点呢？（老师把橘子送到鼻子前，做出嗅的动作。）

生：（抢答）味道。

师：（反问）是味道吗，鼻子能知道它的味道吗？

生：（恍然大悟）香味。

师：（板书：香味）再仔细观察（特意展示了橘子带叶的柄）。

生：这个橘子上有叶子。

师：一般橘子都没有，这是这只橘子的个性（板书：特征）。现在剥开橘皮，你就看到——（生：橘瓣）一尝就知道——（生：味道）

师：这样观察就仔细了，如果把观察到的内容写下来，也就具体了（板书：写得具体）。

三、指导写具体

师：光写具体还不够，文章还要生动，怎么写才生动呢？那就要展开想象（板书：想象），想象要合理（板书：合理）。把你想象到的事情写进去，文章不就具体、生动了？

（老师手拿橘子，引导学生边看边展开想象。）

师：颜色——

生：黄中带绿。

生：黄中透绿。

师："透"用得好，这说明绿色是慢慢显现的，很淡。形状——

生：圆溜溜的。

生：像一个小南瓜。

师：大小呢？

生：有我的拳头那么大。

师：请你掂一掂，它大约有多重？

生：（用手掂了掂有二三两。）

师：（把橘子送到一个学生鼻子前）你闻闻。

生：清香。（师又送到另一个学生面前）

生：一股淡淡的清香。

师：对，不是刺鼻的香，再看特征，橘子上有叶子，像什么？

生：像顶着一个小小的帽子。

师：再想开去，它一定是——

生：它一定是刚摘下来，一定很新鲜，一定很好吃。

师：（剥开橘皮，请了一名学生）你数一数，一共有多少片橘瓣？（学生数了，共有12片。）

师：它看着像什么呢？

生：像含苞欲放的花骨朵。

生：好像12个胖娃娃围在一起说悄悄话。

师：（让两位学生摘下两瓣）你们尝一尝，什么味道？

生1：甜滋滋的。

生2：甜中带点酸。

四、学生写段，教师评价

师：我们以"啊！这个橘子真可爱啊！"开头写一段话。（具体讲了写的格式要求。学生练笔。）

（学生练笔后交流）

生：啊！这个橘子真可爱。

师：你读出了感受，我听了，也觉得这个橘子真可爱。

生：它黄中透绿，扁扁的，像个小南瓜。

师：写得形象。这么一想象，文章就生动了。

生：又像节日里挂着的灯笼。你看！你看！

师：好！这儿为什么要两次用"你看"呢？可以更好地表达出惊喜的感觉，小孩子就喜欢这样说话。

生：放在手上掂一掂，沉的。放在鼻子前闻一闻，有一股淡淡的清香。

师："闻""有"可以去掉。另外。"放在鼻子前一闻"和"一股淡淡的清香"中间缺了一个字。你再读，读好了，语气出来了，这个字也就出来了。

生：（一连读了好几遍，直到读进去仿佛为清香所陶醉时，"啊"字脱口而出。）放在鼻子前一闻，啊，一股淡淡的清香扑鼻而来。剥开橘皮，我一数，一共有12瓣，它们多像12个胖娃娃围在一起说悄悄话。

师：加上"着"和"呢"，再读一下。

生：它们多像12个胖娃娃围在一起说着悄悄话呢。我摘下一瓣，放在嘴里。

师："放"是把东西放在桌子上、阳台上等，嘴是一个腔囊，应该说"放进"。

生：我摘一瓣，放进嘴里，咬了一口，甜滋滋的，还有点酸溜溜的感觉。

师：是感觉？

生：还带有酸溜溜的味道。真是"吃在嘴里，甜在心里"呢。

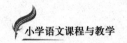

师：这位小朋友写"吃"用了12个字，三个动作："摘下一瓣，放进嘴里，咬上一口。"写得细腻，文句通顺，好！

（第二个学生交流，老师评讲，再下课。）

第二课时

一、师生表演

师：上一堂课，我们一起观察了橘子，大家边看边想，通力合作，最后，把这个橘子写得形象、生动了。这一节课，你们先观看一个小品，也请大家边看边想，最后，把这个小品叙述清楚。谁愿意当小演员？（学生纷纷举手，一名男生上台。）

师：（亲切对男生）我们合作，一起演爷孙俩，高兴吗？（学生高兴地表示同意）

师：我先给大家介绍一下这个小品的故事梗概。

一天晚上，一个叫小明的孩子正在家里做作业。到7点了，爸爸妈妈还没有来，小明饿坏了。这时，爷爷来了，还捎来了一个大橘子。这个橘子又大又新鲜。小明好不开心，他剥开皮刚想吃，但想起平时爷爷那么关心自己，怎么都舍不得吃，现在，他也要尽一份孝心，把这个橘子留给爷爷。但是，他又怕爷爷不肯吃。怎么办呢？于是，他故意说这个橘子是酸的。爷爷听说这个橘子是酸的，便抢过橘子不让小明吃。爷爷吃了橘子以后，发现橘子并不酸，还很甜，心里很纳闷。这时，小明见爷爷真的吃了橘子，便高兴地叫道："爷爷上当了！"

（师生共演小品，表演很成功，台上台下一片笑声。）

二、概括要点，进行练笔

师：你们看了老师和这位同学演的小品，能不能用几句话概括说一下？

学生回答，教师完成以下板书：

①晚上，爷爷回来了，还捎回一个大橘子。

②啊，这个橘子真可爱，吃起来一定很甜。

③ 我想给爷爷吃，又怕他不肯吃，便故意说橘子是酸的。

④ 爷爷抢过橘子吃了，发现橘子很甜。

⑤ 我高兴地说："爷爷上当了！"

师：（请学生读好这几句话后）这位同学概括得很好。如果一位小朋友真的是这么写的，并把它当作一篇作文交给了老师，你们说，老师会满意吗？

生：不满意，因为他写的内容不够清楚、具体。

师：对，这篇作文缺少具体的内容。作文时要注意用事实说话，要表达清楚，不说空话，不说套话。比如说，"晚上，爷爷捎回一个大橘子"，写"晚上"，不能出现"晚上"这个词，可以从天色、时间等多个角度去写。"我想给爷爷吃，又怕他不肯吃，便故意说橘子是酸的。"想，是心理活动，为什么要把橘子给爷爷吃，怎么估计到爷爷不会吃的？等等。小明的这些心理活动都要写出来。"故意说橘子是酸的"。怎么做动作，怎么装出"故意"的样子？如何把这几个"怎么样""为什么"写清楚，写明白，这篇作文就具体了。

（学生根据老师提供的4句话进行扩写，每个人选择一句展开内容。）

三、当堂评点

（学生写完后，请了5位学生上台交流。）

师：俗话说，"三分文章七分读"，意思是朗读很重要，文章写得一般，如果读得好，还可以给文章增色不少。

生1：屋外一片漆黑。

师："屋外"改成"窗外"更好。

生1：窗外一片漆黑。家家户户的厨房里都飘出了饭菜的香味。唉！都快7点了。

师：没有用"晚上"二字，而写的全是晚上。

生1：家人怎么还没有回来呢？

师：把"家人"换成"爸爸、妈妈"。

生1：爸爸、妈妈怎么还没有回来呢？我的肚子都快饿瘪了。还好，不一会儿，爷爷回来了，他惦记着我这个小馋猫，变戏法似地从口袋里摸出了一个大橘子。

师：表达清楚，语句流畅。好！

生2：啊，这个橘子真可爱，圆溜溜的，像个小南瓜。

师：你展开了想象，比喻十分恰当。

生2：它金灿灿、黄澄澄的。我用手掂了掂，有二三两重。你瞧，你瞧……

师："你瞧，你瞧"表示惊讶，能引起读者注意。

生2：橘子上面还顶着一片绿叶呢，多像戴着一顶绿色的小帽子！我想，它一定是刚从树上摘下来的，一定十分新鲜，吃起来一定十分可口……

师：推断严密，合乎情理，一连用了三个"一定"，构成排比句式，读起来顺口。

生3：我突然想到，爷爷平时总是把好吃的东西给我，凡是不好吃的，他都抢着吃。这么一个甜橘子，我一定让他也尝尝。

师："一"可以去掉，更简练。

生3：这么个甜橘子，我一定让他也尝尝。可爷爷一定不会吃的。

师：爷爷怎么"不会吃"呢，换成"不肯吃"就准确了。

生3：可爷爷一定不肯吃的，这可怎么办呢？

师：好一个设问！

生3：我踱着步子，左思右想……

师：我这么个60多岁的老人思考问题才"踱着步子"呢，你这么个孩子怎么会像个老人了？改一改。（教师做出歪脖子思考的样子）

生3：我歪着脖子，左思右想。突然，一拍脑门，有了！

师：语句轻快，写得好啊！

生3：我摘下一片放进嘴里，左手捂着脸，歪着脖子，叫起来："爷爷坏，坏爷爷，这橘子真酸，不好吃！”

师：这儿写"我"的心理活动，十分细腻，烘托了"我"尊老、爱老的主题。

生4：正做饭的爷爷连忙跑过来，抢过我手中的橘子……

师："抢"在日常生活中是不文明的行为，然而这里用上"抢"字却再恰当不过了，写出了爷爷对"我"的疼爱。

生4：取下一瓣就往嘴里塞，咬了几下，奇怪地问我："孩子，这橘子不是很甜吗？"

生5：我见爷爷上当了，就捂着嘴巴笑了，爷爷正疑惑不解时，我一跳三尺高，边鼓掌边大声叫："爷爷上当了！爷爷上当了！"

师："爷爷上当了"为什么要说两遍呢？小孩子高兴起来就是这样，写得活灵活现。

生：爷爷这才恍然大悟，搂着我，捏着我的小鼻子，说："真是我的乖孙子！"

师：这几位同学写得都很清楚，很具体，我们向他们表示祝贺！（学生鼓掌）

四、起题目

师：这篇作文很生动，咱们一起来给它起个题目吧！可以从文章中摘录一个词语或短句作为文章的题目。

生：爷爷上当了。

师：好！如果用"我"作题目呢？

生：我骗爷爷吃橘子。

师："骗"要加引号。

生：我哄爷爷吃橘子。

生：我笑了。

师：多么富有诗意的题目。

生：我让爷爷上当了。

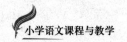

师：都不错。语文老师平时出的多是这样的题目。（板书：记一件__事）你们再起题目。（学生说了很多，如：难忘的、高兴的、快乐的、有趣的、有意义的、印象深刻的、值得回忆的等。）

师：如果按地点来起题目呢？

生：发生在家里的一件事。

师：按时间呢？

生：发生在晚上的一件事。

师：按事情的大小呢？

生：记一件小事。

师：同学们，这些都能作为这篇作文的题目。题目是文章的眼睛，它能起到揭示文章中心的作用。

作文，是写出来的；好作文，却是改出来的。改作文，几遍才算好呢？我的体会是，一百遍不多。谁改得多，谁的进步就快。希望同学们多读多改，把文章写得更好。

四、口语交际的教学策略

（一）口语交际教学的通用策略

口语交际是人类应用最广泛的交际手段，是人们生活中不可或缺的部分。人们总是在一定的语言环境和语用意图下进行口语交际，通过使用口头语言来表达内心情感和交流思想。

口语交际的形成包括四个阶段：构思阶段——交际者在使用语言进行交际之前，先通过思考形成基本的构思；转换阶段——形成构思之后，将构思组织成可表达的语言信息；执行阶段——说话者将话语以声波的形式传递到听话者的耳朵里，由听话者接受信息；接受和反馈阶段——听话者接受说话者的信息以后，同样经过以上三个阶段将自己的反馈信息发送给说话者，从而完成交际的过程。

口语交际能力的培养日益受到教育工作者们的重视，在课堂教学中，口语交际的内容设计可采用以下策略：

1. 创设良好的交际情境，在具体的情境中实现听说双方的互动交际。

口语交际的最大特点是互动性、情境性以及动态生成性，在进行口语交际训练的时候，教师一定要注意为学生创设交际的情境。这样，学生才能够在具体的情境中形成互动，从而学会在怎样的情境下应该讲怎样的话，怎样交流才能解决问题，最终实现口语交际的目的。因此，在口语交际训练中，创设情境和引导互动是非常重要的。

在口语交际课上，教师应当凭借教材，因时因地制宜，进行二度创作，设计合适的交际情境，引发学生的交际欲望。在进行情境设计的时候，教师要对情境的类别、场次等做出适当的规定，让学生明确自己进行交际的情境是属于哪种类别，是单次还是多次交际等；要尽最大可能还原真实的生活情境，让学生感觉是在亲历现实生活，从而学到实用的口语交际本领。这样，在课堂上训练出的口语交际能力才能真正运用到学生的生活中去。

在进行口语交际课的教学设计时，教师应当尽量将训练要求和训练过程结合起来考虑，将课堂设计尽量细化。但是口语交际这种具有开放性的训练课程，在课堂上常常会有临时的情况发生，需要教师及时做出调整。因此，教师应当具有进一步细化情境设计的思想准备和实际能力。这种细化可能是数量上的增加或减少，程度上的弱化或强化等，通常情况下，需要教师将交际情境的时间、空间，交际的内容和人物关系等更明确具体地加以设计安排。

在创设交际情境时，教师还应该注意对情境中的交际者的设定。交际者必须在情境中进行交际，二者是相互吻合的。在情境中的交际者应该是双方或多方的互动，关系呈现出不断推进的状态。教师在创设情境的时候应当对交际者的大致交际过程和结果有一个预先的设定，这样交际者才能实现有效的交际，最终达成教学目标。

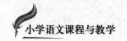

2. 引导学生学会在不同的场合使用不同特色的口头交际语言，争取说好说对。

口头交际语言训练是贯穿小学生各学段的训练，做好口语交际训练，一方面是为学生的习作打基础；另一方面，教师也要注意到口头交际语言自身的特点，比如与书面语言相比，口头语言具有灵活性和多样性，可借助语音、态势语来表情达意等。因此，要上好口语交际课，教师首先要了解口头交际语言的特点；其次，教师应当准确把握各类口语交际的特点。

2022年版课标中，要求学生"在各种交际活动中，学会倾听、表达与交流"。这里的"各种交际活动"既包括不同的交际场合，也包括不同的交际类别。社会语言学家认为，在进行口语交际时，人们常用的语体有以下五种：（1）礼仪的或刻板的；（2）正式的；（3）非正式的；（4）随便的；（5）亲切的。因此，在不同的交际场合，根据交际目的的不同，交际者应当选用恰当的语言材料和表现方法。在运用语言时，要有相应的语言基调，并选用相应的句式、语言手段等形成相应的语言表达体系。

由此，教师在进行口语交际训练时，应找准训练的目标，并选用合适的语言训练材料和训练途径，引导学生学会在不同的场合使用不同特色的口语交际语言。

3. 注意培养学生文明的交际态度和语言修养，在实践中提高学生的交际水平。

口语交际不仅仅是交际者之间语言的交流，同时也是情感与思想的交流。因此，交际者在交际中不仅要有得体的语言，也要有良好的交际道德。良好的交际道德包括：积极听取对方的话语，对对方的话语表现出自己的关心；选择对方可以接受的、对对方表现出尊重的语言方式进行对话；正确对待交际中出现的分歧与争端，保持耐心与宽容等。

在小学的口语交际训练中，文明的交际态度和准确的交际语言训练是同时起步的，2022年版课标中对文明的交际态度的要求贯穿始终。因此，教师在进行口语交际训练时，不仅仅要引导学生说对说好，还要注意引导学生有礼貌、有素养地表达自己的看法，与别人进行交流。

（二）口语交际教学的学段策略

以上是贯穿小学三个学段始终通用的口语交际策略，但学生在小学三个学段成长非常迅速，每个学段的学生都会呈现出不同的特点。因此，在不同的学段我们还可以采用相应的口语交际策略。

1. 第一学段（1—2年级）

这一学段的学生刚刚进入小学，他们面临的是全新的环境和学习模式，因此很容易出现畏惧心理。在口语交际方面，本学段的学生从未接受过系统的口语交际训练，他们的日常口语交际呈现出随意化，学生往往在倾听方面或表达方面存在着一定的问题。在口语交际教学中，如何尽快地让学生掌握口语交际的方法，养成良好的口语交际习惯，习得较强的口语交际能力，这是在低年级口语交际教学中应着重解决的问题。

（1）选择适合儿童的主题内容

低年级的学生以形象思维为主，他们用自己的眼睛去看世界，感受世界，对小动物有着天然的爱心，因此，在低年级的儿童读物中，有许多小动物的形象。在进行口语交际的内容设计时，我们可以抓住儿童的这个特点，选择一些小动物作为练习里的主人公，这样更能吸引儿童的注意力，提高儿童学习的兴趣。

陶行知先生的"生活即教育"理论为口语交际的内容设置提供了有效的途径。他认为，教育来源于生活，依据生活，为生活服务。在低年级的口语交际内容设计上，选择生活化的内容和场景更加贴近儿童的心理和年龄特点。低年级学生的生活环境基本上就是学校和家庭，他们知道的就是在生活中发生的事情，熟悉的也是自己生活中的场景。在设计口语交际的内容时，倾向于为学生创设熟悉的环境和氛围，这样学生就不会有陌生的感觉，可以尽快地进入情境中，才能有表达的勇气和欲望。在生活化的主题内容中，更有利于提供学生口语交际的素材。有了丰富的生活素材为依托，在进行口语交际训练时，教师只要适当地加以引导，就能激发出学生

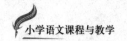

交流的欲望。这样，课堂教学不但充满了激情，也大大提高了学习的有效性。

（2）关注语言和思维的发展

语言和思维是紧密相连的，语言是思维的外壳，思维是语言的内核，语言是交流的工具，也是思维的工具，二者是不能分离的。人的思维活动是在语言材料的基础上进行的，需要通过语词、句子、篇目等语言形式来明确概念，对事物进行判断，进行逻辑推理和思考。语言是表达思维的工具，而思维是语言扩展的重要因素，思维活跃，人才能语言丰富，思维清晰，表达条理。因此，思维和语言的发展是相辅相成的，二者需要共同发展、共同进步。

当言语动机产生之后，信息的多少和优劣在很大程度上就决定着思维和语言的质量。人获取信息有两种途径：一种是通过亲身体验，形成自己的思维材料，这是直接经验；另一种则是通过对前人所取得的经验和成果的学习，内化成为自身的经验，这是间接经验。对于低年级的小学生来说，由于年龄和阅历的关系，从生活中直接获得的经验还不够充分，因此，通过课堂学习获取间接经验就显得尤为重要。在进行口语交际的内容设计时，要考虑到在发展学生语言能力的同时，还要发展学生的思维能力。

根据语言和思维的关系，我们在进行口语交际训练时，可重点关注以下几个方面：

① 通过比较提高学生的思维整合能力

在口语交际训练中，经常会出现这样的情况，就是几个类似的句子会重复出现，但是句子和句子间细微的差异使得两个或几个句子间的含义或感情产生了巨大的差别。在面对这样的情况时，我们不但要让学生明白句子间的差异是什么，更要让学生明白造成差异的原因是什么。这样学生才能动脑子思考，在今后遇到类似的情况时，知道选用什么样的语言来与对方进行交流沟通。

② 通过模仿提高学生的学习迁移能力

心理学上把一种学习对另一种学习造成的影响称为学习迁移。充分利用学习迁移的规律，是提高学习效率的重要手段。一般来说，如果能将已得的学习经验运用到新的学习中去，学习的效率就会更高一些。小学低年级学生因为所学的知识有限，掌握的学习方法也较少，所以学习迁移的能力较低。这就要求教师在进行口语交际训练时，要对学生进行学习迁移的训练，尽量使口语交际的练习具有连贯性，帮助学生将在前一个环节所学到的知识和经验运用到后一个环节中去。

此外，在进行口语交际的课堂训练时，还要帮助学生举一反三，实现知识的横向迁移。学生在一个情境中学到的经验如果不能运用到与之相近的情境中去，那么就不能说学生真正掌握了这个学习经验。因此，在学生学习了某种口语交际情境后，教师可适当给学生提供相似的情境，让学生进行模仿练习，将已学到的经验运用到新的情境中去。

③ 通过多维性练习培养学生的发散思维能力

发散性思维指的是人们在面对同一问题时产生多种解答的思维方式，发散性思维能够充分激发学生的想象力，给学生更加广阔的发挥空间。

（3）注重学生在学习过程中的体验

低年级的学生容易注意力不集中，在口语交际的课堂练习中会轻易受到其他因素的影响。因此，教师在设计低年级的口语交际教学时，应更加注重学生的体验，将学生带入课堂中。

① 注重学生在倾听和复述中的体验

良好的倾听能力是人们获取知识的主要途径之一。对学生来说，倾听能力是学好各科知识的基础能力，只有学生具备了良好的倾听能力，才能在课堂中准确地抓住各项知识的要点，并能够整合自己听到的各项材料，从而内化为自己的知识。而倾听并不是一项独立的活动，在交际中，听是为了获取对方的信息，通过内化整合，才能使自己说得更好。所以，在口语交际中，听和说的训练往往是结合起来的，这就是复述。所谓小学语文

课程与教学的复述，也就是把听到的信息或看到的材料用自己的语言转述给别人听。与一般的说话相比，复述的内容必须借助自己听到或看到的材料，它又不同于背诵，背诵是照搬原话，复述则是使用自己的语言。倾听和复述是紧密相连的两部分，二者相比，倾听又更重要些，没有好的倾听，学生便无法做出好的复述。因此，在口语交际训练时，要注意设计高质量的倾听，并有高质量的复述，才能保证练习的有效性。

低年级的学生思想往往不能集中，容易注意力分散，尤其是一年级的学生，大都不能准确地复述出听到的话。因此，对于低年级的学生，关注他们在课堂上的倾听就尤为重要。教师在进行口语交际训练的时候，可以在倾听前提出一些与主题有关的问题，比如什么时间、什么地点、什么人等，让学生带着问题去倾听，可以提高学生倾听的兴趣，提高倾听的有效性。当学生在听的过程中，能够把听到的言语信息准确接收到，并在大脑中对这些信息进行处理后，通过复述传递出来的信息就会准确得多。低年级学生在完成复述或转达时，可以分两步走：一是找到听的部分的关键词，教师可以将关键词呈现在黑板上，提醒学生关注这部分内容，从而提高学生听的有效性；二是让学生先把听到的话一字不差地说出来，从而保证信息的全面性和准确性，当学生养成良好的倾听习惯后，再慢慢培养学生通过信息整合，使用自己的语言抓住重点进行转述的能力。

②关注学生在态度和情感中的体验

口语交际的训练是通过学生与他人的交流实现的，这是一个双向或多向互动的过程。在此过程中，学生会对不同的观点和对象呈现出不同的态度，或赞成，或反对，或模棱两可，这会导致学生的情感态度随之发生变化，口语交际的结果也可能随之改变。所以，在口语交际训练中，要关注学生的态度和情感体验。

低年级的学生非常看重教师的评价，因此在口语交际中，教师应及时对学生们的表现做出正面评价，这样学生会觉得自己受到了肯定和重视。为了再次获得同样的满足体验，学生会不断完善和强化自己在口语表达上的表现，从而做得越来越好。口语交际训练不可避免地会有群体交流，在群体交流的时候，教师要注意观察学生之间的反应，尽可能为学生创设一个和谐、宽松、愉快的学习环境。在这样的环境中，学生会更加乐于表达，善于表达，也就更愿意参与到集体活动中去，从而培养学生的合作学习能力。

2. 第二学段（3—4年级）

这一学段的学生已经适应了小学生活，他们的学习能力也随着身体的发育和心理素质的发展逐步成长起来，感知能力的发展、记忆能力的提高、有意注意的进步，这些都为学生口语交际能力的发展打下了良好的基础。这一学段的学生，在口语交际方面，已经习惯使用普通话进行交流，能够认真地倾听别人讲话、讲故事等，能够通顺流畅地自我表达，而且对感兴趣的话题也能发表自己的意见。因此，在口语交际教学中，教师应当注意到学生的这些特点，并针对学生的特点和已掌握知识的情况来选择、设计口语交际的内容。

（1）根据2022年版课标的要求，找准中年级口语交际教学的延续点和提高点

2022年版课标根据学生的年龄特点和心理特征，由低到高逐学段阐明了口语交际的教学目标。与第一学段相比，第二学段的要求与第一学段的要求既有延续性，又在第一学段的基础上有了提升，比如在听的方面，第一学段的要求是"能认真听别人讲话，努力了解讲话的主要内容"，而第二学段的要求则是"听人说话能把握主要内容，并简要转述"；在说的方面，第一学段的要求是"学说普通话，逐步养成讲普通话的习惯"和"能较完整地讲述小故事，能简要讲述自己感兴趣的见闻"；而第二学段的要求则是"能用普通话交谈"和"能清楚明白地讲述见闻，说出自己的感受和想法，讲述故事力求具体生动"；在交际态度上，第一学段的要求是"与别人交谈，态度自然大方，有礼貌"和"有表达的自信心，积极参加讨论，敢于发表自己的意见"；而第二学段的要求是"学会认真倾听，能

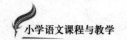

就不理解的地方向人请教，就不同的意见与人商讨"。由此可见，在进入第二学段之后，教师应当引导学生在第一学段的基础上适当拔高。在设计教学内容时，要紧密结合教材，多采用学生喜闻乐见的形式，循序渐进地培养学生的倾听和表达能力，逐步提高学生的交际素养。

（2）与习作结合，整体提高学生的口语和书面表达能力

从第二学段开始，教材便开始注重将口语交际与习作联系在一起进行训练。说话是写话的基础，写话是说话的延伸和发展，二者相辅相成，不可分割。第二学段的学生通过前两年的学习也掌握了一定的写作方法，具备了一定的写作能力，因此，在进行第二学段的口语交际教学时，应适当将口语交际与作文训练结合起来，进行整合教学。

如在教学《向你推荐一本好书》时，我们可以提前布置任务："同学们，下周每位同学要向全班同学推荐一本好书，大家可以回家找找自己喜欢的书，下周带来推荐给全班同学。哪位同学推荐的书获得的好评最多，哪位同学就可以获得'推荐之星'的称号。大家要做好准备哦！"听到这样的消息，学生定会兴趣十足，回家后认真准备，并想好推荐词。上课的时候，先让学生分小组讨论，选出本小组最好的书，再向全班推荐，这样每位学生都能积极参与进来。在这堂活跃的口语交际课后，让学生趁热打铁，把这堂课记录下来，这样，不但提高了学生的口语交际能力，也提高了学生的习作能力，让学生既能说好，又能写好。

（3）紧密结合单元主题，搭建口语交际平台

阅读教学是口语交际的另一个平台，教师在进行阅读教学时也可以适当地积累口语交际的材料，指导学生进行口语交际的训练。比如在初读课文后引导学生对课文大意进行交流，在深入感悟中对课文的内容进行探讨，在学完课文后对课文内容进行总结等，这都可以成为训练口语交际的平台。

对于第二学段的学生来说，口语交际训练的侧重点在于承上启下，既要延续第一学段的学习，又要注重与作文教学和阅读教学的结合，不断提高学生的综合学习能力。

3. 第三学段（5—6年级）

随着年龄的增长，知识的扩充，学生在进入第三学段之后，生活空间进一步扩大，认识能力也进一步提高，他们的思维方式由直观、具体的形象思维逐步向判断、推理的抽象思维发展。但与之相对应的，与低年级学生相比，高年级的学生在课堂上参与的积极性逐渐降低，尤其是在口语交际的课堂上，发言的热情也降低了很多。因此，针对这一学段的学生，需要适当地调整口语交际的策略。

（1）深入挖掘教材资源，丰富学生的交际内容

第三学段的口语交际教材编排沿袭了第二学段依据单元主题和语文能力训练点来设置话题的方式，目的是继续加强培养口头语言能力的"听""说"与培养书面表达能力的"读""写"之间的联系。教师在设置口语交际教学的内容时，一定要立足生活，着眼于学生的实际，将教材的教学要求和学生的实际情况联系起来。教师设置口语交际的话题一定是学生熟悉的，源于生活，又可以服务于生活。因地、因时制宜，多挖掘学生身边的、学生喜闻乐见的话题内容，如学生平时吃的、穿的、用的、玩的等，"暑假生活""一个熟悉的人"等，这样的话题可以保证学生有话可说、有话能说，在此基础上，教师才能进一步引导学生说对、说好。

除此之外，教师还要根据学生身心发展的特点，合理利用教材上的口语交际资源，将口语交际的内容扩展到口语交际课堂之外，以满足不同学生对口语交际学习的不同需求。这一学段的语文教材中有大量篇幅较长、富有文采的课文，这些也都是训练学生口语交际能力的良好素材。教师在平时的阅读教学和习作教学中，应适当利用这些资源，将口语交际训练渗透进来，从而拓展学生的学习空间，将学生口语交际的训练从口语交际课堂带入其他课堂，再带入到生活中去。

（2）创新交际方式，加强学生的交流沟通

2011年版课标将"听"和"说"更名为"口语交际"，2022年版课标又将"作文"和"口语交际"融合为"表达与交流"，说明口语交际的

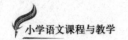

核心是"交流"，注重的是人与人之间的交流和沟通，而不是"听"和"说"得简单叠加。而在实际的训练过程中，我们往往更重视"说"而较忽视"听"，甚至会经常出现一人说众人听的场面，学生与学生之间的思想交流相对较少。口语交际要求参与交际的人不但要学会流利表达，而且要学会认真倾听，学生只有在与教师和其他同学的互动交流中互相启发、促进、补充，才能实现口语交际的目的。因此，教师在设计口语交际教学内容时，不仅要关注怎样让学生表达自己，还要关注培养学生良好的倾听和应对能力。只有提高听的能力，才能准确捕捉到对方话语里的信息，明白对方的意图，才能更好地表达自己。

教师在设计口语交际教学内容时，应有意识地加强互动时的口语交际训练，参照2022年版课标，针对学生的实际水平来创设话题形式，比如辩论赛、汇报会、街头采访、模拟表演等。使用各种富有创新性的交际方式，把口语交际能力的培养和学生的生活实践结合起来，让学生能够在动态化的、生活化的、实用化的氛围中锻炼交际能力，做到认真倾听，善于表达，逐步提高交流沟通的能力。

（3）培养主体意识，增强学生的交际自信心

与语文课的其他教学内容相比，口语交际更应该强调学生的主体地位。在进行口语交际的课堂训练时，教师应放手让学生去做，让学生成为交际的主角，尽量满足学生的交际需要，让学生能够充分展示自己，并在口语交际中获得自信和满足。在口语交际课的课堂训练中，教师应尽量让每个学生都承担具体的交际任务，不能把课堂变成少数学生展示的舞台，要发挥每个学生参与交际的积极性，采用同桌互听互说、小组讨论等方式，把训练落实到每一个学生，强化学生的主体参与意识。

在高年级的口语交际课上，教师还应当把评价的权利交给学生，引导学生参与到课堂评价中来，让学生充分发表意见，展示自己的个性。2022年版课标提倡评价主体多元化，学生作为教学的重要参与者，更应当从自己的角度积极地参与到评价中来。在学生的评价过程中，教师要引导学生

客观公正地进行评价，在此基础上，要多从积极的角度来评价别人，树立每个学生的交际信心。作为教师来说，在评价的时候，要肯定优秀的学生，树立他们继续上好口语交际课的自信；要帮助落后的学生，给他们更多展示的平台，委婉地提出意见和建议，保护他们的尊严心，发展他们的个性，帮助他们在口语交际上获得更大的进步。

总之，在上口语交际课时，教师既要考虑口语交际的教学目的，也要考虑学生的年龄特征和心理特点，选用适当的口语交际策略，引导学生乐于说话、善于说话，这样才能真正提高学生口语交际的能力。

五、口语交际的教学设计与实践指导

口语交际的教学过程是一个动态的、多元化的交流过程，它以学生的实际生活为背景，以课堂为训练的舞台，向课外进行辐射。因此，口语交际的教学过程应当是开放的、复合的、以言语活动为中心的。

（一）口语交际教学的一般模式

模式是指某种事物的标准形式或使人可以照着做的标准样式。口语交际课与其他教学内容的课程一样，也可以有一个基本的教学模式，它大致可分为"创设情境""感受拟说""自由表达""合作交流"和"拓展延伸"这五个教学步骤。

1. 创设情境

小学生的特点是形象思维占优势，注意力容易分散，因此，在进行口语交际训练时，一定要创设相关情境，形成良好的沟通氛围，让学生在和谐的氛围中可以自由地表达，这是口语交际训练的重要途径，也是口语交际课的首要环节。教师在创设口语交际情境时，首要的依据是教材，根据教材内容适当地加以丰富和充实，这样才能满足师生交流、生生交流的需要。如在教学《可爱的小动物》这一课时，教师除了依据教材让学生说说养过什么小动物、喜欢什么小动物之外，还可以适当创设某种小动物生活的情境，将学生带入到情境中来，让大家讨论这种动物的生活习性、居住

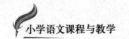

环境等，这样既紧密围绕着教材，又大大提高了学生的交流兴趣。

除教材之外，教师还可根据学生的日常生活及社会交往来创设情境，如问路、购物、提醒别人注意公德等。在创设这些情境时，教师应尽量将情境具体化，让学生明确自己的交际任务。如购物，可设计为"去农贸市场买菜""去超市买玩具"等情境，注意公德可设计为"提醒别人不要随地吐痰""提醒别人在电影院不要大声讲话"等。在这样的情境中，不但可以培养学生沟通交流的能力，而且还能调动学生的生活感知，增加学生的生活积累，培养学生正确的价值观、健康的情感和积极向上的人生态度。

在创设情境时，教师应充分利用多媒体，使用录音、录像、PPT等多种教学手段。因为利用多媒体创设情境，具有生动、形象、逼真的特点，容易给学生造成身临其境的感觉，有助于提高学生的学习兴趣。

2. 感受拟说

口语交际课的教学，必须充分体现以学生为本，体现在口语交际的训练上，也就是要从学生的实际出发，从学习的效果出发，在训练目标上体现对学生自学能力的培养。也就是说，在教师教给学生一些基本的、科学的学习方法的基础上，鼓励学生采用适合自己的学习方法，养成良好的学习习惯，主动进行学习和练说。因此，教师应设置开放的课堂教学模式，鼓励学生独立思考，积极参与，呈现出富有个性的学习过程。

感受拟说这一环节，只有让学生在感受情境的过程中，做到动眼看、动耳听、动脑想，并经过充分的观察和内化，才能为自由表达打下良好的基础，才能说得具体而生动。动眼看，也就是观察，在观察的过程中，教师要提醒学生注意以下两点：一是观察要有顺序。观察有序，才能思之有序，进而说之有序，如在观察环境、景物、场面时，要注意引导学生按照由远及近、由上及下、由里及外等顺序逐步进行观察；二是观察要有重点。观察不仅要全面，还要抓住最能体现事物特点的部分，因此，在观察中，教师要引导学生把全面观察和重点观察结合起来，这样才能抓住事物的特征。动耳听，指的是在口语交际训练中，一要认真听交际材料，抓住交际材料的主要内容，明确交际要求；二要认真听交际对象的语言，把握交际对象的中心意思，这样才能准确地予以回应。动脑想，就是以情境感受为基础，结合看和听，将形象和声音转换为语义，它也包括两方面的内容：一是思考情境给出的信息，区分出主要信息和次要信息、有用信息和无用信息，思考情境中事物的联系是什么，并总结出情境的主题；二是通过思考将情境给出的信息组织成语言，这是口语交际能力的关键。因此，在带动学生思考的时候，教师一方面要提高学生思维的准确性、敏捷性、深刻性，另一方面还要训练学生语言的条理性、规范性、逻辑性，将思和说结合起来，共同提高，共同进步。

由于内部语言的速度高于外部语言，因此学生在说的时候经常会出现语言跟不上思维的情况，也就是想得快，但找不到合适的语句来表达。体现在具体的口语交际中，就是学生会出现"嗯……啊……"等垫语增多或语流中断的情况，究其原因，主要是在"感受拟说"这一环节准备得不够充分。因此，在这一环节，教师应培养学生养成边看、边听、边记、边想的好习惯，以促使学生养成良好的交际态度和交际修养。

3. 自由表达

经过"感受拟说"之后，学生应当已有了表达的欲望，在此基础上，教师可引导学生将自己想的自由表达出来。在自由表达的时候，教师应注意以下几点：

（1）营造和谐的氛围

口语交际能力的培养要从兴趣和情感的激发入手，在口语交际课堂上，教师应放下架子，融入学生，营造师生之间、生生之间温馨、融洽的氛围；和学生一起讨论、交流，建立民主、平等的师生关系；保护学生的自信心和自尊心，以正面评价为主，理解学生的思维方式和表达方式。只有营造这样一种和谐的氛围，学生才能自觉大胆地说出想说的话，实现让学生敢于、乐于和人交流的目的。

（2）建立交际的互动

口语交际是听说双方的互动过程，是语言信息的往来交互，是在双向或多向的互动中实现语言的交流和沟通。因此，参与口语交际的人，不但要善于抓住对方话语里的主要信息，还要适时地接话，谈自己的看法和观点。教师在进行口语交际设计的时候，一定要关注师生之间、生生之间的互动，让学生在这一环节能够做到你有来言，我有去语，这样课堂才能真正活起来。

（3）培养综合的能力

口语交际能力不仅仅包括"听的能力"和"说的能力"，而是一种综合性的能力。它包括非智力因素和智力因素，非智力因素包括交际的兴趣、情绪和交往的仪态、习惯等；智力因素包括思维的敏捷性、语言表达的准确性和语言组合的快速性等。教师在进行口语交际训练的时候，要关注学生综合能力的培养，而不仅仅停留在听和说上。

4. 合作交流

口语交际归根结底是人与人之间交流情感和思想的活动，而合作学习的好处之一就是创设良好的语言沟通环境。在这样的环境中进行沟通和交流，学生之间可以相互启发、相互学习、相互促进。因此，口语交际训练还应当设置合作交流的环节，师生之间、生生之间要像日常社会口语交际那样互为对象，构成交际关系，模拟生活实际，多向互动地进行演练，才能体现出口语交际的特点，切实地锻炼和发展学生的口语交际能力。

5. 拓展延伸

口语交际训练是为生活服务的，生活离不开交际，因此，口语交际能力的培养，绝对不能够只限于课堂，而应该延伸到生活中去。在经过了一堂课的学习之后，教师应引导学生将本堂课学到的内容应用到生活中去，通过布置作业的形式引导学生在生活化的氛围中进行口语交际能力的训练，从而使学生形成积极的、富有成效的与人交往的能力和处理事情的能力。

以上是口语交际课的一般模式，在具体的操作中，口语交际训练的内容和目的是多种多样的，教师也要根据实际的教学情况合理地安排和调整教学环节，加强学生交际的自觉性和主动性。

（二）口语交际课的教学设计

由于第一、二、三学段的学生呈现出不同的特点，因此我们在进行口语交际课的教学设计时，应根据学生的不同特点，适当调整教学设计，实现不同学段口语交际教学的不同目标。

1. 低年级口语交际教学设计

低年级学生活泼好动，对口语交际的知识大多来自日常生活，缺乏系统的锻炼。因此，低年级的口语交际教学应以训练学生的交往能力和想象能力为主，同时也应注意培养学生的文明礼貌意识。

教学设计：

《看望生病的同学》

江苏省无锡市五爱小学　徐丹

设计理念：《看望生病的同学》这篇文章属于"交往"系列之一，是小学生在日常交往中必然会遇到的事情。学生通过这类话题的学习，应该具备这样的本领：在同学生病时能送上问候并能代别人转达问候。因为口语交际作为一种生活交往活动，注重人与人之间的交流与沟通，因此在教学中应该让学生在听与说的双向互动中，培养学生的倾听、表达与应对能力。交际过程中，应根据学生生活实际，创设说话情境，激发交际欲望，让学生乐中说、说中乐，让口语交际生动起来。

教学目标：

1. 创设情境，激发交际欲望，让学生学会在同学生病时送上问候并能代别人转达问候。

2. 营造轻松氛围，让学生想说、爱说、会说，能勇敢大胆地表达自己的意图。

3.在双向互动的语言实践中提高学生的社会交往能力。

教学重难点：

在同学生病时能送上问候并能代别人转达问候。

教具准备：

课件（病房场面、学校场面），一束鲜花

教学过程：

一、温情谈话，体验情绪

1.你生病了，有人来看望你，你的心情如何呢？

2.在平时的生活中，你们有没有跟着爸爸妈妈一起到医院看望病人？还记得爸爸妈妈做了什么，说了什么吗？

（设计意图：激活原有的生活经验，奠定情感基调，让学生在熟悉的环境中有话可讲。）

二、创设情境，互动交际

情境一：我们的好朋友丁大勇，是一个有爱心的孩子，听说他的同学王晓燕生病住院了，他非常着急，买了一束鲜花，想到医院去看望自己的同学，可是他从来没有看望过病人，正犯难呢，有一个同学自告奋勇帮了他，你们看他做得对吗？（播放A同学到医院看望生病同学的录像）

1.辨一辨：你们看他做得对吗？你们觉得他做得好在哪儿？不好在哪儿？

2.帮一帮：谁愿意来帮丁大勇同学呢？看望生病的同学应该做些什么，说些什么？（学生自由说，老师相机板书。要求：有礼貌、讲文明、表问候、送祝福）

（设计意图：积极调动学生的语言储备，引导学生用规范、丰富的语言有条理地说话，在交际过程中有效提升语言表达能力。）

3.练一练：不要让丁大勇再苦恼了，还是请大家亲身当一回示范，我想丁大勇一定会感谢你们的。（个别学生结合板书示范练习）

小结：听了你们的建议，看了你们的示范，丁大勇终于明白了，你们看他正感谢小朋友们呢！

情境二：于是，丁大勇出发了，他急急忙忙地赶向医院，可是，刚走到校门口，又遇到了同班同学王小娅，丁大勇又碰到了难题……（播放王小娅与丁大勇的对话）

（设计意图：创设良好的交际氛围是口语交际成功的关键，和谐宽松的交际氛围能有效调适学生的心境，让学生想说、爱说。教学中通过创设情境，让学生为丁大勇解难，无形中给予学生暗示，教师的信任激发了学生的自信，真正促进学生主动地参与口语交际。）

1. 比一比

学会倾听：刚才王小娅跟丁大勇说了些什么？比比谁听得清。

2. 试一试

学会倾听：丁大勇要为王小娅怎样转告呢？看看谁讲得明。

（设计意图："代别人转达问候"是本节课的难点，而学会转述的前提是学会倾听，只有听清楚，才能说明白，此处的"比一比"和"试一试"两个设计正是从"听"和"说"两个层面分解了难点。）

情境三：有了大家的帮助，丁大勇终于带上王小娅的委托去了医院，去看望生病的同学。（出示医院插图）

我能行：如果你是丁大勇你会怎样做呢？让我们想一下丁大勇见到王晓燕会说什么。

1. 演一演

师生合作练一练。

（1）老师：今天我来当一回生病的王晓燕，再邀请一位小朋友来当丁大勇，我们来演一演，愿意吗？

（2）老师和一位小朋友合作表演。要求其他同学注意观察，仔细倾听对话内容，然后做简单评价。

（3）小朋友说说表演时要注意什么。

（设计意图：师生同演，体现了师生间平等互动，既为学生表演提供范

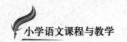

例，又激发了学生表演的兴趣。）

小朋友找自己的好朋友练一练，要求每人都当一回丁大勇，都当一回王晓燕。

个别同学上台演练。

（设计意图：当堂演练，让学生通过具体的交际实践，将获得的知识用于口语交际，从而掌握口语交际的方法技巧，提高了听说交往的能力，充分激发学习兴趣。）

2. 评一评

师生共同评议，学生根据表演，评评同学讲话是否有礼貌，转述是否清楚。学生相应评出本次交际的"文明之星""爱心之星"。

（设计意图：评选各有侧重点，也正是本次口语交际的训练目标，通过评选活动，激发学生参与的热情，同时也是为学生提供正确的引导，让训练充满挑战性和实效性。）

3. 拓展深化，回归生活

其实在生活中，我们常常会去探望病人，小朋友们应该争当生活的交往小能手，出示下表，学生交流。

当……的时候	我会这样做	自我评价
我要代表同学们去看望生病的老师		
我要看望生病的爷爷或奶奶		

（设计意图：口语交际是一种生活交往活动，生活就是最大的课堂。因此教师大胆地带学生由课内走向课外，拓展延伸，鼓励学生争当生活的"交往小能手"，而其中的自我评价就是一种有效的自我学习与管理，能切实提高学生的口语交际自信和能力。）

2. 高年级口语交际教学设计

高年级学生的口语交际训练应注重互动性，通过学生与他人的交流不断提高学生的口语交际水平。同时，应将口语交际的训练拓展到课外，让学生能够揣摩说话人的内心，准确把握他人的意思，能够与人文明交往。

教学设计：

《学会拒绝》

江苏溧阳市文化小学　孟荣祥

教学目标：

1. 通过具体的情境，让学生明白在日常生活中，我们应该拒绝他人不合理的要求，维护自我的尊严。

2. 学会拒绝他人，培养学生独立人格。

3. 培养学生良好的语言态度和交际习惯。

设计特色：

立足学生生活，突出学生主体地位，创设情境，引导交流互动，让学生乐于交际，学会拒绝。

教学过程：

一、谈话激趣，引出话题

1. 师：我们班的学生不仅学习好，而且有才艺，谁来给老师介绍一下咱们班的才艺之星？

（指名推荐）

现在，我有个要求，你们能不能答应我？"请你们为我跳只拉丁舞（变个魔术）。"

（学生感到为难，坦言这不是他的强项。）

2. 师：同学们，老师提出的要求遇到了什么情况？我想知道你们是怎么想的，用一个词来形容。

3. 师：对，当别人对你提出不合理的要求或力所不能及的要求时，我们应该拒绝。（板书：拒绝）这节课，我们就来聊聊拒绝的话题。

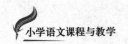

（设计意图：看似闲聊的导入，在调动学生生活体验的基础上明确交际话题——学会拒绝。以学生的切身感受为背景，激发学生情感，打开了话匣子。）

二、事例引路，例中悟法

1.婉言拒绝的例子

（1）提到拒绝，小明向我们讲述了他的经历："有一次，我的好朋友小强约我放学一起去书店看书，可是我已经答应妈妈按时回家了，我就对他说：'对不起，我很想陪你去，可是我今天已经答应妈妈要按时回家，对家长说话要算数，我改天再陪你去吧！'"

（2）从这位同学的发言中你发现了什么？

（学生自由畅谈，教师根据学生的回答概括要点：态度真诚，说清理由。）

（3）如果你是小强，听好朋友这么说，你有什么想法？

（小明同学的拒绝态度真诚，理由充分，即使面对拒绝，好朋友小强也愉快地接受了。）

2.严正拒绝的例子

过渡：这拒绝呀，说起来容易，做起来可不那么简单了。

（1）师：我11岁的邻居小华告诉我，上个星期六，他班上有个叫小军的同学约他去网吧打游戏，他拒绝了，但这两天这个同学一直不理他，他因此很苦恼。他思前想后，觉得自己当时拒绝时话没说好，大家知道他是怎么说的吗？他只说了一个"不"字。同学们，今天我想听听你们的意见，如果小军约你们去网吧打游戏，你会怎么拒绝他呢？仔细想想。

（学生在自主思考的基础上，纷纷提出自己拒绝的理由。）

（2）师生合作，交流互动

师：现在我扮演小军，你们来扮演小华，拒绝的时候，千万别只说一个"不"字。现在，我请一个同学来拒绝我，其他同学认真倾听，看能不能让我心服口服。

预设：嘿，小华，今天我带你去个好玩的地方吧！

生：什么地方？

师：去网吧打游戏！

生：不行，我作业还没写完呢！

师：今天不是星期六吗？明天做也来得及。

生：那也不行，老师说未成年人不能进网吧。

师：我一个亲戚开的，我们去试试？

生：我平时偶尔玩电脑，眼睛都有点近视了，我可不想戴眼镜。

师：难得一次，没关系的！

生：打游戏会上瘾，我们班小平就是这样的。

师：唉，你说得对，我听你的。

（设计意图：榜样的力量是无穷的，在这一环节中，教师巧妙地融入了学生活动，做了一个"拒绝"的示范，可谓导得不露痕迹。再加上教师的"明知故问"，又使学生在师生的双向互动中锻炼了应变能力。）

（3）师生交流，总结评价

师：同学们，谁来评价一下我们的交流过程？

（指名交流，教师强调要点：讲清打游戏的危害，态度真诚；听清对方发言，灵活应对。）

师小结：当别人给你提出的要求有一定危害性时，我们不光要拒绝，还要指出错误所在，规劝他人。

（设计意图：在教学过程中，既充分体现了教师引导的重要性，又突出了以学生为主体的教学原则。在交际过程中，教师以一个学习者、参与者的身份加入合作学习小组中，交流与评价相结合，一步步将交际活动引向深入，将指导化于无形。）

3.幽默拒绝的例子

（1）师：其实，在我们的现实生活中，成功拒绝别人的例子有很多，有的更是广为流传，成为佳话。现在给大家讲一个故事，想不想听？

（2）出示故事

罗斯福在当选美国总统之前，曾任美国海军总司令。一天，一位老朋友向他打听海军在加勒比海上的小岛上建立潜艇基地的计划。罗斯福想了想，然后向四周看了看，压低声音问他的朋友："你能保密吗？"对方信誓旦旦地答："能，我当然能。""那么，"罗斯福诡秘地微笑着说，"我也能。"听到这里，两个人不约而同地大笑了起来。

师：听了罗斯福当时的拒绝，和你们的相比，有什么感受？

师生交流，重点体会幽默、智慧。

（拒绝是一种智慧，引入名人的故事更有说服力，在对话中深化认识，感受语言的魅力。）

（3）师小结：一个合乎对方期望的回答，当然是最完美的，但即使是拒绝，有时候采用幽默的方式也更能让对方接受。

（设计意图：从学生的认知规律入手，先教学婉言拒绝和严正拒绝的例子，这是生活中常用的。相对而言，幽默拒绝更需要讲究艺术，更能体现与一个人的语言素养，是高水平的拒绝，这样的处理，更能引起学生的兴趣。）

三、实践演练，灵活运用

1. 师：看来，同学们从具体的事例中，从自己的生活经验中对怎样合理地拒绝别人有了新的认识。现在，给大家提供一个展示的机会，看你能不能合理地拒绝。

2. 出示演练要求

每个小组选择一个话题，讨论以下对语的内容，然后派两个学生表演这个情节。

（1）小刚没完成作业，请问桌帮他编一个理由。

（2）爸爸带小芳到公园去玩，小芳的个头刚刚超过享受半票优惠的高度，爸爸让她猫着腰混进去。

（3）小雨是制作风筝的高手，小勇想请他花两个小时教他，可一个小时后小雨就要去上钢琴课了。

3. 生小组合作，上台表演

4. 组织评价

（1）从他们的表演中，你有什么看法或什么补充？

（2）比较一下，哪一种拒绝方法更好？为什么？

5. 小结

（设计意图：2022年版课标要求：在课内外创设多种多样的交际情境，让每个学生无拘无束地进行口语交际。本环节教师创设丰富的情境，尊重学生的选择，搭建全员交际平台，引导学生用真诚的心和灵活的技巧尝试拒绝，在深入实践中提升口语交际水平。）

四、激发情趣，拓展延伸

1. 师：在过去你拒绝别人的经历中，留给你印象最深刻的一次，也许是成功的，也许是令你遗憾的，与大家分享一下吧。

2. 指名交流。

3. 请用一句话来总结你今天学习的收获与感想。

4. 师总结：同学们，在日常生活中，我们难免会遇到自己不能接受或感觉不合理的事情，这个时候就要有拒绝的艺术，态度真诚、理由充分是最基本的要求，希望同学们在今后的生活中不断总结拒绝的方法。最后老师送给大家八个字："学会拒绝，学会做人。"

（设计意图：在课堂教学即将结束时，引导学生回忆自己拒绝别人的成功或失败的典型案例很有必要，一方面能开拓学生的视野，另一方面能够帮助学生发现所学内容现实意义，同时明确拒绝是一种艺术，学无止境，需要我们到生活中去探索与完善。）

总之，小学语文口语交际教学应当在2022年版课标的指导下，结合学生和教师的实际情况，选取适当的教学方法和策略，以学生的发展为最终目的，来进行教学活动。

◆ 推荐阅读 ◆

1. 叶圣陶. 叶圣陶语文教学论集［M］. 北京：教育科学出版社，1980.

2. 贾志敏. 贾老师评小学生作文［M］. 上海：上海远东出版社，2008.

3. 于永正. 于永正教育文集：于永正课堂教学实录Ⅱ［M］. 北京：教育科学出版社，2014.

4. 姚春杰，何捷. 作文课，我们有办法：4位小学语文名师的作文教学智慧［M］. 上海：华东师范大学出版社，2014.

5. 刘淼. 作文心理学［M］. 北京：高等教育出版社，2001.

6. 施茂枝. 这样教写作不难——基于小学生心理特征的写作教学序列与模式［M］. 北京：高等教育出版社，2018.

7. 吴立岗. 小学语文教学研究［M］. 北京：中央广播电视大学出版社，2004.

8. 王林发. 语文口语交际教学设计方案40例［M］. 北京：中国轻工业出版社，2012.

9. 费蔚. 小学口语交际教学理论与示例［M］. 北京：人民教育出版社，2009.

10. 李莉莉. 小学语文口语交际教案选粹［M］. 北京：语文出版社，2008.

◆ 学习思考 ◆

1. 结合《义务教育语文课程标准（2022年版）》，谈谈对习作修改的认识。

2. 分析小学作文教学中存在的问题，并提出解决对策。

3. 谈谈在小学作文教学中，教师"下水文"的利与弊。

4. 口语交际教学有什么意义？

5. 各个学段口语交际教学的策略是什么？

◆ **教学实践** ◆

1. 从第一学段选取"写话"训练，编写一个教案，并写一篇"下水文"。

2. 从第二或第三学段选取"习作"训练，编写一个教案，并写一篇"下水文"。

3. 观看一节口语交际课录像，并互相交流感受。

4. 设计并执教一堂口语交际课。

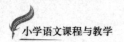

第七章　梳理与探究

第一节　梳理与探究教学概述

全国中文核心期刊《语文学习》的封面上印着一句话："语文学习的外延和生活的外延相等。"反观我们的语文教学，经常是围绕着课本，在课堂的小天地里下力气，把语文学习和生活、实践割裂开来。脱离了丰富多彩的生活，学生不可能形成丰厚的语文素养。

一、梳理与探究教学的内涵

"梳理"是爬梳整理。由散到聚，由乱向整，是找联系、成体系，把外在的、外入的知识吸纳、归整到自身已有的知识体系中，是辨析、整理的过程，这一过程中也有扬弃，即会有一些难以归整的知识慢慢被遗忘。

"探究"是探索研究。对知识、方法进行观察、比较、辨别、推理等，发现知识之间的联系，探索语言文字运用的规律，并自主建构与完善自我的语言经验。"探究"尤其重视学生的自主性、研究性学习。

"梳理"是建构知识，"探究"是发现规律。"梳理"之所以与"探究"连在一起，是因为对学生学习而言，它更多是一个由旧知向新知的发展过程。"梳理"是为了"探究"，"探究"是为了更好地"梳理"。

表 7-1 2022 年版课标与 2011 年版课标对比（第一学段）

第一学段	
梳理与探究（2022年版）	综合性学习（2011年版）
观察字形，体会汉字部件之间的关系。梳理学过的字，感知汉字与生活的联系。	对周围事物有好奇心，能就感兴趣的内容提出问题，结合课内外阅读共同讨论。
观察大自然，热心参加校园、社区活动，积累活动体验。结合语文学习，用口头或图文等方式整理、表达自己在活动中的见闻和想法。	结合语文学习，观察大自然，用口头或图文等方式表达自己的观察所得。
对周围事物有好奇心，能就感兴趣的内容提出问题，结合其他学科的学习和生活经验交流讨论，尝试提出自己的看法。	热心参加校园、社区活动。结合活动，用口头或图文等方式表达自己的见闻和想法。

对比第一学段"梳理与探究"和"综合性学习"，新旧两版课程标准中两个板块要求尽管相同的地方不少，但也有不同之处。相同之处表现在，2022年版课标是把老版课程标准的三条糅合成两条，大致要求没有太大变化；不同之处表现在新增加了关于汉字这一载体的梳理与探究，体现出对于祖国语言文字这一优秀传统文化给予了极大关注，这恰恰切合了党的二十大报告提出的"加大国家通用语言文字推广力度"的思想和"坚守中华文化立场，提炼展示中华文明的精神标识和文化精髓，加快构建中国话语和中国叙事体系"的精神。

表 7-2　2022 年版课标与 2011 年版课标对比（第二学段）

第二学段	
梳理与探究（2022年版）	综合性学习（2011年版）
尝试分类整理学过的字词。尝试发现所学汉字形、音、义和书写的特点，帮助自己识字、写字。	能提出学习和生活中的问题，有目的地搜集资料，共同讨论。
学习组织有趣味的语文实践活动，在活动中学习语文，学会合作。结合语文学习，观察大自然，观察社会，积极思考，运用书面或口头方式，并可尝试用表格、图像、音频等多种媒介，呈现自己的观察与探究所得。	结合语文学习，观察大自然，观察社会，用书面或口头方式表达自己的观察所得。
能提出学习和生活中的问题，有目的地搜集资料，共同讨论，尝试运用语文并结合其他学科知识解决问题。	能在教师指导下组织有趣味的语文活动，在活动中学习语文，学会合作。
	在家庭生活、学校生活中，尝试运用语文知识和能力解决简单问题。

　　通过对比第二学段，会发现新旧版课程标准对于这两个板块的差异和低段差不多。相同的地方是都体现语文学习的综合性和实践性，体现出要在学习与生活中提出问题和解决问题。"梳理与探究"把"综合性学习"的四条整合为两条，同时增加了汉字词语规律的梳理与探究，帮助学生识字写字，同时仍强调了汉字载体对于中华优秀传统文化的重要性，并且增加了关于"尝试用表格、图像、音频等多种媒介，呈现自己的观察与探究所得。"增加了"尝试运用语文并结合其他学科知识解决问题"的论述，从这里也可以看出2022年版课标对于新时代下学生应该掌握必备的新技能的诉求和跨学科学习的要求。

表7-3 2022年版课标与2011年版课标对比（第三学段）

第三学段	
梳理与探究（2022年版）	综合性学习（2011年版）
分类整理学过的字词，发现所学汉字形、音、义和书写的特点，发展独立识字能力和写字能力。	为解决与学习和生活相关的问题，利用图书馆、网络等信息渠道获取资料，尝试写简单的研究报告。
感受不同媒介的表达效果，学习跨媒介阅读与运用，初步运用多种方法整理和呈现信息。	策划简单的校园活动和社会活动，对所策划的主题进行讨论和分析，学写活动计划和活动总结。
初步了解查找资料、运用资料的基本方法。利用图书馆、网络等渠道获取资料，解决与学习和生活相关的问题。尝试写简单的研究报告。	对自己身边的、大家共同关注的问题，或电视、电影中的故事和形象，组织讨论、专题演讲，学习辨别是非、善恶、美丑。
策划简单的校园活动和社会活动，对所策划的主题进行讨论和分析，学写活动计划和活动总结。对自己身边的、大家共同关注的问题，或影视作品中的故事和形象，通过调查访问、讨论演讲等方式，开展专题探究活动，学习辨别是非、善恶、美丑。	初步了解查找资料、运用资料的基本方法。

2022年版课标把旧版课程标准的四条要求糅合成两条标准，这是三个学段的相同之处。不同之处在于，2022年版课标将字词载体落实在目标要求中，进而落实核心目标，并提出跨媒介学习。

结合课程标准中对"梳理与探究"教学的表述，我们可做如下理解：

（一）有利于**发挥学生个性**

在梳理与探究教学的过程中，学生很少会有"被迫"的感觉，他们的主体性得到充分尊重，不再是被动接受知识，而是主动收集材料，主动学习和运用知识。学生选择自己感兴趣的问题积极开展研究，将会对学生的个性发展产生深远的影响。

（二）在实践中学习、运用语文，以培养读写听说能力为终极目标

语文是一门实践性很强的课程，课外活动对语文教学意义重大，虽然强调学科的综合，但它是在语文课程体系学习中展开的，落脚点始终在致力于学生语文素养的形成和发展上。

（三）必须在教师的科学指导下进行

梳理与探究教学是一种充分体现学生个性的创造性学习活动，但是教师全盘放手让学生自我负责、喜欢怎样做就怎样做的思路是不负责任的表现。小学生学识有限，综合能力、统筹能力、自控能力较差，他们自己确定活动主题、自己设计活动形式和步骤都会存在一定的困难，这些都离不开教师的指导。

二、梳理与探究教学的意义

（一）推动语文教学改革的发展

语文教学的"学科中心主义"使语文教学和改革陷入了怪圈，提倡梳理与探究是课程改革的一项重要内容。梳理与探究教学体现了课程综合化的趋势，是落实"努力建设开放而有活力的语文课程"这一语文课程基本理念的重要途径。

（二）拓宽学生语文学习的空间

小学语文梳理与探究教学是以小学语文学科为依托的一种综合课程，充分利用生活资源和社会资源，充实语文梳理与探究教学资源。从内容和方式上可分为两类：一类是学生自主进行的主题活动，如演讲、办黑板报、主题队会、班会、辩论等；另一类是学生从生活中所选择的语文或与语文相关的专题学习活动，如参观访问、考察、调查等。从活动范围分，有校园活动、家庭活动、社区活动等。按活动成果分类，可分为文字类、口语类、图表类、实物类等。

（三）促进学生多元智能发展

为学生构建开放的学习环境，提供多渠道、多层面的学习实践机会，从而改变过去单纯依赖于教师传授知识的弊端，为培养具有开放的视野、全面的素养和较强的实践能力的未来人才打基础。梳理与探究教学提倡多学科联系、跨领域学习、书本学习与实践活动的紧密结合，有利于培养学生多元智能发展，有利于在实践中培养学生的观察感受能力、综合表达能力、人际交往能力、搜集信息能力、组织策划能力、互助合作和团队精神，为促进学生语文素养的全面提高提供了有力保障。

（四）促进学生梳理运用能力、探究能力的提高

转变学习方式是课程改革的重要目标，梳理与探究教学正是转变学生学习方式的重要途径。通过开展活动，引导学生积极主动地参与其中，自行设计和组织活动。学生亲历过程，整合听说读写等多种能力，运用已有的知识学会分析问题和解决问题。

在语文课堂上可以根据实际进行，如成语接龙（成语故事、成语漫画）、造句（仿例造句）活动，口头作文、诗歌背诵、讲故事（复述课文、演讲）、谈话（访问）、设计课本剧表演、学生讲课、学生命题、答题（巩固）等活动，还可创新生活语文实践活动，如写祝词、写广告、对对子等。

三、梳理与探究教学的内容和形式

（1）观察汉字的字形，尝试发现所学汉字形、音、义和书写的特点，分类整理字词，逐步发展独立的识字写字能力。

（2）观察周围事物、大自然和社会生活，用口头或图文等方式表达观察所得。

（3）提出学习和生活中的问题，结合课内外阅读讨论问题，运用语文知识和能力解决问题，或通过搜集资料解决问题，尝试写出简单的研究报告。

（4）策划、组织校园活动、社会活动，学写活动计划和活动总结，在活动中学语文、用语文，学会合作。

第二节　梳理与探究教学目标解读

《义务教育语文课程标准（2022年版）》提出"识字与写字""阅读与鉴赏""表达与交流""梳理与探究"四种语文实践活动方式，四种方式相辅相成，共同促进核心素养目标的达成。其中，"梳理与探究"是第一次提出。

表 7-4　2022 年版课标"梳理与探究教学"学段目标

序号	第一学段	第二学段	第三学段
1	观察字形，体会汉字部件之间的关系。梳理学过的字，感知汉字与生活的联系。	尝试分类整理学过的字词。尝试发现所学汉字形、音、义和书写的特点，帮助自己识字、写字。	分类整理学过的字词，发现所学汉字形、音、义和书写的特点，发展独立识字能力和写字能力。
2	观察大自然，热心参加校园、社区活动，积累活动体验。结合语文学习，用口头或图文等方式整理、表达自己在活动中的见闻和想法。	学习组织有趣味的语文实践活动，在活动中学习语文，学会合作。结合语文学习，观察大自然，观察社会，积极思考，运用书面或口头方式，并可尝试用表格、图像、音频等多种媒介，呈现自己的观察与探究所得。	感受不同媒介的表达效果，学习跨媒介阅读与运用，初步运用多种方法整理和呈现信息。
3	对周围事物有好奇心，能就感兴趣的内容提出问题，结合其他学科的学习和生活经验交流讨论，尝试提出自己的看法。	能提出学习和生活中的问题，有目的地搜集资料，共同讨论，尝试运用语文并结合其他学科知识解决问题。	初步了解查找资料、运用资料的基本方法。利用图书馆、网络等渠道获取资料，解决与学习和生活相关的问题。尝试写简单的研究报告。

续表

序号	第一学段	第二学段	第三学段
4			策划简单的校园活动和社会活动，对所策划的主题进行讨论和分析，学写活动计划和活动总结。对自己身边的、大家共同关注的问题，或影视作品中的故事和形象，通过调查访问、讨论演讲等方式，开展专题探究活动，学习辨别是非、善恶、美丑。

一、学段目标的相同点

（一）三个学段目标的第一条都指向字词的学习

第一学段的第一条目标是：观察字形，体会汉字部件之间的关系。梳理学过的字，感知汉字与生活的联系。

第二学段的第一条目标是：尝试分类整理学过的字词。尝试发现所学汉字形、音、义和书写的特点，帮助自己识字、写字。

第三学段的第一条目标是：分类整理学过的字词，发现所学汉字形、音、义和书写的特点，发展独立识字能力和写字能力。

从以上三个目标来看，梳理与探究三个学段的第一条目标都指向字词，这与语文学段目标要求中的第一个板块"识字与写字"有着密切的关系。

识字写字是小学语文的重点内容之一，学生在第一学段要认识常用汉字1600个左右，其中800个会写；第二学段累计认识常用汉字2500个左右，其中1600个左右会写；第三学段累计认识常用汉字3000个左右，其中2500个左右会写。随着学生识字与写字量的增加，对有些生字词，会有混淆不清的现象。因此，要引导学生将学过的具有相同或相似特征的常用汉字，

从字音、字形、字义、词语组织方式等不同的角度，进行比较、分类、整理，有利于学生识记汉字。

在第一学段基础上，不断探究发现汉字构字、构词和书写的特点与规律，借助对汉字规律的把握，学会运用字源识字、偏旁部首识字、联系生活识字等多种方式，培养学生独立识字，书写生字新词的能力。引导学生从汉字符号外形走向对汉字符号内部结构和意义的认知，感知常用汉字音、形、义统一的特征，感受汉字文化。

（二）三个学段目标都指向学生参与实践活动

第一学段的第二条目标是：观察大自然，热心参加校园、社区活动，积累活动体验。结合语文学习，用口头或图文等方式整理、表达自己在活动中的见闻和想法。

第二学段的第二条目标是：学习组织有趣味的语文实践活动，在活动中学习语文，学会合作。结合语文学习，观察大自然，观察社会，积极思考，运用书面或口头方式，并可尝试用表格、图像、音频等多种媒介，呈现自己的观察与探究所得。

第三学段在第四条目标里提出：策划简单的校园活动和社会活动，对所策划的主题进行讨论和分析，学写活动计划和活动总结。对自己身边的、大家共同关注的问题，或影视作品中的故事和形象，通过调查访问、讨论演讲等方式，开展专题探究活动，学习辨别是非、善恶、美丑。

在学习内容上，不拘泥于语文学科，而是在丰富的实践活动中关注自然、社会、影视作品等。在学习空间上，不拘限于语文课堂，而是与校园、大自然、社区、社会紧密联系，将课内外、校内外结合，注重在实践中，在真实情境中，在活动体验的基础上梳理、探究，以达成全面发展的目标。在学习方式上，以观察、讨论、调查、合作等方式进行梳理探究，不断寻找语文学习的新途径、新方法，提升学习能力。

（三）三个学段目标都指向"问题"

第一学段有这样的目标：对周围事物有好奇心，能就感兴趣的内容提出问题，结合其他学科的学习和生活经验交流讨论，尝试提出自己的看法。

第二学段的第三条目标是：能提出学习和生活中的问题，有目的地搜集资料，共同讨论，尝试运用语文并结合其他学科知识解决问题。

第三学段有这样的目标：初步了解查找资料、运用资料的基本方法。利用图书馆、网络等渠道获取资料，解决与学习和生活相关的问题。尝试写简单的研究报告。

三个学段都有一个聚焦"问题"维度的目标，前两个学段鼓励学生提出问题，三个学段都鼓励学生通过结合其他学科、活动经验、搜集运用资料等方式来解决问题。引导学生跨学科学习，发展思维能力。

二、学段目标的不同点

（一）学习的方式方法及难易程度不尽相同

比如，第一学段只要求进行"观察字形，体会汉字部件之间的关系，梳理学过的字，感知汉字与生活的联系。"到第二学段"尝试分类整理学过的字词。尝试发现所学汉字形、音、义和书写的特点，帮助自己识字、写字。"再到第三学段"分类整理学过的字词，发现所学汉字形、音、义和书写的特点，发展独立识字能力和写字能力"。从"梳理"到"尝试分类整理"，再到"分类整理"，梳理分类的难度越来越大。从"感知"到"尝试发现"再到"发现"，学生学习主动性越来越强。从"观察字形，联系生活识字"到"尝试发现音形义和书写特点，帮助自己识字、写字"，再到"发展独立识字能力和写字能力"，学生独立自主识字、写字的能力逐渐增强，这体现了学段目标呈螺旋上升的梯度性和进阶性。

（二）实践程度越来越强，实践范围越来越广

比如，从第一学段的"热心参加"，到第二学段的"学习组织"，再到第三学段的"策划"，可以感受到学生在参与组织实践活动方面，从被动到主动的过程。活动的空间从第一学段的观察校园、大自然、社区，到第二、三学段的观察社会，观察与活动的空间不断扩大。

（三）梳理与探究的方式越来越多样化

比如，第一学段"结合语文学习，用口头或图文等方式整理、表达自己在活动中的见闻和想法"，到第二学段"运用书面或口头方式，并可尝试用表格、图像、音频等多种媒介，呈现自己的观察与探究所得"，再到第三学段的"感受不同媒介的表达效果，学习跨媒介阅读与运用，初步运用多种方法整理和呈现信息。"

（四）提出问题及解决问题的目标程度不同

比如，第一学段要求"能就感兴趣的内容提出问题……尝试提出自己的看法"，第二学段则要求"能提出学习和生活中的问题……尝试运用语文并结合其他学科知识解决问题"，第三学段"解决与学习和生活相关的问题。尝试写简单的研究报告。""对自己身边的、大家共同关注的问题，或影视作品中的故事和形象，通过调查访问、讨论演讲等方式，开展专题探究活动，学习辨别是非、善恶、美丑。"

三、梳理与探究目标阐述中的四个视角

一是"问题视角"，即在日常生活和学习中，能就自己感兴趣的内容提出问题，能提出学习和生活中遇到的问题，问题提出后，能面对问题，尝试运用语文知识和能力去解决学习和生活相关的简单问题。

二是"观察视角"，即结合语文学习，做个生活的有心人，去观察大自然、观察社会、关注自己身边的、大家共同的问题，或关注电视、电影中的故事和形象。

三是"资料视角"，即有目的地围绕问题去搜集资料，学会利用图书馆、网络等信息渠道获取资料，学会通过课内外的阅读，去分析整理资料。初步了解查找资料、运用资料的基本途径和基本方法。

四是"表达视角"，即学会表达学习的结果。能用口头或图文等方式表达自己的观察所得，表达自己的见闻和想法，尝试写简单的研究报告，学写活动计划和活动总结，或者会进行专题报告专题演讲。

第三节　梳理与探究教学设计

梳理与探究教学以学生的自主学习和亲身体验为主要活动方式，但是教师要及时、适度的组织指导。围绕"激趣——选题——计划——实施——总结——交流——延伸"的思路，教师从以下方面进行实践指导：

1. 确定主题。教师基于学生生活和社区条件，通过充分征求学生意见和建议，筛选确定梳理与探究教学主题。不仅要考虑语文知识和能力的应用，而且要考虑是否有助于学生了解社会、开阔视野等方面。

2. 形成小组任务。在学习主题之下，分解不同的学习任务，学生基于兴趣，组建不同的学习小组。

3. 形成小组活动计划。各个小组在教师指导下，制订具体可行的自主学习活动计划。小组内进行分工，每个人都有具体的角色和任务，如，小组长、记录员、采访员、联络员、摄影师等。

4. 帮助小组活动。各个小组按照活动计划，自主开展学习活动。活动过程中注意风险防范，并有防范风险的具体措施。

5. 阶段汇报交流。一定时间的自主活动后，各个小组汇报交流活动开展情况及阶段成果、分享不同小组的成功经验，反思存在的问题。

6. 调整小组活动计划。根据阶段总结交流中发现的问题，教师指导各个小组适当修改活动计划。

7. 继续小组自主活动。各个小组按照修改过的活动计划，自主开展活动。

8. 成果整理。小组活动结束后，教师指导各个小组整理学习成果，形成纸质文稿、录像、实物、电子文档、图片、手抄报等多样的学习成果。

9. 成果展示、交流。各个小组在课堂上或者班级网络平台等空间展

示、交流成果，相互评价。在班级交流的基础上，也可以在学校、社区展示成果。

一、梳理与探究教学实施建议

（一）学习任务的情境化

在素养型教学中，真实的生活情境具有重要意义。在真实的生活情境中，学生在自身体验中，在真实的语言运用中，发现知识与知识、知识与生活的关系，实现知识方法的系统梳理和自主建构。如"遨游汉字王国"主题学习，可以让学生搜集梳理字谜，开展猜字谜活动；还可以引导学生搜集梳理体现汉字特点的古诗、歇后语、对联、故事等资料，开展趣味汉字交流会；还可以结合生活，调查学生的作业本、街头招牌、书籍报刊、网络等，围绕生活中用字不规范的情况，开展调查梳理，探究讨论。这样真实的语文学习情境，能帮助学生建立语文学习、社会生活与自身经验之间的关联，并围绕课程目标和内容设计学习任务，激发学生的求知欲，驱动学生学习的进程。

（二）学习要素的综合化

开展梳理与探究语文实践活动，要关注语文课程内部诸要素的整合，把握语文课程与学生生活的联系，体现语文学习的综合化。综合化体现在：（1）学习内容的综合：梳理与探究内容涉及汉字、自然、社会、生活、其他学科等方方面面的内容；（2）学习方式和媒介的综合：学生观察自然、社会、生活、搜集资料、讨论分析、开展活动等整个过程涉及多种梳理与探究方式，同时使用表格、图像、音频、网络等多种梳理与探究媒介。

（三）学习过程的实践化

2022年版课标强调"增强课程实施的情境性和实践性，促进学习方式变革。"落实梳理与探究语文实践活动，要把握实践导向，突出语文学习的实践性，让学生在解决真实问题的过程中学语文、用语文。如，梳理与探究目标提出，结合语文学习，观察大自然，观察社会，热心参加校园、社区活动，策划校园活动和社会活动，开展专题探究活动等，都体现了注重实践的导向。

二、梳理与探究教学模式

（一）有关汉字的梳理与探究，教学模式可设计为：发现特点——梳理归类——探究规律

如统编版一年级下册《小青蛙》这一课，本篇课文一共要认识12个生字。其中包含了一组以"青"字为母体字的形声字：清、晴、睛、情、请。教学时，如果让学生单个的记忆12个生字，对学生来说数量多，不太容易识记。教师可引导学生观察字形、读音，发现这些生字的共同点：读音相近，都带有后鼻音ing，字形都有"青"字。因此，可以把这几个字归为一类。然后引导学生读如下儿歌：

清水青青天气晴，小小青蛙大眼睛。

保护禾苗吃害虫，做了不少好事情。

请你爱护小青蛙，好让禾苗不生病。

结合儿歌学习，联系它们的偏旁，理解字义，探究形声字的构字规律。

（二）有关课文学习的梳理与探究，教学模式可设计为：回顾经验——阅读发现——梳理方法——迁移应用

如学习统编版三年级下册《花钟》这一课，在学习概括《花钟》第一自然段大意时，可先引导学生回顾上学期在《富饶的西沙群岛》中学到的"如何理解一段话意思"的相关学习经验，将这样的经验引入到《花钟》第一自然段的学习中。在学生阅读理解了这段话的意思之后，找出并判断关键语句，教师引导学生梳理、总结出概括一段话大意的方法。学生掌握了方法之后，迁移应用，探究第二段的大意，在此基础上，再迁移应用到《小虾》一课。

三、梳理与探究教学的基本类型及策略

梳理与探究类型丰富多彩，根据教学目标和教学方式可以分为主题探究的研究性学习、问题解决的应用性学习、考察参观访问的体验性学习和社会参与的实践性学习四个类型。指导学生进行梳理与探究教学时，要根据不同类型采取相应的方法。

（一）主题探究的研究性学习的策略

1. 确立探究主题阶段

（1）依据语文梳理与探究教学内涵确定主题

语文梳理与探究教学在内容选择上强调"综合"，包含三个方面含义：一是指语文自身各部分之间的融会贯通，即听说读写的综合等；二是指打破学科界限，例如语文与历史的综合、语文与艺术的综合，将语文与其他学科的知识进行沟通和融合；三是置语文于广阔的生活背景中，强调语文与生活的联系，强调在生活中学语文。无论是哪一方面的"综合"都不会放弃也不应放弃"语文味"，它们应该是"语文"的梳理与探究教学。根据语文梳理与探究教学的内涵特征，我们在设计梳理与探究教学时必须要牢牢地把握"语文味"。比如，一年级围绕"汉字"这一主题开展"汉字的故事""字词大观园"等活动。

（2）基于学生的认知水平确定主题

语文梳理与探究教学有其特定的活动目标、内容和活动方式、评价维度，而且活动内容的广度和深度随着年级的上升而具有层次性，这是由不同年级的小学生知识、经历和心理水平的不同所决定的。因此，设计活动时，要充分考虑各年段小学生的认知水平，选择的主题要与学生的生活实际紧密联系，采用的活动形式是小学生力所能及、喜闻乐见的。如在第二学段设计"走近儿童诗"的梳理与探究教学，分成"儿童诗朗诵、儿童诗配画、儿童诗吟唱、儿童诗赏析、儿童诗创作"几个板块，通过"赛一赛、画一画、演一演"等活动形式，激起每个儿童的参与兴趣，在"听说、读写、吟诵、唱画"等有趣的活动中走近儿童诗、品味儿童诗，在共同合作中感受儿童诗的魅力。

（3）结合课堂教学内容确定主题

语文梳理与探究教学在活动内容的选取上还要结合语文课堂教学内容来设计，强调学用结合。教师可以在某一篇课文学完以后开展拓展延伸型的梳理与探究教学活动，也可以在一个单元学完后，围绕单元主题设计梳理与探究教学。

（4）根据时令环境、地域特点确定主题

每个地方都有各自的地域文化、家乡历史、名人古迹，教师若能充分开发利用，就能使梳理与探究教学更具有现实意义，更具鲜活价值。教师要充分利用社区资源优势或季节特点，选择适合学生年龄、经历的鲜活题材设计活动方案，调动学生参与的热情。

2. 研制学习活动方案阶段

教师放手让学生自主研制活动方案，主要包括：探究活动的主题、探究活动的目标（目的、内容或任务）、探究活动策略（人员分工、时间安排、方式方法）、探究活动过程、探究活动成果评价和探究活动调控等。

3. 开展探究活动阶段

（1）主体性。学生是探究活动的主体，梳理与探究教学应突出自主性，重视学生主动积极地参与，主要由学生自行设计和组织活动，特别注重探索和研究的过程。教师鼓励学生走出课堂，走向社会，开展调查、访问、记录、参观等实践活动，帮助学生构建新的知识，掌握新的技能，探究科学的结论。

（2）合作性。主题探究的研究性学习离不开学生之间、师生之间甚至与社会有关人员之间的相互合作。探究活动告一段落后，教师及时引导学生交流分享探究的阶段性成果。

4. 总结、交流与分析探究的成果阶段

探究活动结束后，教师及时引导学生将成果整理、加工、交流、分享。交流形式多样，可以运用书面形式，如出黑板报、编刊物、制作网

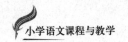

页、绘画等；也可以运用口头形式，如，讨论、辩论、演讲等。这也是自我反思、相互评价、相互促进的阶段。

（二）问题解决的应用性学习的策略

问题解决的应用性学习是语文梳理与探究教学的基本学习方式，着重于学生综合应用所学的语文和其他各学科知识和技能，解决学习、生活中面临的实际问题，使学生获得解决实际问题的技能。

1. 综合性

梳理与探究教学主要体现为语文知识的综合运用，听说读写能力整体的发展，语文课程与其他课程的沟通，书本学习与实践活动的紧密结合，培养学生发现问题、提出问题、信息收集和处理的能力。比如，第三学段设计的活动应该是为解决与学习和生活相关的问题，自己身边的、大家共同关注的问题。就梳理与探究教学的过程而言，需要学生利用多种有效手段，通过多种途径获取信息、搜集资料的能力，包括知识的综合性、教育功能的综合性、考查评价的综合性三个方面。

2. 针对性

应用所学的语文等知识、能力解决学习、生活中的实际问题，一要因"题"而异，二要因人而异，每个学生根据自身的兴趣爱好来选择，最大限度发展学生的天赋。

3. 操作性

问题解决的应用性学习是一项活动性很强的语文实践活动，操作性必须强，学生用自己的头脑来想，用自己的眼睛来看，用自己的双手来做，从而获得直接经验。

（三）考察、参观、访问的体验性学习的策略

体验性学习活动的基本活动方式是考察、参观、访问，这是学生接触、了解自然和社会，获得对自然资源、社会物质文化、精神文化和制度文化的认知、理解、体验和感悟的语文学习与运用活动。其过程与方法是：（1）提出或选择考察、参观、访问的主题，学生自主制订活动方案；

（2）与考察、参观、访问的对象取得联系，确定活动日程表；（3）准备必要的活动设备；（4）到现场，进行考察、参观、访问，收集资料；（5）撰写考察、参观、访问的活动报告，相互交流，进行活动总结。

（四）社会参与实践性学习的策略

社会参与实践性学习的特征是学生亲自参与实践活动，教师要将自己的有效指导、平等参与和鼓励学生自主选择、主动参与有机结合起来。一是激发学生参与社会实践活动的内在动机，帮助学生确定社会实践活动的方向，帮助他们克服困难，内容选择上注意阶段性，教师依据课程标准，学生的年龄段选择内容，设计出符合学生年龄特点的活动形式；二是加强合作方式与技术指导，保持有效的小组合作、分工和校外指导人员的协同配合；三是引导学生选择适当方式呈现结果，并进行恰当的反思评价。以"社区活动"为例，第一、第二学段的学生侧重对社区各种设施的了解，活动形式可以是教师带领参观，汇报展示形式以语言描述、图画为主，而第三学段学生活动的重点可以放在思考社区设施建设与居民生活之间的关系上，汇报展示形式可以是报告、图片、统计数据等。

四、梳理与探究教学的评价策略

梳理与探究教学的评价工作也是开展梳理与探究教学的一个重要环节，评价应着重考查学生的探究精神和创新意识，尤其要尊重和保护学生学习的自主性和积极性，鼓励学生运用多种方法，从不同的角度，进行多样化的探究。这种探究，既有学生个体的独立钻研，也有学生群体的讨论切磋，所以除了教师的评价之外，要多让学生开展自我评价和相互评价，着眼点主要在：

（1）在活动中的合作态度和参与程度。

（2）能否在活动中主动地发现问题和探索问题。

（3）能否积极地为解决问题去搜集信息和整理资料。

（4）能否根据占有的课内外材料，形成自己的假设或观点。

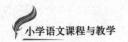

（5）语文知识和能力综合运用的表现。

（6）学习成果的展示与交流。

在评价时，要充分注意学生在解决问题的过程中所采用的思路和方法。对不同于常规的思路和方法，尤其要给予足够的重视和积极的评价。根据梳理与探究教学的特点和语文课程标准的规定，梳理与探究教学的评价应从以下几方面入手：

（一）在评价目标上，要从重"选拔"转为重"促进发展"

长期以来，由于受"应试教育"和"精英教育"思想观念的影响，语文课程的评价主要是对众多学生进行区分，分出高低上下，评价实际上成为一种终结性的甄别选拔过程。2022年版课标倡导改变这种单一的功能，主张评价要为学生的终身学习和发展服务。因此，对梳理与探究教学的评价，应体现"育人为本"的思想，改变以往那种给学生排名次的做法，应立足于给每一位学生提供展示自己的机会，确保所有学生在原有的基础上获得实实在在的发展，这种发展不是指某方面知识的获得，而是全面的语文素养的提高，即发展性评价。

（二）在评价过程上，要从重"结果"转为重"过程"

梳理与探究教学追求的探究精神、合作精神以及创新意识的获得，重在学生获得探究和创新的体验，而追求高质量的学习结果是不现实的，如果注重结果的话，也是长期的隐性的对学生终身学习和发展有益的结果，即探究、创新的意识和品质，而这些意识和品质一般都体现在过程当中。评价要关注整个过程，既要看选题的确立是否做到全员参与和全程体验，还要看学生在活动中的合作态度和合作能力，以及在活动中主动发现问题和探索问题的能力。

（三）在评价主体上，要从重"教师评"转为重"大家评"

传统评价一向是以教师为主体来实施的，学生只是被评价的对象，新的语文课程和评价理念主张评价主体的多元化和互动性，对梳理与探究教学又明确主张以学生自主评价和互相评价为主，这是非常符合梳理与探究教学特点的，因为整个学习都是学生自主进行的，教师很少参与其中。教师的评价也要以鼓励为主，既要面向全体学生，又要照顾个别差异。

（四）在评价标准上，要从重"班级成员参照"转为重"自我参照"

评价标准是实施评价的首要前提和条件，传统的评价标准过分强调"班级成员参照"，而且往往以班级尖子学生作为评价的参照，严重挫伤了大多数学生的积极性。新的语文课程标准强调评价要"尊重和保护学生学习的自主性和积极性"。因此，我们在进行梳理与探究教学的评价时，要最大限度地软化"班级成员参照"，强化"自我参照"。"自我参照"就是"个体标准"，它是以每一个体的现实基础和条件为依据所确立的适合个体发展需要的内差性评价标准，这种评价标准因人而异，具有个体性、灵活性的特点，它能促使学生在对自己的过去、现在和未来的认识中增加自信，发挥潜能。

（五）在评价方式上，要从重单一的"量化评定"转化为多样化的"综合评定"

梳理与探究教学是一项比较复杂的语文实践探究活动，评价的主要目标是不便被量化的探究精神和创新意识，评价的主要目的不是区分优劣，给学生排队，评价的侧重点在过程而不在结果，这些特点都决定要采用多种评价方式来进行评价，而单一的定量评价是不适合的。应注重定量评价与定性评价结合、形成性评价和终结性评价结合、他人评价和自主评价结合、静态评价和动态评价结合，通过多维度、多侧面的综合评价，全面客观地反映学生学习的过程和效果，既让学生获得成功的喜悦，也让他们认识到自己的不足，明确努力方向，使梳理与探究教学发挥更大的功能。

◆ 推荐阅读 ◆

1. 靳彤. 语文综合性学习：理论与实践［M］. 北京：中国社会科学出版社，2007.

2. 顾建军. 小学综合实践活动设计（第2版）［M］. 北京：高等教育出

版社，2011.

　　3.周勇.综合科学课程开发范式论［M］.北京：科学出版社，2010.

　　4.曾庆伟.中小学综合实践活动案例与专家点评［M］.济南：山东人民出版社，2005.

　　5.王荣生，申宣成.语文综合性学习教什么［M］.上海：华东师范大学出版社，2017.

◆ 学习思考 ◆

　　1.梳理与探究教学的含义和意义是什么。

　　2.梳理与探究教学指导的关注点在哪里。

　　3.梳理与探究教学的基本类型有四种，选取其中一种谈一下指导方法。

◆ 教学实践 ◆

　　1.结合实习经历，讨论如何开展梳理与探究教学。

　　2.以春游活动为例，设计一次梳理与探究教学的教案，并在实施后写出教学反思。

第八章 小学语文教学评价

【学习目标】

1. 了解2022年版课标对学业质量及评价建议部分的论述。

2. 掌握小学语文各学段的评价重点。

3. 理解评价的意义，能在实践中创新完善评价的具体操作方法。

第一节 小学语文教学评价概述

小学语文教学评价是小学语文教学的一个重要组成部分，在小学语文教学中，教学与评价互为依存，科学的评价既对学生的学起着重要的激励作用，又能够指导教师根据学生的全面评价适当调整自己的教学手段和教学方法，进而不断提高自己的教育教学水平。因此，在语文教学中，我们应当重视评价的作用。

一、小学语文教学评价的意义

建立完善的小学语文教学评价体系，对于促进小学语文教学活动的开展，培养学生的个性全面发展有着重要的现实意义。在通常情况下，就小学语文教学评价而言，不同的评价体系有着不同的评价标准、评价内容、评价方式及评价目的，但从总体来看，小学语文教学评价无非就是终结性评价和过程性评价两种。终结性评价的目的主要在于评价学生对教学目标

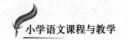

的完成情况，区分评价对象的不同程度，并以此来分级鉴定；过程性评价的目的则在于通过分析、判断等来优化和改善小学语文的课程设计，逐步完善小学语文的教学过程，进而达到有效促进小学生提高语文素养的目的。不管是哪种教学评价，其根本目标都是提高小学生的语文核心素养，为学生的全面发展和终身发展打下良好的基础，而不是单纯地为了给学生分级鉴定。建立完善的小学语文教学评价体系，对学生而言，可以促使学生认识到自身的优缺点，使他们自觉主动地发扬自己的长处，补足自己的短处；对教师而言，通过对学生进行教学评价，可以促使教师及时地进行教学反思，发现自己在教学中的不足，从而不断地完善自己的教学内容，调整自己的教学方法，进而实现教学水平的全面提高。

二、2022年版课标对教学评价提出的要求

长期以来，小学语文教学评价存在着评价手段单一、评价范围狭窄等问题，在具体实施的过程中，也存在着简单化、唯量化等弊端。主要表现在：在评价中过分强调学生的学业成绩，把考试与评价等同起来；在评价中过多地强调定量，而忽视了对定性的评价；学生作为学习主体，被排斥在了评价过程之外，无法参与评价的过程。2022年版课标则对评价提出了新的要求："语文课程评价包括过程性评价和终结性评价。过程性评价贯串语文学习全过程，终结性评价包括学业水平考试和过程性评价的综合结果。"尤其值得注意的是过程性评价的原则："过程性评价应有助于教与学的及时改进。""过程性评价应统筹安排评价内容。""过程性评价应发挥多元评价主体的积极作用。""过程性评价应综合运用多种评价方法，增强评价的科学性、整体性。""过程性评价要拓宽评价视野，倡导学科融合。"从以上要求我们可以看出来，"评价建议"在评价的目的、评价的价值取向、评价的具体方式和评价的主体等方面都与传统的评价方式有了较大的区别，主要表现在：

（一）评价的目的有所变化

以往的教学评价主要是为了考查学生实现课程目标的程度，而2022年版课标中的评价目的是改善教师的课程设计，改进师生的教学互动，从而有效促进学生的发展。

（二）评价的范围有所扩大

课堂教学实施是一个复杂的过程，它包含了许多相关的因素，所以，应当从不同的角度、用不同的方法来评价具体的课程实施。2022年版课标提出了应注重课程评价的科学性和整体性，坚持全面评价小学语文课程。所谓整体性，主要包括两个方面：从小学语文的课程内容来说，小学语文的课程内容包括识字与写字、阅读与鉴赏、表达与交流、梳理与探究，在评价的时候，我们应当也从这四个方面进行评价，而不是倾向于其中的一两项内容，还要兼顾整本书阅读和跨学科学习；从评价的领域来说，小学语文教学评价应从核心素养的四个方面（文化自信、语言运用、思维能力、审美创造）来进行评价。也就是说，在评价的时候，既要注重评价学习的结果，也要注重评价形成这一结果的多种因素和动态过程；既要看到学生智力发展的一面，也要看到学生的动机、兴趣、情感、性格等多方面的因素。

（三）评价的手段多样化

要对课程进行全面的评价，那与之相对应的，也要采用多样化的评价手段。在2022年版课标中，强调运用多种评价手段，注意将过程性评价与终结性评价相结合，定量评价与定性评价相结合，而且注重"阶段性评价"。因此，在进行教学评价时，除了传统的考试之外，我们还应当使用多种评价手段，如访谈、观察、范例考察、个人成长记录、档案资料分析等，将定性和定量评价结合起来，对学生的成长进行全面的分析。

（四）评价的主体范围扩大

2022年版课标否定了以往的教学评价只有教师参与的方法，提出了将教师的评价与学校管理人员、班主任、家长等结合起来，引导学生进行自

我评价和互相评价，这就确立了学生的课程评价主体的多元化原则。

此外，在2022年版课标的"课堂教学评价建议"中还提出了"妥善运用评价语言，注重鼓励学生，激发学习积极性"等建议，这些建议不仅表现了对"教学评一体化"的倾向性，而且更适合学生的心理发展。

三、小学语文教学评价的功能

小学语文教学评价具有评定、反馈、激励和导向的功能。

（一）评定

作为评价，小学语文教学评价同其他评价一样，首要功能是评定，评定教师的语文教学效果，也评定学生的语文能力水平。小学生的语文学习评价不但反映了他们的语文理解能力和表达能力，也反映了他们的语文学习能力。在教学中，我们通过过程性评价和终结性评价，来考查学生所具备的语文知识的深度和广度，也考查学生对语文知识运用的熟练程度，同时也可以了解到学生的语文能力的高低。这些结果在一定程度上也反映了教师的教学水平和教学效果。不仅如此，借助学生的自我评价和学生之间的互相评价，教师也可以了解到学生语文核心素养的发展水平。

（二）反馈

小学语文教学评价通过对学生的语文能力和知识的评定，可以反馈教师的语文教学情况，帮助教师了解学生已经掌握了哪些语文知识，具备了哪些语文学习能力，了解学生在语文知识和语文学习能力上还存在着哪些不足，了解学生在文化自信、语言运用、思维能力、审美创造等方面存在着哪些问题，帮助教师更好地改进教学方法、提高教学水平。

（三）激励

通过小学语文教学评价，可以使被评价者在正反两方面受到激励，增强发展的积极性和主动性。正面的评价可以增强学生的自信心和教师的责任心，而反面的评价则可以引发教师和学生的焦虑感，从而促进教师不断完善和发展自己的教学方法，促进学生更加努力勤奋地学习。因此，小学语文教学评价具有激励学生学习、促进教学工作的作用。

（四）导向

教学评价反映出来的教学效果，能够引起教师、学生和家长的重视，从而引导教师和学校进行相关方面的研究，努力使课堂教学与学生的全面发展相适应。因此，语文教学评价对语文课堂教学以及语文教学研究有着直接的导向作用。甚至整个社会的语文教学改革，也是建立在语文教学评价的基础上的，由此，充分反映出语文教学评价的导向作用。

第二节　小学语文教学评价的内容

2022年版课标提出了小学语文评价的基本依据——学业质量，在2022年版课标里，学业质量被定义为"学生在完成课程阶段性学习后的学业成就表现，反映核心素养要求。""依据义务教育四个学段，按照日常生活、文学体验、跨学科学习三类语言文字运用情境，整合识字与写字、阅读与鉴赏、表达与交流、梳理与探究等语文实践活动，描述学生语文学业成就的关键表现，体现学段结束时学生核心素养应达到的水平。"因此，对语文教学各部分的评价，应根据2022年版课标提出的学业质量要求，结合一至三学段学生的实际情况，全面而综合地进行。

一、第一学段语文教学评价

（一）识字与写字评价

2022年版课标指出，第一学段的学生应当做到"留心公共场所等真实社会场景中的文字，尝试认识标牌、图示、简单的说明性文字中的常用汉字；借助汉语拼音认读汉字，借助学过的偏旁部首推测字音字义，愿意向他人说出自己的猜想；遇到不认识的字，主动向他人请教。""在学习与生活中，累计认识 1600 个左右常用汉字，能正确书写800个左右常用汉

字。"因此，在第一学段，对学生进行识字与写字的评价时，我们应采用过程性评价和终结性评价相结合的方式，既要关注学生识字与写字学习的结果，又要培养学生识字的兴趣，使学习过程和学习结果的评价达到统一。

学生识字与写字的过程性评价指的是对学生在日常的识字与写字学习过程中的表现，所取得的成绩和反映出的发展情况做出评价，常用的评价方式有以下几种：

1. 识字与写字评价记录表

评价记录表主要针对学生平时的课堂学习做出评价，由学生本人、小组成员和教师依据评价标准对学生的学习情况做出评定。评价记录表的填写可以每单元进行一次，形成结果后教师应及时将评价结果反馈给学生家长，让学生家长能够掌握学生在校的学习情况，并更好地督促孩子学习。

表 8-1　识字与写字过程性评价记录表

评价目标	评定标准			评定等级		
	A	B	C	自评	组评	师评
能读准声母、韵母、声调	能	基本能	需努力			
能准确拼读和书写音节	能	基本能	需努力			
熟记《汉语拼音字母表》	能	基本能	需努力			
掌握汉字的基本笔画和常用偏旁部首	能	基本能	需努力			
掌握单元中要求认识和会写的字	能	基本能	需努力			
能在具体的语言环境中理解字词意思	能	基本能	需努力			
养成正确的写字姿势	能	基本能	需努力			
养成良好的写字习惯	能	基本能	需努力			

续表

评价目标	评定标准			评定等级		
	A	B	C	自评	组评	师评
能借助汉语拼音认读汉字，拼读词语、句子、短文	能	基本能	需努力			
学习利用字典独立识字	能	基本能	需努力			
养成生活中识字的习惯	能	基本能	需努力			
能用学到的识字方法识字	能	基本能	需努力			
喜欢学习识字，有主动识字的愿望	喜欢	较喜欢	需培养			
对书写汉字有兴趣	有	比较有	一般			
能初步感受汉字的形体美	能	基本能	需努力			

通过过程性评价记录表，可以让学生熟悉识字与写字评价的基本内容和目标，学会分析自己和同组同学的成绩与不足，从而培养学生的自我反思意识，让学生能够自主确定努力方向。

2. 识字与写字成长档案袋

建立"成长档案袋"是小学语文教学中做过程性评价的一个行之有效的方法。当学生入学的时候，教师即可指导学生建立自己的"成长档案袋"，将学生个人介绍、照片、个人作品等放入档案袋。在学生成长的过程中，教师、家长和学生本人可逐步往档案袋里增加可以反映学生成长的资料，也可让学生在档案袋中写下自己的心愿、学习心得等，这样，随着档案袋里内容的逐步增多，每个学生都可看到自己的成长和进步，体验到成功的快乐，培养有利于进步的情感与态度。就第一学段的识字与写字教学来说，可以让学生在档案袋中放入自己每天学会的新字新词，每学完一个单元，也可以让学生把自己掌握的识字方法记录进档案袋，这样既培养了学生对字词学习的兴趣，也可以让学生养成在学习中总结学习规律的习惯。

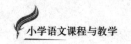

"成长档案袋"还要定期进行整理，在整理的过程中让学生自主思考自己在哪些方面做得好，哪些方面还需要继续努力。这样，学生在整理档案袋的过程中，一方面能够体验到自己的进步，建立自信，另一方面也学会了反思自己，能够为下一阶段的学习确立目标，从而促进了自主发展。

3. 家长联系卡

学生良好学习习惯的养成不仅要依靠在校学习，还要依靠在家自主学习，因此教师和家长的联系是必不可少的。通过家长联系卡，可以让家长也参与到学生的学习中来，并积极督促学生进行识字与写字的学习。

4. 活动评价法

根据识字内容、学生特点及评价目标，设计相应的识字游戏、识字情境等活动，让学生积极参与其中，在活动过程中评价识字情况，如在"找字卡""组字游戏""找朋友"活动中实施的评价。

（二）阅读与鉴赏评价

低年级学生的阅读，非智力因素是很重要的一个方面，结合低年级学生的特点和2022年版课标的要求，评价时可以考虑以下几个方面：学生是否喜欢阅读，能不能感受到阅读的乐趣；学生是否能够自主制定读书计划；学生是否乐于交流读书的经验；学生是否热爱读书等。

阅读评价的内容可以包括课外阅读和课内阅读两方面。"课内阅读"评价的内容主要有：① 学习用普通话正确、流利、有感情地朗读课文，感受阅读的乐趣；② 能结合上下文和生活实际了解课文中词句的意思，在阅读中积累词语；③ 能认识课文中出现的常用标点符号，在阅读中，体会句号、问号、感叹号所表达的不同语气。"课外阅读"评价主要包括：① 能借助读物中的图画阅读；② 阅读浅近的童话、寓言、故事，向往美好的情境，关心自然和生命；③ 诵读儿歌、童谣和浅近的古诗，展开想象，获得初步的情感体验，感受语言的优美；④ 尝试阅读整本书，用自己喜欢的方式向他人介绍读过的书，爱护图书。针对以上要求，可采用如下评价方法：

1. **课内阅读**

（1）独立朗读法

在检查学生的朗读水平时，可采用让学生独立朗读整个段落或者整篇课文的方式来验证学生是否做到了"正确、流利、有感情"。对这一内容的评价可以在分析完课文之后，用比一比的方式进行朗读比赛。可以是个人展示，也可以是小组比赛，主要是看学生的普通话是否正确流利，感情是否投入，表情语气是否生动，从中看出学生是否理解了课文。在评价时应在充分理解课文的基础上鼓励学生不怕出错，勇于尝试，学生在轻松愉悦的氛围中也会喜欢去朗读，乐意去朗读，感受到阅读的乐趣。这一部分的学生评价可以让学生记录在"成长档案袋"中，以丰富档案袋的内容。

（2）词语检测法

在阅读与鉴赏教学中还要关注学生对词语的掌握和理解能力，评价学生对词语的掌握程度，并不局限于听写或让学生说词义的方式。可以使用"换一换"的方式，如："一墙的叶子漾起波纹，好看得很！"把"好看"换一个词语可以怎样说？也可以用相同词语区分的方式，如："我今天特别开心。""难道它的味道很特别吗？"这两个"特别"意思一样吗？在具体的语言环境中对词语进行区分。阅读能力还体现在词语的积累，课文中的好词好句很多，教师可以鼓励学生造句，也可以让学生说一段带有学过的词语的话，更主要的是鼓励学生在平时的说话中运用到所学的词语。对表现好的同学要及时给予正面评价，增强学生阅读的兴趣和自信心。

2. **课外阅读**

（1）活动评价法

低年级的学生精力旺盛，注意力时间短，喜欢参加各种活动。针对这一特点，可以多使用活动评价法，通过活动中的表现来给予学生阅读评价。如针对整本书布置阅读任务，开展"读书小达人"评比活动；创办读书角，围绕特定主题举办"读书沙龙"；还可以在家长帮助下，通过网络

报刊搜集指定阅读材料进行知识积累，开展"小博士"评比。评价时可采用学生自评互评和教师家长参评，并注意评价的积累，做好记录，以利于了解学生能力的发展情况。这一部分的评价还可以让学生记录在"成长档案袋"中，以丰富档案袋的内容。

（2）亲子共读评价

小学生校内阅读的质和量容易得到保证，而校外阅读则受家庭影响较大。可通过举办亲子共读活动，号召"小手牵大手，共读一本书"。如果线下不方便，可线上定期举行"亲子共读交流会"，以"亲子共读评价表"为载体，构建共同参与、互动促进的课外阅读评价机制。

表8-2　亲子共读评价表

亲子共读评价表			
书名		阅读日期	—
生字			
新词			
佳句			
我的读后感受			
家长读后感受			
自评分		家长评分	

亲子共读有助于建立良好的亲子关系，关注孩子的精神成长，让阅读习惯融入生活之中，享受更多阅读创造的乐趣。

（三）表达与交流评价

表达与交流分为口头语言表达与交流和书面语言表达与交流，根据两种交流方式的特点，可以采用不同的方式进行评价：

1. 口头语言表达与交流

第一学段的学生在口语表达训练方面刚刚起步，因此在这一阶段给学生的评价应当以过程性评价为主。评价的活动场所可以在课堂上，也可以是在日常的生活环境中，参与评价的不仅仅是教师，更应当有其他学生及本人的评价。

（1）课堂观察法

课堂教学是学生进行口语表达训练的重要场所之一，教师对学生口语能力的观察不仅仅是在口语表达与交流课堂上，还应当包括所有语文课上的观察及其他课上的观察。教师可以在对学生回答问题、小组讨论的观察中，对学生的口语表达与交流能力进行过程性评价。

回答问题是课堂教学活动的一个重要内容，在本学段学生回答问题的时候，教师应当注意观察学生回答的积极性和回答质量，观察学生能否使用普通话，能否准确理解问题的含义，能否准确地表达自己的意思。在教学过程中，教师应当鼓励学生积极回答问题，同时观察学生是否真正理解了问题，理解之后能否准确回答问题。如果学生做得不够好，教师应适当加以引导规范。

在学生进行小组讨论时，教师也应当注意观察学生参与讨论的积极性，看学生在讨论的过程中能不能围绕讨论主题表达自己的观点，能不能注意倾听别人的看法和意见，并能在自己不理解的地方加以追问和讨论。对不能积极参与讨论的学生，教师应引导他们积极参与到讨论中去，应注重对他们在理解和表达方面进行评价。

（2）同学互评法

2022年版课标在评价建议这一部分指出，"过程性评价应发挥多元评价主体的积极作用"，而第一学段的学生，自评能力还稍有欠缺，因此在这一学段，可适当加大同学之间互评的力度。在学生互评前，教师最好先不要评价。在学生互评时，教师主要引导学生采取简单的描述性语言指出表达者的优点和不足。使用互评的方法来进行口语表达与交流评价，无论对评价者和被评价者来说都是有利的，它作为鼓励学生的重要手段，教师在教学活动中可以创设情境，相机使用。

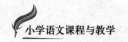

2. 书面表达与交流

第一学段的学生刚刚接触写话，在这一时期教师应当重点培养学生在写作方面的兴趣和自信，让孩子愿意写作，喜欢写作，因此可采用以下方法对学生的写话能力进行评价：

（1）定性和定量相结合

写话的特点是重情感体验和感悟，因此在对写话进行评价时，不能只采用量化的手段。在对一些难以量化的写话方面，如，想象、观察、写话兴趣、写话习惯等，除了要对写话的作品加以分析外，还要采用对学生的观察法等来进行确定，真正实现定性与定量评价相结合，做到评价的客观性与公正性。

（2）使用写作档案进行评价

写话能力的发展是一个长期持续的过程，因此教师更应注重在学生写话学习的过程中进行评价，以不断鼓励学生进步。教师可以为学生建立写作档案，将每个学期学生写话的优秀作品放入档案中，并指导学生将写话相关的资料也放入档案中，由此来记录学生一点一滴的进步，从而让学生有成就感，并加强对写话的信心。

表 8-3　学生写话档案过程性评价表

学生自评	学生互评	教师评价
成功之处：	值得学习之处：	赞赏之处：
存在不足：	可改进之处：	改进建议：

（3）使用建议性评价

学生写话的评价结果，教师应当根据学生的发展需要，采用多种方式予以展现。教师在对学生的写话进行评价时，不但要针对学生的写话水平给予一个比较准确的成绩，更重要的是使用评语让学生看到自己的进步，让学生认识到自己的不足，鼓励学生对写作产生浓厚的兴趣，使学生热爱写话。

（三）梳理与探究评价

2022年版课标第一次提出"梳理与探究"这个概念，"梳理"是将已经学习的零散知识和积累的语言材料结构化，将言语经验转化为学习方法和策略，是经历回顾、辨析、整理和归类，由散到整、由点到类、由孤立到联系的过程。"探究"则重在发现生活、学习中的语言文字运用问题，通过观察、比较、预测、推理、判断、合作等语文或跨学科学习手段，寻找原因，查找资料，寻求对策，最终解决问题。学生平时的梳理与探究能力发展情况可借助过程性评价表来进行评测。第一学段学生的语文梳理与探究能力过程性评价表，主要用于随时观察和记录学生平时在语文课堂教学中及所有的语文活动中能反映学生语文综合能力的表现。到学期结束的时候，教师可以根据学生在学习中的过程性评价表进行综合分析，写出评语。

表 8-4　第一学段学生语文梳理与探究能力过程性评价表

类别	项目	评价内容	评价方式	评价主体
课内语文学习行为	课堂表现	课堂发言、小组合作、自主学习等	随堂进行	教师
	自学情况	课前预习、课后复习、作业完成情况、及时回顾整理等	随时记录	教师学生
课外语文实践活动	情景活动	校园活动、社区活动	交流观察	教师、学生
	比赛活动	朗读课文、儿歌、故事等	观察记录	教师、学生
探究行为	课堂表现	就感兴趣的内容提出问题，交流讨论	成长档案袋	教师、学生家长
	课外活动	对周围事物有好奇心，提出问题，交流讨论	随时记录	教师、家长

二、第二学段语文教学评价

（一）识字与写字评价

在第一学段学习的基础上，2022年版课标适当提高了第二学段对识字

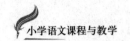

与写字的要求，比如要求学生对学习汉字有浓厚的兴趣，养成主动识字的习惯；要求学生认识常用字2500个左右，会写1600个左右；养成良好的写字习惯；初步感受汉字的文化内涵等。因此在这一学段对学生进行识字与写字的评价时，既要从音形义的结合上评价学生的识字能力，也要重视对学生的识字和写字的兴趣的培养和激励。在教学中，学生的识字与写字的评价可以通过对学生进行单字测验和词语解释测验来进行。通过单字测验，可以考查学生的识字情况；通过词语解释测验，可以考查学生对词语的理解能力。常用的单字测验法有：

听写默写法：由教师读，学生听写学过的生字，或由学生根据回忆来默写学过的生字。这些方法适用于低年级的学生，用于学生的识字起步阶段。

联想法：教师通过使用板书或ppt，出示某些字或图片，让学生自由联想并写出想到的字，直到想不出时，再换上新的字或图片，继续新的联想。

随机抽样法：从学过的生字词中，由教师随机抽取一定数量的字词，编成测试题对学生进行考查，检测学生的识字能力。

常用的词语解释检测法有：填空法、替换法、排列顺序法、归纳法、选择法等。

（二）阅读与鉴赏评价

学生进入第二学段后，已经初步具备了一定的阅读能力，因此这一学段教师应加大对学生阅读方法、阅读感受和情感体验方面的考察培养，2022年版课标在第二学段也提出了"体会文章表达的思想感情""与他人交流自己的阅读感受""在诵读过程中体验情感，展开想象"等要求。在这一学段，对学生进行阅读能力的评价时，可从过程性评价和终结性评价两方面来对学生进行评价。

1.过程性评价

对第二学段的学生进行过程性评价时，教师可从四个方面进行评价：

阅读方式、阅读策略、阅读兴趣和阅读习惯。阅读方式主要是评价学生是否习得正确的阅读方法；阅读策略是评价学生能否有效运用阅读技巧完成阅读任务；阅读兴趣是看学生是否喜欢阅读，能否感受到阅读的乐趣；阅读习惯是看学生是否养成了良好的阅读行为习惯。在具体评价时可采用观察法、调查问卷法等来对学生进行评价。

表 8-5 第二学段学生阅读与鉴赏过程性评价表

评价方式 评价内容	平时观察	专题活动	调查问卷
阅读方式			
阅读策略			
阅读兴趣			
阅读习惯			

2. 终结性评价

在语文试卷中普遍有阅读理解题，这是对学生进行阅读能力终结性评价的一个重要方式。教师可以通过学生对阅读理解题的回答，来了解学生的阅读水平，查看学生在阅读方面有哪些欠缺，从而调整自己的教学方法，进一步提高学生的阅读能力。除此之外，还可以使用语文阅读能力标准化测验、学生的语文阅读能力分析报告等对学生进行终结性评价。

对学生的阅读能力进行终结性评价时，应当注意的是，不能仅根据学生在一次或几次具有偶然性的成绩就给学生下定论，而应当把一定时期内进行的几种评价手段所得出的结果进行综合分析，才能对学生的阅读能力作出全面的判断，为以后的阅读教学提供依据。

（三）表达与交流评价

1. 口语表达与交流能力评价

2022年版课标对第二学段的学生在口语表达与交流方面提出了更高的要求，除了要求学生能用普通话交谈、学会认真倾听、听人说话能把握

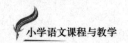

主要内容、能清楚明白地讲述见闻等，还要求学生能向人请教、能与人商讨、能说出自己的感受和想法等。由此可以看出，在这一学段，教师应当更加注重学生在与他人交流时的情感体验等。因此，可以从学生的听话能力、说话能力、表现能力和应用能力四方面来对学生进行评价，具体内容如下表：

表8-6　第二学段口语表达与交流能力评价表

评价项目		评价具体指标	评定方式			评语
			教师	小组	自评	
听话能力	专心倾听	认真听话，抓住要点具体转述				
	带情倾听	情感丰富，富有同情心				
	语言审美	具有辨别、品赏、理解语言能力				
说话能力	语言正确	使用普通话进行交际				
	语速	停顿较合理，快慢把握较准				
	清楚表意	准确表达自己的意思				
	语言艺术	能较艺术地调控交际中出现的语言或情感冲撞				
表现能力	体态语言	手势和表情运用得体				
	应变能力	能巧妙应对话题				
	问题讨论	乐于讨论，敢于发表不同意见				
应用能力	活动能力	展示在策划、演说等方面才能				
	家庭能力	与家人建立和睦关系				
	社区能力	参与社区活动，提出良好建议				

2. 书面语言表达与交流能力评价

第二学段的书面语言表达与交流称作习作，习作能力是语文素养的综合体现。进入第二学段以后，在对学生进行习作能力的评价时应根据学段目标，综合考查学生习作水平的发展情况，做到表达与情感并重，以全面考查学生的语文核心素养。

在对学生进行习作能力评价时，应注重在学生的整个习作过程中进行评价，并不断鼓励学生进行习作练习。具体来说，可采用习作档案评价、课堂观察评价、习作专题评价等。在评价主体方面，除了教师之外，还应当加大学生作为评价主体的分量，通过学生之间的互相评价让学生可以取长补短，从而促进学生习作能力的提高。除此之外，在对学生进行习作评价时还应当注重评语的作用，在用评语给学生评价时，应多采用激励性语言，以正面评价为主，尊重学生的差异，促进每个学生的健康发展。

（四）梳理与探究评价

在对这一学段学生进行梳理与探究评价时，教师应首先注意观察，观察并记录学生在活动中的表现，以此作为评价学生的基础。在第二学段的学习中，很多目标和任务对学生来说是新鲜而陌生的，他们的任何一点尝试都希望得到教师及时的肯定，因此，教师应当做个有心人，对学生在活动中的积极表现及时作出正面评价，以提高学生参与语文实践活动的主动性。除了教师评价外，教师要多让学生开展自我评价和互相评价，引导学生在参与语文实践活动时形成自我反思的好习惯。在学生自我评价的基础上，还应根据小组合作的情况，让学生们对小组成员的表现和交流做出互相评价，这样能够培养学生的合作态度，提高学生对语文实践活动的参与度。

三、第三学段语文教学评价

（一）识字与写字评价

进入第三学段之后，2022年版课标指出，学生应当"有较强的独立识字能力"，能用硬笔和毛笔书写楷书，"在书写中体会汉字的优美""体

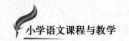

会汉字蕴含的智慧"等。由此可见，在这一学段，2022年版课标加大了对学生传统文化修养方面的要求，因此教师在给学生做出评价时应注重对学生这一方面的考查。在对学生的独立识字及运用能力进行评价时，教师可出示一段文章，让学生自学文章中的生字并根据已掌握的识字方法记忆生字，然后考查学生的识记效果，并给学生的识字能力划分等级。在对学生的写字能力进行评价时，应主要根据学生平时的写字水平给予定性评价。除此之外，还可以让学生在一段时间内用硬笔抄写一段文字，临摹或书写毛笔字，根据学生在书写时的熟练程度、规范程度、笔画、间架结构、纸面洁净度等划分等级。

（二）阅读与鉴赏能力评价

学生进入第三学段之后，已经具备了一定的阅读和理解分析能力，在此基础上2022年版课标进一步提出了让学生能够根据需要搜集信息、辨别词语的感情色彩、体会作者的思想感情、领悟文章的表达方法等要求。可采取过程性评价与终结性评价相结合、口头评价与书面评价相结合的方法来对学生进行评价。在评价学生的理解感悟能力时，应重点评价学生对读物的综合理解能力，重视学生的情感体验和创造性理解；在评价学生的阅读积累能力时，一方面可引导学生将自己的阅读书目和阅读感悟记录下来，放入阅读档案袋中，另一方面教师还可以按照要求评价学生积累词语、句段及获得语言材料的情况。总之，在对学生进行阅读评价时，教师应从学生对文本的理解、学生的阅读速度、学生对文本的分析综合能力等方面来进行考查，这样才能够改进教师的阅读教学能力，提高学生的阅读理解能力。

（三）表达与交流能力评价

1. 口语表达与交流能力评价

这一学段的口语表达与交流能力评价仍应采取过程性评价和终结性评价相结合的方式，在对学生进行评价时，教师可以建立观察记录本，留心学生平时课内外的交际表现，如学生在参加课内外活动时是否积极主动地与别人进行交流，学生在交流时使用的语言是否文明和谐等。通过观察，教师把学生平时的表现记录下来，到学期末的时候通过分析观察记录本给学生划分等级或者使用描述性语言来对学生进行评价。在口语交际课上，教师还可根据训练内容来创设交际情境，让学生承担有实际意义的交际任务，在此过程中观察学生是否能够做到积极参与，边听边说边想，看学生能否根据交流的实际情况，及时调整自己的表达内容和表达方式从而达到更好的交流效果，还要看学生能否做到在交流时态度大方，语言优美。在这些交际情境中，教师必须明确评价的目标，对学生进行的表现及时进行引导和点拨。

2. 书面语言表达与交流能力评价

学生进入第三学段后，应当已经具备按照要求书写简单的各种文体的能力，也应当对习作有了一定的兴趣并养成良好的习作习惯。教师评价学生的习作能力，既要考查学生的材料准备和材料搜集方法，也要考查学生的写作方法、情感表达。对学生习作能力进行评价最直接的方法之一就是进行作文测验，作文测验可以测量学生的材料组织能力和书面表达能力，同时也能从侧面反映出学生的语文能力水平。常用的作文测验法有写日记（周记）、扩写、缩写、仿写、续写、改写、材料作文、命题作文等。在对学生的作文进行评价时，还应引导学生通过自改和互改，取长补短，促进相互了解和合作，共同提高写作水平。

（四）梳理与探究评价

2022年版课标要求，"初步运用多种方法整理和呈现信息""利用图书馆、网络等渠道获取资料，解决与学习和生活相关的问题""通过调查访问、讨论演讲等方式，开展专题探究活动"。因此，教师在对学生进行梳理与探究能力评价时，应注重以下方面：

1. 以正面评价和激励评价为主

梳理与探究学习是为了给学生提供发展潜能、展示个性的舞台，因此，在对梳理与探究学习进行评价时，应注意挖掘学生的闪光点，并给予

鼓励和弘扬。这样既能帮助学生认识到自己的学习潜能，提高自信心，又能激发学生自主学习的热情。

2. 重视过程和体验

在梳理与探究学习中，要重视对学生参与过程的评价，包括学生参与的积极性、参与的态度以及在过程中所表现出来的参与度和责任心等；注重评价学生对活动方案的设计、资料搜集、学习总结和心得体会等；还要注意评价学生的学习体验。

3. 重视知识的综合运用

梳理与探究学习就是为了将语文学习的理论知识与实践经验结合起来，所以，开展梳理与探究学习就要引导学生将所学到的知识运用到解决问题的实践中去，这既是良好的学习习惯，又是保证学生后续学习的强劲动力。因此，在进行梳理与探究学习的评价时，要注意评价学生学以致用、活学活用的能力。

◆ 推荐阅读 ◆

1. 薛炳群. 小学语文学业质量评价指南［M］. 济南：济南出版社，2020.

2. 江玉安. 小学语文学习·评价·教科研导论［M］. 长春：吉林大学出版社，2020.

3. 朱晔平主编. 小学语文学业质量评价［M］. 石家庄：河北教育出版社，2019.

4. 李英杰著. 义务教育阶段学业标准与评价·小学语文［M］. 北京：北京师范大学出版社，2017.

5. 赵杰著. 小学语文学业评价概论［M］. 北京：团结出版社，2017.

◆ 学习思考 ◆

1. 2022年版课标中过程性评价的原则是什么？

2. 2022年版课标中学业考试的原则是什么？

3. 教学评价和学业质量标准的关系是什么？

◆ 教学实践 ◆

1. 实地考察小学是如何进行学习评价的。

2. 选取任意年级编制一份成长档案。

技能篇

第九章 备 课

【学习目标】

1. 了解小学备课的理论，明确备课的任务和所要达到的要求。

2. 联系相关理论和小学语文教材，通过对教材的钻研和文本的解读，能编写完整可行的教案，掌握备课技能。

3. 结合个人实际，努力提高自己的备课水平，为今后的教学实践打好基础。

第一节 备课概述

备课是上课前教师所做的准备工作。教师要研读课标、钻研教材、了解学生、选择教法、编写教学方案，备课是凝结教师的智慧和心血、艰苦而复杂的脑力劳动。

有人曾经对全国特级教师斯霞说："您教小学已经四十五年了，还用备什么课呀？随手拿起书来不就可以把课讲好吗？"斯霞则回答："其实不像您说的那样，我常把备课当作指挥员在组织一场战役前的深思熟虑。"可见，教师不能上无准备之课，不备课就没有上课权。

一、备课的意义

备课是上好课的前提。只有备好课，才能上好课，教师在备课上所花

功夫的多少直接影响授课的质量。也就是说，教师上课的质量很大程度上取决于教师上课前的准备工作，这是许多教师从实践中得出的重要经验。

（一）备课是教学的基础，是教学的根本

备课是教学的首要环节，也是教学的重要环节。如果说教学是教师带领学生攻占一块学习高地的话，那么备课就是为打仗所做的一切准备。不备课或是备不好课就是在打无准备之仗。

（二）备课能解决"教什么""学什么"和"怎么教""怎么学"的问题

"教什么""学什么"指的是学生要学习掌握哪些知识、方法，经历怎样的学习过程，发展哪些情感以至价值观；"怎么教""怎么学"指的是如何使学生主动地获取知识，养成主动学习的习惯，培养终身学习的能力，在知识、能力、情感等方面和谐发展。作为教师，在备课的过程中时时要思考和解决的就是"教什么""学什么"和"怎么教""怎么学"的问题。

（三）备课能提高教师的知识水平和教学能力，帮助教师积累教学经验，促进教师的专业发展

俗话说，"要想给人一碗水，自己需要一桶水"，我们说这里的"一桶水"应改为"长流水""源头活水"。备课时，教师通过一次次地钻研教材，收集资料，知识水平和专业发展必然会跃上一个新的台阶。教师通过一遍遍地处理教材、确定教法，教学设计能力也必然会得到提高，进而积累更多更好的教学经验。

知识的发展、教育对象的变化、教学效益要求的提高，使作为一种艺术创造和再创造的备课永无止境，最佳教学方案的设计和选择，往往需要我们付出更多的努力。

二、备课的内容

备课，既要备教材，又要备学生。备课的具体工作包括：研究课程标准、钻研教材、了解学生、选择教学方法、编写教学方案等方面。

（一）研读课程标准——心中有标

《基础教育课程改革纲要（试行）》指出："课程标准是教材编写、教学、评估和考试命题的依据，是国家管理和评价课程的基础。"课程标准是整个基础教育课程改革系统工程中的一个重要枢纽，研究课程标准对小学教师有着重要的指导作用。

学习课程标准，能正确认识小学各学科的性质，了解课程标准所倡导的教学理念，端正自己的教学思想。有利于从整体上了解学科的教学目标与要求，做到统观全局，从整体出发掌握学科的知识体系，统筹兼顾，全面安排。

学习课程标准，能较全面地了解教学内容，能更准确、全面地确定自己的教学目标，并且能了解学生过去学了什么，增强备课的针对性，克服盲目性。

学习课程标准，能正确选择教学方法，有效地运用评价的方式评价学生的学习。

（二）研究教材——胸中有书

广义的教材泛指教学所用的一切材料，包括课程标准、教师用书、教科书（亦称课本）、教学参考书、实验手册、练习册、课外习题集、课外读物以及幻灯片、音频资料、视频资料等；狭义的教材即指教科书（本节所指"教材"是狭义而言的）。教材是教学过程中一个非常重要的因素，是教师进行教学活动的主要凭借。在教学过程中，教师和学生是以教材为中介，进行教和学的双边活动，来实现教学目标的。这就要求教师能够全面深刻地理解教材、把握教材，进而指导学生正确地使用教材，学好教材。研究教材可从以下几方面进行：

1. 通读整套教材

通读整套教材，全面了解教材的总体框架，对教材形态结构形成具体感知，并对教材基本特点形成初步印象，从整体入手，避免"一叶障目，

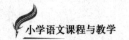

不见森林"。以统编版义务教育教科书语文为例，通读这套教材，应把握教材鲜明的编排特色与体系（见第三章第二节）。

2. 阅读全册教材

在通读整套教材的基础上，认真阅读一册教材，了解该册教材的教学内容、各单元的编排，掌握各个单元的训练重点和内在联系，从而统筹兼顾，合理安排教学计划。如《义务教育教科书语文三年级上册》在阅读中应该把握：

（1）教材的基本结构

本册教材分单元编排，全册共八个单元，每个单元大致包括导读页、课文、语文园地三大部分，其中六个单元按照人文主题和语文要素双线编排，其人文主题分别是"学校生活""金秋时节""童话世界""祖国河山""我与自然""美好品质"。另外两个单元比较特殊，第四单元"预测"是一个阅读策略单元；第五单元"留心观察"是习作单元。

（2）教材的主要特点与教学

① 识字与写字教学

三年级上册的识字都是随课文安排，无论是精读课文还是略读课文，都安排了要求认识的字。学生通过前两年的学习，已经具有一定的独立识字能力，而且课文中的生字都有注音，所以完成认字的任务主要靠学生自学自查，教师可在学生自学自查的基础上作适当检查，并对少数不容易读准或容易混淆的字作适当指导。所附选读课文中的生字均未注音，为的是引导学生运用已有的独立识字能力，在阅读中遇到不认识的字，自己查字典解决。

② 阅读与鉴赏教学

三年级上册的阅读教材，除安排识字和写字任务外根据课文的不同特点，采用多种形式引导学生理解文章主要内容，体会文章表达的思想感情。引导理解内容的主要方法有：运用多种方法理解难懂的词语；感受童话丰富的想象；借助关键语句理解一段话的意思；感受课文生动的语言等。引导体会感情的方法，主要是让学生设身处地、入境入情地读书，然后交流各自的阅读感受。

③表达与交流教学

口语交际注重人与人之间的交流和沟通，要在听与说的双向互动中培养学生倾听、表达和应对的能力。三年级上册教材注意突出口语交际的这个特点，而且安排了多种形式的双向互动，有的以交流为主，如"我的暑假生活"；有的要模拟生活情境练习交际，如"请教"。

习作则做了两条线的安排。一是在每组的"语文园地"中安排一次习作，全册安排八次。这八次习作，有四次与口语交际合并安排；二是结合课文的学习，安排了四次小练笔。

3. 审视单元教材

统编版小学语文教材是以单元形式按照人文主题和语文要素双线编排的，围绕着主题编选课文，并设计课后习题与单元练习。首先，要通读单元教材，整体感知；其次，要分析每篇课文是如何体现单元主题的，它在单元中处于什么位置，与前后课文之间有什么联系；再次，分析单元练习、习作训练、课文之间的关系；最后整合单元内容与教学计划，明确教学时间，形成对单元的整体性认识。

4. 解读单篇课文

文本解读是一件最能显示语文教师"功力"的活儿。一篇课文教什么、怎样教，是否教到点子上，能否让学生真正受益，很大程度上取决于教师解读文本的功力。文本解读主要有以下策略：

（1）走近文本

文本解读是对文本逐步走近的过程，从陌生感到亲和力再到创新性。首先，要善待文本。犹如观察的视线，对文本的正确态度应该是"平视"，不是"仰视"，也不是"俯视"。其次，要细读文本。文本解读要想取得理想的效果，必须遵循"面——线——点"的线索，从细微处入手。特别是对文本的特点、重点、难点、突破点、空白点等要细细品味，慢慢欣赏。例如，《卖火柴的小女孩》课文第一句"天冷极了，下着雪，又快黑了"。一个"冷"，而且还"冷极了"，以表达出冷的程度。加上"雪"，更冷，还有冬天的黑夜，又是一个冷，三个冷，放在一起，层层推进。但别忘了，这是大年夜，寒冬腊月、冰天雪地，所有这些加在一起，该是个怎么样的冷呀？细读之后，我们仿佛看到了那雪花纷飞、寒风刺骨的场面。如果说夜幕的下垂，好比轻轻揭开了故事的序幕，那么，原来这看似简简单单的环境描写，却让我们一下子就置身于故事的情境当中。读出了这样的一层意味，后文中提到的小女孩光着头、赤着脚就更能唤起我们的同情怜悯。可见，每一个用词后面，都有一份意味深长。

（2）读透文本

文本解读要经历一个反复读透的过程：从"读通"到"读厚"再到"读薄"，最后达到"读准"。下面是文本读透的四个策略：

① 整体地读。只有整体地读，才能整体观照，居高临下，全局在胸，真正读透文本。我们不能自以为是地抓住一句话、两个词、片言只语，断章取义，"只见树木，不见森林"，而造成对文本的曲解或误读。在细读文本时，把握好文章的篇章结构，就会对文本有一个宏观上更具高度的认识。

② 细腻地读。在文本解读时，不要把一个字轻易地放过去，作者为什么用这个字、这个词、这种句式而不用别的？要细细体会它的神韵所在。这样，文本解读就会丰满起来，不会变成一个空洞的、说教的东西。对于一篇课文，只有通过仔细地阅读，从容地咀嚼，才能探其精微，对文章的一词、一句、一字甚至一个标点都要细加揣摩，这样才能在教学中游刃有余。

③ 反复地读。文本解读是"慢"的艺术，只有对文本反复地读，才能透彻地理解和把握文本的内在本质。解读文本，要不厌其烦地一遍一遍地读，在一遍遍的解读中，以"读者""教师""学生"的身份去读文，去理解，对文本做全方位、多层面、立体式的细究与深读。特级教师孙双金

教学《春望》，自己读了上百遍，直到读得自己泪双流为止。手捧文本，触摸文本，咀嚼语言，悉心体味，发掘内蕴，作为语文教师，一定要有这个耐心，当然更要有这个能力。

（3）超越文本

超越文本有两方面的涵义：一方面，在读文时要跳出文章的字面意思，多方位多角度地去读、去理解，体会透过文本所传达出来的作者的思想、编者的思想；另一方面，跳出这一篇课文，着眼整个单元，思考教学任务群与单元整体教学在实际教学中的有机结合。

（三）了解学生——眼中有生

是否了解学生关系到能否有效地凭借教材进行教学，能否顺利地完成教学任务。教学的对象是学生，不了解自己教学对象的实际，就无法有的放矢地教学。小学教师要了解学生各方面的情况，首先是了解学生的年龄特征、心理特点，进而了解学生的知识现状和学习心理。它包括了解学生的学习成绩、学习态度、阅读范围、学习兴趣、学习动机、课堂纪律、参与习惯等。只有这样，我们才能掌握学生的实际学习水平，才能把握学生学习倾向，才能增强学生学习的自觉意识，使他们在单位时间内获得最大的收益。此外还要注意了解学生家庭、生活环境、性别、个性等方面的差异。了解的方式可通过测试、观察、谈话、资料分析、问卷、走访等方式。

（四）选择教学方法——脑中有法

教学方法的确定和选择既要考虑教学内容的特点，也要考虑学生的实际情况和教师的风格特点。教材内容是教学方法的直接对象，选择教学方法，必须根据教材的内容和特点。学生是教学方法的实质对象。选择教学方法必须从学生的实际情况出发。由于学生个体客观上的差异，他们在学习方法、逻辑思维方式、知识基础、认识水平、感知方式等方面存在很多不同，同时他们的兴趣爱好、行为习惯、气质个性等方面也有很大差异，这就要求我们要采用多种教学方法来"因材施教"。同时每个教师都应根据自己的素养水平扬长避短，发挥个人优势，采用适合自身特点的教学方

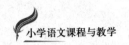

法，否则就不可能在教学实践中产生良好的效果。教学方法因教材而异，因学生而异，因教师而异，不能搞千篇一律一刀切。

（五）编写教学方案——手中有本

教案是教师在研究课程标准、钻研教材、了解学生、选择教法的基础上编写的教学方案，包括单元教案和课时教案。

单元教案是以单元为单位对这个单元所有教学内容所做的总体教学设计。课时教案是以课时为单位的教学设计。教案的形式多种多样：有文字式、表格式等，从详略上有详案、简案等。

第二节　教案撰写技巧

教案是教学设计方案、教学方案的简称，它是课堂教学的实施方案，是教师进行教学活动的依据，教案的质量直接决定课堂教学的效果。党的二十大报告指出"实践没有止境，理论创新也没有止境"，教案撰写正是小学语文教学中理论创新的一个重要方面。教案撰写虽有一定之规，但根据不同学段，不同学生，也应调动各种教学手段，不断推陈出新。

一、教案的内容

教案编写要符合规范。通常来说，课时教案一般包括如下内容：课题、学习目标、学习重点难点、教学方法、教学时间、教具准备、教学过程和教后记等。

（一）课题

课题是指授课内容的标题，主要是指课文的题目。

（二）教学目标

教学目标指根据课程标准的要求与学生的实际情况，针对教学内容特点而制定的课堂教学活动预期要达到的学习结果。学习目标的表述要具体、明确，切忌空泛、笼统。比如统编版语文二年级下册《枫树上的喜鹊》目标设计：

1. 通过组词、猜字谜、讲解字理等方法识记"渡、荫"等 10 个生字，通过归类比较，会写"伞、弟"等 8 个生字。

2. 默读课文，用自己的话说说"我"喜欢的是什么；关注标点，正确、流利地朗读课文，读出语气和重音。

3. 模仿课文富有童趣的语言，在丰富的情境中迁移运用，想象表达，创意表达。

（三）学习重点难点

学习重点是学生在语文学习中要重点理解、掌握或者运用的内容，教学难点是学生在语文学习中比较难以理解或掌握的内容。就一篇课文而言，一般确定1—2个教学重点或难点。比如，统编版小学语文三年级上册的《父亲、树林和鸟》确定的教学重点难点。

学习重点：认识"黎、凝"等5个生字，会写"朝、雾"等13个生字，能体会语言表达的丰富性，选择句子摘抄。

学习难点：辨析"我真高兴，父亲不是猎人"这句话的含义，结合课文内容辨析对父亲的各种判断。

（四）教学方法

教学方法指为达成学习目标所采用的主要教学方法。就阅读与鉴赏教学而言，教学主要方法有情境创设法、朗读感悟法、讨论探究法、读写结合法等。

（五）教学时间

教学时间是指用几个课时完成教学内容。一般情况下，一篇课文通常会安排2—3课时。

（六）教学准备

教学准备是上课前师生双方的教学准备，包括教学用具与多媒体设计。其中多媒体交互设备越来越普遍地运用于小学语文教学中，它的优势

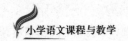

是形象鲜明、直观生动，能节约教学时间，提高教学效率。但是，多媒体交互设备运用必须与教学内容紧密结合，始终为语言学习、言语实践服务，切忌为用而用，华而不实。

（七）教学过程

教学过程是教案的主体部分，包括教学环节、教学内容、师生活动的方式方法以及各教学环节需要的大致时间等。以阅读教学为例，教学过程一般包括：导入新课，板书课题；初读课文，整体感知；部分理解，体味感悟；升华小结，领悟写法；练习积累，布置作业。当然，教学过程不是千篇一律的，应该根据课文特点和学生需要以及教师的个性备课有调整、有创新。

（八）板书设计

板书是教学设计的重要组成部分，通常可分为系统性板书（主板书）和辅助性板书（副板书）。系统性板书是对教学内容的高度概括，如教学重点的提炼、文章脉络的呈现等，需写在黑板的主要位置；辅助性板书则是根据教学需要，将一些重要词语、名词术语或其他需要强调的内容，简要地写在黑板一侧。

（九）教后记

教后记又称教学反思，是对教案实施情况的回顾与小结。每当一节课上完，教师不能让课堂成为过眼烟云，应该记录下自己的成败得失、经验教训、反思认识。坚持写教后记，能积累教学经验和资源，提升教学水平和研究能力。

二、教案的格式

以课时教案为例，教案的格式主要有文字式和表格式两种。文字式教案是以文字叙述的形式来进行课堂教学进程的设计，它的特点是条理清楚，教学思路清晰，是教师常用的一种教案格式。

如统编版语文教材五年级上册《圆明园的毁灭》：

【教学目标】

1. 认识6个生字，会写14个生字；能正确读写"估量、损失、举世闻名、玲珑剔透"等词语。

2. 有感情地朗读课文，读出情感变化。

3. 理解课文内容，了解圆园明辉煌的过去和毁灭的经过，激发热爱祖国文化、仇恨侵略者的情感，增强振兴中华的责任感和使命感。

4. 领悟文章的表达特点，学习与运用整理资料的方法。

【教学重点】

让学生了解"圆明园毁灭"这一屈辱的历史，激发爱国之情。

【教学难点】

1. 圆明园的辉煌已成为历史的记载，引导学生读文、感悟、想象，在脑海中再现它昔日辉煌景观，感受祖国的灿烂文化。

2. 文章的题目为《圆明园的毁灭》，而大量篇幅却是描绘昔日的辉煌，要让学生体会到作者安排材料的匠心，是教学的又一难点。

【课时安排】

2课时。

【课前准备】

1. 课前搜集圆明园的相关资料。

2. 影片《火烧圆明园》片段以及相关课件。

【教学过程】

第一课时

一、构建话题，激发情感

1. 同学们，雨果曾说过："有一座言语无法形容的建筑，某种恍若月宫的建筑，这就是圆明园。"（出示幻灯片）圆明园因何有如此的美赞？

现在的圆明园又是什么样子呢？（出示第二张幻灯片）我们引以为荣的圆明园又经历了些什么呢？今天我们就来学习第21课《圆明园的毁灭》，了解圆明园的昨天与今天。（出示第三张幻灯片）

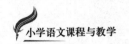

2.板书课题，齐读课题。

二、初读课文，自学生字新词

引导语：人们梦中的圆明园昔日究竟是怎样的辉煌？它是怎样毁灭的呢？请同学们放声朗读课文，走进圆明园，了解圆明园。

1.自由读课文，读准生字的读音，把课文读通顺。

（学生读书、思考，教师与个别学生交流。）

2.读后交流，在交流中正音，学习生字：

（1）认读生字与写字：

字音：①"玲珑剔透"中"剔"读＿＿＿；"掠走"中的"掠"读＿＿＿。

②注意"损""宋"是平舌音，"侵""烬"是前鼻音。

字形：①"统"的右边与"流"的右边不一样，不要多写一竖。

②可采用形近字比较等方法，指导写好"剔""瑶""侵""瑰"等字形较复杂的生字。

（2）体会词语的含义：

不可估量："估量"是推算、计算的意思。"不可估量"这个词语说明圆明园的毁灭损失巨大，无法计算。

众星拱月：圆明园的主园有圆明园、万春园、长春园。除三园外，还有许多小园。"拱"，环绕。"众星拱月"，无数星星环绕着月亮，比喻许多东西围绕着一个中心。"许多小园……众星拱月般地环绕在圆明园周围"描绘出了圆明园的总体格局。

金碧辉煌：形容建筑物异常华丽，光彩夺目。

玲珑剔透："玲珑"，精致灵巧；"剔透"，剔除多余的部分，使透空明晰。"玲珑剔透"，形容器物小巧玲珑，精致奇妙。

三、细读课文，了解圆明园的建筑风格

1.默读课文，边读边想，通过读书，你对圆明园有了哪些了解？

学生补充课前搜集的资料。

2.读后交流，在交流中深入感悟课文。

（1）针对第二自然段：

① 圆明园在北京西北郊，是一座举世闻名的皇家园林。"举世闻名"指什么？

（在全世界都非常有名，这里指圆明园在世界园林史上享有盛名。）

② 结合学生回答，ppt课件演示：

（它由圆明园、万春园和长春园组成，所以也叫圆明三园。此外，还有许多小园，课件标示出三园及周围的小园，弄清三园的大概方位及小园的分布情况，进而理解"众星拱月"的意思，分辨哪是"月"，哪是"星"。）

（2）针对第三自然段的内容：

① 你知道课文的哪个自然段写了这举世闻名的宏伟建筑？

（指名读第三自然段。）

② 圆明园的哪些建筑给你留下了极其深刻的印象？

请同学们自己潜心读一读，边读边想象画面。

③ 与你的同桌交流一下你的感受。

学生静心涵泳文本、想象画面后生生交流，有助于对文本的理解，加深体验。

④ 请同学谈一谈，被誉为"万园之园"的圆明园在你脑海中是什么样子的？

（引导学生结合课文内容来谈，感悟重点语句。）

A. 课件出示：

请仿照上面的句式用上"……没有……也没有……没有……也没有……"说一句话。

"是……也是……"造句。

B. 园中不仅有民族建筑，还有西洋景观。

⑥ 课文中没有介绍的景观还有很多，你知道有哪些吗？

（同学们可以展示课前搜集的有关资料和图片。）

交流课前搜集的资料和图片，既有助于调动学生主动参与的积极性，又培养了学生运用资料的能力。

⑦指名读圆明园的景物，脑海里想象着画面。

当我们走进这样宏伟、这样精美的圆明园心中怎能不发出这样的赞叹——学生齐读：

漫步园中，有如漫游在天南海北，饱览着中外风景名胜；流连其间仿佛置身在幻想的境界里。

指名读这一句，相机鼓励有个性地读。

3.引导学生朗读第3自然段，读出欣赏、自豪、赞美之情。

四、置留问题，布置作业

1.人们梦中的圆明园只有这些宏伟而精美的建筑吗？不！远远不止这些，下节课我们将继续走进圆明园，欣赏我们的圆明园。

2.抄写自己感受最深的句子，练习背诵。

第二课时

一、复习引入

1.通过上节课的学习，请在圆明园前填一个词：

（　　）的圆明园。

2.预设词语：

举世闻名、金碧辉煌、诗情画意、建筑雄伟。

3.过渡：

园中不仅有民族建筑，还有西洋景观。"漫步园内，有如……"

（教师引读，学生齐读。）

二、深入领悟圆明园的历史文物

1.指名读第4自然段，读出自豪与惊叹。

2."最珍贵的历史文物"指哪些文物？

（上自先秦时代的青铜礼器，下至唐、宋、元、清历代的名人书画和各种奇珍异宝。）

3. 圆明园中的文物到底有多么珍贵，他们究竟有着怎样的价值？请大家读一读阅读材料。

课件：

圆明园是世界上最雄伟、精美的皇家园林。

园内珍藏着不计其数的孤本秘籍，名人字画，金银珠宝，青铜礼器，古玩陶瓷，价值根本难以估算。仅原圆明园内海晏堂前喷水台上的 4 个生肖铜首，2000 年的国际市场拍卖价就高达 9000 多万人民币。

4. 这些价值连城的圆明园中的文化瑰宝飘零在世界各地的还有很多很多，你知道哪些可以说一说。

5. 这些名人字画，这些奇珍异宝曾经就在我们的圆明园啊！所以，它又是世界上最大的博物馆、艺术馆。

感悟语言，拓展文本，激发学生对圆明园文化的热爱。

三、研读"毁灭"，激荡情感

1. 引导：

这"万园之园"的圆明园，为何只能出现在人们的梦中呢？

请同学们读一读课文的第五自然段。

2. 读了这段文字，你是怎样的心情？

（愤慨、痛恨、痛惜……）

3. 请读一读让你感觉到愤慨、痛恨、痛惜的语句，读出你的感情：

重点感悟：

（1）课件出示：

他们把园内凡是能拿走的东西，统统掠走；拿不动的，就用大车或牲口搬运；实在运不走的，就任意破坏、毁掉。

① 同学们，这些加点的词语能不能去掉？为什么？

（不能，这些加点的词语更能体现侵略者的贪婪、残暴、无耻。）

② 请大家带着你对这些残暴的侵略者的愤恨读一读这句话。

（2）大火连烧三天，烟云笼罩了整个北京城。我国这一园林艺术的瑰

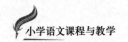

宝、建筑艺术的精华，就这样化成了一片灰烬。

学生练读，教师范读，学生跟读。

（"大火连烧三天，烟云笼罩了整个北京城。"读出悲怆；"园林艺术的瑰宝、建筑艺术的精华，"语气是高昂的；"一片灰烬"放慢速度，体会那种痛惜之情。）

品悟语言，以情促读，以读激情。

4.同学们，圆明园中化为灰烬的是什么？

（建筑艺术的精华，文化艺术的瑰宝，中华民族的尊严。）

这一切都在熊熊燃烧了三天的大火中化为灰烬。

过渡：

圆明园就这样化为灰烬，就这样不再真真切切地出现在我们的视野中，就这样只能浮现在我们的梦中。圆明园的毁灭仅仅是我们炎黄子孙的损失吗？

（圆明园的毁灭是祖国文化史上不可估量的损失，也是世界文化史上不可估量的损失！）

四、体味"不可估量"的损失

1.指名读第一自然段。

2.课件：

圆明园的毁灭是祖国文化史上不可估量的损失，也是世界文化史上不可估量的损失！

同学们，你们怎么理解这句话？

（圆明园的毁灭损失巨大，无法估计。不仅是中国文化史上的损失，也是世界文化史上惨重的损失。）

3.这一句话，连用了两个"不可估量"，你们的内心是怎样的滋味？

（痛惜、痛恨、悲哀。）

4.指名读，齐读。

五、回忆课文，感悟写法

这篇文章题目为《圆明园的毁灭》，而大量篇幅却是描绘昔日的辉煌，你觉得这样写合适吗？

这样写可谓匠心独运，课文大量篇幅描绘圆明园昔日的辉煌，让我们更加热爱圆明园，以圆明园为骄傲。可就是这个我们引以为豪的圆明园却被英法联军，肆意掠夺，践踏，更能激发我们对侵略者的痛恨，对祖国的爱。

六、激荡情感，课堂练写

1. 同学们，老师这有电影《火烧圆明园》的一个片段，请你面对着这熊熊燃烧的大火，写出自己的话。

写的时候可以用上课文中一些词语：

举世闻名、金碧辉煌、玲珑剔透、不可估量、宏伟建筑、奇珍异宝、瑰宝、精华、灰烬。

2. 播放《火烧圆明园》大火熊熊燃烧的情景，学生练写。

（利用积累的词语，扣人心扉的画面，激荡灵魂，练习写话，让学生直抒胸臆，提升学生的表达能力。）

七、激发学生不忘国耻，振兴中华

1. 交流写话内容。

2. 教师总结：

面对帝国主义曾经的欺凌，面对风雨中圆明园的断垣残壁，振兴中华、自强不息，我们责无旁贷！

【板书设计】

21. 圆明园的毁灭

宏伟建筑：……不仅……还有……

珍奇景观   }化为灰烬

珍贵文物：名人字画奇珍异宝

表格式教案的特点是一目了然，形象直观。在教学过程中，将"学生活动"和"教师活动"分开来写，便于教师从学生角度出发来设计教学内

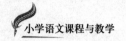

容，体现组织学生进行"学习活动"的过程。一般包含如下内容：

课题				
学习目标				
学习重点难点				
教学方法				
教学准备				
教学时间				
教学过程	教学环节	学生活动	教师活动	设计意图
板书设计				
教后反思				

◆ 推荐阅读 ◆

1. 叶圣陶. 叶圣陶教育文集［M］. 北京：人民教育出版社，1994.

2. 闫学. 小学语文文本解读［M］. 上海：华东师范大学出版社，2012.

3. 蒋蓉. 小学语文教学设计［M］. 北京：高等教育出版社，2016.

4. 王崧舟. 崧舟细讲文本 小学语文教材文本解读与教学设计［M］. 武汉：长江文艺出版社，2021.

5. 沈玲蓉作；周勇总主编. 小学语文统编本教材教学设计［M］. 上海：华东师范大学出版社，2021.

6. 雷玲. 小学语文名师教学艺术［M］. 上海：华东师范大学出版社，2008.

◆ 学习思考 ◆

1. 备课包含哪些内容？作为一名小学教师应如何钻研教材？一篇完整的教案包含哪些内容？

2. 请你通读统编版小学语文教科书，思考统编版小学语文教科书的编排特点及不同年段不同文体的备课要点。

◆ 教学实践 ◆

1. 请你选择一名小学教师，了解咨询他（她）是如何备课的？

2. 结合小学语文教学，编写一份教案，并进行班级教案展评。

3. 选择一篇课文，尝试钻研，并写出自己的钻研心得与教学思考。

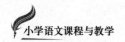

第十章 上 课

【学习目标】

1. 了解并掌握小学上课有关技能的理论。

2. 能联系教学实践，训练导入、提问、板书、小结、组织等技能，结合自己的实际情况，有针对性地提高自己的教学技能与上课水平。

第一节 上课的基本要求

上课是整个教学工作的中心环节，是极具创造性的劳动，也是学生接受教育的最基本的形式。党的二十大报告指出"要办好人民满意的教育"，作为教师，上好每一堂课，意义深远。

当代教育学者徐勋指出："教学既是一门科学，也是一门艺术……首先应该肯定教学是一门科学，因为教学是有客观规律可循的，教学必须以科学的理论为指导。同时，教学也是一种创造性的劳动，教学理论应用于实际，必须因人、因地、因时制宜，不能囿于一个程式。教学效果的好坏，还与教师的语言、机智、热情等素质有关，要做到'无意于法则，而自合于法''从心所欲不逾矩'，这的确也是一种艺术。"

上课是教师在备课基础上，把教学设计在课堂上实施的过程，是教学的基本形式，也就是课堂教学。上课是教学的中心环节，是完成教学任务的主渠道，学习知识、培养能力等教学任务都要通过课堂教学来完成。认真上好每一节课，是教师的基本职责：只有上好课，才能完成教学任务。党的二十大报告指出"教育、科技、人才是全面建设社会主义现代化国家的基础性、战略性支撑。"上课要有创新精神，在教学中使用多媒体等先进手段，实现教育、科技、人才的三方面融合，实现共同发展。

课堂教学占据的时间长，任务重。据统计，一个学生要完成普通教育得上完约一万节课。一名小学生90%多的在校时间是在课堂上度过的。课堂作为培养人才的主要阵地，肩负的任务重大而深远。

课堂教学具有多重功能性。高质量的课堂教学不仅会使学生掌握知识、发展智力、训练思维、提高能力，而且有助于学生的健康人格的形成。

课堂教学是教与学的交往、互动，师生双方相互交流、相互沟通、相互启发、相互补充，在这个过程中教师与学生分享彼此的思考、经验和知识，交流彼此的情感、体验与观念，丰富教学内容，求得新的发现，从而达到共识、共享、共进，实现教学相长和共同发展。

上课是教学工作的中心环节，是提高教学质量的关键。教学任务的完成，主要是在课堂教学中实现的，教师必须认真管理组织，体现课标理念，一丝不苟，教书育人，上好每一堂课。具体来讲，上课应做到：

一、明确教学目标

教学目标要符合2022年版课标的要求，立足文化自信、语言运用、思维能力和审美创造等核心素养要求，培养学生的学科素养，发展学生的能力，达成立德树人的总目标。通过必要的教学形式和方法让学生明确本节课的教学目标，并转化为学生的学习目标，增强学生学习的目的性和主动性。

二、组织教学内容

按照2022年版课标的要求，应紧紧围绕教学目标以学习任务群的形式组织和安排教学，保证教学内容的科学性、思想性和系统性，避免课堂上的随意性和盲目性。教学要注意突出重点、分散难点、解决关键，完成课

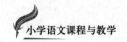

时计划。

三、科学地运用教学方法

要因材施教，注重启发式教学。教学方法及手段运用恰当、合理。教学过程要完整，课堂各环节组织严密、有序。要重视课堂教学的调控和反馈，使学生通过积极的思维实践等自主活动，获得知识，发展能力，形成正确的情感态度与价值观，并把学法指导寓于教学之中。

四、注意思想品德教育

党的二十大报告指出："育人的根本在于立德"，教师应充分利用教材中的思想教育因素，寓德育于教学之中。要注意根据学科特点，联系学生实际，有机结合，有所侧重，讲求实效，"全面贯彻党的教育方针，落实立德树人根本任务，培养德智体美劳全面发展的社会主义建设者和接班人。"

五、讲求教学艺术

用普通话教学，教学语言准确、精炼、条理清楚、深入浅出、形象生动、富于启发，板书工整、清晰，教态亲切、自然，充分注意与学生的情感交流。积极进行教学方法的改革，努力形成个人的教学特色和风格。

六、要爱岗敬业

党的二十大报告指出："要加强师德师风建设，培养高素质教师队伍"，教师要树立良好的师德，上课要衣着整洁、大方，仪表端庄，精神饱满，态度亲切，坚持正面教育，关心和热爱全体学生，模范遵守纪律，不迟到、不早退、不拖堂，严谨执教。

第二节　上课技能

上好课是一名教师多方面综合素质的体现。教学是一门科学，又是一门艺术。正像科学家爱因斯坦在谈到教师修养时提出的三条基本要求：一是"德"，即崇高的思想品德；二是"才"，即知识渊博；三是"术"即高超的教学技能。在这三点中，"术"包含了哪些技能？我们又应怎样掌握这个"术"呢？

一、导入

良好的开端是成功的一半。著名特级教师于漪曾说过："课的第一锤要敲在学生的心灵上，激发起他们思维的火花，或像磁石一样把学生牢牢地吸引住。"写文章要有个好的开端，才能紧扣读者的心弦。上课有一个好的导入，才能激发学生的兴趣，使学生产生强烈的求知欲。

上课伊始，学生的情感，处于蛰伏状态，如何掀起学生情感波澜，促使学生进入最佳情境？实践证明，或渲染一种气氛，或创设一种情境，或竞猜一个谜，或朗诵一首诗等等，均有良好效果。总之，导入是一门艺术，更是一种创造，它是打开学生求知大门的金钥匙，更是架起教学目标的认知领域与情感领域的金桥。实践证明，好的开场白能使学生身临其境、心入其境，让学生跨越时空、激发兴趣、丰富想象、激活思维，受到情感熏陶。

（一）导入的方式

1. 激趣设疑导入

兴趣是最好的老师，是一切人才成长的起点。孔子说过："知之者不如好之者，好之者不如乐之者。"由"好"和"乐"所产生的追求知识的

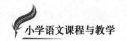

迫切愿望是促进学生学习的动力源泉。教师在导入的环节，要从"趣"着眼，从学生的心理着眼，激发学生的兴趣，形式新颖，巧妙设疑，让学生从兴趣开始一节课的学习。

一位教师在教《草原》一课时是这样设计导语的："同学们，作家老舍在讲初入草原时，写了这样一句话：'初入草原时，听不见一点声音，也看不见什么东西，除了一些忽飞忽落的小鸟。'我读了这句话后，觉得这句话自相矛盾，不合逻辑。不是吗？想想'看不见什么东西'怎么还看见忽飞忽落的小鸟呢？作家为什么要这样写呢？"

2. 故事导入

学生大都是喜欢听故事的，尤其是小学生。上课伊始，教师如果开口："我先给大家讲个故事"，瞬间，他们会流露出一种渴望的眼光。教师利用这个有利的时机把学生吸引到课堂中来："同学们，你们知道李白是唐朝的大诗人。你知道汪伦是什么人吗？汪伦是个平民百姓。一个大诗人和一个普通百姓却建立了深厚的友谊。说起这段友谊，还得从李白的嗜好说起。李白一生中有两大嗜好：一是喝酒，二是赏桃花。这个秘密被汪伦得知后，汪伦就写了一封信给李白。信中说自己的家乡有'千里桃源'，有'万家酒店'。以此吸引并邀请大诗人光临。李白接到汪伦的信后，兴致勃勃地来到汪沦的家乡泾县。到那一看，哪有什么'千里桃源''万家酒店'？所谓'千里桃源'只是一个桃源的名字，所谓'万家酒店'也只不过是一家姓'万'的人开的酒店而已。然而李白却没有扫兴，他为汪伦交友的盛情所感动。他们一起饮酒谈天，离别时难舍难分，依依惜别之情让李白写下了脍炙人口的名篇——《赠汪伦》。"

3. 直观导入

苏霍姆林斯基说过："小学生往往用形象、色彩、声音来进行思维。"直观导入法是指通过具体的实物、图片、简笔画、照片、幻灯片、录音、录像等手段导入教学。这种方法具有具体、形象、生动的特点，它往往能直接引起学生的兴趣，将学生的注意力集中起来，直观的手段要比言语描述更为清晰明了，更容易激起学生的好奇心。如教学《富饶的西沙群岛》，教师可展示中华人民共和国地图，先简要介绍我们伟大祖国的辽阔疆域，然后重点介绍西沙群岛的位置、范围和特点，从而导入新课。

4. 谜语导入

教学中，教师根据教学内容，用猜谜语的方法导入新课，会激发学生的求知欲，充分调动学生学习的积极性。如：在教学《落花生》这篇课文时，教师先说谜面"麻屋子，红帐子，里面住个白胖子。"谜面刚说完，学生积极动脑思考，纷纷举手说谜底"花生"。教师接着说"花生又名落花生，著名作家许地山的笔名也叫落花生，大家知道为什么吗？"，并板书课题《落花生》。这样的导入，既激发了学生的学习热情，又使学生明白了课文主要写的是什么，了解了课文的主要内容。

儿童教育家孙敬修老师在讲"聪明"一词时是这样导入的。问："你们愿意做聪明的孩子吗？愿意的请举手！"霎时，每个孩子都争先恐后地举起小手。接着，他告诉学生："每个人身上都有四件宝，如果学会运用这四件宝，人就会越来越聪明。这四件宝是什么呢？"停了一会，他叫学生猜四则谜语：

第一件：东一片，西一片，隔座山头不见面——耳朵

第二件：上边毛，下边毛，中间一粒黑葡萄——眼睛

第三件：红门楼，白门槛，里面坐个胖娃娃——嘴巴

第四件：小男孩，住高楼，看不见，摸不着——脑子

猜谜后，和学生一起来学习"聪明"："聪"字，左边是耳朵，右上方的两点是两只眼睛，中间是口字，就是嘴，右下方是心，代表脑。这四件宝合起来就是"聪"。让耳朵多听，眼睛多看，嘴巴多说，心中多想。还要日日用，月月用（日+月=明），天长日久，你们就会变得越来越聪明。

5. 情境导入

教师以生动形象的场景将学生带到课文所描述的情境中去，以激发学生的学习兴趣。如：在教学《雪地里的小画家》一文时，上课伊始，教师

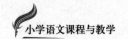

播放冬天雪花飞舞的课件，并佩戴冬爷爷的头饰和学生交流："孩子们，我是冬爷爷。秋去冬来，我带着雪花姑娘来到人间。呼呼呼——大地已经是一片雪白，像铺上了白地毯。我还特意邀请了一批动物王国的朋友，你瞧，他们来了：小鸡、小狗、小鸭、小马。它们可是了不起的小画家。今天要给同学们现场表演。大家欢迎吗？"学生抑制不住兴奋的心情，个个兴趣盎然地投入课文的学习。

6. 激情导入

维果茨基指出：教育的影响是通过学生心理特点的"中介"或"折射"而发生作用的。"中介"就是学生当时的内心体验，这种内心体验好像一个三棱镜，教育的影响只有通过它的折射才能对学生的心理发生作用。在课堂教学中，有的教材中包含着真挚情感，教师即宜于导课时"披文入情"，以情真词切的语言多方激发学生的情感，达到以情育人的目的。

有位教师教学《穷人》一课，是这样导入的："生活处处有真情。真情是一轮暖阳，温暖你那颗潮湿的心；真情是一股清泉，洗去你心头的不悦；真情是黑暗中的一把火，照亮你人生的道路……我们要学习的这一单元课文围绕人与人之间的真情展开，今天我们一起感受列夫·托尔斯泰笔下的真情吧！让我们一起走进这位伟大作家的短篇小说——《穷人》。"开宗明义，在教师的导入引领下，明确课文表露的真情，走进"穷人"的真情体味。

再如教学《卖火柴的小女孩》时，可以这样导课："同学们，大年夜对你们来说，是多么的美好啊，穿戴一新，亲人团聚，品尝佳肴。可是同样是在大年夜，却有这么一个小女孩，她在又黑又冷的大年夜里，光头赤脚，手拿一把火柴，哆哆嗦嗦地走在街上，叫卖着……"教师富有感情的语言，把学生的思想感情带入了课文所描述的悲惨情境之中，引起学生内心世界的强烈共鸣，既促进了课堂交流的艺术效果，又可使学生的思想得到纯化和升华。

7. 释题导入法

课题是课文的窗户，从课题可以窥视全文的奥秘。教学时，教师可从解释课题入手，不但有助于学生审题，了解学习内容的大致概况，而且为学生进入新课奠定良好的心理基础。如教《将相和》时，可以这样揭题："《将相和》课题中，'将'指谁？'相'指谁？'和'又是什么意思？'将'和'相'始终都是'和'的吗？他们为什么不'和'？后来为什么又会'和'呢？"然后指出课文就是围绕这个课题，告诉我们"将"和"相"各是怎样的人，学习课文后就会知道他们不同的性格特点。这样的释题导入，达到开"窗"窥"室"之效。

推荐阅读

于永正老师教学导入方式

一、"温故而知新"式

于永正老师教学古诗《草》的课堂实录：

师：上一年级的时候，小朋友学过三首古诗。一首是《锄禾》，一首是《鹅》，一首是《画》。还记得吗？谁能把三首诗背给老师和同学们听听？（学生背，略）

师：学了这么长时间了，还背得这么流利，而且很有感情。小朋友们，我国古代出了很多诗人，他们写了许多许多诗。这些诗写得可美了，今天，咱们再来学一首。

二、"开门见山"式

于永正老师教学《我的伯父鲁迅先生》的课堂实录：

今天，我们一起学习一篇新课文——《我的伯父鲁迅先生》，大家一起跟着老师写课题。注意："鲁"字当中这一横要长；"迅"字要注意笔顺，捺要写出变化，一波三折。

三、"画龙点睛"式

于永正老师教学《壁虎》的课堂实录：

同学们，今天我们学习29课《壁虎》。（板书：壁虎）有人说，这一

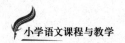

课的题目后面应加上"捉虫"二字，改为"壁虎捉虫"。该加还是不该加呢？请大家认真读一遍课文，发表一下自己的看法。

四、"故事"式

于永正老师教学《新型玻璃》的课堂实录：

同学们，在一个伸手不见五指的夜晚，一个人影蹿进了陈列着珍贵字画的展览馆，准备划破玻璃，偷里面的字画。当他玻璃刀刚刚触及玻璃的时候，院子里便响起了急促的报警声。警察立即赶来，把这个小偷给抓住了。同学们一定会奇怪地问：这是什么玻璃呀？怎么一接触它就发出报警声呢？同学们，这是一种新型玻璃。拿出本子来，跟于老师写字：新——型——玻——璃。（略）

五、"音乐式"

于永正老师教学《月光曲》课堂实录：

（上课铃声落，师生问好之后，片刻，教室里响起了贝多芬的著名钢琴曲——《月光曲》。声音由弱到强，由强到弱。）师：（深沉地）一百多年前，德国有个伟大的音乐家叫贝多芬。他说过："我的音乐只应当为穷苦人造福。如果我做到了这一点，该是多么幸福。"我们现在听到的优美动听的曲子便是其中的一首，叫《月光曲》（板书：月光曲。稍片刻，琴声渐止。）《月光曲》是怎样谱成的呢？这，还有一个美丽动人的传说。

六、"图画"式

于永正老师教学《惊弓之鸟》的课堂实录：

小朋友，我在黑板上画一样东西，你们看画的是什么。（于老师用彩色笔在黑板上画了一张弓。）

生：于老师画的是一张弓。

师：这叫什么呢？（师指弦）

生：这叫弦。

（师又画了一支箭，学生做了回答。）

师：大家知道有了弓，有了箭，才能射鸟。可是古时候，有个叫更赢的人只拉弓不射箭，就能把大雁射下来，这是怎么回事呢？今天，我们学习第二十七课《惊弓之鸟》，学了这一课就明白了。

（二）导入的要求

1. 新颖性

苏联教育家苏霍姆林斯基说："如不想办法，就急于传授知识，那么知识只能使人产生冷漠的态度，而使不动感情的脑力劳动带来疲劳。"所以教师在导入新课时要有新意、生动活泼，创造一个愉快的学习氛围，以集中学生的注意力和激发学生的学习兴趣。

2. 必要性

课堂教学导入，一定要根据既定的教学目标来精心设计导语，与教学目标无关的不要硬加上去，不要使导语游离于教学内容之外。教学伊始的导语，一定是完成教学任务的一个必要而有机的部分。

3. 科学性

导语的设计要从教学内容出发，有的是教学内容的重要组成部分，有的是教学内容的必要补充，还有的虽然从内容上看关系不大，但它能激发学生的兴趣，吸引学生的注意力，对于教学内容的讲授和学习也是一个有机组成部分。这一切，都应从教学内容的科学性出发，违背科学性的导入，尽管非常生动、非常精彩，也不足以取。

4. 简洁性

导语的设计要短小精悍，一般两三分钟就要转入正题，时间过长就会喧宾夺主。在教学中，教师导入新课是一种艺术，言简意赅的导语，能起到事半功倍的效果。

此外，还要注意从学生的实际出发。学生是教学的主体，教学内容的好坏，要通过学生的学习来体现。因而导语的设计要从学生的实际出发，要照顾到学生的年龄、性格特征。不能拿大学的教学内容作为小学课堂教学的导语，否则学生无法接受。从课型的需要入手，导语的设计要因课型的不同而不同。新授课要注意温故知新、架桥铺路；讲授课要注意前后照

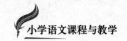

应，承上启下；复习课要注意分析比较，归纳总结。不能用新授课的导语去讲复习课，也不能用复习课的导语去应付新授课，否则就起不到导语应起的作用。

二、提问

提问是课堂教学的重要组成部分，也是课堂活动的主要形式之一，任何一节课都少不了这个环节。它对教师了解学生学习情况，活跃课堂气氛，激活学生思维，培养交际能力等方面起着显著作用。而在实际教学中，有部分教师由于没有抓准提问的契机，或者不懂提问的艺术，只是在唱"独角戏"，出现了不少提问的误区。如提问过于简单，没有思考价值。有些老师喜欢问"是不是""好不好""对不对"等等，这样的提问毫无价值，只会让学生的思维得不到训练；提出的问题难度大，如一开篇就问学生"课文写的是什么？""写作特色是什么？"，对学生只能启而不发，因为他们对课文内容还没有感性的全面的认识，无法回答问题；提问没有新意，篇篇文章都是雷同的提问，"文章分几段？""各段大意是什么？""文章中心是什么？"，长此以往，让学生生厌；提问对象过于集中，只叫几个固定的好学生回答，这样很容易挫伤学困生的积极性。因此以上种种提问的做法，都是不可取的，它不利于学生思维的调动与开发，难以收到预期的效果。

（一）提问的功能

我国著名教育家陶行知说过："发明千千万，起点是一问。智者问得巧，愚者问得笨。"那么，如何做善问的"智者"？我们要先了解课堂提问的功能：

1. 引起学习动机功能

课堂提问不仅是课堂的一种智力调动行为，而且是启动非智力因素的重要手段。提问可以使学生把注意力集中在某个特定概念或论点上；提问可以引导学生学习心智，激发探讨兴趣；促进引发多数学生积极的活动愿望。

2. 帮助学生学习功能

提问能促使学生定向思考，既具有促使学生注意教材的重点和难点的作用，又可以提示学生对哪些内容应予重视。提问可以起到组织教材内容的作用，使教材的内在联系和逻辑关系沟通，帮助学生整体把握教材。提问是一种强化手段，具有很强的呈现意义，因此具有促进记忆的功能。此外，提问还能探索教材以外的知识，扩展学习范围，也能通过提问诊断学生学习的特殊困难，为教师因材施教提供依据。

3. 促使学生参与的功能

提问是课堂上的一种召唤、动员行为，是集体学习中引起互动活动的聚合力量。在课堂提问中可以使学生得以表现观点，流露情感，锻炼表达。一个问题可以为多数学生发表意见创造机会，有助于学生表达能力的提高，有助于同学间的沟通和反应。因此，它具有促进学生社会化意义的功能。

4. 反馈评价功能

通过提问，能最直接地了解学生学习状况，弱点所在。教师可以即时检查教学目标达成的程度，以便及时修正或补救。这种教育学的信息交流与反馈，使教学有的放矢地进行。

5. 启发学生思考功能

学生思考问题的能力和方法，深受教师发问的内容及方式影响，教师的提问等于给学生制造问题，引导思考方向，扩大思考广度，提高思考层次，培养学生思维能力和习惯，最终达到完善学生智能结构的目的。

6. 课堂管理功能

提问不仅能活跃课堂的教学气氛，具有提高教学效率，加快教学进程的作用，而且还能用提问来调控课堂秩序。比如，通过提问可以终止学生的私语和小动作，使学生的注意力指向于教师和教学内容。

课堂提问，要真正起到优化课堂教学，充分调动学生的学习兴趣，提高认识水平，就必须选准时机，问在教学当问之处。时机选得准能起到事

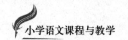

半倍功的作用，否则效果就不大。提问的时机，从教学内容的角度来说，应选在知识的重点、难点、关键处；从教学的进程来说，课始，学生注意力不够集中时要及时提问，通过提问将学生的注意力迅速引到课堂教学中来；课中，当学生的思维发生障碍、产生偏差，或受到思维定势干扰时，要及时提问，以便及时排除故障，使课堂教学按计划顺利进行；课尾，当讲授时间较长，学生产生麻痹、倦怠心理时，也应及时提问，以便重新振作精神。从教学的灵活性来说，课堂教学千变万化，学生回答无奇不有，教师要依据情况及时反问、疏问或追问。

课堂提问还必须掌握分寸，问在难易适中处。课堂提问要面向全体，照顾大多数，提问既不能过难，只面向少数尖子生，也不能过易，连学习有困难的学生不动脑筋也能回答。所谓照顾大多数，也就是大多数学生想一想都能回答得出。复习旧知识时，应问在后进生易获成功处；传授新知识时，应问在知识迁移处；巩固练习时，应问在学生易错处。总之，掌握分寸就是要注意广度，挖掘深度，设置坡度，力求精度。

课堂提问更应注意对象，问在学生需要处。课堂提问应尽量满足不同层次学生的要求。如要求回答"是什么"的判别型、回答"怎么样"的描述型、回答"为什么"的分析型、回答"有什么异同"的比较型、回答"有哪些不同意见"的创造型，其中第一种主要针对学习困难生，第二、三种针对中等生，四、五两种主要用来提问优等生，使之各有所思、各有所获。

（二）提问的原则

在以上具体操作的同时，课堂提问还必须遵循以下几个方面的原则：

1. 目的性原则——精心设计

目的性是指课堂提问要有明确的目的。提问是为教学要求服务的，为提问而提问是盲目的提问，盲目的提问无助于教学，只能分散精力，偏离轨道，浪费时间。备课时就要描述出提问的明确目标：课堂组织的定向性提问、了解学情的摸底性提问、学习方法的指导性提问、知识理解的启发性提问、触类旁通的发散性提问、归纳总结的聚敛性提问、温故而知新的复习性提问等。

2. 科学性原则——难易适度

提问前教师既要熟悉教材，又要熟悉学生。熟悉教材，把握知识点的传授的正确性与难易程度，在编制问题时，既不能让学生答不出，也不能简单地答"对"与"不对"，要使学生"跳一跳才能摸得着"，难度过大的问题要设计铺垫性提问。要防止：浅——缺乏引力，索然无味；偏——抓不住重点，纠缠枝节；深——高不可攀，听而生畏；空——内容空泛，无从下手。提问适度，同时又是量力性教学原则的体现。

3. 趣味性原则——新颖别致

青少年心理特点是好奇、好强、好玩、自尊心强。教师设计提问时，要充分顾及这些特点，以引起他们的兴趣。提问的内容新颖别致，能激起他们的积极思考，踊跃发言。一些学生熟知的内容，要注意变换角度，使之有新鲜感。切忌用突然发问来惩罚他们的错误，也不要故意用偏、难、怪题使他们感到难堪，以至于挫伤他们的积极性和自尊心。诱发学生的兴趣，教师还应以表情、语气、手势、教具等各种因素。激发学生的学习兴趣，除了提问内容上的新颖别致外，还应在提问的形式上不断地变化，如整堂课采用形式单一的提问，就会使学生感到乏味，造成学习上的疲倦，从而失去有意注意，使教学的效度下降，甚至趋向无效。

4. 启发性原则——循循善诱

启发性是课堂提问的灵魂。启发性是指提问能触动学生的思维神经，给学生点拨正确的思维方法及方向。启发性不仅表现在问题的设置上，还表现在对学生的引导上，要适合学生的心理特征和思维特点。教学实践证明，提问后出现冷场，不是学生启而不发，而是问题缺乏启发性而致。在教学中，也要避免那种为问而问、不分巨细、处处皆问的做法，特别是对高年级的学生，要尽量避免单纯的判断性提问（如"对不对""是不是"等），多用疑问性提问，还要注意应用发散性提问、开拓性提问，使学生

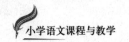

在提问中受到启迪，学得新知。

5. 灵活性原则——因势利导

设计课堂提问不可机械死板，类型应灵活多样。揭示课题可采用启发性提问，初读课文时可采用疏导性提问，深钻课文时可采用探究性提问，单元总结时可采用比较性提问，品尝精华时可采用鉴赏性提问，巩固复习时可采用归类性提问等。同时，还必须注意课堂上师生双方信息交流出现的异常情况，一旦发生更应灵活处置，当场设计一些调控课堂的提问来调整教学活动。对教师的提问，学生应答出现错误是正常的，教师应迅速准确地判断出学生出错的根源，从而灵活地提出一些针对性强的新问题，如采用疏导性提问、铺垫性提问来化解疑难。

6. 鼓励性原则——正确评价

学生应答完毕，教师要给予充分肯定，在充分肯定的同时还要指出其不足，提出期望。切不可对答题的同学白眼相待、讽刺挖苦，也不能无原则的赞美。教师应给每个学生以成功的体验，又指明努力方向。教师的鼓励性评价，除了直接的肯定或否定之外，还可以不同的方式进行，主要有：重复——教师重复学生的答案，以示肯定；重述——教师以不同的词句重述学生的答案，以示表达的差异性；追问——追问其中的要点，以示不足性；更正——给出正确的答案，以示错误性；评论——对学生的回答进行评价，以示鼓励性；延伸——依据学生的答案，引出新问题，以示开拓性等等。这比简单的肯定与否定更具鼓励作用。

7. 广泛性原则——面向全体

提问要面向全班。对教师来说，教室里不应该出现"被遗忘的角落"，每一个学生都应该得到老师的教诲。尽可能少一点指名答问，让学生举手回答，认真听完学生的回答。对个别后进生，在提问中，教师要优先照顾，鼓励他们回答问题的积极性，使每个学生的学习能在自己的起点上得到不同程度的进步。作为教师如何在课堂提问中发挥每个学生内在动力的作用呢？一是要引导每一个学生去积极探求真理。一个出色的教师，不是指点他的学生入住现成的"大厦"，而是促使他的学生去"砌砖"，同他一起建造"大厦"。聪明的教师不直接向学生去奉献真理，而是引导他们去探求真理。二是要鼓励每一个学生去发现问题和提出问题。对学生来说，提出一个问题往往比解决一个问题更重要，引导学生提出这样或那样的问题，由此发现新的天地，创造新的境界，从根本上改变课堂提问中生从师问的被动局面。三是要欢迎学生发表创新见解。党的二十大报告指出"创新是第一动力"，创新是学习的最终目的。那些无意有意压抑学生发表创新见解的做法都是极端错误的。

8. 针对性原则——因材施教

不同年级要采用不同的提问形式和提问内容，难度过大，学生思维跟不上，认为反正动脑不动脑都一样答不出，就不愿动脑；反之，也调动不起学生的积极思维。那么什么是针对性呢？就教材而言，在重难点上发问，在关键段落、关键词句上发问，在突出教材结构的关键点上发问，就抓住了主要矛盾；就学生而言，不同基础、不同性格、不同性别都应有所区别。提问的针对性，是统一要求与因材施教结合的教学原则与因材施教在提问艺术上的体现。只有因人而异、优差兼顾、分清层次、体现坡度、强化难度，才能实现真正意义上的因材施教，大面积提高教学质量。

三、板书

何谓板书？翻看不同版本的教材或专著，关于板书的定义有十余种之多，仔细分析则发现大同小异。对于板书的定义，就像季羡林先生所说的，要想给事物下定义，有时是徒费心机。板书，不妨采用最为简单明了的《现代汉语词典》的解释："①在黑板上写字：需要～的地方，在备课时都做了记号。②也指在黑板上写的字：工整的～"

板书对于提高课堂教学质量具有十分重要的作用。有些教师对板书的作用认识不足，反映在板书的运用上，存在一些错误倾向：一种是不写板书，整堂课也写不了几个字，甚至是一点也不写；一种是板书过多过滥，

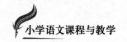

无论关键与否、重要与否，眉毛胡子一把抓，统统写在黑板上。

课堂教学离不开具体生动的语言，离不开独具匠心的设计，离不开扎实广博的知识，也离不开直观艺术的板书。在黑板上写字是有讲究的，是教师重要的基本功。作为我们上课的教学行为之一，板书是教学设计的有机组成部分，板书是技术，更是艺术。

（一）板书是技术

板书一般可分为系统性板书和辅助性板书两种类型，也就是我们平时所说的主板书和次板书。系统性板书是对教学内容的高度概括，如讲课提纲、基本内容、重要结论等。辅助性板书是根据教学需要，将一些重要词语、名词术语或重要的时间、地点及其他需强调的内容，简要地写在黑板一侧。系统性板书一般写在黑板重要位置上，相对保持时间长些，辅助性板书往往边写边擦。

1. 注意板书的姿势

教师板书，亦正亦侧。有时，为让学生看清楚书写的过程，教师可以侧身书写，便于学生观看。有时，写完之后给予讲解，可面"壁"而书。

2. 关注字体的大小

板书字体的大小直接关系到教学的效果。如果字体太大，写不了几个字，影响板面的利用率；如果字体太小，学生看不清，失去板书的作用。一般认为，字体的大小，以后排学生能看清为标准。

3. 讲究书写的变化

教师板书，主要用粉笔，粉笔不像钢笔，它是靠磨损笔头来完成书写的。书写中，应该调整粉笔，使其凸显线条的粗细、轻重变化，不宜只用一个平面，致使线条粗细一致，汉字显得呆板。

4. 把握板书的时机

教师板书时，可以边讲边写，或先写再讲、先讲再写。要根据教学实际内容的需要来把握板书的时机。

（二）板书是艺术

板书的主要作用是为讲课服务，也就是实用；但仅限于此还是不够，还要追求艺术性，使观者有美的享受，这就是高层次的板书要求了。其艺术性主要在以下几个方面加以表现。

1. 内容美

（1）内容完整无误

板书虽是在授课过程中不规则地间隔出现的，但最后要形成一个整体。一堂课的板书，应是对该堂课讲述内容的浓缩，内容应完整，以便学生在课后利用板书进行归纳小结，收到再现知识、加深理解、强化记忆的效果。

板书内容构成直接影响板书质量和教学效果。因此，教师应对板书内容进行精心设计，使其达到系统、科学、好懂、易记的要求。

（2）语言简洁精练

教师板书的语言要确切精当、言简意明，给人以凝练之感，要起到"画龙点睛"、指点引路的作用。

好的板书，它往往用最少的文字表达最丰富的内容，做到文约而事丰，字少而意多。"至圣先师"孔子用词就极其讲究。孔子《春秋》中一个字的评语，既可以表彰伟人，也可以将乱臣贼子钉在历史的耻辱柱上。得到一个字的表扬比得到华丽的衣服还要光荣，受到哪怕是一个字的贬损比受斧钺之刑还要难受。正所谓"一字之褒，荣于华衮；一字之贬，严于斧钺。"其精炼正是我们在推敲板书时应该学习的。

2. 字体美

小学教师一般用楷书板书，应在清晰、准确的基础上力求美观，体现汉字的形体美。鲁迅先生说过，汉字有"三美"：音美以感耳，形美以感目，义美以感心。中国字具有一种独特的美感，令人赏心悦目的板书本身就是一种艺术形式，具有美的价值。叶嘉莹先生的老师顾随先生当年教课的时候，写完的板书，直到下课以后学生们还舍不得擦掉，因为那俨然是

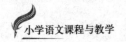

一幅令人佩服的书法作品。

字写得如何不仅关系到教师个人的形象，还影响到我们的学生。对小学教师来说，能写一手好字应该是基本条件。漂亮的板书不仅能让学生有美感的体验，吸引他们注意，还能影响他们提高自己素质，将练字的传统延续下去。

3. 设计美

设计好的板书，可以使板书美观、和谐，产生一种整体感，而且还可以更加充分地表达授课内容所要凸显的意义。尤其是小学语文课，板书设计可谓是造型精彩纷呈。主要有：

（1）文字式板书

板书的语言和样式应是最凝练的、最鲜明的和最醒目的，只有这样，才能收到好的效果。为了达到简明扼要，教师要深钻教材，设计时要做到抓住主干，大胆取舍，让板书多一字不行，少一字不行，字字珠玑。如《铺满金色巴掌的水泥道》的板书。

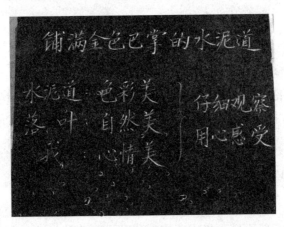

（2）图文式板书

这样的板书有文字来体现课文脉络与教学重点，又有图片来形象直观地把所学内容展现给学生，能够吸引学生的注意力，激发学生的兴趣。如《四季之美》的板书。

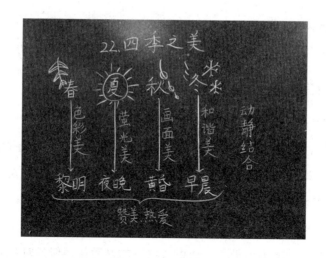

（3）表格式板书

许多科学知识介绍的文章，数字多而精确，科学术语强，类型繁多复杂。为帮助学生理解，最好用格式对比的板书，简明扼要，易于区别理解。如《松鼠》一文用表格式板书，把全文内容的提纲要领对比板书于一表之中，使文章内容在学生头脑中条理清晰，重点分明，结构层次也显而易见。

	外形	清秀、矫健、美丽	漂亮
松鼠	活动范围	高处	乖巧
	生活规律	夜间	
	行为特征	警觉、敏捷、储存食物	
	筑巢垒窝	选址、过程、特点	
	其他	胎生、换毛、爱干净	驯良

作为一名教师，在设计板书的时候，应该用心一点、讲究一点、认真一点，让板书成为教学中的一抹亮色。每每上课结束的时候，走到讲台下，审视自己的板书，让这种审视成为一种享受，同时找到自己需要调整的地方。多媒体再便捷，白板科技再发达，也需要板书。因为科学与艺术

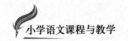

如同硬币的两面，相互依存，不可分割。理性的科学思维加上个性化、人性化的艺术气质更能提升教学的感染力，从而发挥教书育人的多维价值。

四、课堂小结

课堂小结指在完成一定的教学内容或活动后，教师对知识、技能等进行归纳总结，使学生对所学的知识形成系统，并转化升华的行为方法。

古人作诗行文，向来讲究"凤头、猪肚、豹尾"。明朝人谢榛在《四溟诗话》中说："凡起句当如爆竹，骤响易彻；结句当如撞钟，清音有余。"其意思是说，文章开头要响亮，使人为之一振；结尾要有韵味，使人觉得余音绕梁，不绝于耳。这里虽然讲的是写作，但是对我们的课堂教学也是颇有启发的：一堂课不仅要有良好的开端，而且应该有耐人寻味的结尾。每一位教师在课堂教学即将结束时，都应该"慎终如始"，而避免"行百里者半九十"的危险，对教学内容进行梳理、概括、深化，精心设计出一个"言有尽而意未穷，余言尽在不言中"的结语，给学生以启发、引导，使学生在疲倦之际保持兴味的连续性，完满地结束一堂课。

精彩的课堂小结不仅可以对教学内容或教学活动起到系统概括、画龙点睛和提炼升华的作用，而且能拓宽延伸教学内容，激发学生旺盛的求知欲望和浓厚的学习兴趣，对提高课堂教学效率将产生重要的作用。

（一）课堂小结的要求

1. 计划性

教师在备课时，应从教学目标出发，设计好小结的内容，对课堂教学小结什么、怎样小结等应该要有明确的计划。

2. 针对性

课堂小结应该根据教学内容、学生的年龄特点、思维结构、孩子的心理变化进行针对性的小结，提高学生思维能力。

3. 趣味性

设计好新颖有趣、耐人寻味的小结，能消除学生学习造成的疲劳，保持最佳的学习状态。

4. 简明性

课堂小结是对教学内容去粗取精、高度概括。因此，要抓住重点，突出精华，力求做到语言简明准确，通俗易懂。

（二）课堂小结的类型

1. 归纳式小结

归纳式结尾要求教师引导学生对课堂学习内容进行小结，当然主要是对要求学生掌握的知识点、教学重点、学习难点进行归纳，使学生在原学习的基础上再理解、再提高，进而完全掌握。一位老师在教《景阳冈》这篇课文时，他的结语是这样设计的："《水浒传》不愧为我国古代四大名著之一。在《景阳冈》这个故事中，作者用它的神来之笔，抓住了人物的特点，通过人物的语言、动作、心理活动的描写，塑造了一位勇敢机智的、且有大无畏精神的，并且有血有肉、真实可信的打虎英雄。"通过老师归纳式的结语，学生对武松的形象有了更加全面深刻的了解。

2. 悬念式小结

优秀的教师在教学结课时常常使用设悬念的方法，使学生在"欲知后事如何"时却戛然而止，从而给学生留下一个有待探索的未知数，激起学生学习新知识的强烈欲望，比如：《蜘蛛开店》一课的最后一句话是"原来那位顾客竟是一条四十二只脚的蜈蚣！"蜘蛛的店还开不开了？使"且听下回分解"成为学生的学习期待。

3. 激励式小结

教师除了在备课中"披文以入情"，还必须以生动的语言、饱满的感情创设情境，激起学生情感的波澜。这种感情应贯穿教学的整个过程。结束一课的教学更要激起学生感情的共鸣。教师在即将结束教学时，以意味深长的话语厚望于学生，打动学生心扉，留下难忘的印象。如教《为中华之崛起而读书》，讲读课文完后教师小结："历史上，我们中华民族曾经国富民强，只是到了近代才落伍了。新中国成立后，中华大地发生了翻天

覆地的变化，我国的经济实力大大增强了。但是，离发达国家还有很大一段距离，历史的经验告诉我们：落后就要挨打，自强才能自立。为了实现伟大的民族复兴，让我们一起'为中华之崛起而读书'吧！"

总之，语文课堂教学的收尾方式是多样的。但无论采用哪一种，都要根据课文的具体内容和学生的心理特点去设计，使之与整个教学环节和内容形成一个有机的整体。草草收束、虎头蛇尾固不足取，画蛇添足、当断不断则更应当反对和避免。

五、教学组织

在教学实践中，课堂教学质量的高低和教学效果的好坏，在很大程度上取决于教学组织。一个组织方法得当，井然有序的课堂，教师循循善诱，学生津津有味，必然会使课堂教学取得好的效果。

（一）教学组织的功能

1. 组织和维持学生的注意

小学生的注意特点是无意注意起主要作用，情绪易兴奋，注意力不稳定。为了有效地组织学生的学习，教师必须重视随时唤起学生的注意。正确地组织教学，严格地要求学生，对唤起有意注意起着重要的作用。它既有利于学生有意注意习惯的养成，也有利于意志薄弱的学生借助外因的影响集中有意注意。

2. 激发学习兴趣和动机

采用多种教学组织是激发学生兴趣，形成学习动机的必要条件。在教学中，教师根据学科特点和学生的年龄特点，采用不同的教学组织形式，能够调动学生的学习积极性，使他们兴趣盎然地参与到学习中来。

3. 增强学生的自信心和进取心

在课堂秩序管理方面，采用不同的组织方法对学生的思想、情感等方面会产生不同的影响。当学生出现课堂纪律问题时，是呵斥、罚站、加大作业量等惩罚，还是分析原因、启发诱导、实事求是、合情合理地进行解决。如果惩罚不当就会增加他们的失败感、自卑感，挫伤他们的积极性，还会对教师产生反感。

4. 帮助学生建立良好的行为标准

良好的课堂秩序，要靠师生的共同努力才能建立。当他们的行为不符合学校或社会对他们的要求时，就需要教师在讲清道理的同时，用规章制度所确立的标准来指导他们、培养他们，使他们逐渐懂得什么是好的行为，为什么要有好的行为，从而形成自觉行为，养成良好的习惯。帮助学生履行规则，实现自我管理，树立良好的行为标准，是教师在课堂上对学生进行思想教育的一个重要方面，是课堂组织的任务之一。

5. 创造良好的课堂气氛

课堂气氛是整个班级在课堂上情绪和情感状态的表现，只有积极的课堂气氛才符合学生求知欲的心理特点。师生之间、学生之间的关系融洽和谐，才能促进学生的学习和思维的发展。从教学的角度看，生动活泼的课堂气氛，会使学生的大脑皮层处于兴奋的状态，易于全身心地投入学习，更好的建构知识，并且使所学的知识掌握牢固，记忆长久。

（二）教学组织的类型

1. 管理性组织

管理性组织的是进行课堂纪律的管理，其作用是使教学能在一种有秩序的环境中进行。2022年版课标指出，教师是学生学习的组织者、倡导者，教师要充分发挥学生学习的积极性和主动性。课堂是学生学习的场所，首先要有纪律作为保障，但是最主要的是使学生生动活泼地进行学习。

2. 课堂秩序的组织

在课堂上可能会出现迟到、看课外书、交头接耳、做小动作等不专心学习的行为。其原因是多方面的，如教师上课无情绪，课前准备不足导致学生不专心，学生和同学闹矛盾或者因为家庭矛盾导致心情不佳而不能专心学习，有时课程的安排也会影响学生的情绪。

要解决这些问题，教师首先要从严格要求自身出发，精心准备，情绪

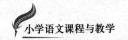

饱满，不要让自己的不良情绪影响学生。其次要从关心爱护学生出发，了解他们的问题，倾听他们的心声，然后对症下药，让学生心悦诚服地接受教师的指导和建议。

3. 教师的自我管理

教师在课堂教学中要有明确的自我意识控制，这是搞好组织教学的基础。教师在课堂上的意识自控首先要考虑自己的教学是否遵循了一节好课的要求，同时注意强化自我观察能力。要善于从观察学生的表情反应中来敏锐地观察自己的言行举止是否得体。再者还要防止教师的"权威"心理，有的教师不愿意承认自己的错误或不足，明明知道学生的意见是对的也不愿接受，这样下去，学生对教师难免会产生抵触情绪，往往会引发很多的课堂管理问题。

教师的情感不仅影响自己的教学思想和语言表达，而且影响着学生的上课情绪和智力活动的积极程度。教师要善于控制自己的情感：不要把消极的情绪带到课堂上，避免给课堂教学造成不良后果；不要让学生的情绪左右自己，当学生在课堂中出现不良行为的时候，应时刻提醒自己要保持冷静，要理智地处理问题；避免对优等生的偏爱和对差生的偏见，在课堂上应该一视同仁，让每一个学生都感受到教师的尊重和信任。

4. 个别学生的管理

无论教师多么苦口婆心地诱导教学，学生还是会在课堂上出现一些问题，对于个别学生的问题教师可以：

让学生自行停止不良行为。教师可用暗示的方法，如用目光暗示，或在暗示的同时配合语言提示："我们刚才讲的内容是不是每一个同学都听到了，我有点怀疑。"教师用目光注视或表情示意等信号可以制止学生的违纪行为，或者教师边讲解边走向不专心的学生跟前，停留在他身旁或拍拍他的肩膀就可以了。教师不宜停下课来公开批评学生。

奖励与不良行为相反的行为。教师为有不良行为的学生提供一种合乎需要的替换行为，这种行为会给他带来一定的奖赏。例如，有的学生课堂讨论时总爱打闹，影响讨论的正常进行。教师可指定他专门思考一个讨论的要点，在小组中发言或做小组记录等。

（三）教学组织的方法

组织教学是一种教学艺术。要搞好组织教学，教师就必须关注全体学生，注意信息反馈，要有驾驭整个课堂教学活动的能力。教师必须把握学生的注意和情感，努力调动学生的有意注意，使其保持相对的稳定性。同时，要激发学生的情感，使他们产生愉快喜悦的心境，从而全身心地投入学习活动。

组织教学的方法是多种多样的，教师应根据课堂教学实际加以选择，灵活运用。南昌滕王阁学校林子谦老师总结了十种常用的方法：

1. 形象感染法

教师走上讲台时，神情要亲切、庄重、肃穆，站定后要扫视整个课堂，以安定学生的情绪，吸引学生的注意力，使学生把注意从原来的注意对象迅速转移到教师身上来，自觉地投入教学活动。

2. 目标引导法

讲课开始时，教师可简要地肯定学生的表现，提出本次学习要求，运用语言的感召力，激发学生的情感，促其产生努力达到目标的学习欲望和兴趣，从而调动自己的有意注意。

3. 趣味激发法

教师讲课时，如有较多学生注意力不集中，可适当穿插讲一些表面看来跟教学无关（但内含学习目的、学习态度、学习方法等方面的启示）而学生十分感兴趣的事，使学生精神振奋，产生良好的心境，从而引发学习的浓厚兴趣。

4. 提问点拨法

当某些学生注意力不集中时，教师可提出问题让他们回答，促使他们转移注意对象，把注意力转移到学习活动上来。学生答题不够理想时，不要急于批评，可稍加点拨，鼓励他们动脑筋思考或用心听老师和同学讲。

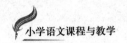

这样引发他们的兴趣，使其保持注意的稳定性，积极投入学习的活动。

5. 指名演板法

此法类似"提问点拨法"，教师指名让注意力不集中的学生演板，并在适当时机轻声对演板学生进行教育和帮助，要求他们回位后用心听讲。这种方法具有中等强度的刺激，能促使学生在一定时间内保持高度集中的注意力。

6. 表扬示范法

教师可根据教学的需要，突出地表扬某个学生，以引起大家的注意。

7. 鼓励扩展法

教师提出一些要求，鼓励学生争取做到，同时表扬某些学生、某些组做好了，号召大家都那样做，扩展开来（有些学生不打算那样做，但在教师先行鼓励、肯定的前提下，就会按教师的要求做，低年级学生尤其是如此）。这种方法可使学生产生一种愉快的心境，这种积极心境可以成为学生的内驱力，增强学习效果。

8. 暗示纠正法

教师发现个别学生不听讲，不要停下讲解而提出批评，可用眼色、手势或其他办法适当暗示，使学生按照教师的暗示，自觉地调整自己的注意对象。这样，既可引导个别同学集中注意力学习，又可避免影响课堂良好气氛。

9. 停顿吸引法

教师在发现个别学生不守纪律时，可采取突然停止讲课的说法（或突然改变声音、语调等），使学生感到意外，以吸引大家的注意力。

10. 比赛促进法

在学生学习情绪不佳时，可根据教学内容，开展费时不多的比赛活动，以调动学生的学习积极性，使学生的有意注意力高度集中，从而使被不良情绪干扰的教学活动得以顺利进行，提高教学效果。

总之，在课堂教学中，教师要注意学生的心理特点和心理发展的需要，恰当地处理好学习心理的内部矛盾，根据具体情况，以表扬、鼓励、激发学生兴趣为主（必要时也可适当地进行批评），因势利导，把组织教学搞好，保证课堂教学计划顺利完成，力求最佳教学效果。

◆ 推荐阅读 ◆

1. 王彩萍. 小学语文教学与和谐课堂［M］. 长春：吉林出版集团有限责任公司，2022.

2. 郑惠懋. 小学语文高效课堂教学与实践探索［M］. 长春：吉林教育出版社，2021.

3. 许高厚. 课堂教学技艺［M］. 北京师范大学出版社，1997.

4. 赵霞. 小学语文课堂教学艺术［M］. 北京：现代出版社，2018.

5. 刘克清. 小学语文课堂教学设计［M］. 北京：团结出版社，2017.

◆ 学习思考 ◆

1. 导入、板书、提问、小结、课堂组织等上课技能的方式方法有哪些？结合见习实习经验，谈谈你对这些方式的理解。

2. 如果遇到下面的情况，你将如何处理？

（1）你第一次上课做自我介绍："我姓苗……"教室里传出一声模仿猫叫的"喵——"，于是引起哄堂大笑。

（2）你正在上公开课，一个学生突然举手："老师，XX在画画。"

（3）你正在上课，学生认真听讲时，一只小蜜蜂飞进了教室。

◆ 教学实践 ◆

1. 结合有关理论和教学实际，分别设计一则导入、板书、小结、提问。

2. 搜集导入、板书、小结、提问的优秀案例，在小组内展示分享。

3. 设计导入、板书、小结、提问技能评价表，小组合作进行技能的训练并评价。

第十一章 听课与评课

听课评课是教师的一项必不可少的、经常性的职责与任务。经常听课评课有利于教师之间相互学习，相互取长补短，共同提高、共同前进；有利于青年教师学习优秀教师的先进教学经验，使自己能更快地成为一名合格的教师；有利于良好教学风气的形成，促进教学改革的深入。

总之，经常听课评课，有利于转变教学思想，更新教学观念，提高教学水平，提高教学质量。当然，要评课，首先就要听课，听好课是评好课的前提。

第一节　听课

一、听课的类型

听课者的身份不同、听课的目的不同，听课的类型就不同。一般来说，听课有观摩性听课、研讨性听课、检查性听课、指导性听课等，师范生的听课多属于观摩性听课。

二、听课的准备

无论哪种类型的听课，都应该做好如下几项准备工作：

（一）明确听课目的

（二）掌握评课标准

（三）熟悉教学内容

听课之前应该了解听课的年级、课文内容、本单元其他内容、单元专题或训练重点、本课学习提示与课后练习等。主要是明确本课内容编写意图、教材特点、教学目标。还可以构想一个教学设计，以便与执教者的课进行对照。

（四）了解教师情况

要提前了解执教教师的业务水平、教学特点、师生反映等，这有利于关注其特点，提高评课的准确性。

（五）做好物质准备

如，听课记录本、笔、录音机、课本等。

（六）了解活动安排

不要影响教学活动。如果不是集体组织的活动，听课要征得讲课教师同意。要提前进入教室。所坐位置既要有利于观察师生活动，又不能妨碍

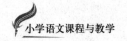

师生活动，一般以两侧或后面为宜。

三、听课的基本方法

听课的基本方法可以概括成以下四个字，即：听、看、想、记。

（一）听

就是听上课老师是怎样复习旧知识的？是怎样引入新知识的？是怎样讲授新课的？是怎样巩固新课知识的？是怎样结尾的？是怎样布置作业的？还要听学生是怎样回答问题的？是怎样提出问题的？是怎样讨论问题的？

（二）看

就是看上课老师的板书，看上课老师的教态，看上课老师和学生的感情交流，看上课教师使用教具与现代化教学手段，看上课老师的教学时间分配；看学生的表情，看学生的扮演，看学生的练习。

（三）想

就是想一想这堂课有什么特色？教学目的是否明确？教学结构是否科学？教学思想是否端正？教学重点是否突出？难点是否突破？注意点是否强调？板书是否合理？教态是否自然而亲切？教学手段是否先进？教法是否灵活？学生学习的主动性、积极性是否得到充分的调动？寓德育、美育于教学之中是否恰到好处？教学效果是否好？"双基"是否扎实？能力是否得到培养？有哪些突出的优点和较大的失误？

（四）记

就是记录听课时听到的、看到的、想到的主要内容。

1. 记录内容与听课记录本的使用

听课记录本上一般记录以下四项内容：基本情况、教学过程实录随想（点评）、板书、总评等。

（1）基本情况

包括时间、地点、讲课教师、学生（学校、年级等）、学科、课题等。

（2）教学过程记录与随想

应全面、具体、详实。要注意以下两点：① 标明环节步骤。既要用不同层级的序号标明环节、步骤、层次，又要尽量给各环节、步骤提炼出个小标题。这步工作是非常重要的，只有做好这一步，才能理清课堂结构，既能把握其全局，又能分析其细节。为了理清教学环节与步骤、层次，就要注意听清教师的话，思考其每一句话的意图是什么。特别要注意教师几次说的话之间的层次关系，哪是中心问题，哪是顺着学生的回答作出的评价或启发引导性的小问题。中心问题往往体现出课堂的环节、进程，评价和拓展性的问题等往往能看出教师的水平。② 教学过程随想或点评。记在"教学过程记录"右边这一栏，这好比是作文的"眉批"或"旁批"，这是总评的基础。听课时要注意眼、耳、手、脑并用，要注意边看边听边想，主要是把课堂情况与评课标准有关内容相对照，把点滴的想法、意见、问题随时记录下来。

（3）板书

除了在教学过程实录中及时记录下板书内容外，还要尽量照原样抄下板书，这也是帮助听课者听课后回忆课堂情况的重要的直观线索。板书专栏可以放在教学过程记录第一页前一页的背面上半部，记在这里看着方便，也不影响记录其他内容。

（4）总评

很多总评内容是在听课过程中就想到的，这样可在听课的同时，及时在总评的位置记下属于总评的内容，而不会与记录教学过程的位置冲突。这样听课后稍加整理就可以发言评课了，显然提高了评课的效率和质量。

四、听课要注意的问题

（一）听课要有计划

听课是教师的职责与工作，所以要有计划性，不能随心所欲，高兴或有时间就去听，不高兴或时间紧时就不去听。一般来说，刚走上教学岗位

不久的年轻教师每学期要听课60节以上，有条件的每天听一节课；一般教师每学期要听课30节以上，就是老教师也要经常听课。学期初每位教师要在学校和教研组的统一要求下，结合自己的实际安排好听课计划。如，准备听哪些老师的课？安排什么时候听？听课目的是什么等等。要做周密安排，甚至有可能的话排进课表中去。

（二）听课要有准备

听课前要做到要掌握课程标准和教材要求，要了解上课教师的教学特点，要了解听课班级学生的情况。这样听起课来就比较心中有数，听课效果就更好。

（三）听课态度要端正

听课必须本着向别人学习的态度，进入课堂后要高度集中注意力，做到认真听、仔细看、重点记、多思考，不要漫不经心，不要东张西望，不要思想开小差，不要干扰学生学习，不要干扰老师上课。

（四）听课记录要详略得当

听课要以听为主，要把注意力集中到听和思考上，不能把精力集中到记录上，变成书记员、录音机。记录要有重点，要详略得当，教学过程可作简明扼要的记录，讲课中符合教学规律的好的做法或存在不足的问题可作较详细记载，并加批注。听课记录本可按上述四点内容设计成专用本子。一段时间后，听课笔记要进行整理分析，总结出一些规律性的东西来。

（五）听课后要交换意见

听完课后要及时和上课老师交谈或交换意见（但要经过思考，要慎重）。交换意见时应抓住重点，多谈优点和经验。做到明确的问题不含糊，吃不住的问题不急于下结论，学术上的问题不武断，有创新的要肯定与鼓励，存在的问题不回避，但要注意可接受性，切忌信口开河，切忌滔滔不绝，夸夸其谈。

第二节　评课

到底应该怎样评课？最起码应该明确三个问题：从哪些方面去评价、依据什么标准去评价、按照什么样的思路去评价，也就是要明确评课的内容、标准与思路。这三个问题是评好课的最关键的问题。

（一）评课的内容

要评价一堂课，首先应该明确评价它的哪些方面，也就是要明确评课的内容。对于一节课，可以评价的方面到底有哪些呢？这实际上是一个很复杂的分类问题。它的复杂性主要表现在以下三个方面：

第一，多视角。我们可以站在不同的视角（或依据不同的标准）去确定评价内容，视角不同，所确定的评价内容的方面也是不同的。例如可以站在教育学的角度去确定，评价课的教学目标、教学内容、教学过程、教学原则、教学方法、教师素质等方面；也可以站在教育心理学的角度去确定，评价课的动机的培养与激发、知识的学习、技能的形成、品德与个性的形成等方面；还可以站在课程标准的角度去确定，从课程的性质与地位、课程的基本理念、课程目标、实施建议等方面去评价。

第二，多层次。评价的内容往往又是多层次的，即某一项评价内容往往又包含着若干项较低层次的内容。例如，"教学过程"包含课堂结构的完整性、教学环节之间的逻辑性等；"教学方法"包括教师教的方法与学生学的方法等；"教师素质"包含教师的知识面、各项基本功等；"知识的学习"包括知识的理解、知识的迁移与运用等；语文课程的"课程的基本理念"包括教育目标方面（全面提高学生的语文核心素养）、学科特点方面（正确把握语文教育的特点）、学习方式方面（积极倡导自主、合作、探究的学习方式）、课程内容方面（努力建设开放而有活力的语文课程）等。

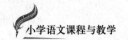

同样，某个较低层次的项目，可能还包含着若干更低层次的小项目。

第三，交叉性。即使按照上述同一"视角"所列出的同一层次的评价项目，它们之间往往也是很难绝对清楚地区分开的，往往也有一些交叉和联系。例如教育学视角中的"教学目标""教学方法"与"教学效果"，"教学原则"与"教学方法"；语文课程标准视角中的"课程理念"与"教学建议"等。评价某一"教学方法"，往往要涉及"教学目标"与"教学效果"；课堂中的同一现象，往往既可以依据"教学原则"去评价，又可以依据"教学方法"去评价；有些现象既可以依据"课程理念"去评价，又可以依据"教学建议"去评价。

一般地来说，可以从教学目标、教学内容、教学过程、教学方法、教学效果、教师素质等方面入手。当然每项内容中，都还可能包含着若干较低层次的项目，如"教学目标"包括目标的广度和深度，"教学内容"包括对教学内容的理解与对教材的处理等，"教学过程"包括课堂结构的完整性、教学进程的逻辑性与时间分配等。

评课，有时可能需要对一节课作出比较全面的评价，评价课的方方面面；有时可能只需要评价课的几个方面，甚至只需要评价课的某一个方面。如前面所述，对于一节课，"可评价内容"是多方面、多层次的，但评课绝不可能面面俱到，也没有必要面面俱到。在众多"可评价内容"中，到底哪些是"应评价内容"呢？这要根据评价的目的确定。评价的目的不同，评课的具体内容或侧重点是不同的。例如，如果是录用年轻的新教师，评课的重点应是他的素质；如果是观摩学习一种新的教学方法，就应该重点评价这个教师的教学方法及学生的学习效果等；一般的评课，教学目标、教学过程、教学方法、教学效果几项一般是要考虑的。

（二）评课的依据与标准

明确了评课的内容，还仅仅是明确了要对课堂的哪些方面作出评价，而要评价这些方面，还需要明确评价这些方面的依据与标准，用这些依据和标准与课堂的有关情况相比较，从而作出判断，分析原因或意义，提出建议。

1. 评课依据

评价课的优劣，最终还是要看课堂的方方面面是否符合教育教学规律、是否符合教育目的。而教育教学规律、教育目的等往往体现在有关教育教学理论、法规以及实践经验当中。因此，评课要以有关教育教学理论、法规以及实践经验为依据，主要依据包括以下几个方面：

（1）教育教学法规

如课程标准中的课程理念、教学目标、教学建议等，这是体现学科特色的标准。

（2）教育教学理论

如教育学中的教学原则、教育心理学中有关学习的理论等。

（3）名家观点、实践经验与课例

评课时，完全可以以名家或普通人以及自己的观点、课例与所听课进行比较，从而对所听课作出评价。

2. 评课标准

要评课，在头脑中就应该有一个由评课内容与评价依据构成的评价标准体系。评课的内容与依据是很庞杂的，理清评课的标准体系也是很复杂的。实际上，人们往往会化繁为简，将纷繁复杂的评课标准，整理成简明的表格或结构图等形式。事实上如果能适用于评价一切课的评课标准一定是很不原则的、不具体的。尽管这样，为了方便评课，我们还是应该尽量探讨一个标准。作为小学语文学科，阅读与鉴赏的教学是最重要的，因此重点谈一下对阅读与鉴赏评课标准的看法。

通常所说的课堂评价标准，主要是指根据教育教学理论或法规等制定的课堂各方面的具体要求或标准，通常用表格的形式表现，对应地列在相关评价内容的后面。这个"标准"体系可以包含以下项目：

（1）一般标准

即课堂教学的一般要求，是对不同学科、不同内容、不同课型的课的

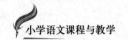

共同的要求。如下面"小学语文阅读教学课堂评价标准"表格中的"一般标准"一列内容。

（2）特殊标准

即"一般标准"在不同学科、不同内容、不同课型的课中的细化、具体化，或特殊要求。明确课的"特殊标准"是非常重要的。对很多人来说，有了所谓的"评课一般标准"，但往往仍然不会评课，看不出这节课是否达到了这个"一般标准"，主要原因就是还没有把"一般标准"与特殊课堂的特殊要求联系起来，没有使"一般标准"具体化，这就很难将具体的课堂情况与"评课标准"相比较，从而作出恰当的判断。因此，制定评价标准（表格）应该尽量具体，应该结合具体学科、内容、课型的特点，制定出"特殊标准"，使评价指标明确、具体，从而具有可测性。

如何科学地表述评课的标准，才能保证所制定的评课标准明确、具体，从而具有可操作性或可测性呢？以下两点特别重要：

第一，评价标准应尽量表述为"行为目标"。行为目标是指用可观察和可测量的行为所陈述的目标。评课，其实质就是通过课堂上可观察和可测量的师生的行为而对课堂教学所作出的评价。因而，"评估指标的可测性"，也应该"在于把评估目标分解为可见的行为目标。"评课的"特殊标准"最好表述为课堂上看得见、听得着的师生表现形式。例如"进行了必要的字词句篇的教学和听说读写训练，同时注意了学生的学习方法、习惯、兴趣、情感、态度等的指导和培养。"这一"特殊标准"就是用容易观察到的师生的活动形式（字词句篇的教学和听说读写训练、学习方法、习惯、兴趣、情感、态度等的指导）来表述的——师生在课堂中是否这样做了，是不难看出来的。

第二，评价标准的表述应尽量考虑"教学进程"因素。美国心理学家马杰指出：一个好的行为目标应该具备三个要素：行为的表述、行为条件的表述、行为标准的表述。课堂评价标准的表述，也应该尽量考虑这些要素，特别是"行为条件"中的"时间因素"。如果能在评课的标准中指明符合标准的教学行为的时间因素，即指出在"什么环节或情况"下师生应该怎样做，这好比给评课的每项标准编上了"页码"，指出了有关行为在教学进程中应处的位置，这就为评课者将评课标准与课堂上师生的实际表现建立了联系，从而提高评课的效率。因此，评价标准（尤其是特殊标准）的表述应尽量考虑"教学进程"因素，尽量指明符合标准的教学行为在教学进程中应处的时机。

（3）参考分值及权重

如果需要将评价结果量化，可以给"评课标准"中的各项内容赋予一定的分值或权重，但各项内容应占多大分值，是不可能有统一标准的，应主要根据评价的目的而确定。

表 11-1　小学语文阅读教学课堂评价标准

评价内容 项目		评价标准	
		一般标准	特殊标准
教学目标10%	广度	教学目标明确、全面、恰当： ① 体现了核心素养的要求。 ② 符合年段要求、教材特点和学生实际。	进行了必要的字词句篇的教学和听说读写训练（如有识字、写字、理解内容、朗读等环节或活动），同时注意了学生的学习方法、习惯、兴趣、情感、态度等的指导和培养。
	深度		
教学内容10%	理解	① 对教材理解正确、无误。 ② 能科学地、创造性地处理（取舍、补充）和运用教材。	对字词句篇知识及课文内容理解准确。
	处理		
教学过程15%	结构	课堂结构科学合理，能根据课型和教材特点设计教学过程： ① 结构完整。 ② 各部分（教学环节、步骤、层次等）之间逻辑性强，思路清晰，过渡自然。 ③ 时间安排恰当。	有导入激趣、整体感知、理解感悟、练习积累、总结延伸等必要环节。 遵循从语言文字到思想内容，再从思想内容到语言表达，以及从整体到部分再到整体的基本规律。
	条理		
	时间		

续表

评价内容项目		评价标准	
		一般标准	特殊标准
教学方法30%	学法	学生主体地位体现充分： ①以学生的学习实践为主。 ②学习方式合理有效。注重学生自主学习，合理有效地运用合作、探究的学习方式。这些形式不走过场，学生真正参与，兴趣浓。 ③注重学习方法与习惯的指导。	以听说读写等实践活动为主（机会多，时间长）。 有自主读书、识字的环节；识字、理解课文内容或写法时学生提出问题、解决和回答问题的机会多等；注意学生通过联想想象、朗读表演等进行情感体验。 注意读书、写字方法、姿势等细节的指导等。
	教法	教师主导作用发挥得好，教学方法活而恰当： ①善于提出问题：问题有价值，难度合适，适时，有启发性。 ②善于示范、讲解。 ③能够合理地评价指导，因势利导。 ④尊重学生，面向全体，因材施教，特别关注学习困难学生的进步。	导入新课方法恰当，能激起学生学习兴趣。 尊重学生独特的体验，善于运用各种教学媒体、教学手段、有感染力的语言等创设情境，引导学生理解和体验。情感目标落实自然。 听说读写训练指导科学合理。
教学效果20%	情绪表现	课堂氛围和谐融洽，多维互动活而不乱；学生学习兴趣浓，思维活跃，学生对后续学习信心足。	
	素质与目标达成	学生素质高，学习效果好。	知识掌握全面扎实，听说读写能力强或有提高，达到目标要求。
	整体效果	学生参与面广（人数多），各类学生均得到应有的发展，全面达成教学目标。	

续表

评价内容项目		评价标准	
		一般标准	特殊标准
教师素质15%	教态	教态亲切、自然，感情丰富、健康。	
	语言	教学语言准确、简洁、生动，普通话标准。	
	板书与多媒体	板书规范、简洁、美观；教学媒体运用熟练，能有效地利用自己的特长提高教学效果。	
	知识面与机智	知识面广，专业知识扎实；思维敏捷、灵活，驾驭课堂能力强。	

三、评课的注意事项

（一）明确评课目的

评课目的应该根据教研活动的目的或听课者听课的目的来确定。评课过程中，要根据上课教师提供的课堂教学实例，交流教学思想，总结教学经验，探讨教学方法，帮助、指导上课教师和参与听课活动的教师提高教学能力。通过评课，使参与活动的全体教师，从一个课堂教学实例中吸取长处，学习教学方法，改进不足，以达到共同提高教学水平的目的。因此，评课必须围绕这些已确定了的目的进行，以便使评课活动具有针对性，收到应有的效果。

（二）把握评课内容

评课评什么，这是个至关重要的问题。根据目前教学改革的趋势看，评课应围绕以下内容进行。

1. 评教学思想

即从教学思想这一角度出发，依据课堂教学活动的实例，评议教学思

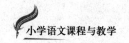

想在课堂教学中的体现，包括：教师面向全体的思想、培养学生能力和发展学生整体素质的思想、运用现代教育观树立学生主体地位的思想等。

2. 评教材处理

即从教学内容处理角度，评价教材体系及知识体系是否把握得准确、教学重点是否突出、教学难点是否突破、内容定量是否妥当等。

3. 评教法运用

即从教师对教学方法处理的角度，评议教师在课堂教学中所用教法是否符合学生心理特点、是否有利于培养学生的能力、是否调动了学生的学习积极性等。

4. 评学法指导

即对教师在课堂教学中对学生学法指导的情况进行评议。

5. 评教学过程

即从教学结构这一环节出发，评议教师在教学组织活动中，教学环节安排是否合理、教学的组织形式是否科学、教学的整体结构是否严谨、教学节奏是否得当等。

6. 评教学效果

即教学内容的完成程度、学生对知识的掌握程度、学生能力的形成程度、学生思维的发展程度等。

（三）讲究评课技巧

评课效果如何，这是个方法问题。方法得当，效果就好，否则就会失去评课的意义，起不到应有的作用。因此，在评课的方法技巧上应该注意以下几点：

1. 要抓主要矛盾

一节好课，也不能尽善尽美。评课中，更不可能面面俱到。因此，应根据上课教师探讨的目的和课型，根据听课的目的和要解决的主要问题，抓住课堂教学中的主要问题进行评论。如这节课的目的是探讨如何在课堂教学中培养学生分析问题和解决问题的能力，评课时就应该把重点放在培养学生分析问题和解决问题能力的成功经验和存在的问题上，其他方面只作次要问题略提即可，切不可冲淡中心。

2. 要采用多种形式

评课要根据其范围、规模、任务等不同情况，采用不同形式。对于检查评估性听课、指导帮助性听课、经验总结性听课应采用单独形式评课，即听课者与执教者单独交换意见的形式进行。运用这种形式，灵活机动，可随时进行，并且能中肯地研究解决在公开场合不易解决的问题。对于观摩示范性、经验推广性、研究探讨的群体听课活动，应采用集体公开形式评课，通过集体讨论、评议，对所示课例进行分析评论，形成对课堂教学的共同评价，以达到推广经验的目的。

3. 要坚持激励原则

任何形式的评课必须坚持激励性原则，通过评课活动，起到调动教师教学研究的积极性作用。因此，评课过程中，既要解决必须解决的问题，还要注意语言的技巧、发言的分寸、评价的方向和火候，以便发挥评课的效益功能，起到推动教学工作健康发展的作用。

◆ 推荐阅读 ◆

1. 余文森. 有效备课·上课·听课·评课［M］. 福州：福建教育出版社，2010.

2. 王漫编著. 转益多师—听课评课的要领［M］. 北京：北京师范大学出版社，2016.

3. 姜承启. 听课评课导课的实用策略［M］. 长春：吉林大学出版社，2016.

4. 王小庆. 评课到底评什么—王小庆评析名师课堂［M］. 武汉：长江文艺出版社，2022.

5. 吴忠豪. 听吴忠豪教授评课（第二辑）［M］. 上海：上海教育出版社，2021.

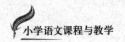

6. 何夏寿. 请周一贯先生评课［M］. 上海：上海教育出版社，2020.

7. 汪潮编著. 评课录—汪潮教授评点语文课［M］. 北京：中国人民大学出版社，2018.

◆ 学习思考 ◆

1. 听课评课的类型、方法有哪些？应注意什么问题？

2. 听课记录包括哪些内容，评课应考虑哪些评价内容？

3. 联系自己的见习实习，谈谈自己对听课评课的新认识与见解。

◆ 教学实践 ◆

1. 借阅小学语文教师的听课本，观摩学习。

2. 访谈一位小学语文教师，请他（她）谈谈对听课评课的认识和看法。

3. 参与一所学校小学语文教师的业务学习，记录自己的收获和心得。

4. 观摩优秀教师的视频或者到小学听小学语文课，学习记录听课笔记，并以班级为单位进行评课。

第十二章　说　课

第一节　说课概述

说课，既是一门科学，也是一门艺术，更是一门语言的艺术。说课作为一个专业术语的出现，是新近的事情，然而，类似说课的教研活动形式，我国教育界早在50年代便已有之。当时的"集体备课"可算是说课的雏形了。这种集体备课成为教研组最普遍、最经常使用的一种教研活动。70年代末，随着教学改革的兴起，各地教育行政部门、教研室以及学校纷纷邀请一些优秀教师进行公开教学（如观摩课、示范课、研究课等），并在课堂教学结束后，由执教老师课后所进行带有指导性意义的述说，可以说是一种"课后说课"的形式。①

---

① 黄颖.浅谈说课［J］.中国科技信息，2005，（4）.

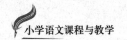

一、说课的产生与发展

20世纪80年代末，在热烈讨论如何提高课堂教学质量这个大背景下，"说课"的概念被提了出来。1987年6月底，河南省新乡市红旗区教研室要从本区的教师中选几位优秀教师参加新乡市教坛新秀的评比。可当时临近期末考试，该学的课程也都已结束，无法再像过去那样采用教师上课、评委打分的方式来挑选参赛选手。面对这种情况，有的老师建议可以选几节课，让相关的老师来说说他们的教学设计，以代替讲课。结果，教研室的老师听完后，都感觉这个办法很好。不但客观、真实地反映教师的业务素质、知识水平和教学能力，而且比听课更省时高效、简便易行。因为他们联想到影视、戏剧在表演之前导演的"说戏"，于是就为这一活动起了个当代教育词典也找不到的新名字"说课"，说课从此便诞生了。"说课"也以其崭新的内容形式登上了教育的大舞台。当时主要是要求授课教师在充分备课的基础上讲述自己的教学设计及其理论依据，然后由听众评说，确定改进意见，再由教师修改、完善教学设计。这一教研活动形式很快引起了教育界的广泛关注并得到了深入发展。

说课作为一种教学改革的新生事物，它的发展经历了由偶然到必然，由盲目到自觉，由不科学、不规范、不成熟到比较科学、比较规范和比较成熟的过程。

说课，自1987年提出以来，已有30多年的历史。30多年来，它对中小学教育教学的改革起到很大的促进作用。它不仅能在"说"和"评"这种双边活动中"把教师个人备课、业务水平置于集体的监督之下，把个人经验和集体智慧有机地结合起来，并起到双边交流的作用"[①]，还具有促进教学理论和教学改革深入发展和大面积提高教师素质的功能。因此，说课不仅已经成为许多教师积极参加以期自我提高的经常性研究活动，而且也已

---

① 中国教育报河南记者站.大面积提高教师素质的新形式—河南省新乡市红旗区开展"说课"活动调查［N］.中国教育报，1991-12-24.

经成为许多省市教研部门有效培训和评价教师、促进教育科研的一种常规性教学研究活动。

"说课"的产生具有深刻的历史背景，它是教学实践呼唤教学理论的产物，是由应试教育向素质教育转轨的产物，是新时期素质教育呼唤培养高素质学生的产物。通过说课，教师在教学设计过程中的思维活动由隐性变为显性，从无声变为有声，使教师半封闭式的个体备课劳动置于集体的关注之下。加之说课对场所设备的要求不高，开展方式灵活多样。因此，近几年来"说课"成为很多学校招聘新教师的主要考查手段与方式。面对日益沉重的就业压力，越来越多的师范生希望得到较为系统的说课技能训练。为进一步提升师范生的能力素质，高师院校应立足于基础教育课程改革的需要，切实提高师范生应对来自基础教育课程改革挑战的能力以及应对就业竞争压力的能力。因此，加强师范生"说课"能力的培养工作，是摆在高师院校面前紧迫而又现实的问题。

二、说课的概念

说课是一个见仁见智的问题，加之说课这一教学活动的历史并不长，因而对说课的解释还没有一个统一的定义。比较有影响的有以下几种：

第一种定义是由河南省新乡市红旗区教育委员会在说课论中提到的。所谓"说课"，就是任课教师根据课程标准的要求，依据各学科相应的教学规程，采用讲述的方式，在规定的时间（一般为10—15分钟）内，向教学同仁或专家阐述个人对大纲的把握、对教材的理解、对学情的分析、对教法的构想、对教学过程的总体设计，然后由大家进行评说的一种创造性劳动。[①]此定义基本框定了说课的特征，但过于概括，不能把课后说课和师资培训说课概括进去。

第二种定义为："说课是指教师述说授课的教学目标、教学设计、教

_____
① 河南省新乡市红旗区教育委员会.说课论（第1版）[M].北京：科学技术出版社，1996.

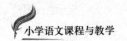

学效果及其理论依据的教学研究活动。"①这个定义的提出标志着说课研究的深入和说课理论的基本成熟，他对说课的进一步研究和实验提供了指导作用。但这个定义中缺乏师资培训说课，尤其是师范生说课的内容。

第三种定义由陕西省教科所霍振化提出：说课就是教师在充分备课的基础上，面对同行、教师或者专家，讲述自己的教学设计及其理论依据等，然后再由听者评说，大家共同讨论确定改进意见，再由授课教师修改，完善其教学设计，旨在提高课堂教学效益和教师业务素质的一种教学研究活动和师资培训的组织形式。②这个定义注重过程描述，具有一定的可操作性，但也未能将师范生说课包含进去。

综合以上的有关说课的研究成果及高师教学实践，我们认为，说课有狭义和广义之分。狭义的说课是指说课者在备课的基础上，以教育教学理论和教材为依据，向同行、专家或评委有准备地就某一节课来分析教材的地位、作用和学生现有的认知基础，阐述教学目标，选择恰当的教学方法和学习指导方法，讲解教学方案的设计思路及其理论依据的一种教学研究和交流的形式。广义的说课有"备、说、评、验"四个环节。首先，"备"是指说课人准备好说课稿。"备"是说好课的基础，是教师深入钻研教学大纲、教材，分析研究学生的过程，是进一步学习、思索教育教学理论的过程，也是吸收消化他人优秀教研成果的过程。第二是"说"，是"解说"。它是说课的重点，要阐明的问题是教什么、怎样教和为什么这样教。这一环节，不仅要说得流畅、清晰、明了、准确，而且活说、说活。第三是"评"，是"评说"，评说则是针对解说而进行的评议、交流和研讨。最后是"验"，用课堂教学实践来检验"说课"。

总之，无论广义还是狭义，说课都是运用口头语言表述的形式；以教育教学理论为根据，以对所教教材的教学设计与实践对教师自身和教师群

---

① 戴汝替. 说课论 [M]. 北京：北京科技出版社，1996.
② 霍振化. 说课活动与教师素质 [J]. 数学教师，1997，（6）.

体（包括准教师——师范生）为对象的教学研究活动。

此外，说课主体不同时，说课活动的侧重点也有所不同。由于师范生是师范院校的在校学生，正在接受正规的师范教育，处在学习阶段，但他们又是未来的新师资，比普通学生更侧重于师范技能的学习与培训。正因为他们是以这种特殊的双重身份来参与说课的，所以内涵应另有侧重。

师范生说课训练是指：师范院校的学生，在教师有目的、有计划、有组织的指导下，在对将要从教的某科内容充分备课或见习听课所做记录的基础上依据教育学、心理学及教学法等教育理论知识和相关学习情况分析的结论，对自己的课堂教学进行科学合理的设计，或总结所听课的教学设计，并找出他们的设计依据，写好说课稿，然后面向全体听众（同学或者指导教师）述说自己的课堂教学设计及依据，或对所听课的教学设计及依据进行评述，最后同指导教师和同学一起对所说内容进行分析评价，共同研究修改意见以进一步完善该课的教学设计，提高课堂教学技能的一种操作性研究活动。[①]因此，虽然说课分为课前说课和课后说课，但对于我们师范生来说，主要指课前说课。

三、说课的分类

说课，作为教学研究活动的一个有机组成部分，因其活动的目的、要求及次序等方面的不同，常有不同的类型。宏观来分，可以是说学科课程、课程标准、学科教材和课程资源利用等。具体来分，主要是说课堂教学实施过程的设计策略和流程。说课可以细化为几种基本的类型：从服务于课堂教学的先后顺序来分，说课一般可分为课前说课与课后说课；从改进和优化课堂教学设计来看，说课也可分为预测性说课和反思性说课。除此之外，如果从性质上划分，说课主要有以下几种类型：

（一）研究型说课

研究型说课，就是教师集体以课堂教学工作中遇到的重点、难点或热

---

① 杨绪明.说课研究述评［J］.漯河职业技术学院学报，2003，（2）.

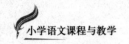

点问题为主题，在进行一段时间的实践和探索的基础上，各自用说课的方式向其他教师（包括专家和领导）汇报其研究成果的教育教学研究活动。通过这种类型的说课，有助于提高教师课堂教学的研究能力、丰富教研活动的内容，更为主要的是它对"建立以校为本的教研制度，促进教师的专业成长"具有不可低估的作用。它是教师由"教书匠"向"研究者"转变的基本要求。

（二）示范型说课

示范型说课，一般是指素质好的优秀教师，如教学能手、学科带头人或特级教师，先向听课教师（包括教研人员）做示范性说课，然后让说课教师将课的内容付之以课堂教学，最后组织听课教师和教研人员对该教师的说课及课堂教学做出客观公正的评析。通过这种形式的教学研究活动，听课教师从听说课、看上课、讲评析中增长见识，开阔思路，不断提高自己运用理论指导课堂教学实践的能力。示范型说课不仅是培养教学骨干的有效方式和重要途径，而且也是促使听课的年轻教师快速成长的重要载体。

（三）评比型说课

评比型说课，就是把说课作为教师教学评比的内容或一个项目，对教师运用教育教学理论的能力、理解新课程标准和针对学生现状对教材进行"二次开发"的能力水平、教学流程设计的科学性和合理性等做出客观公正评判的教研活动方式。它要求参赛教师按指定的教材和课题，在规定时间内自己写出说课稿，然后登台说课，最后由听课评委评出比赛名次。评比型说课有时除了说课外，还要求将说课内容付之课堂实践。它既是发现和遴选教坛新手的一种评比方法，也是促进教师专业发展与成长的有效途径。

师范生说课以及新教师在应聘时的说课，其本质上是一种评比型说课，而且因为师范生大多没上过这个课，所以也属于课前说课。只是其说课的目的在于表现说课者的教学素质，或者供聘用者评判选择。

四、说课的意义

党的二十大报告指出的"创新是第一动力"，说课是对传统教学理论的一大突破，丰富和发展了教学理论，将教学理论和实践的发展都推向了一个新阶段，也可以说是教学论发展史上的一个新的里程碑。它对师范生的成长和发展更具有特殊的意义。

（一）说课开辟了教学研究的新领域

在教学研究的发展史上曾提出很多关于教学过程的阶段说，环节说和步骤说等等。它们都是适应当时历史时代的客观需要而提出的，是对教学研究的发展和创造。例如德国著名教育学家赫尔巴特，曾提出教学的四阶段说，即"明了、联想、系统和方法"。美国教育学家杜威提出教学五步教学法，即"创设情景，引起动机，确定问题，研究步骤，总结评价"。苏联教育学家凯洛夫提出教学过程四阶段说，即"感知，理解，巩固，应用"。新中国成立后将其引入我国，在此基础上我国的教学论又提出教学工作的五环节说，即备课、上课、课外辅导、作业布置与批改和学业成绩检查与评定。

很明显，历来的教学论只研究"教什么"和"怎样教"，但是，并没有研究"为什么这样教"，亦即没有解决教学活动的"所以然"问题。河南省新乡市红旗区提出的说课，为古今教学论著和教育词典中前所未见，从而填补了教学研究的空白。说课的出现也是适应当今教学改革和教学研究的要求，它将教学实践中存在的某些客观因素，通过不断探索总结概括出来，成为一个相对独立的教学阶段和环节，从而形成一种专门的理论，打破了传统理论中的教学阶段说和环节说，丰富了教学理论的内容，开辟了教学理论研究发展的新领域。

（二）说课提升了教师的教育教学素质

中国是一个人口大国，教育经费相对短缺，提高教师的素质，全部采取进修培训的方法在短时间内反省较大的难度。而说课方法简便、实用有效、易于推广。它比较适合中国的国情，是提高教学质量和教师素质的有

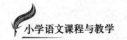

效措施和途径。

说课转变了教师的观念和角色。观念是改革的先导，行动的灵魂。一切先进的改革都是从先进的观念生发出来的，它对行为有着指导和统率的作用。说课促进教师学习科学的教学理论，不断转变教育思想，更新教育观念。

首先是学生观的转变。在说课中，学情分析作为说课的一项主要内容，要求教师关注每一个学生，把学生看成是有思想、有情感、有权利、有尊严，正在成长发展中的人，活生生的有血有肉的人，形成学生意识。

其次是课程观的转变。参与说课的教师把挖掘、开发和利用各种课程资源，作为一种自觉行为。教学中教师再也不以"本"为本，把教材作为"圣经"解读，而是注重书本知识向生活的回归，向儿童经验的回归，十分注意对文本意义的多元化解读。因此，教学不再只是忠实地传递和接受课程的过程，而是课程衍生与开发的过程。

再次是教学观的转变。说课使教师认识到上课不仅是传授知识，而是一起分享、理解，实现教学相长和共同发展。这就意味着上课不再是单向的付出，而是生命活动、专业成长和自我实现的过程。所以，在课堂教学中，教师唱独角戏的现象减少了，与学生交流、沟通、合作、互动的现象明显增多了。

教师的观念发生了变化，教师的角色相应地也发生了变化，成为学生学习的促进者，教育教学的研究者。在中小学教师的职业生涯中，传统的教学活动和研究活动是彼此分离的，教师的任务只是教学，研究被认为是专家们的"专利"。这种教学与研究的脱节，对教师的发展和教学的发展是极其不利的。说课研究把教师身边发生的、与教师有密切关系的问题在这个过程中逐个解决，使他们真切感受到研究的喜悦。从而提高了教师进行教学研究的兴趣，也使教师理论与实践相结合，提高了教师教育教学素质。

（三）说课对师范生的特殊意义

近几年，在师范生面试过程中，说课成为用人单位考查师范生综合素质的重要途径。说课主要考查应聘者的学科知识、教师基本素养、语言表达能力、仪表举止等。对师范生来说，进行说课练习是学习学科教育学过程中非常重要的实践环节之一，是对师范生教育理论及心理发展理论知识掌握和运用的检验方式，是将学科知识与其教育价值进行链接的融合过程。也正因为说课成为用人单位考查师范生综合素质的重要途径，所以在学习学科教育学过程中，师范生应该通过不同形式（如微格教室）的说课练习进行说课实践。同时，校、系也应常常组织规模不等的说课比赛，促进师范生尽快掌握说课这一教研形式，并通过说课提升师范生对教育教学的理解。所以，说课对师范生有着更为特殊的意义。

第一，说课能使师范生的理论知识与实践得到统一。美国教学研究专家舒尔曼（Shulman）认为，教师需要一种在真实教学中使用的、有别于纯粹的学科知识和一般教学知识的知识，他称之为学科教学知识（简称PCK）。这种学科教学知识是教师特有的、影响教师专业成长的关键因素。师范生学科教学知识的获得，主要是通过见习和实习这两个教育实践环节来进行的。然而，仅靠听几节课，实习时上几十节课是很难培养师范生扎实的教学基本功的。于是利用师范生在校的有限时间，对师范生加强"说课"训练，类似于"岗前培训"，对提高他们的教学技能、促使学生毕业后能尽快适应教学工作大有裨益。

目前师范生的学习，主要是讲授一些教育教学理论知识，而传统教育实习也仅注重的是教学的外部行为模式规范，主要是通过教学实践让学生了解教学的基本知识，熟悉和掌握教学工作的基本流程，如，备课、编写教案、授课、作业布置与批改、成绩考核评定、学生学习质量分析等，锻炼的是外显功夫或者说是教学的"花架子"。学生掌握了多少教育理论知识，是否具有运用教育教学理论解决教学实践中的实际问题的能力等都是未知数。学生学习的教育教学理论知识缺少切合实际的背景材料的支撑及实际的应用，很难引起学生对所学的知识进行深层次的理解与反思。建构主义认为，学习知识不是由教师向学生的传递，而是学生建构自己的知识

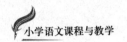

的过程；学生不是被动的信息吸收者，而是信息意义的主动建构者，这种建构不可能由他人代替。[①]师范生通过"说课"能内化所学的教育理论知识，使理论知识与实践相结合。说课也是对师范生教育教学理论水平与实际能力的有效检验。

说课不同于一般的发言稿和课堂教学，它要求说课者比较系统地介绍自己的教学设计及理论依据，不仅要说出"教什么"和"怎么教"，更要说清"为什么这样教"的理论依据，使教学有理有据。师范生要说好某一节课，首先就必须学习《课程标准》中的指导思想、教学原则、教学要求、《教参》中的编排说明、具体要求等，再根据教材内容和学生实际，对教材中的知识点进行切合实际的思考，确定这节课的教学目标、重点、难点；其次要学习《教育学》《心理学》中的教学原则、原理、要求和方法，找到适合这节课的教法、学法的理论依据，设计教学程序。同时在"说课"中遇到的实际问题也迫使师范生进一步学习理论和专业知识，解决"说课"中出现的问题，这样师范生的理论与实践得到了统一。

第二，说课能提高师范生理解课标和驾驭教材的能力。由于师范生不了解小学教材的体系结构，更不可能从教师的角度去理解把握教材的内容。但作为一名教师，如果对教材缺乏系统的了解，不清楚知识的内在联系，不能揭示教材蕴涵的教学思想、方法，也就难以驾驭教材，教材处理能力也就得不到提高，显然是不可能组织好教学的。为了说活课、说好课，师范生必须学习和把握新课程标准，认真研究教材，了解课标的教学理念、教学目标、教学设计、内容标准及实施建议，准确把握所说内容在教材中的地位和作用、教学目标与要求、知识结构与特点、技术要求等。例如，要说"教材的地位和作用"，师范生就要了解所说内容的前后知识结构，它在整个知识体系中的地位，在学生学习知识、能力方面的作用；要说"教学目标"，就要了解课标的要求和学生的实际；要说"教学重

---

① 教育部人事司．教育心理学考试大纲［M］．上海：华东师范大学出版社，2002．

点、难点"，就要了解课标、教材内容和学生的知识基础及年龄特征；要说"对教材的处理"，就要了解教材的重点、教材特点和学生实际，确定哪些内容应总结概括，哪些内容需解释发挥，哪里需详讲，哪里需略讲，以及这样处理的理由。只有通过分析学情、研究学路，并有的放矢地参阅一些教学参考资料，准确地制定出本节课的教学目标与重点难点，切实地确定讲授本节课时所应采取的教法与学法，才能科学地设计出本节课的教学程序并能做出动态性预测。这样在说课过程中，通过自身说、看同学讲、师生评，学生对课标和教材的理解、驾驭能力无形中就得到了提高。

第三，说课能提高师范生的语言组织能力和口头表达能力。师范生的语言组织能力和口头表达能力是说课的评价标准之一，是每一位教师的一项重要基本功，是教师能力素质的有机组成部分。其语言表述水平体现在：普通话水平，不同形式语言的使用和结合水平，说话的流畅度、速度和节奏控制水平等。[①]我们强调的师范生的口头表达能力，并不仅是一种口才，在说课等教学活动中，讲授、释疑、提问、回答、描述、阅读、讨论等，都需要教师将其教学语言与自然语言有机结合。因此，师范生口头表达能力的强弱对教学水平的高低影响至深。口头表达能力，是每一位师范生走上讲台、当好教师的一项必备的基本功，是教师能力素质的有机组成部分，也是"说课"的评价标准之一。说课要求师范生在较短的时间内运用清晰语言、有条理、准确地口头表达自己的教学思路。师范生平时就必须加强训练，努力探索，力求语言表达准确流畅、生动形象、幽默风趣，为日后的教学工作打下扎实的基础。

---

① 周慧先.论听说课上培养学生的语用能力［J］.辽宁工学院学报，2004，（1）.

<h1 style="text-align:center">第二节　说课的环节与内容</h1>

在说课形式的发展体系中，说课存在一个基本的模式和环节，即：一说教材，二说教法，三说学法，四说教学程序。这就是说课的"四大块"模式，它是在说课发展初期形成并被广泛应用的模式。在很长时间内，"四大块"模式被普遍接受和使用，它在一定程度上推动了说课活动的迅速推广。但是，随着说课活动的进一步发展和推广，说课环节和模式也在不断被完善。其中，禹旭红老师在《语文说课原理与策略》一书中认为，说学情跟说教材、说教法、说学法、说教学程序一样重要，共同构成了说课的五个环节。另外"点、线、面、块"式说课①的提出也大大丰富了说课的环节和模式。之后"三层六说"（"三层"指教学背景分析层、教学展开分析层、教学设计和结果评价层，"六说"指说教材、说目标、说重难点、说教法、说学法、说教学程序）也被广泛应用；还有华中师范大学的"SDWS"即"三定五说"等，"三定"指一定内容，二定对象，三定时间；"五说"是指一说教学内容分析，二说教学对象分析，三说教学目标的确定，四说教学方案的设计，五说教学特色及风格。这些说课的内容和环节大都是针对一线教师的说课提出来的，鉴于近几年来，教师招聘考试中对说课的要求，以及师范生在熟悉教案的基础上学习说课，便于记忆的原则，我们把说课的环节分为：说教材、说学情、说教学目标、说教学重难点、说教学法、说教学准备、说教学时间、说教学过程、说板书设计等环节。

---

① 李兴良，马爱玲.教育智慧的生成与表达［M］.北京：教育科学出版社，2006.

一、说教材

说教材，就是要全面正确地理解教材，达到两个目的：一是确定学习内容的范围与深度，明确"教什么"；二是揭示学习内容中各项知识与技能的相互关系，为设计教学顺序奠定基础，知道"如何教"。因此，在说教材这一环节要用独白的语言简明扼要的叙述。具体内容可包括以下几个方面：

（一）说出本课题在单元教材中的地位与作用

要指出本课题的出处，该课题所在单元的人文主题和语文要素，以及该课题在本单元中的地位以及与其他相关知识的纵横关系。比如，该单元的教学目标是以"质疑"为主线，那么所设计内容是教学生怎样质疑，还是要求学生独立对文本进行质疑，在说课中要有所体现。

（二）突出说课者对所教课题的独立见解和教学设计的基本依据

同一课题，不同的教师在理解和处理上会有所不同，教材是实施课堂教学的最基本依据，也是说课的基本依据。说课者只有对教材理解深刻到位，才能制定较为完备的教学方案，才能为课堂教学的实施提供前提条件。教师在说课时要充分表达自己对本课题的见解。尤其是文科类的科目教师本身对文本的理解基本决定了学生对文本的感受。

（三）说出本节课的能力培养落脚点

有时我们要侧重培养学生"说"的能力，有时我们侧重培养学生"写"的能力或"计算"能力等等。教师要在说教材中说出如何借助教材开展学生的能力训练。

二、说学情

学习既要受到原有基础知识水平的制约，而且还受到学生的认知风格、能力状况等的影响。因此分析学情状况应该从以下多个角度来分析。

（一）学生的年龄特点

从教学任务出发，分析该年龄段学生在学习本教材时的心理特征以及

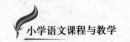

这种特征与本部分知识的相关性。包括该年龄段的学生是善于形象思维还是抽象思维；乐于发言还是羞涩保守；喜欢跟老师合作还是对老师有抵触情绪。这些特点可以通过学习心理学知识来了解，也可以凭借经验和观察来灵活把握。

（二）学生的知识基础与生活经验

知识基础是指接受新知识前的认识，既包括书本知识，也包括学生的实践经验。生活经验是指与本节课相关的生活经历与体验，同时指出他对学习新知识将会产生什么样的影响。针对课时和本单元的教学内容确定学生需要掌握哪些知识，已经具备了哪些生活的经验，然后分析学生是否具备了这些知识经验。如果分析学生知识经验不足，一方面可以采取必要的补救措施，另外一个方面，可以适当地调整教学难度和教学方法。

（三）学生的学习风格

一个班级的孩子在一起时间长了会形成"班级性格"，有些班级思维活跃、反应迅速，但往往思维深度不够；有些班级虽较沉闷但可能具有一定的思维深度。不同的学生个体也是如此，教师应结合教学经验和课堂观察，敏锐捕捉相关信息，通过探究、合作的方式取长补短。

（四）校情及地方特点

另外，在说学情这一环节，除了分析学生，还可以分析校情，以及当地的特殊环境对学生学习本部分内容的影响。因为学校之间会有所不同，每个地方也可能有自己的特殊情况。所以校情分析是为了了解当地不同学校的一些具体情况，因地因时制宜。以便于采取更有利的教学手段，制定更有效的教学方法，达到更好的效果。

一位老师在《小小的船》说课中是这样说学情的：

一年级学生具有好奇，爱探索，易感染的心理特点，容易被新鲜的事物活动的事物所吸引。在教学这一课时，学生已经能说一句较完整的话，并能在教师创设的情境中体验、感受，达到情感的共鸣，同时学校之前举办的"小小画展"当中也让学生积累了不少与本课有关的生活素材。这也正是学习本课的有利因素。

在这一分析中，就学生的知识基础、年龄特点、心理特征、能力状况和知识经验等方面进行了实事求是的分析。有针对性地了解学情，有利于教师选择恰当的教学方法，优化课堂结构，顺利实施课堂教学，更好的达成教学目标。

三、说教学目标

设计教学目标必须重视以下三个方面的依据：

（一）课程标准是我们设计教学目标的根本依据

说教学目标必须明确党的二十报告对教育的重要论述，了解课程标准的总目标和各年级阶段的分目标。掌握了这些，我们在说教学目标时就有了很好的理论平台。但在具体说课的过程中，我们要在充分"吃透"课标的基础上，根据实际情况来确定教学目标，基于语文核心素养的文化自信、语言运用、思维能力、审美创造四个方面展开，避免所说的目标内容"全"而"空"、要求"高"而"大"，教师提出的目标必须是明确的、具体的。

例如《花钟》这一课，体现文化自信的目标可以是：利用"醒"字的字理识字，感受语言文字的魅力，体会语言文字背后的故事美；语言运用的目标可以是：会认"芬、芳"等九个生字，会读"争奇斗艳"等四个词，会写"醒"等字，正确流利有感情地朗读课文；思维能力的目标可以是：运用多样的句式表达，能借助语句概括一二段的大意。审美创造的目标可以是：能体会用不同说法鲜花开放的好处，并借鉴课文的表达进行模仿。

（二）教材的重、难点是我们制定教学目标的重要依据

无论是传统课程的教学，还是新课程的教学，总是要用教材教的。尤其是自然学科，在教材内容与教学目标的对应上比较明显，教学的重难点是什么，学生要掌握什么，要训练什么，要达到什么程度，都可以根据教材内容来确定教学的目标。

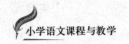

（三）学生的学习状况是我们设计教学目标的必要依据

只有适合学生的教学，才可能成为最好的教学。所谓适应学生的教学，也就是在原有基础上提出新的可以达到教学目标的要求。由于学生主观因素、学习环境和学习方法的影响，学习者在客观上存在差别。如果不及时纠正，就会随着学习时间的增加而扩大。所以，在设计教学目标时要十分重视学生的学习现状。否则，教学目标不是太高，就是太低，进而造成说课效果的大打折扣。

教学目标在表述时，指向性要明确。教学目标是规定"做什么，怎么做，做出怎样的结果"，所以指向性一定要明晰，明晰到好操作，明晰到能够以此作为依据来检测学生学习的情况。

四、说教学重点、难点

教学的重点往往是新知识的起点和主体部分，备课时要突出重点。一节课内，首先要保证重点内容重点讲，要紧紧围绕重点，以它为中心，辅之以知识讲解，引导启发学生对重点内容的理解，做到心中有重点，讲中有重点，才能使整个一堂课有个灵魂。

所谓难点，即大多数学生不易理解和掌握的知识点，指那些比较抽象、离生活较远，或者是比较复杂，使学生难以理解和掌握的知识。在教学实践中常见的教学难点有三种：一种是与教学重点相同的教学难点，他既是教学的重点，又是教学的难点，处理的方式是"攻坚"；第二种是教学难点并不是重点，但与重点有着直接关系的教学难点，处理的方式是"淡化"；第三种是与重点无关或没有直接关系的教学难点，处理的方式是"回避"。确定教学难点要依据教材知识体系和学生认识能力以及教学条件等，并要具体分析教学难点和教学重点之间的关系。难点和重点有时是一致的。备课时要根据教材内容的广度、深度和学生的基础来确定，一定要注重分析，认真研究，抓住关键，突破难点。

教师高超的教学技艺体现在突出重点、突破难点上，这是教师在教学活动中投入的精力最大，付出的劳动最多的地方，也是教师的教学深度和教学水平的标志，因此教师在说课时，必须有重点地说明突出教学重点，突破教学难点的基本策略。也就是要从知识结构、教学要素的优化、习题的选择和思维训练、教学方法和教学媒体的选用、反馈信息的处理和强化等方面去说明突出重点的步骤、方法和形式。

五、说教法、学法

说教学方法既包括实施教学目标的教法，又包括学生要掌握的学法。只有教法得当，教师才能有条不紊地教；只有学法合理，学生也才会兴趣盎然地受教。而要做到教法得当，学法合理，我们教师在备课说课时必须要"实"。要从教材的实际出发，从学生的实际出发，遵循学生掌握知识过程"由浅入深，循序渐进，由感性到理性"的认识规律，依据"主体参与，分层优化，及时反馈，激励评价"的十六字原则，理论联系实际的原则以及传授知识和发展能力相结合等教学原则来确定教法和学法。

（一）说教法

教学方法是由教学内容、教学目标决定的。要参照学生认识活动的规律和年龄阶段的发展水平来确定。教学方法是完成教学任务，提高教学效果的重要条件，教学方法是否得当，直接关系到教学效果。教学有法，教无定法，贵在得法。任何一节课，都是多种教学方法的综合运用。一般一节课以一、二种教法为主，穿插其他教法。一旦确定了教法，就应该介绍为什么采用这些方法。主要从素质教育的有关理论、学科特点、学生特点、教师特点、教材、设备等方面来说明。另外，说出在具体的课堂教学中，通过什么途径有效运用这些教学方法，预计达到什么样的效果。运用此教法应注意哪些问题，自己的改进意见和创新是什么等。

教师在说教学方法过程中要确立一个不变的原则，这就是在说教法的过程中，无论说课的课题怎么变、学生的学情怎么变，教学方法都要"实"保持不变。这个"实"，主要体现在四个方面：第一，说教学方法

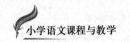

要理论联系实际；第二，说教学方法要事实就是；第三，说教学方法要一切从实际出发；第四，说教学方法要落到教学的实处。要想落到实处，在说教法这一环节，具体表述时还应该说出：

1. 根据授课内容宜采用哪些教学方法以及这些教学方法的具体实施要点。

2. 突出重点、突破难点、抓住关键点、把握兴趣点的具体措施。

3. 授课时所遵循的教学原则，要注意体现"以学生为主体""培养学生自主学习"等教学理念。

4. 运用哪些教学手段（如，教学课件、多媒体技术等）提高课堂教学效果，以及这样做的理由。

说教法一般可采用以下两种方法：第一，在说教学重难点后先概括地说说教法，然后在说教学程序时插进去具体介绍怎样运用；第二，先穿插在说教学程序中详细介绍教法的运用，再在说教学程序后概括，说清运用了哪些教法以及选择、运用这些教法的理论根据。

（二）说学法

学法是指学生获取知识，形成能力的方法。说学法就是说出本课要教给学生怎样的学习方法，培养哪些自学能力。如，教学生怎样学会学习、怎样调动学生的积极性、怎样激发学生的积极性、怎样激发学生的兴趣等，并说出其理论依据。具体说时要说清四方面：一要分析学生在教学过程中可能出现哪些障碍及其原因；二要说清在教学过程中指导学生掌握何种学习方法；三要根据学生年龄特点和认知规律，说清准备创设何种教学环境和条件，来保证学生在45分钟内有效地进行学习；四要说清学法怎样与教法和谐统一。说学法像说教法一样，可以先概括地说出该课时教学将重点指导哪些学法，以哪些学法为辅，其根据是什么。然后再在说教学过程中，结合具体的教学实践陈述。由于学法和教法联系密切，两者可以联系起来说，不宜把两者割裂开来。至于说课中的说学法，最重要的是说明如何通过学法指导，让学生既"学会"又"会学"，以最终达到"教是为了不教"的目的。

学法指导的依据，可以从说课的能力目标、学生的知识基础和年龄特征，以及教法选择与教学手段等方面说明。在具体确定学法时还要符合以下几个方面的要求：

1. 适应学生心理发展水平，有针对性地进行选择学法

学法指导既要了解"共性"的学情，又要摸清"个性"的学情，以便有的放矢，取得实效。

2. 智力因素与非智力因素紧密结合

根据苏联一学者研究，学习动机水平与学习技能之间存在明显的相关性，学习技能的提高总是伴随着学习动机的完善。学法的指导要从智力和非智力两方面着手，双管齐下，既解决积极性问题，又解决科学性问题，才能取得成功。

3. 把传授学法、知识同培养能力、习惯结合起来

欲将学法知识转化为学习能力，就要加强学法指导的实践性、操作性。在传授学法知识的基础上，引导学生运用这些知识，真正掌握学法，逐步形成能力。

4. 集体指导与个别指导相结合

集体指导面向全体学生，解决共性问题；个别指导面向某一类学生、某一个学生，解决个性问题、特殊问题。

学法是多种多样的。在教学中应根据教材的特点和学习的重点，做到一课一法，一课一得，或一法为主，多法为辅，逐步使学生构成一套适合自己学习的学法体系。

小学语文课《坐井观天》说学法部分：

2022年版课标要求，语文课程一定要使学生"掌握最基本的语文学习方法"。学生掌握了正确的方法，就会产生两个飞跃；一是由"学会"变为"会学"，二是由"被动地学"变为"主动地学"，达到"自能读书，不待老师讲"的理想境界。这样，学生的主体精神被大大激发，其学习效

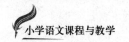

率就会大大提高，做到事半功倍。学无定法，贵在得法，教学本课时，我先指导学生自由选用"读、说、背、演"等学习方法，结合比较朗读、想象情境、直观理解、做实验等学习方法，真正达到"教是为了不教"这一教学的最高境界；在阅读习惯方面，着重培养学生解疑阅读、学会自学、学会积累的良好习惯。

在《坐井观天》的学法设计中，最大的特点就是突出学生的地位，指导学生用"读、说、背、演"等学习方法，结合比较朗读、想象情境、直观理解、做实验等学习方法，有主有辅，相得益彰。

六、说教学准备

教学准备既包括教师准备，也包括学生准备。教师准备主要指教具的准备，要说清采用哪些教具及使用方法。教具的选择忌过多过泛，或过于简单，或流于形式。选择教具的依据，一般从教学目标、教材内容、学生年龄、学校设备、教具的主要功能等方面作出解释说明。学生准备主要指让学生提前做的预习或者是为了达到教学目标提前做的各方面准备。比如在讲《威尼斯的小艇》这篇课文之前，让学生提前搜集关于威尼斯或者威尼斯小艇的资料。

七、说教学时间

教学时间是跟教案中的教学时间相对应，指出本次说课是一节课的说课，还是一个课题分几课时来完成。

八、说教学过程

所谓教学过程，就是指教学活动的系统展开，它表现为教学活动推移的时间序列。通俗地讲，就是教学活动是如何发起的，又是怎样展开的，最终又是怎样结束的。说教学过程是说课的重点部分，因为这一部分能充分反映教师的教学理念、教学风格和教学特色，而且也只有通过对教学过程的阐述，才能看到其教学安排是否合理、科学和艺术。说教学过程要说出教学过程的整体安排。要说出课题如何导入，新课怎样展开等等。说教学过程不是宣读教案，更不应为课堂教学的浓缩，应省略具体细节而着重说清教学过程的基本思路以及其理论依据。在说教学过程时主要说清以下几个方面内容：

（一）说出整堂课的设计思路及程序

教学过程是一个由多方面因素组成的完整而复杂的过程，教学过程中各因素之间是相互联系，相互影响的，从而形成了教学的过程。它是在一定的教学思想或教学理论指导下建立起来的、较为稳定的教学活动结构框架和活动程序。说课教师在说教学设计思路及程序（环节安排）时，要把自己对教材的理解和处理，针对学生实际，借助哪些教学手段来组织教学的基本教学思路说清楚。

说教学过程要把教学过程所设计的基本环节说清楚，最好按照总分总的顺序，先介绍都有几个环节，再具体介绍各个环节的具体做法，具体内容只需概括介绍，只要听讲人能听明白"教的是什么""怎样教的""学生如何学"的就行。不需要像给学生上课一样，按教案的内容用课堂教学语言一一讲解。按照传统知识教学程序看，一般分为组织教学——复习旧知——导入新课——讲授新知——知识应用——巩固小结——练习（布置作业）。要特别注意的是，在新课改中，我们十分重视学生智力、能力的发展，强调重点发展教学的三个阶段：一是设置问题情境——非智力因素（学会参与），二是引导信息加工——智力因素（学会学习），三是设计实践活动——能力与技术（学会迁移）。

（二）说出主要教学程序与环节的理论依据

说课者在介绍教学过程时不仅要讲教学内容的安排，还要讲清楚"为什么这样做"的理论依据，这些依据可以是学科课标依据、教学法依据，也可能是教育学、心理学的依据，甚至可以是老师的教学经验。反映在学生的学习方面，包括"要学什么""能学什么""学得怎样"；反映在教师教的方面，则是"应干什么""能干什么""干得怎样"。

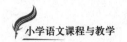

（三）说教与学的双边活动安排

说教与学的双边活动安排具体包括：怎样运用新课程的教学思想指导教学，怎样体现教师主导作用与学生主体活动的和谐统一，教法与学法的和谐统一，知识传授与智能开发的和谐统一，德育和智育的和谐统一，语文素养四个方面的有机统一。

说课堂教学活动还应说清楚哪些地方应开展活动；开展什么活动（如自主学习、合作讨论、分组实验、师生互动交流、课本剧表演、成果汇报）；怎样开展活动；教师准备提哪些问题；这些问题能起什么作用；学生怎样参与；如何组织；学生可能出现什么问题；教师应如何应对等等。

（四）说突出重点与突破难点的策略

教师高超的教学技艺体现在突出重点、突破难点上。这是教师在教学活动中投入的精力最大、付出的劳动最多的方面，也是教师的教学深度和教学水平的标志。因此，教师在说课时，必须有重点地说明突出教学重点、突破教学难点的基本策略。比如：突出重点时可以采用：抓住题眼（题目的含义）分析；抓住教材的关键字词分析、研究；抓住教材中概括性、总结性的中心句、重点段分析；依据教材内容结构，层层深入；运用图表、模型、多媒体等突出重点；通过设疑激发学生急于求解的悬念突出教材重点。突破教学难点的策略可以有：

1. 集中一点法——通过许多问题的讲解集中解决一个主要难点问题。

2. 化整为零法——把一个比较难懂的难解的问题分成几个小问题，先指导学生弄懂小问题，大问题也就迎刃而解。

3. 架桥铺路法——设计一些铺垫，通过"架桥铺路"，帮助学生突破难点。

4. 提问助答法——把教学难点化解为问题形式，通过提问助答等方式帮助学生解决难点。

5. 迁移过渡法——用已经学过的旧知识，通过知识巧妙的迁移，帮助解决难点。

6. 暗示点拨法——在教学中学生思维受阻或产生偏差时，应抓住症结所在巧妙点拨，使学生豁然开朗。

7. 动手操作法——通过有目的地做演示实验，让学生动手操作，可有效突破难点。

8. 多媒体演示法——利用多媒体，把不易解的难点展示出来，更有利于教学难点的突破。

在说教学过程中除了要说清上述几点外，还要注意合理的教学过程应体现以下四个特征：

第一，创设良好的情境引入新课，激励学生并引发强烈的求知欲和探索欲望；

第二，教学内容的设计有梯度，教师能巧妙地搭建台阶引导学生在知识和能力方面逐步提升；

第三，教学各环节紧紧相扣，过渡自然，进行流畅自然；

第四，学生主体地位得以体现，参与面广；

第五，小结简单明了，形成的知识结构清晰合理。

九、说板书设计

板书是一种被普遍采用的教学手段。在说课活动中，板书是听课者了解说课者教学思想、教学思路，对教材的理解的深浅程序和估计教学效果的可视语言。所以，说课必须说板书设计，包括板书设计的思路、依据和板书的具体内容。说课中的板书，一般有两种内容：一是课堂教学的板书，这种板书与实际的课堂教学所采用的板书是完全一致的。说课时可以介绍这堂课板书的类型是什么？什么时候板书？如何使用黑板？如何使用彩色粉笔等。应注意，只有那些独具匠心具有特色或者艺术性的板书值得一说。二是说课者板书自己的说课思路，也可以称之为说课提纲。这种板书设计，主要目的不是为了学生的学习，而是为了展示说课者自己对教材的理解，教材的处理和说课的轨迹。听者可以借助此更清晰地了解说课者

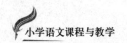

对教材的理解程序和教材处理的科学性及课堂教学的安排，并以此来帮助评判说课者的说课水平。

另外要特别强调的是说板书设计，不仅要说出板书的具体内容，还要说出板书设计的理论依据。例如《精彩极了和糟糕透了》的说板书设计部分：

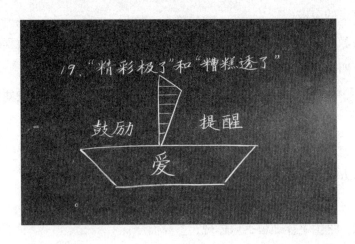

我的板书以文字和简笔画为载体，让学生理解母亲的"精彩极了"时，板书"鼓励"一词；让学生理解父亲的"糟糕透了"时，板书"提醒"一词；让学生理解"我谨慎地把握住我生活的小船，使它不被哪一股风刮倒"时，在"鼓励"和"提醒"两个词语中间画出船帆和小船的形状，以图画的形式让学生理解两股风的含义；总结"精彩极了"和"糟糕透了"的共同出发点时，在小船的船身上板书"爱"字。这样的板书既简明扼要地归纳本课的重点，又能把抽象的内容形象化，从而激发学生的学习兴趣。

十、说教学资源的选择与运用

教师、学生、教材、媒体是课堂教学的四要素。课堂教学是以信息交流为主要活动载体而存在，教材、媒体等教学手段在教学中的作用不可低估。因此，在说课时，教师还应说明本节课选用了哪些资料，采用哪些教学媒体，为什么要选择这些资料和媒体？它们什么时候使用？在突出重点、突破难点方面有何作用等。

第三节　说课的语言特征

苏联著名教育家苏霍姆林斯基曾说："如果你想使知识不变成僵死的、静止的学问，就要把语言变成一个最重要的创造工具。"[①]教师的语言表达能力是教师的一项重要修养和基本功，是教师能力素质的有机组成部分，甚至可以说是教师的生命。说课在这一点上表现得尤为明显。一位语言平淡、逻辑混乱、没有趣味、情感匮乏的教师很难体现出说课的艺术性。

英国教育心理学家恰尔德曾总结教师的教授和口头言语表达应该具有下列特点："描述简介规范，重点突出；根据学生年龄和知识水平，运用易于接受的恰当语言；不用含混不清或拼凑的语言；多用简练而具有吸引力的新闻报道式语言；恰当地运用比喻或隐喻；保持语言的流畅性和不间断性；讲授尽早进入主题，重点不繁琐，发音要抑扬顿挫，增强语言效果；利用副语言，辅以动作表情。"[②]

而说课说的是"课"，是自己对"课"的理解，是经过对"课"的研究之后的结果，是为广大教师提供了在群体关注下口头表达教学思想，展现教育智慧的机会。它要求教师运用清晰流畅、生动形象、精确标准的语言来表达自己的教学思路，通过合理的语言节奏、充满激情的语调来介绍自己的设计思路。在这一点上说课跟教学口语既有相同之处，也有不同之处。当说课的对象变了，说话的口气与要求也要随之变化。不少说课者尽管课标、教材钻研的很透彻，说课稿准备的也很充分，但说课的效果却很

---

① 李兴良，马爱玲.教育智慧的生成与表达［M］.北京：教育科学出版社，2006：175.
② 祝智庭，闫寒冰.如何说课［M］.上海：华东师范大学出版社，2008：35.

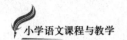

平淡，这和说课的语言表达能力差不无关系。那么说课的语言应该具有什么特点呢？

一、科学性

说课语言必须准确规范、简明扼要，是对客观事物的本质与规律的正确揭示。说课中无论是说理，还是教学设计都要熟练应用符合教育理论、教育常规的语言，必须具有严密的逻辑顺序，能清晰地反映出说课者的教学思路和理论依据。说课最为显著的特点在于说理，所以说课内容与说理内容的有机融合体现在整个说课过程中，同时还要保证说课的完整、层次清楚、前后连贯、结构严谨、重点突出，以及把握好说课的时间等。另外，说课要确切地使用概念，科学地进行判断，合乎逻辑地进行推理，符合现代汉语的语言习惯，多用口语中常用的词汇和句式，少用生疏、冷僻的名词术语，尽可能减少多余的语言信息，不累赘、不重复、不絮絮叨叨、不结结巴巴，要表述流畅，在朴实的语言之中还要有文采。

二、创造性

说课过程中，听的对象不是学生，述说的也不是知识传授，而是教师面对同行或者专家，说的是对"课"的理解和感受，因此说课应当以讲述语言为主，再综合运用课堂教学语言和朗读语言。所谓讲述语言，就是把事情和道理讲出来，它是说者面对听者一种独白性的言语活动。说课应当以独白语言为主，这种语言便于说课者系统地介绍自己教学设想和所持的理论依据。而要想说课精彩，就要综合运用多种语言。比如：在说教学过程的时候，为了让听者听清楚课堂教学是怎样具体实施的，有时候就需要说课者把自己置于课堂教学的情境中去，像实际的课堂教学那样，有读有讲、有问有答，整个过程都应该以使用课堂教学语言为主。所谓课堂教学语言就是指教师在课堂上把知识、技能传授给学生的过程中所运用的语言。一般来说，说课中在说教学过程环节时，课堂教学的导语和课堂小结时，应使用教学语言。这样才能使听课者有一种身临其境的感觉，增加说课的效果。另外，有时候说教学过程的时候，还需要朗读语言。所谓朗读语言，就是有表情的运用各种语调、语气将文字读出声来的语言。如果说课者能在说课中根据说课材料的内容和所要反映的思想感情，恰当地运用朗读语言，就可以增加说课的感染力，产生良好的艺术效果。

所以，在说课中，说课者要根据说课内容的不同，创造性地采用独白、教学语言、朗读语言等多种艺术形式来说明自己的教学设想以及理论依据，使语言表达的科学性、艺术性、准确性及趣味性融为一体。

三、形象性

教师应赋予说课语言以形象美，语音要清晰、明朗，悦耳动听，音量要适中，语调应丰富和谐，如音乐旋律般跌宕起伏，抑扬顿挫，刚柔相济。切忌一个调子照念说课稿，语言速度和轻重要适当，要使听者从语言的轻重快慢中体会出说课的层次和内容的变化，给听者清晰、流畅、明快的感觉，要调动听者的积极性。因此，说课时该快则快，该慢则慢，该低则低、当然说课者语气和语言节奏的变化，还应当依据说课的内容，而不能随心所欲。因为听者始终处于被动接受信息的状态，难免会"走神"。说课者只有在说课中把握住语言艺术的灵活应用，才能抓住听课者的"神"，才能让自己的说课有色彩。教师应要通过语言情境的创设，化枯燥为生动，化抽象为具体，化无形为有形。

说课的语言还需要有幽默感、节奏感，说课中语言的幽默是说课者通过比喻、夸张、诙谐等手法来表现的。说课语言的幽默体现了说课者驾驭语言的能力，幽默是说课者人格魅力的展示。说课中恰当地运用幽默，能使听课者在轻松活泼的气氛中，领会说课的内容，获得鲜明的形象，从而优化说课的效果。幽默是说课者教育智慧与创新能力的展示。风趣幽默的说课教学语言充满了磁性和魅力，能让听课者在开怀大笑中加深对你说课过程的记忆。

四、情感性

说课同上课一样也需要情感的调动。有的老师说课时不温不火，听课者听课如听催眠曲；有的老师一副旁观者的姿态，面无表情，严肃有余而活力不够；有的老师说课时正襟危"站"，目不离教案。教师说课没有激情，听课者自然没有了听课的兴趣。

有人说教师就是演员，就需要善于表演，表演得好正是感情投入的缘故。有的人说课声音很响，但总比声音如蚊的好；有的人走动频繁，但总比一动不动的好；有的人虽然普通话不标准却抑扬顿挫，这总比普通话很准却有气无力的好。听课除了听内容设计还要听气氛，这气氛恰恰是老师的激情营造的。没有激情的课堂，就像一潭死水，掀不起一点波澜。记得一个名人讲过这样一个故事：她的儿子小时候不愿意听录音机里播放的故事，非要妈妈讲故事。被缠得不耐烦的母亲很生气地说："妈妈发音不标准，读的怪声怪调，有什么好听的？"这个母亲认为孩子是在故意撒娇，结果儿子的回答却让她茅塞顿开。儿子说"妈妈，你是带着感情在讲，但录音机不会！"这个故事告诉我们一个道理：老师带着感情进行说课，永远比任何豪华的教学"硬件"都重要。

情感是说课语言的法宝。没有情感的语言是平淡乏味的，没有情感的语言是苍白无力的。在说课中打动人的是情，感染人的是情，震撼人的依然是情！"人非草木，孰能无情"在语文教学中也莫不如此。"情"要求我们要有"激情"，就是激发学生情感。有经验的老师登上讲台，往往不是匆匆开讲，而是用亲切的目光，关切的询问架设一座信任理解的桥梁，给这堂课营造一个轻松愉悦的氛围，让学生乐中求知。教师如果能根据课堂的需要精心创设一定的情景，让学生如临其境，在说课时能把这种情境通过教学语言的方式带到说课的讲堂。这样，以"情"促学，以"情"促教，我们的说课就不至于干瘪了。

在说课过程中，要想有效地缩短说课者与听课者的心理距离，还必须十分注意"亲和力"的问题，而说课是否具有"亲和力"，则又体现了它能否在情感上引起听课者的共鸣，使人乐意听你说课。所以，要使你的说课具有"亲和力"，就必须注意尊重他人，不要显得高人一等，也不要拒人于千里之外。要表现出与听课者有许多共同点或相似之处，使听课者觉得你是他们中的一员，是亲近的人，你的说课才能像磁石一样，紧紧吸引着听课者。

五、交流性

说课的功能载体很大程度上在"说"的语言交流与沟通上。"传播不仅仅是传播者向受传者传递信息的单向过程，而是具有信息交流的双向性质。这是因为传递者在发出信息后，总是根据受传者的反馈信息来调整自己的传播行为，以便取得最佳的传播效果。"[①]从某种意义上说，说课就是"传播"，必须建立双向互动与交流关系。

说课要求教师掌握说课的节奏，树立交流意识，恰当使用不同的说课语言，如独白用语、课堂教学语言、朗读语言等。不同的语言要用不同的口吻有条不紊地娓娓道来，确立与人交流的意识，给听课者留下产生共鸣、联想及受到启发的空白。同时，要尽量避免语言的啰唆、穿靴戴帽和言之无物，注意语言的轻重缓急和感染力。

说课时大部分用的是独白语言，所以说话的速度要适中，语调的轻重缓急要恰如其分，让听课者从你的抑扬顿挫、高低升降中体会出说课内容的变化，切忌从始至终一个腔调地念稿或背讲稿。要用适当的音量，让在场的每一个人都听得清清楚楚。比如在说教材分析和教学方法时要简明扼要，教学目标的条款要一一叙述，重难点则用重音来强调。

说课不仅要说"教什么""怎么教"，还要说"为什么要这么教"。说"怎么教"实际上就是要说出你准备怎样上课，虽然不要求、将课堂上的一问一答详细地显露出来，但是也要让听者知道你的教学设想和具体步

---

① 戴元光 . 20 世纪中国新闻学与传播学 . 上海：复旦大学出版社，2001：82.

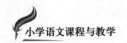

骤。有问有讲，有读有说，用自己的语言变化将听课者带入到你的课堂教学中去，没进入课堂，却仿佛看见了你上课的影子，推测出了你的课堂教学效果。这主要依靠课堂教学语言的运用。课堂的总结语应具有课堂教学语言和独白语言的双重性，不但要打动听者，还要能让听课者从你的语言中推测出你在课堂上也会深深地吸引学生，这就要求结束语既要精彩，又要将精彩恰当地表达出来。

［示例1］

《白鹅》说课稿

一、说教材分析

《白鹅》是部编版小学语文四年级下册第四单元的第三篇精读课文。这一单元的人文主题是可爱的动物，语文要素是体会作家如何表达对动物的感情。习作要求是写喜欢的小动物，写出特点。《白鹅》是丰子恺的一篇散文，在他眼里，白鹅是一位高傲可爱的朋友，这一课是在《猫》和《母鸡》学习基础之上，继续落实语文要素的有效途径。正如2022版新课标关于中年段的阅读与鉴赏的要求："能初步把握文章的主要内容，体会文章表达的思想感情"。

二、说学情

四下第一单元学过抓住关键语句，初步体会课文表达的思想感情，本单元已学习了两篇课文，学生具备一定的鉴赏能力，掌握了一定的阅读方法，但通过对比和反语运用趣味性的语言表达感情，还需要在教师的引导下进行理解。

三、说教学目标

根据2022版新课标关于中年段的阅读与鉴赏的要求，以及语文素养的四个方面的内容，分析学生的实际情况，我确定如下教学目标：

1. 正确认读嚣、吭等12个生字，会写"嚣""吠"2个生字。

2. 有感情地朗读课文，借助漫画，聚焦具体事例，体会作者如何把白鹅高傲的特点写清楚；抓关键词句，感受作者对白鹅的喜爱。

3. 赏读漫画，体会对比、反语手法下作者用词的趣味性。

四、说教学重难点

教学重点：鉴于本单元的语文要素，本课的重点是体会作者如何把白鹅高傲特点写清楚，抓关键词句，感受作者对白鹅的喜爱。

教学难点：由于学生年段特点，赏读漫画，体会对比、反语手法下作者用词的趣味性为教学难点。

五、说教学方法

本节课遵循语文新课标"以读为本"的理念，通过多层次、多元化的朗读让学生借助漫画初步了解文章大意，加强学法目标意识，注重培养学生的语文学习能力，充分多渠道地开发课程资源进行教学，让学生在充满语文味道的课堂中品味语言，在理解感悟中积累语言，以赏漫画-品漫画-悟漫画-画漫画为主线，基于文字，想象画面、体悟情趣、运用实践。所以本课运用以读代讲法、情境感悟法和点拨引导法等让学生在读中感悟，另外还采用自读自悟、合作学习渗透"读，思，议，悟"等学习方法，让学生在感悟中提高自学能力。

六、说教学准备

为了更好地完成教学，我准备了白鹅的漫画和京剧的视频。

七、说教学时间

本课分为两个课时教学，在这里我汇报的是第一课时的教学过程。

八、说教学过程

为了更好地落实教学目标，突破教学重难点，本课教学过程主要有四个环节。

环节一　欣赏漫画　预习检测

众所周知，兴趣是最好的老师，也是最佳的驱动力。上课伊始，我创设以下的情境，激发孩子们学习的兴趣，唤起他们的意愿。首先出示《父与子》漫画导入新课，通过创设情境，引出丰子恺的漫画，让学生交流查阅资料，了解七大家之说。

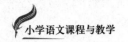

然后出示本课词语，检测学生预习情况，通过朗读词语，让学生争当词语积累星。重点指导多音字读音，检测巩固。

在扫清词语障碍的基础上，出示三幅白鹅漫画，结合自主学习单，确定名字为白鹅叫声图、步态图、吃相图，三幅漫画构成一个词：高傲。引导学生发现中心句，抓住"更"字体会上文也提到高傲的方面，把握过渡段承上启下的作用，完善自主学习单的表格。

环节二 品读漫画 体会高傲

本堂课是一节漫画欣赏课，借鉴《猫》和《母鸡》学习手法，迁移运用，赏析白鹅的高傲。

1. 赏漫画白鹅叫声图

首先赏漫画白鹅叫声图，我们前面两课学习了猫的叫声和母鸡的叫声，引导学生完成任务一：找一找白鹅叫声特点的词句，抓住重点词语"如怨如诉""厉声呵斥"等，朗读巩固，随文识字；通过说一说叫时的姿态、与狗叫声对比，感受白鹅叫声的高傲。并想象说话，引导学生依托关键词进行说话练习，借助音频，感受白鹅不同情景下高傲的叫声。

2. 赏漫画白鹅步态图

在这一部分让学生说一说漫画中白鹅给你的印象，找出文中词语去概括，借助视频形象感知内容，体会神韵；然后学生演读，感悟高傲。

在此基础上，指导朗读，读出鸭子的局促不安和鹅的步调从容，在对比朗读中体会鹅步态的傲气十足。

3. 赏漫画白鹅吃相图

这一部分可以通过画一画、议一议、读一读来完成任务二：默读第五段，找出白鹅吃相高傲的词句做批注。合作交流，白鹅吃饭的特点，引导学生联系上下文理解词语意思。学生通过交流很容易发现鹅吃饭时间固定，吃的东西固定，就连吃饭的顺序都是固定的，先、再、然后，天天如此，顿顿如此，真是三眼一板、一丝不苟啊，读出这种感受，读出高傲。

赏漫画，狗和白鹅吃相对比图，一个三眼一板的吃饭，一个窥伺。同桌对比朗读体会白鹅吃相的高傲。

借此梳理全文对比。出示小练笔，争当创作智慧星。通过这样的课堂检测，你听，你瞧，你看，创造性地梳理课文，结合课后习题，巩固词语，夯实基础，既落实教学目标，又突破教学难点。

环节三　感悟漫画　提炼反语

漫画入手，讨论交流"鹅老爷"的称呼，出示任务三：小组合作探究，梳理文中其他有趣的称呼，读一读，结合学习单，老舍说猫的性格有些古怪，交流平台生活情景再现，提炼反语写作手法，完善学习单。

原来语言还可以这么有趣，喜爱到极点，就会正话反说，贬义词褒用，原来高傲的白鹅是一位让人喜爱的朋友呀！鼓励学生用声音感受对白鹅的喜爱。

环节四　创作漫画　拓展提升

师生互动：我会用反语给宠物起名字，学着本课的样子写写你家"胖头鱼""淘气兔""笨笨狗"吧，把特点写清楚，配上漫画。这是课后作业的必做题。选做作业推荐《丰子恺漫画集》和《白鹅》的原文阅读。

第二课时将重点欣赏学生习作和漫画作品，制作本班《宠物漫画集》，第二个任务是解决课后和《白公鹅》对比阅读。

九、说板书设计

白　鹅

$$\left.\begin{array}{l}\text{叫声}\\\text{步态}\\\text{吃相}\end{array}\right\}\text{高傲　反语}$$

这一板书的设计，内容精当简约，布局合理，美观大方，能体现文章的中心寓意，给学生留下深刻的印象。

十、资源选择与运用

本节课我的教学资源主要有以下几个方面：

1.自主学习单、随堂检测，星级评价等课堂教学资源运用，既是学习

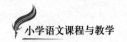

资源，也是评价载体。

2.课外阅读资料，分层作业等课外学习资源，符合双减背景下的开放性和层次性。

3.图片、音视频、课件等多媒体资源，有效激活课堂教学。

4.生活经验和京剧等课程资源运用，多途径提高学生的核心素养。

◆ 推荐阅读 ◆

1. 倪文锦.语文新课程教学法（小学）［M］.北京：高等教育出版社，2010.

2.祝智庭，闫寒冰.如何说课［M］.上海：华东师范大学出版社，2008.

3.戴汝替.说课论［M］.北京：北京科技出版社，1996.

4.李兴良，马爱玲.教育智慧的生成与表达［M］.北京：教育科学出版社，2006.

5.肖锋.学会教学——课堂教学技能的理论与实践［M］.杭州：浙江大学出版社，2009.

◆ 学习思考 ◆

1.说课的含义是什么？

2.说课的分类有哪些？

3.说课的内容与环节有哪些？

4.说课的语言特征是什么？

◆ 教学实践 ◆

1.收看小学语文说课视频，分析课前说课和课后说课的异同。

2.阅读一份语文说课稿，试编写一个说课稿。

3.根据自己编写的说课稿，进行说课练兵。

4.将你知道的说课应注意的问题写在日记或笔记上。

参考文献

［1］杨春生.备课技能训练指导［M］.中国林业出版社，2001.

［2］戴宝云.新课程小学语文实用教学90法［M］.广东教育出版社，2004.

［3］刘显国.新课程下的教师教学技能与培训［M］.首都师范大学出版社，2004.

［4］周立群，庞车养.语文新课程教学论［M］.华南理工大学出版社，2005.

［5］江平.小学语文课程与教学论［M］.北京：高等教育出版社，2010.

［6］刘显国.开讲艺术［M］.中国林业出版社，1999.

［7］许高厚.课堂教学技艺［M］.北京师范大学出版社，1997.

［8］人民教育出版社小学语文室.小学语文教学法［M］.人民教育出版社，1999.

［9］倪文锦.小学语文新课程教学法［M］.高等教育出版社，2003.

［10］杨国全.课堂教学技能训练指导［M］.中国林业出版社，2001.

［11］叶澜等.教师角色与教师发展新探［M］.教育科学出版社，2001.

［12］中华人民共和国教育部.义务教育语文课程标准（2022年版）［S］.北京师范大学出版社，2022.

［13］夏家发.小学语文教学设计与案例研究［M］.北京：科学出版社，2012.

［14］教育部师范教育司.教师专业化的理论与实践［M］.北京：人

民教育出版社，2003.

［15］杨九俊，姚强.小学语文新课程教学概论［M］.南京大学出版社，2005.

［16］施良方.课程理论——课程的基础、原理与问题［M］.教育科学出版社，1996.

［17］王策三.教学论稿［M］.北京：人民教育出版社，1985.

［18］陈旭远.课程与教学论［M］.东北师大出版社，2002.

［19］李秉德.教学论［M］.北京：人民教育出版社，1991.

［20］钟启泉.现代教学论发展［M］.教育科学出版社，1992.

［21］施良方，崔允漷.教学理论［M］.华东师大出版社，1999.

［22］朱水根.新课程小学作文教学［M］.高等教育出版社，2006.

［23］卓进，肖红.小学语文教学法［M］.北京：中国时政经济出版社，2011.

［24］吕映.小学语文教学技能实训［M］.浙江大学出版社，2013.

［25］汪潮.小学语文课程与教学论［M］.华东师范大学出版社，2010.

［26］王守恒.小学语文教学与研究［M］.人民教育出版社，2008.

［27］熊生贵.语文教学实施指南［M］.华中师范大学出版社，2003.

［28］戴汝替.说课论［M］.北京：北京科技出版社，1996.

［29］河南省新乡市红旗区教育委员会.说课论（第1版）［M］.北京：科学技术出版社，1996.

［30］李兴良，马爱玲.教育智慧的生成与表达［M］.北京：教育科学出版社，2006.

［31］禹旭红.语文说课原理与策略［M］.郑州：郑州大学出版社，2008.

［32］刘显国.说课艺术［M］.北京：中国林业出版社，2000.

［33］刘彦昆.教师如何提高说课艺术［M］.吉林：吉林大学出版

社，2010.

［34］肖锋. 学会教学——课堂教学技能的理论与实践［M］. 杭州：浙江大学出版社，2009.

［35］祝智庭，闫寒冰. 如何说课［M］. 上海：华东师范大学出版社，2008.

［36］赵国忠. 说课最需要什么［M］. 南京：南京大学出版社，2010.

［37］戴元光. 20世纪中国新闻学与传播学［M］. 上海：复旦大学出版社，2001.

［38］郭友. 新课程下教学技能与培训［M］. 北京：首都师范大学出版社，2010.

［39］乔治·J·波斯纳，艾伦·N·鲁德尼茨基. 教育中的建构主义［M］. 上海：华东师范大学出版社，2008.

［40］黄杰锋等. 教师语言艺术［M］. 沈阳：辽宁大学出版社，1987.

［41］佟乐泉，张一清. 小学识字教学研究［M］. 广州：广东教育出版社，1999.

［42］薛炳群. 小学语文有效教学评价［M］. 济南：齐鲁书社，2007.

［43］王崧舟. 义务教育语文课程标准案例式解读·小学·2022版［M］. 上海：华东师范大学出版社，2022.

［44］温儒敏. 温儒敏讲现代文学名篇［M］. 商务印书馆有限公司，2022.

［45］黄吉鸿. 统编小学语文教材文本细读·文字味道［M］. 福州：福建教育出版社有限责任公司，2021.

［46］宋庆捷. 小元素与大单元·小学语文单元整体教学设计与指导［M］. 北京：九州出版社，2022.

［47］李怀源. 小学读整本书教学实施方略［M］. 上海：华东师范大学出版社，2019.

［48］叶圣陶著，李怀源选编. 叶圣陶谈阅读［M］. 南京：江苏教育

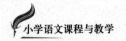
出版社，2015.

［49］刘荣华. 新课标教学丛书·小学语文思辨性阅读问题设计与指导［M］. 上海：上海教育出版社，2022.

［50］马英编，盛银花总主编. 语文教学设计与实施［M］. 武汉：华中科学技术大学出版社，2022.

［51］叶圣陶语文教学论集（上下册）［M］. 北京：教育科学出版社，1980.

［52］郑国民，李宇明.《义务教育语文课程标准（2022年版）》解读［M］. 北京：高等教育出版社，2022.

［53］吴欣歆，管贤强，陈晓波. 新版课程标准解析与教学指导（小学语文）［M］. 北京：北京师范大学出版社，2022.

［54］王崧舟.《义务教育语文课程标准（2022年版）》案例式解读. 小学［M］. 上海：华东师范大学出版社，2022.

［55］孙宗良等.《义务教育语文课程标准（2022年版）》案例式解读. 初中［M］. 上海：华东师范大学出版社，2022.